普通高等教育"十二五"规划教材

规划引领人生——走进大学

（第二版）

敬枫蓉　编著

科学出版社

北　京

内 容 简 介

本书第 1 章主要讨论大学使命和大学精神，强调大学的根本任务是培养德智体美全面发展的、适应社会政治经济建设及社会发展的拔尖人才和建设者。第 2 章着重介绍人生规划和职业规划的主要内容和方法，以及"成功=理想+规划+行动"的人生成功定律。第 3 章强调一个人的综合素质，即素质决定成就，提出大学教育虽然倡导学生坚定"探寻真理"和"精通一艺"的学习目标，但应更加注重人的全面发展。第 4 章介绍"以终为始"的学业规划方法，其中特别探讨"人才的四大黄金定律"和"SWOT 分析法"。第 5 章讲述关于思维锻炼、学习方法、能力训练、素质提高等诸多具体方法。第 6 章讨论"规划引领人生，行动成就人生"的人生理念，用浅显易懂的哲理和喜闻乐见的故事、案例揭示目标、规划、行动和结果之间的关系。

本书可作为普通本专科院校及高职高专院校学生入学教育指导书和职业生涯规划课程的教材，也可作为广大青年自我提升的优秀读物，同时对高等教育工作者与学生家长亦有参考价值。

图书在版编目（CIP）数据

规划引领人生：走进大学 / 敬枫蓉编著. —2 版. —北京：科学出版社，2014.8
（普通高等教育"十二五"规划教材）
ISBN 978-7-03-041571-4

Ⅰ. ①规… Ⅱ. ①敬… Ⅲ. ①大学生－入学教育－高等学校－教材
Ⅳ. ①G645.5

中国版本图书馆 CIP 数据核字（2014）第 180656 号

责任编辑：毛 莹 张丽花 / 责任校对：胡小洁
责任印制：闫 磊 / 封面设计：迷底书装

科 学 出 版 社 出版
北京东黄城根北街 16 号
邮政编码：100717
http://www.sciencep.com

北京市文林印务有限公司 印刷
科学出版社发行 各地新华书店经销

*

2010 年 8 月第 一 版 开本：787×1092 1/16
2014 年 8 月第 二 版 印张：18
2017 年 7 月第十次印刷 字数：472 000
定价：34.00 元
（如有印装质量问题，我社负责调换）

前　　言

师者，传道授业解惑也。

作为一名高等教育工作者，面对着初入大学的莘莘学子，在我的脑海中，一直思考着一个问题：如今的大学生们，在跨入大学校园的时候，我们该给他们提供怎样的传道解惑？

在中国高等教育的发展历程中，西方大学源于求真精神的教育思想深刻影响着中国的大学教育模式，专才教育受到高度重视：精细划分的专业结构，紧锣密鼓的培养节奏，严格系统的训练考核体系，让青年学生在大学期间"迅速"成为技术"专才"，乃至在很长一段时间里许多青年学生们仍然认为：在大学中的全部目标就是"精通一艺"。

当然，今天的中国高等教育已经走出了这种培养"专才"的教育理念，提出当代大学的根本任务就是要贯彻"育人为本，德育为先"的高等教育理念，"着力培养信念执著、品德优良、知识丰富、本领过硬的高素质专门人才和拔尖创新人才"。但是，传统的、面向专才培养的教育模式并没有很快得到纠正，退出教育教学领域，虽然它仍然能够迅速造就很多"可使用"人才，但是问题的凸现也显而易见：对学生的精神引导不利，树德与解惑的倡导还停留在概念上，许多青年学生在大学生活中迷失了自我，人生缺乏理想，学业缺乏规划，生活缺乏信念，甚至在大学生活结束的时候，部分青年学生仍然不知道自己的未来在哪里⋯⋯

几经思索与实践，在我的心中升腾出一种强烈的愿望，那就是，我们在用先进的教育理念推动教育教学改革的同时，需要引导青年学生对自己的人生进行必要的规划。

对于多数大学新生而言，上大学意味着人生中第一次长时间远离父母而独立生活，每一个学生几乎都面临着心理适应的磨砺、前行目标的困惑、学习方式的改变、人际关系处理困难等问题。尽管如此，我们认为，青年学生们不能被这样那样的问题所难倒，更不能因困惑迷茫而彷徨不定、止步不前。此时，恰恰需要的是理性清醒、从容淡定，更需要的是主动学习和主动适应。大学生们需要认识：何为大学，何为大学使命和大学精神。需要问问自己：社会和人生是什么，自己是什么，自己将在未来社会中如何定位。

只有当青年学生们清楚地认识了"社会"、"大学"和"我"之间的关系，才有可能真正厘清如何度过自己的大学时光。所以，本书第 1 章主要讨论大学使命和大学精神，强调大学的根本任务是培养德智体美全面发展的、适应社会政治经济建设及社会发展的拔尖人才和建设者。指出大学使命是研究高深学问、服务经济社会、推动文化进步和促进人的全面发展；大学精神是一所大学的价值理念和价值追求，它倡导学术自由和自觉的学术精神，倡导永恒的道德精神和包容与批判的精神，追求创新和卓越。上述探讨，意在和大家一起探索和理解人生的意义、大学的意义、学习的意义乃至生命的意义，让青年学生们懂得生命的宝贵和人生的绚丽多彩。

大学不仅是一个知识学习方式的转型期，更是一个人生的转型期。世界上许多名校重视新生入学教育中学习方式转变的教育与指导，在入学教育中讲授"怎样听课"、"怎样提问"、"怎么参与教学实践"等内容。本书虽然也涉及上述内容，但在人生转型的"规划"和"行动"上更有所侧重。第 2 章着重介绍人生规划和职业规划的主要内容和方法，目的是让青年学生们能够在进入大学学习之初就懂得人生规划和职业规划对个人成长进步的重要意义，建立起人生规划、职业规划的概念，了解"成功=理想+规划+行动"的人生成功定律，掌握人生规划和职业规划的一般要意和方法。希望青年学生们进入大学后能够志向高远、脚踏实地，尽快完成从中学到大学的顺利转型，尽快确定人生的理想和目标，尽快制订科学的学业、职业和人生规划，尽快进入人生起飞的跑道。

中国传统的教育源于求善的精神，"大学之道，在明明德，在亲民，在止于至善。"格物致知不是目的本身，格物致知之前须正心诚意，其目的在于修身，在于道德的完善，在于内圣，内圣方可外王。基于上述内容，第3章强调一个人的综合素质，即素质决定成就。大学教育虽然倡导学生坚定"探寻真理"和"精通一艺"的学习目标，但是应更加注重培养和提高学生的综合素质。大学学生虽然需要"精通一艺"，但是更需要学会做人、学会做事、学会求知、学会创新、学会选择、学会共处、学会适应，具备良好的思想道德素质、厚重的人文素质、独立健全的人格和健康的心理素质，做一个全面发展的人。

我们不仅希望能够激励青年人的志向，同时也希望为青年学生们提供具体的方法。时间如金子般的宝贵，有意义地度过我们生活的每一天，是每一个学生获得人生成功的重要保证。第4章介绍"以终为始"的学业规划方法，其中特别探讨"人才的四大黄金定律"和"SWOT分析法"。目的是告诉青年学生们，任何一个人都可以用SWOT分析法对自己进行分析，从中确定出自己的努力方向和前进目标，并将这个目标用"以终为始"的方法分解到每一学期、每一月、每一周乃至每一天的学习生活之中，在清晰目标的指引下，坚持践行"人才的四大黄金定律"，充实地度过每一天，坚实而有力地迈向自己的人生目标。

本书也是一本行动手册。第5章讲述关于思维锻炼、学习方法、能力训练、素质提高等诸多具体方法。第6章讨论"规划引领人生，行动成就人生"的人生理念，用浅显易懂的哲理和喜闻乐见的故事、案例揭示目标、规划、行动和结果之间的关系。告诉青年学生们：如何确立正确的目标，做正确的事；如何积极行动，以正确的方法做正确的事；如何养成良好习惯和严格自律能力；如何按逻辑思考，按规则行事。可供青年学生们参考实施。

本书作为一本大学生的入学读本，不是大学分科教育模式的"快速入门手册"。希望它能够引导学生学会对人生、对生活、对大学和对自己进行深入思考，成为青年学生大学人生路上的第一盏明灯。

青年朋友们，千里之行，始于足下！未来，毕竟是要通过一步步的跋涉才能到达。因此，只要对未来有一个清晰的目标，有一颗善良聪慧的心，有一双明辨是非的眼睛，有战胜困难的勇气和技巧，有勇敢而坚持的行动，相信你的大学生活一定充实而无悔，你的人生也将充实而无悔。

本书自2010年出版以来，迄今已重印了5次。2011年，被确定为"普通高等教育'十二五'规划教材"。为适应高等教育中本课程教学的需要，也为了吸收国内外最新的研究和实践成果，达到与时俱进的目的，我们在原书基础上进行了修订，形成了现在的第二版。与第一版相比，第二版在内容架构上没有太大的改动，只有第5章的4个小节做了微调；对各章的部分文字内容做了修改、更换；其中案例更新、更换得较多，新的案例更贴近新时期的学生，更体现当今社会学校的热点问题，增加了本书的可读性。

编　者

2014 年 3 月

目　　录

前言

第1章　大学之"使命" ················· 1
1.1　大学的起源及发展 ··············· 1
1.1.1　中国古代的大学 ··········· 1
1.1.2　西方的大学起源 ··········· 4
1.1.3　中国当代的大学 ··········· 9
1.2　大学使命 ····················· 12
1.2.1　研究高深学问 ············· 12
1.2.2　服务经济社会 ············· 13
1.2.3　推动文化进步 ············· 14
1.2.4　促进人的全面发展 ········· 15
1.3　大学精神 ····················· 17
1.3.1　关于大学精神 ············· 17
1.3.2　大学精神与大学校训 ······· 19
1.4　我与大学 ····················· 25
1.4.1　人生的意义 ··············· 25
1.4.2　大学生活 ················· 27

第2章　人生规划和职业规划 ··········· 38
2.1　美丽人生——你的人生规划 ····· 38
2.1.1　人生规划及其重要性 ······· 38
2.1.2　人生规划的原则 ··········· 46
2.1.3　人生规划的一般方法 ······· 57
2.1.4　成功 = 理想 + 规划 + 行动 ··· 59
2.2　职业规划 ····················· 61
2.2.1　职业规划的基本认识 ······· 61
2.2.2　职业规划的实施依据 ······· 63
2.2.3　职业规划的方法及步骤 ····· 65
2.2.4　了解职业 ················· 68
2.3　职业规划与职业测评 ··········· 73
2.3.1　职业规划决策 ············· 73
2.3.2　职业测评 ················· 79
2.3.3　职业兴趣测评 ············· 81

2.3.4　职业人格测评 ············· 87

第3章　素质决定成就 ················· 93
3.1　成功的基石——素质 ··········· 93
3.1.1　什么是素质 ··············· 93
3.1.2　成功者必备的素质 ········· 94
3.1.3　提升素质——大学生的时代
使命 ··················· 96
3.2　综合素质 ····················· 97
3.2.1　思想道德素质 ············· 98
3.2.2　人文素养 ················· 100
3.2.3　智力水平 ················· 103
3.2.4　心理素质 ················· 105
3.2.5　身体素质 ················· 109
3.3　关于诸"商" ················· 111
3.3.1　情商 ····················· 111
3.3.2　智商 ····················· 113
3.3.3　逆商 ····················· 114
3.3.4　创商 ····················· 116
3.3.5　德商 ····················· 118
3.3.6　财商 ····················· 119
3.4　综合素质的培养 ··············· 121
3.4.1　大学生综合素质的主要
问题 ··················· 121
3.4.2　大学对大学生素质形成
的作用 ················· 122
3.4.3　大学中的四个"学会" ······· 123
3.4.4　体验，让综合素质得以提升 ··· 128

第4章　"以终为始"与大学生活 ········· 146
4.1　规划转变为行动的秘诀——以
终为始 ··················· 148
4.1.1　什么是以终为始 ··········· 148

4.1.2 以终为始对大学生活的指导···· 155

4.2 成功的翅膀——人才定律和自身的 SWOT 分析··········· 157
  4.2.1 你的规划能实现吗——人才定律··········· 158
  4.2.2 人生导航——自身 SWOT 分析··········· 167

4.3 以终为始实现人生规划与理想···· 174
  4.3.1 以终为始，让梦想成真······· 175
  4.3.2 范例：以终为始规划大学生活··········· 175

第 5 章 大学学习特点与方法 ········· 181
5.1 大学学习特点 ··········· 181
  5.1.1 自主学习 ··········· 181
  5.1.2 创新学习 ··········· 184
  5.1.3 全面学习 ··········· 187
  5.1.4 终身学习 ··········· 189
  5.1.5 学以致用和知行合一 ··········· 190

5.2 转变心态，适应大学生活······· 193
  5.2.1 大学新生常见的心理问题···· 194
  5.2.2 调整心态主动适应 ··········· 197
  5.2.3 建立自信确立目标 ··········· 200

5.3 做好学业规划 ··········· 205
  5.3.1 学业规划设计对于大学生的现实意义 ··········· 206
  5.3.2 建立学业规划的依据 ··········· 207
  5.3.3 做好学业规划设计的步骤···· 208

5.4 大学学习方法 ··········· 211
  5.4.1 在课堂、实践中学习 ··········· 211

5.4.2 在实践中学习，在竞赛中检验 ··········· 216
5.4.3 向社会学习 ··········· 218
5.4.4 用好网络学习 ··········· 218

第 6 章 行动成就人生 ··········· 224
6.1 目标、规划、行动和结果······· 225
  6.1.1 目标、规划、行动和结果的关系 ··········· 225
  6.1.2 正确的目标，有效的行动···· 230

6.2 时不我待，从现在做起······· 238
  6.2.1 心动不如行动，从小事做起 ··········· 238
  6.2.2 时不我待，从此刻出发···· 244

6.3 习惯和自律，持之以恒······· 249
  6.3.1 习惯决定性格，性格决定命运 ··········· 249
  6.3.2 培养良好习惯，坚持严格自律 ··········· 257
  6.3.3 成功来自于持之以恒 ········· 260

6.4 按逻辑思考，按规则行事······· 263
  6.4.1 讲诚信：成于大气，信达天下 ··········· 263
  6.4.2 讲规纪：遵规守纪，按规则"出牌" ··········· 270
  6.4.3 讲法治：知法守法，依法行事 ··········· 274

后记··········· 282

第 1 章 大学之"使命"

初入大学校园的那一刻，映入眼帘的是偌大的校园、宏伟的教学楼、浩大的图书馆和一群群青春朝气的学子，一切都是那么新鲜，那么有趣。初为天之骄子的自豪感，不同往日、亲临其中的全新感官体验，让你不由自主地兴奋起来，然而这陌生的时空、陌生的人群又让你在兴奋之余感到茫然不知所措。面对这一切，自律不强的你或许会暂停歇脚，或许会从这里开始迷失方向，或许很想尽快地融入进来但又无所适从，许多的疑问一下子涌入了大脑却又找不到答案。本章的内容将带你走进大学的殿堂，了解大学之"大"、大学之使命、大学精神和大学生活。

1.1 大学的起源及发展

大学，所谓"海纳百川，有容乃大"之地。大学之"大"，不光在其有大楼、大师及研究之大……还在乎其时空之浩大。纵观大学发展的历史长河，大学的起源、发展和繁荣，无不是社会发展之产物，时代前进之必然。作为当代大学生，在学好扎实的理论知识、培养良好的综合素质的同时，也应对大学的起源和发展有所了解。

1.1.1 中国古代的大学

关于中国古代大学的起源，可追溯到上古时期的五帝时代，在虞舜年间(约公元前 2700 年)，学校已有大学和小学之分，并有专门的学官来管理当时的教育事业。据《礼记正义》(汉)郑玄注，(唐)孔颖达疏，"董仲舒曰：五帝名大学曰成均。""有虞氏养国老于上庠，养庶老于下庠。夏后氏养国老于东序，养庶老于西序。殷人养国老于右学，养庶老于左学。周人养国老于东胶，养庶老于虞庠，虞庠在国之西郊。皆学名也。""上庠、右学，大学也，在西郊；下庠、左学，小学也，在国中王宫之东。"可见在上古时期，大学的称谓各不相同，有"成均"、"上庠"、"东序"、"右学"、"东胶"等。当时的大学已经具备了高等教育的一些属性。

中国古代的高等教育起源于朝廷，可称之为"官学"；到了春秋战国时期，私人办学盛行，孔子则是最早开办私学的人之一。不同的办学模式使知识得以传播。自此，在中国古代社会的高等教育中，"官学"和"私学"一直并存发展。

"大学"在中国古代既指从事高等教育的学校，又指博大精深的学术，后者是前者教学修习的主要内容。儒家的优秀作品《大学》即是后者的典型代表，它专门讨论大学教育，在当时的课堂上应用广泛，传播深远。

《大学》成书于春秋时期，是《礼记》中的一篇。旧说为曾子所作，实为秦汉时期儒家的作品。宋朝著名理学家、儒学大师朱熹将《大学》与《中庸》、《论语》、《孟子》并称为四书，《大学》位居四书之首。他认为，"先读《大学》，以定其规模；次读《论语》，以定其根本；次读《孟子》，以观其发越；次读《中庸》，以求古人之微妙处。"

《大学》以人为中心，意在提高人的品格修养，成就人的德行功业，它指出道德修养的最高境界是"至善"，提出了修德的三纲领"在明明德，在亲民，在止于至善"和八条目"格物、致知、诚意、正心、修身、齐家、治国、平天下"，非常贴近人们日常生活的现实。《大学》全面总结了先秦儒家关于"诚意、正心、修身"的道德修养和"齐家、治国、平天下"的政治实践，寓道德于政治，两者相互交融。

大学之道，在明明德，在亲民，在止于至善。知止而后有定，定而后能静，静而后能安，安而后能虑，虑而后能得。

译文：大学的宗旨在于弘扬光明正大的品德，在于使人弃旧图新，在于使人达到最完善的境界。知道应达到的境界才能够确定志向；志向确定才能够心静不乱；心静不乱才能神思安稳；神思安稳才能思虑周详；思虑周详才能有所收获。[①]

古之欲明明德于天下者，先治其国；欲治其国者，先齐其家；欲齐其家者，先修其身；欲修其身者，先正其心；欲正其心者，先诚其意；欲诚其意者，先致其知；致知在格物。

译文：古代那些想把自己的美德彰显于天下的人，首先要治理好自己的国家。要治理好自己的国家，必须先管理好自己的家庭和家族；要管理好自己的家庭和家族，先要修养自身的品格；要修养自身的品格，先要端正自己的心思；要端正自己的心思，先要使自己的意念真诚；要使自己的意念真诚，必须先获得知识；获得知识的途径在于穷究事物的道理。（另一种译文为要使自己的意念真诚，先要招致自己的良知；招致自己的良知，在于摒除物欲的蒙蔽。）[②]

此处之"大学"在传统意义上其含义有二：一是博学，指广泛地学习；二是相对于"洒扫、应对、进退之礼和礼乐射御书数"等小学内容而言的"大人之学"，即伦理道德、政治哲学等方面的学问。宋朝著名的儒学大师朱熹在《大学章句·序》中谈到，"大学之书，古之大学所以教人之法也。""人生八岁，则自王公以下，至于庶人之子弟，皆入小学，而教之以洒扫、应对、进退之节，礼、乐、射、御、书、数之文；及其十有五年，则自天子之元子、众子，以至公、卿、大夫、元士之适子，与凡民之俊秀，皆入大学，而教之以穷理、正心、修己、治人之道。此又学校之教、大小之节所以分也。"可见，在当时的教学之地，大多以《大学》之道教化人的思想，提升人的品格修养和德行功业，它是中国古代高等教育教学修习的主要内容，受到大力推崇。

而当代经常提及的"太学"之称始于西周，亦称大学，明确规定以"国子"即贵族子弟为教学对象。汉武帝时（公元前124年），董仲舒提出"愿陛下兴太学，置明师，以养天下之士"的建议。于是汉朝在京师设立太学，为中央官学、最高学府，这是我国历史上有文献记载的由官方兴办的第一所大学。继"太学"出现之后，又出现了"国子学"，始建于晋武帝咸宁二年（公元276年），与太学并立。南北朝时，国家或设太学，或两者同设，名称不一，制度也有所差异，但内容均为传授儒家经典的国家最高学府。北齐改"国子学"为"国子寺"。隋文帝时，"国子寺"总辖国子、太学、四门[③]等。隋炀帝时，将"国子寺"改名为"国子监"。

---

① 曾参，《大学》，第2页、第7页。

② 曾参，《大学》，第14页。

③ 中国古代的学校，北魏创立四门小学，唐朝四门为大学，隶属国子监，以传授儒家经典为主，学生的出身品级较低。

唐宋两朝仍沿袭隋文帝之制。到了明、清时期，仅设"国子监"，兼具"国子学"性质，不光有学生，而且还是当时的教育行政机关，统管全国的科举考试。

类似于现代大学的高等教育机构，在中国古代除了隶属于"官学"的太学、国子学、国子寺和国子监外，还有由古代"私学"发展起来的"书院"，它是古代学者在特定的地点整理、研究和教授知识的教育场所，书院是中国古代农业社会里一道亮丽而独特的风景。

我国书院发源于唐朝，兴盛于宋代，沿于明清时期，至今有一千多年的历史。在唐朝，具有"书院"称谓的机构非常多，有以儿童为教育对象的书院，有祭祀名人的书院，有和尚、道士们的书院，还有广收图书、聚众讲学的书院。当时书院只是校书和修书的地方，并非治学之所，也无教学之实，如最早建于唐朝的"丽正殿书院"。宋代以后，书院才逐渐成为学者们读书讲学之地，出现了一批集教育、研究和藏书于一体的具有大学性质的书院，如著名的白鹿洞书院、岳麓书院、石鼓书院和应天府书院。

当时这些书院大多"游离"在中国古代农业社会之外，在这里学习并非为了应付科举考试以求博得功名，而是以追求和钻研高深的学问为目的，为超脱现实的功利而存在，不同于"官学"。朱熹在《白鹿洞书院揭示》中明确提出，书院的办学宗旨应该是"正其义，不谋其利，明其道，不计其功。"[①]当时的书院与现在的大学在性质上有很大的不同，它是完全独立于社会而存在的，它的创立并非是为了促进当时农业社会的发展。书院在当时主要宣讲的是远离经济的古代哲学思想——礼学。讲授的内容也主要以儒家思想和儒家典籍为主，如《论语》、《礼记》、《周易》等。"在政治上书院也是力图避开政治纷争，摆脱政治干涉，在书院的办学宗旨里并没有'学而优则仕'的观念，只是为了塑造明人伦、重道义的完美道德品格，而不是为了统治者培养维护统治的人才。"[②]尽管后来随着社会的发展，官学之气逐渐侵入书院，但书院最初的这种办学理念仍在以各种方式影响着它的办学活动。例如，在当时的书院中，不乏有朝中人士在更朝换代中厌弃世俗生活而隐居山林，为自己从事教授和学术研究而兴建书院。除此之外，书院的这种办学宗旨还体现在它的地理位置上，绝大多数影响较大的书院都远离当时社会的经济政治中心，坐落于相对偏僻而幽静的山林之中，如江西庐山五老峰下的白鹿洞书院，湖南岳麓山抱黄洞下的岳麓书院，河南太室山中的崇阳书院以及江苏三茅山后的茅山书院等。书院建于山中，能够让学者潜心钻研学术，教授知识，一心只读圣贤书。但是却与社会毫无瓜葛，实属世外桃源，因此难以在社会中发展和进步，这也是古代书院与现代大学的不同之处。大学脱离社会而自行发展或许是当时自给自足的农耕时代发展的结果，但长此以往大学是无法融入社会的，特别是在工业革命后快速发展的社会中，大学更加难以生存。也正因为这样，中国的书院无法成为中国现代大学的源头。

中国古代大学的主要特征[③]有以下五个方面。

(1)强调品德教育。儒家教育以"明人伦"为中心，以三纲五常为行为规范。宋代理学家把封建的伦理道德视为"天理"，强调修身养性，格物致知。

(2)传授知识与创造知识相结合。古代官学中太学的教学以相互问难、讨论经义为重要形式。私学书院，以培养人才为宗旨，以繁荣学术为己任，传授和创造知识相结合。

---

①　孙培青，《中国教育史》，第 208 页。

②　凡奇，《从边缘到中心——走向社会中心的大学使命与大学教育改革》，第 9 页。

③　张向前，《中华高教研究》，第 21 页、第 22 页。

（3）官学与私学相结合。春秋战国时期，后高等教育形成官学和私学共同发展的局面，私学发展弥补了官学在数量和其他方面的不足，私学促进了官学的发展。

（4）重人文轻科学。儒家主张"劳心者治人，劳力者治于人"，强调教人予"穷理、正心、修己、治人之道"，因此教学内容多为讲究修齐治平的儒家经典以及文史辞章等，使得中国古代高等教育中人文学科高度发达，这也是中国古代政治家、史学家、文学家人才辈出的重要原因。

（5）关心政治。中国古代大学历来是开展政治活动的场所，学员关心国家大事，议论朝政。官学和私学差不多，是"家事国事天下事，事事关心"。"学而优则仕"是教育的主要目标，隋朝后，科举成为中国古代高等教育的重心。

1.1.2　西方的大学起源

西方的大学发源较早，在古希腊时期就已有高等学校。哲学家柏拉图在雅典创办了古希腊最著名的阿卡德穆斯学园。后来柏拉图的学生亚里士多德也效仿他，在雅典创办哲学学校吕克昂学园。当时的学园大多是教派团体性质，设有放置祭祀用品的神庙和神庙柱廊上缪斯女神的雕像。柏拉图希望通过教学来进行教育，而亚里士多德则希望除训练之外，还采用研究的方法来进行教育。为此，吕克昂配备了宽大的图书馆、博物馆和实验室，以供科学研究之用，并把为社会培养良好的、融洽的成员作为教育目标。

但人们通常是把中世纪大学的诞生作为现代大学发展的起点，而并非古希腊的高等学府，原因在于大学或学园中是否建立起"行会"。

"行会"（英文 guild），在欧洲产生于9世纪，兴盛于11世纪，是随着城市的兴起和生产的繁荣，新兴市民阶层为了解决经营困难，保护同行利益而组成的同业或相关行业的联合组织。关于当时的学者如何通过行会而形成大学的证据现在已无从考证，但形成的原因却是明确的。例如，当时的博洛尼亚大学，"来自欧洲各个地区的学生和教师汇聚到博洛尼亚，依据博洛尼亚的法律他们是外国侨民，因而长远来看，博洛尼亚人未来的教育事业就可能受到危害。处于当时的社会环境之下，人们目睹公社团体和手工业者、商业行会组织迅速发展的现状，自然而然地这些外来的学者首先是法律学者联合起来，形成一个保护他们自身的联合体——或者称为'大学'"。①行会是当时中世纪社会环境下特殊的发展群体，当时大学借鉴它的形式而获得生存发展的机会。

中世纪大学的办学理念跟中国农业社会的书院有着相似之处：都起自民间，属于高等教育的办学机构。学校的建立和教学活动仅仅是为了教授学问和传播知识，它的教学内容是形而上的，基本与社会现实脱离，也不追求将知识运用于社会的发展之中。当时的教会和世俗力量都力图使大学为己所用，因为在大学创办之地，会带来经济和文化等方面的繁荣。作为学者行会的大学则极力排斥外界的干扰，摆脱专制的社会控制，彰显其"出淤泥而不染"的气质，具有相对的独立性。

中世纪大学以远离世俗为荣，游离于社会之外。随着工业革命的逐渐到来，大学逐渐从"象牙塔"走向社会，世俗化倾向也愈发明显。任何新生事物出现后，在长久的发展过程中如果一成不变的话，都会让人感觉沉闷乏味，以致失去兴趣。中世纪大学也是如此，学生们

---

① 凡奇，《从边缘到中心——走向社会中心的大学使命与大学教育改革》，第2页。

长时间处于这样的一种学习状态，便逐渐开始厌倦了那种讲课和辩论的教学方式，大学也因此逐渐失去了生机与活力。加之工业革命的社会环境影响，大学的传统办学理念发生了根本性的转变，大学开始融入社会。当然，这样的转变是需要一定的时间和过程的，但它标志着大学开始从遥不可及的云端走入现实的社会。因此，大学的发展在社会上赢得了越来越多的支持和呼声，大学的办学方向也朝着社会的需求慢慢靠近。

不少教育家认为工业社会第一所现代大学的出现应归属于德国的柏林大学。从 1806 年德意志大败于法国拿破仑，并签订丧权辱国的条约后，有着理性主义传统的德意志民族就希望通过精神力量来弥补现实的物质损失，以求振兴民族。于是，教育成了首要的选择。1808 年，普鲁士成立公共教育部，由历史学家、教育学家威廉·冯·洪堡任部长，1810 年，洪堡主持创办了柏林大学。在此情此景下创立的柏林大学必然会与社会有着密切的联系，满足社会需求，适应社会发展。创始人洪堡主张自由的教育思想，提出了"教学与科研统一"的科学教育理念。他非常重视大学，视之为社会的道德灵魂，认为大学"是为了确保获得最纯粹和最高形式的知识(wissenschaft，它常常被译作科学)，正如后来认识到的，并不是适应一个当时尚未存在的工业德国需要的以研究为方向的，尤其是有关自然的科学。"[1]在这样的思想指导下，柏林大学和社会走得越来越近，逐渐被纳入到国家工业化发展的轨道上，帮助德国创造了"德国奇迹"。这使得柏林大学在世界上声名鹊起，成为许多先进国家高等学府争相模仿和学习的对象，包括当时美国的大学。

19 世纪后，德国大学的办学成就让许多美国教育者向往，于是陆续派出留学生到德国学习。1815 年，哈佛大学开始派学生留德学习深造。到 19 世纪 80 年代，短短几十年间，美国留德学生已逾 2000 人。当时"德国的高等教育体系对这批人有着强烈的震撼。""德国的大学以课堂授课，学生自由选课，教育自由研讨为主。浓厚的学术研究空气，获取新知识的孜孜不倦的特点使最初的留学生们耳目一新。"[2]美国作为一个移民的国家，推崇实用主义，对大学的实用性更加看重。因此，美国的大学将适应社会需求的这一办学理念发挥到了极致，这一理念在 19 世纪末 20 世纪初也是最直接和最有成效的。在现代的工业社会中，这种办学模式使大学以前所未有的速度融入社会中来，教学、科研与直接的社会服务紧密结合起来。大学从社会的边缘逐渐置身于社会的中心，在社会发展中发挥着越来越重要的作用。

第二次世界大战后，不少政治家和科学家清醒地意识到，要让大学的科研力量为国家和战争服务，当时，这项提议得到了罗斯福总统的批准并开始实施。政府与大学、研究所和工业实验室签订合同，大学与政府之间的新型关系由此产生。

由于第二次世界大战后各国政府对高等教育和科研机构的重视，它们采取不同的政策发展文化教育事业，使得各国的大学呈现出一派欣欣向荣的景象。作为研究高深学问的大学，越来越受到世人的关注和社会各界的高度重视。各国大学发展日臻完善，特别是欧美国家一些历史久远的大学，经过了几百年的发展和积淀，逐渐显露出深厚的文化底蕴和文化气息，成为一批具有世界影响力的知名大学，如美国的哈佛大学(1636 年创立)、斯坦福大学(1885 年创立)、麻省理工学院(1861 年创立)，英国的牛津大学(1167 年创立)、剑桥大学(1209 年创立)，法国的巴黎大学(中世纪创立)，日本的东京大学(1877 年创立)……世界各地的学子争相迈入这些大学，进行全身心地洗礼和钻研。

---

① (美)伯顿·克拉克，《高等教育新论——多学科研究》，第 38 页。
② 舸昕，《从哈佛到斯坦福》，第 22、23 页。

部分世界名校简介：

美国哈佛大学(Harvard University)

美国哈佛大学创建于1636年，是美国最早的私立大学之一，总部位于波士顿的剑桥城。1636年10月28日，马萨诸塞海湾殖民地议会通过决议，决定拨款400万英镑筹建一所像英国剑桥大学那样的高等学府。由于哈佛大学的创始人中有不少人出身于英国剑桥大学，他们就把哈佛大学所在的新镇命名为剑桥城。1638年，学校正式开学，第一届学生共9名。1639年3月13日，马萨诸塞海湾殖民地议会通过决议，把这所学校命名为哈佛学院。在建校的最初一个半世纪中，学校体制主要仿照欧洲大学，后扩建成哈佛大学。哈佛历任校长都坚持3A原则，即学术自由、学术自治和学术中立(这三个原则的英文单词第一个字母均是A)。哈佛大学的校训是："与柏拉图为友，与亚里士多德为友，更要与真理为友，"它强调的是一种精神以及真理的重要性。

哈佛大学的学生来自美国各地以及世界各国。它被誉为美国政府的思想库，在这里先后诞生了八位美国总统、众多诺贝尔奖得主和普利策奖得主。它培养了诸如微软、IBM这些商业奇迹的缔造者，为美国经济社会的发展和中美文化交流培养了众多人才。

英国牛津大学(University of Oxford)**和剑桥大学**(University of Cambridge)

牛津大学和剑桥大学一直以来都被人们联在一起。在英文里则有一个专有的词：牛桥(Oxbridge)。在英伦岛屿上，它们是既出类拔萃又深受欢迎的地方。剑桥大学的建立源于牛津大学，是从牛津大学中发展出来的。因此，两所学校的组织、建筑格式等非常类似，两校之间的接触与交流也一直很密切。

牛津大学建校于1167年，位于英国牛津市，传说是古代牛群涉水而过的地方，因而取名牛津(Oxford)。牛津大学是英语国家中最古老的大学，早在1096年，就已有人在牛津讲学。在12世纪之前，英国是没有大学的，人们都是去法国和其他欧陆国家求学。1167年，当时的英格兰国王同法兰西国王发生争吵，于是一批在巴黎留学的学者被召回国，聚集于牛津，从事经院哲学的教学与研究，这实际上就是牛津大学的前身。学者们之所以会聚集在牛津，是由于当时亨利二世把他的一个宫殿建在牛津，学者们为取得国王的保护而来到了这里。12世纪末，牛津被称为"师生大学"。1201年，它有了第一位校长。1213年，该校从罗马教皇的使节那里得到第一张特许状。

剑桥大学位于英格兰的剑桥镇，小镇有一条河流穿过，这条河被命名为"剑河"(River Cam，也译作"康河")。早在公元前43年，罗马士兵就驻扎在剑河边，后来在剑河上建起了一座大桥，这样，河名和桥加在一起，就构成了剑桥这一地名。剑桥大学成立于1209年，最早是由一批为躲避殴斗而从牛津大学逃离出来的老师建立的。亨利三世国王在1231年授予剑桥教学垄断权。绝大多数的学院、研究所、图书馆和实验室都在这个镇上，此外还有20多所教堂。剑桥大学的许多地方保留着中世纪以来的风貌，到处可见几百年来不断按原貌精心维修的古城建筑，许多校舍的门廊、墙壁上仍然装饰着古朴庄严的塑像和印章，高大的染色玻璃窗像一幅幅瑰丽的画面。

牛津大学更注重思想，有浓厚的政治氛围，培养出了29名首相；剑桥大学更注重求知，充满着浪漫的人文主义气息，培养出了61位诺贝尔奖获得者。牛津大学和剑桥大学作为世界顶尖级的大学，不光是教育界学习的楷模，也是学者们学习的国度与精神生活的天堂，两所大学自中世纪以来不断更新思想，与时俱进，至今仍成绩斐然。

　　随着工业时代的到来以及信息社会的发展，大学改变了中世纪的办学传统，开始融入社会，融入生活，二者息息相关，水乳交融。然而在21世纪这样的一个新时代里，依然还存在像世外桃源一样的学校，虽然它仅仅是冰山上的一角，但我们也应该有所了解。

　　幽泉学院（Deep Spring College）

　　幽泉学院创建于 1917 年，学校坐落于美国加利福尼亚州的荒漠山谷，与世隔绝，是真正的世外桃源。全校只有 26 名学生，每年只招男生，被录取学生的 SAT（Scholastic Aptitude Test，美国高中生的“高考”）平均分与哈佛大学和加州理工学院的新生录取分数相当。申请者在录取之前要接受两轮面试的考核，第二轮面试是到学校接受为期 3 天的农场劳动和课堂考验。学生学制两年，之后再转到其他大学继续深造。每位学生的学费和生活费全免，全部学生得到的各种资助每年达到 5 万美元。学生在校期间要参与耕种、放牧。每年有数以万计的顶尖高中毕业生申请到该校读书。据统计数据表明，在过去十几年里，幽泉学院的学生转到了许多其他优秀的学校继续学习，如哈佛大学、芝加哥大学、耶鲁大学、布朗大学、哥伦比亚大学、斯坦福大学和牛津大学等名校。幽泉学院的创办人卢西恩·卢修斯·纳恩认为，物质世界充满罪恶，真正的伟人要能倾听“荒漠的声音”，并为学院定下了影响至今的校训：劳动、学习、自治（labor, academics, and self-governance）。这所特立独行的牛仔式大学，是许多优秀学生的“乌托邦”，同时也是美国高等教育实验的成功典范。

　　北京时间 2012 年 10 月 6 日，英国《泰晤士报高等教育副刊》（Times Higher Education）与 IDP 教育集团全球首发 2012～2013 年世界大学排名（表 1-1）。我们一起来看看。

表 1-1　泰晤士报 2012～2013 世界大学排名

世界排名	Institution	大学名称	Country / Region	国家/地区	总评得分
1	California Institute of Technology	加州理工学院	United States	美国	95.5
2	University of Oxford	牛津大学	United Kingdom	英国	93.7
	Stanford University	斯坦福大学	United States	美国	93.7
4	Harvard University	哈佛大学	United States	美国	93.6
5	Massachusetts Institute of Technology	麻省理工学院	United States	美国	93.1
6	Princeton University	普林斯顿大学	United States	美国	92.7
7	University of Cambridge	剑桥大学	United Kingdom	英国	92.6
8	Imperial College London	帝国理工学院	United Kingdom	英国	90.6
9	University of California, Berkeley	加州大学伯克利分校	United States	美国	90.5
10	University of Chicago	芝加哥大学	United States	美国	90.4
11	Yale University	耶鲁大学	United States	美国	89.2
12	ETH Zürich-Swiss Federal Institute of Technology Zürich	瑞士联邦理工学院-苏黎世	Switzerland	瑞士	87.8
13	University of California, Los Angeles	加州大学洛杉矶分校	United States	美国	87.7
14	Columbia University	哥伦比亚大学	United States	美国	87
15	University of Pennsylvania	宾夕法尼亚大学	United States	美国	86.6
16	Johns Hopkins University	约翰霍普金斯大学	United States	美国	85.6
17	University College London	伦敦大学学院	United Kingdom	英国	85.5
18	Cornell University	康奈尔大学	United States	美国	83.3
19	Northwestern University	西北大学	United States	美国	83.1
20	University of Michigan	密歇根大学安娜堡	United States	美国	82.6
21	University of Toronto	多伦多大学	Canada	加拿大	82.2
22	Carnegie Mellon University	卡内基梅隆大学	United States	美国	81.5

世界排名	Institution	大学名称	Country / Region	国家/地区	总评得分
23	Duke University	杜克大学	United States	美国	81.2
24	University of Washington	华盛顿大学	United States	美国	79.9
25	Georgia Institute of Technology	佐治亚理工学院	United States	美国	78.8
25	University of Texas at Austin	得克萨斯州大学奥斯汀分校	United States	美国	78.8
27	University of Tokyo	东京大学	Japan	日本	78.3
28	University of Melbourne	墨尔本大学	Australia	澳大利亚	77.9
29	National University of Singapore	新加坡国立大学	Singapore	新加坡	77.5
30	University of British Columbia	英属哥伦比亚大学	Canada	加拿大	77.3
31	University of Wisconsin-Madison	威斯康星麦迪逊大学	United States	美国	76.9
32	University of Edinburgh	爱丁堡大学	United Kingdom	英国	76.1
33	University of Illinois at Urbana Champaign	伊利诺伊大学香槟分校	United States	美国	75.8
34	McGill University	麦吉尔大学	Canada	加拿大	75.7
35	University of California, Santa Barbara	加州大学圣芭芭拉分校	United States	美国	75.6
35	University of Hong Kong	香港大学	Hong Kong	中国香港	75.6
37	Australian National University	澳大利亚国立大学	Australia	澳大利亚	75.4
38	University of California, San Diego	加州大学圣地亚哥分校	United States	美国	75.2
39	London School of Economics and Political Science	伦敦政治经济学院	United Kingdom	英国	73.1
40	École Polytechnique Fédérale de Lausanne	洛桑联邦高等工业学院	Switzerland	瑞士	73
41	New York University	纽约大学	United States	美国	72.8
42	Karolinska Institute	卡罗林斯卡学院	Sweden	瑞典	72.4
42	University of North Carolina at Chapel Hill	北卡罗来纳州大学教堂山分校	United States	美国	72.4
44	University of California, Davis	加州大学戴维斯分校	United States	美国	71.8
44	Washington University in St Louis	圣路易斯华盛顿大学	United States	美国	71.8
46	Peking University	北京大学	China	中国	70.7
47	University of Minnesota	明尼苏达大学	United States	美国	70.5
48	Ludwig-Maximilians-Universität München	慕尼黑大学	Germany	德国	70.4
49	University of Manchester	曼彻斯特大学	United Kingdom	英国	70.1
50	Pohang University of Science and Technology	浦项科技大学	Republic of Korea	韩国	69.4
51	Brown University	布朗大学	United States	美国	68.9
52	Tsinghua University	清华大学	China	中国	67.1
53	Ohio State University	俄亥俄州立大学	United States	美国	67
54	Boston University	波士顿大学	United States	美国	66.8
54	Kyoto University	京都大学	Japan	日本	66.8
56	University of Southern California	南加州大学	United States	美国	66.3
57	King's College London	伦敦大学国王学院	United Kingdom	英国	66.2
58	Katholieke Universiteit Leuven	比利时天主教鲁汶大学	Belgium	比利时	66.1
59	Seoul National University	韩国首尔国立大学	Republic of Korea	韩国	65.9
59	École Normale Supérieure	巴黎高等师范大学	France	法国	65.9
61	Pennsylvania State University	宾夕法尼亚州立大学	United States	美国	65.8
62	École Polytechnique	巴黎高等理工学院	France	法国	65.7
62	University of Sydney	悉尼大学	Australia	澳大利亚	65.7
64	Leiden University	莱顿大学	Netherlands	荷兰	65.1
65	University of Queensland Australia	昆士兰大学	Australia	澳大利亚	64.4
65	Hong Kong University of Science and Technology	香港科技大学	Hong Kong	中国香港	64.4
67	Utrecht University	乌特列支大学	Netherlands	荷兰	64.1
68	Korea Advanced Institute of Science and Technology	韩国先进科技学院	Republic of Korea	韩国	64
69	Purdue University	普渡大学	United States	美国	63.8
70	Georg-August-Universität Göttingen	哥廷根大学	Germany	德国	63.2

续表

世界排名	Institution	大学名称	Country / Region	国家/地区	总评得分
70	Wageningen University and Research Center	瓦格宁根大学	Netherlands	荷兰	63.2
72	University of Massachusetts	马萨诸塞大学	United States	美国	62.9
72	Erasmus University Rotterdam	鹿特丹大学	Netherlands	荷兰	62.9
74	University of Bristol	布里斯托大学	United Kingdom	英国	62.5
75	Rice University	莱斯大学	United States	美国	62
76	University of Pittsburgh	匹兹堡大学	United States	美国	61.7
77	Delft University of Technology	代尔夫特理工大学	Netherlands	荷兰	61.6
78	Universität Heidelberg	海德堡大学	Germany	德国	61.4
79	Emory University	埃默里大学	United States	美国	61.3
80	Durham University	杜伦大学	United Kingdom	英国	60.7
81	Université Pierre et Marie Curie	巴黎第六大学	France	法国	60.5
82	Lund University	隆德大学	Sweden	瑞典	60.3
83	University of Amsterdam	阿姆斯特丹大学	Netherlands	荷兰	60.1
84	University of Montreal	蒙特利尔大学	Canada	加拿大	59.8
85	University of New South Wales	新南威尔士大学	Australia	澳大利亚	59.6
86	Nanyang Technological University	南洋理工大学	Singapore	新加坡	59.4
87	Tufts University	塔夫斯大学	United States	美国	59.1
88	McMaster University	麦克马斯特大学	Canada	加拿大	59
89	University of Groningen	格罗宁根大学	Netherlands	荷兰	58.8
89	University of Zürich	苏黎世大学	Switzerland	瑞士	58.8
91	University of Colorado Boulder	科罗拉多大学波尔得分校	United States	美国	58.7
92	Université Paris-Sud	巴黎第十一大学	France	法国	58.6
93	Ghent University	根特大学	Belgium	比利时	58.4
94	Michigan State University	密歇根州立大学	United States	美国	58.3
94	University of Notre Dame	圣母大学	United States	美国	58.3
96	University of California, Irvine	加州大学欧文分校	United States	美国	58.2
97	University of Maryland, College Park	马里兰大学帕克分校	United States	美国	57.9
98	University of Arizona	亚利桑那大学	United States	美国	57.7
99	Monash University	莫纳什大学	Australia	澳大利亚	57.5
99	Humboldt-Universität zu Berlin	柏林洪堡大学	Germany	德国	57.5

1.1.3　中国当代的大学

中国古代农业社会里，大学脱离社会而独立存在，以纯粹地传播学问、研习讲学为目的。到了近代，社会快速地发展，清政府的闭关自守让中国远远落后于西方国家。鸦片战争后，西方列强的大炮惊醒了中国学者的"学术梦"，打碎了当时书院学习的宁静和"超凡脱俗"。"救国图强"成为当时许多知识分子的迫切愿望，于是他们开始学习西方大学的办学模式和理念，在短期内实现了对中国传统书院的改革、改制。加之鸦片战争后又新开办了一批学校，于是，具有现代大学雏形的新型学校开始出现，并由此拉开了中国近代高等教育的序幕。

1895 年，筹资兴办的天津中西学堂头等学堂(1902 年改名北洋大学堂，今为天津大学)，被称为中国近代第一所具有大学雏形的学校；1896 年，又筹办了著名的南洋公学(今上海交通大学)；1898 年，在北京开办了京师大学堂(今北京大学)，这是我国近代史上第一所国立高等学府，它的创立取代和继承了传统的太学、国子监，扮演着全国教育管理机关和最高学府的双重角色，在全国有着首屈一指的地位。当时由光绪皇帝谕示总理各国事务衙门奏拟、梁启超代为起草的京师大学堂建校章程第一条就体现了这点，"京师大学堂，为各省之表率，万国所敬仰。规模当极宏远，条例当极详密，不可因陋就简，有失首善体制。"京师大学堂的办学理念"不再恪守中学，也不限于一技之能，而是要使学生能知晓中外，通达时务，经世济变。"①课程设置基本上也是仿照西方大学的惯例制定的。这一时期的京师大学堂在各方面都体现出它的独特性和先进性，例如，大规模地向海外派遣留学生；爆发了具有深远影响的学生爱国拒俄运动；首次举办了学生体育运动会。这些都体现出当时京师大学堂师生们对民主和科学及民族气节的追求，对其今后多年的发展有着深远的影响。京师大学堂的建立，宣告了中国几千年的旧封建教育体制的全面崩溃，标志着一个新兴的、符合时代发展需要的新型大学教育体制的诞生。

中国近代大学的兴办，对沟通中西文化起到了积极的作用，虽然它有很大的局限性和不足，但在中国近代大学向现代大学迈进的过程中有着不可替代的作用。

"五四"运动后，青年们高举"民族"和"科学"的爱国旗帜，推动着中国大学继续前进。此时社会的现状让他们更加注重教育的实用性，大力推崇美国大学盛行的实用主义思想。因此，大学办学是为了适应社会需求的观念在当时得到了进一步加强，这在后来的抗日战争和国内革命战争中得到了充分体现。抗日战争时期，国统区大学的内迁活动就是为了适应反法西斯斗争需要而进行的，抗日救国的坚定信念为中外大学的发展史写上了悲壮高亢的一页。在中国共产党的领导下，当时的苏维埃大学、红军大学、抗日军政大学、陕北大学和延安大学都是为了适应阶级斗争和民族斗争而建立的，在"劳动与教育联系"的办学方针中，它们为中国革命的最后胜利做出了巨大贡献。

新中国成立后，中华人民共和国走上了社会主义道路，在经济、政治、文化教育等方面开始全面向苏联学习。经济上的改革让大学的办学宗旨也转变到适应工业化建设的需要上来。为了迅速改变我国经济文化落后的状况，1958年，为适应"大跃进"下新形势发展的需要，党中央、国务院指示，"大力发展中等教育和高等教育，争取在15年左右的时间内，基本做到使全国的青年和成年，凡是有条件的和自愿的，都可以接受高等教育。"新办大学应运而生，大学教育有了一个发展的好时机。几年后的"文革"运动，让大学教育呈现出两极分化的状况。一是正规大学教育被大幅缩减；二是非正规性大学超常地发展起来，如当时的"七二一大学"、"五七"大学，以及各类高校进修班、短训班等超规模地发展。"文革"后，中国大学教育开始全面恢复，大学以加强发展重点院校的方式提高质量和效益，同时也随着社会主义市场经济发展的需要而不断改进和发展。大学在社会中的作用越来越重要，并开始融入社会，促进社会的发展和进步。

改革开放三十多年来，在党中央"科教兴国"战略方针的指导下，中国的高等教育得到了快速发展，涌现出一批全国乃至世界闻名的高水平大学。1993年，国务院批转国家教育委员会《关于加快改革和积极发展普通高等教育的意见》，要求高等教育"规模有较大发展，结构更加合理，质量上一个台阶，效益有明显提高。"为了推进"科教兴国"战略的实施，1999年中央再次决定扩大高校招生规模，让更多的年轻人能有机会步入大学进行学习深造。此后，中国高等教育表现为主动、积极地适应我国社会经济、政治的发展而发展。近年来，

---

① 霍益萍，《近代中国的高等教育》，第53页。

高等教育逐步在普通民众中得以普及。2003 年，我国高等教育在校生人数首次超过美国，居世界首位。2005 年，全国高校招生人数是 1998 年的 4.7 倍，仅中国大陆在校学生人数就已经超过 2300 万，大学毛入学率超过 21%。[①]

据《中国统计年鉴》2011 年统计数据，普通高校在校生人数：2009 年有 2144.7 万人，2010 年有 2231.8 万人，2011 年有 2308.5 万人；普通高校毕业生人数：2009 年有 531.1 万，2010 年有 575.4 万，2011 年有 608.2 万。

据就业频道——中国教育在线统计的近年高校毕业生人数，如图 1-1 所示。

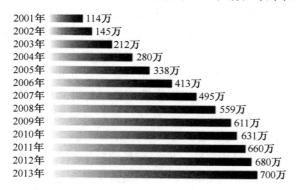

2001年	114万
2002年	145万
2003年	212万
2004年	280万
2005年	338万
2006年	413万
2007年	495万
2008年	559万
2009年	611万
2010年	631万
2011年	660万
2012年	680万
2013年	700万

图 1-1　近年全国高校毕业生人数

一方面，中国当代的大学教育进入了大众化时期，呈现出一片蓬勃发展的良好状态；另一方面，在校生和毕业生人数的急剧增加，也加剧了当今的就业形势。

中国是世界上历史最悠久的国家之一，拥有几千年的大学教育史，曾一度是世界上教育最发达的国家。由于中国古代农业社会的大学大多脱离社会而独立存在，因此不能成为现代大学的发源地。然而不少学者都曾将北京大学与世界各国一些古老的名牌大学相比较，认为北京大学是有几千年历史的"官学"的正宗嫡传，较其他国外名牌大学资历更深。

曾担任北京大学校长兼教师的著名学者胡适先生，在 1948 年北京大学建校五十周年期间发表过一篇名为《北京大学五十周年》的文章，他写道，"我曾说过，北京大学是历代的'太学'的正式继承者，如北大真想用年岁来压倒人，它可以追溯到'太学'起于汉武帝元朔五年(西历纪元前 124 年)公孙弘奏请为博士设弟子员五十人。那是历史上可信的'太学'的起源，到今天有两千零七十二年了。这就比世界上任何大学都年高了！"

原北京大学副校长、著名学者季羡林先生也曾写道，"计算北大的历史，我认为，可以采用两种计算法：一个是从古代的太学算起，到了隋代，改称国子监，一直到清末，此名未变，而且代代沿袭。这实际上是当时的最高学府。而北大所传的正是国子监的衣钵。这样计算，一不牵强，二不附会，毫无倚老卖老之意，而是实事求是之心。既合情又合理。倘若采用它，是完全能够讲得通的。"[②]因此，作为高等学府的中国当代大学也是完全有资历与世界名牌大学相媲美的。

---

① 张向前，《中华高教研究》，第 25 页。
② 季羡林，《巍巍上庠 百年星辰》，北京大学学报(哲学社会科学版)，1997 年第 6 期。

1.2 大学使命

在当代社会，大学是国家的高等教育学府，综合性地提供教学、科研和授权颁发学位的高等教育机关。选拔具有高中以上学历者进行教育、培训和深造，并以考试考核等方式检验其在校期间所学的知识和技能。

西班牙著名的思想家和社会活动家奥尔特加·加塞特在《大学的使命》中谈到，大学应该走出象牙塔，打开校门，走向社会，服务大众，推进社会文明。

大学在建立之初只是为了纯粹地传播知识和研究学问，随着社会的不断发展和进步，这样的办学目的已经不能满足社会的需求，适应社会的发展。于是后来，大学开始涉入适应社会的过程，探索真理，创新知识，服务社会。最终，大学走出了所谓的象牙之塔。

在当代，科学技术是第一生产力在现实生活中体现得淋漓尽致。社会的不断进步和发展，新兴行业的逐渐兴起，专业技术领域的不断深化，各行各业对专业技术人员和科技研发、产品开发人员需求的日益增强，使大学成了为市场提供高级专门人才和专业劳动力的重要场所。大学毕业生通过专业知识的学习和训练，能够在高科技领域占有一席之地。这样高校毕业生融入社会后，将自己的所学应用到实际工作中，反过来又促进了社会的进步与发展。

因此，当代大学对学生的教育内容有：通过思想教育培育信念；通过人文教育健全人格；通过科学研究创新知识；通过课堂教学传授知识；通过社会实践进行知识和专业技能的训练等。除此之外，大学还主动融入社会，完成"社会义务"。当然，这些"义务"会因社会、时代和大学的不同而有所不同。

因此，当代大学的使命大致有以下几个方面：研究高深学问、服务经济社会、推动文化进步、促进人的全面发展。其中，促进人的全面发展是大学的根本使命。

1.2.1 研究高深学问

"每一个较大规模的现代社会，无论它的政治、经济或宗教制度是什么类型，都需要建立一个机构来传递深奥的知识，分析、批判现存的知识，并探索新的学问领域。换言之，凡是需要人们进行理智分析、鉴别、阐述或关注的地方，那里就会有大学(普西，1963)。"[1]可见，大学的建立是知识传递由一般发展为高深的阶段，也是学校教育从基础教育到高等教育发展的结果。因此，大学作为高等教育机构，研究高深学问是大学的宗旨，也是大学的使命。

大学自创立之初就自觉地以研究高深学问为己任。19世纪初，洪堡创立了柏林大学，大力"发展了大学的研究功能，使它真正成为研究高深学问的机构、科学与学术的中心。"[2]美国著名的教育学家约翰·S.布鲁贝克指出，"高等教育与中等、初等教育的主要差别在于教材的不同：高等教育研究高深的学问。""教育阶梯的顶层所关注的是深奥的学问。"[3]中国现代教育家蔡元培也曾指出，"大学者，研究高深学问者也。"[4]

大学以研究高深学问为宗旨的含义是，大学不仅讲授和传播高深学问，而且注重科学研

① (美)约翰·S.布鲁贝克,《高等教育哲学》,第13页。
② 杨东平,《大学精神》,前言第2页。
③ (美)约翰·S.布鲁贝克,《高等教育哲学》,第2页。
④ 杨东平,《大学精神》,第324页。

究,即分析批判现存的知识,并探索新的学问领域,以通过研究而发展高深学问为主要办学任务,大学因此而成为新知识的发源地。[①]另外,大学在成为新知识发源地的同时让知识得到了传承和创新。一代代的大师们将自己毕生所学传授给莘莘学子,学子们在这里通过几年的刻苦钻研、学习思考,继承传统文化的同时又推陈出新。时光的流逝,一代代人的更替,让知识不断地传承和创新。

大学是研究高深学问的机构表现在以下几点:

第一,大学作为中学后教育,起点高,内容设置更加系统化、专业化,功能更加强大。这就决定了中学的学习方式不能适应大学的学习,教师在教学的过程中除了传授专业知识和高深学问外,还要引导学生自主思考、自主学习,培养学生的自学能力。这一点对个人一生的发展都有着重要的意义。

第二,19世纪初洪堡创立的柏林大学,提出了"教学与研究"相统一的科学教育理念,这让柏林大学的科学研究与社会实际相结合,从而使大学和社会走得越来越近,并创造了"德国奇迹"。重视对社会实际问题的科学研究是大学区别于初级、中级教育的主要特征之一。大学在科学研究的过程中不断解决新的社会问题,为社会的发展不断创新知识,推动社会不断前进。

第三,研究高深学问需要大学融入社会,同时大学也需要坚持学术自由和自主办学。中学教育主要是掌握必备的基础知识,但作为研究高深学问的大学,一方面需要融入社会,另一方面又要遵循科学研究的内在逻辑,因此大学具有相对的自由度和自治性。

信息时代的到来,让高深学问和知识有着越来越重要的地位。科学技术是第一生产力,因而作为研究高深学问的大学教育则是决定社会劳动生产率高低的因素之一。大学在研究高深学问的同时,一方面在研究的过程中不断创造新知识,推出新成果,推动社会的不断进步;另一方面,让学生不断地接触社会中最先进的知识和技能,掌握并运用到实际生活中,以适应社会的快速发展,让学生适应社会,与时俱进。所以,大学教育除了培养掌握专业知识、技能,能将知识与社会实践相结合,学以致用、学有所用的社会主义建设者之外,还要继续研究科学技术中最富有挑战性的基本问题,以便培养出更多杰出的学生,成为社会上富有创造性的成员。这是大学的使命之一,也是当代大学不容推卸的责任和义务。

1.2.2 服务经济社会

任何行业的建立都是以服务经济社会为前提的,否则它就没有持续旺盛的生命力,从而难以在现实社会长久生存。大学的另一个使命便是服务经济社会,自工业时代开始,这一使命就已得到印证。在当代社会经济快速增长、科技高度发达之时,大学服务经济社会的职能得到了越来越充分的体现。

工业经济时代,大学开始进入经济社会中,并服务于经济社会的发展。德国教育学家洪堡提出的"教学与科研相统一"的观点为大学服务于社会提供了理论上的支持。而后,注重实用主义的美国众多大学纷纷效法,将这一职能和使命发挥到极致。"这种服务的观念和做法适合着经济发展的需要,形成了大学具有权威性的办学指导思想,贯穿于整个工业经济时代

---

① 凡奇,《从边缘到中心——走向社会中心的大学使命与大学教育改革》,第49页。

的大学教育之中。我国在开始了工业化进程之后，也一直是把大学为经济建设服务作为始终坚持的办学宗旨。"①

改革开放以来，国家大力发展经济建设，以经济建设为中心，大力提高生产力，促进社会全方位改革。一方面，大学为经济社会的发展提供智力支持，如高级知识分子、专业技术人员或一般劳动者等，促使经济社会在高科技人员的指引和操作下快速发展，由此带来经济的飞速发展，创造出巨大的社会财富；另一方面，大学为了让培养的学生为社会带来更多价值，也在根据社会的发展和变化提升办学理念，调整办学定位，改革学校管理，加强师资队伍建设，改进教学方法，更新教学设备和公共设施，以提高教学质量和办学效益。

近年来，我国高等教育紧紧围绕着"科学发展"的主题，自觉参与推动战略性新兴产业发展的进程中，促进产学研紧密融合和科技成果的转化，加快产业化的步伐。与此同时，高等教育的范围也不断扩大，如自考、函授、网络等继续教育，为社会提供形式多样的教育服务，让大多数的人接受高等教育，将大学创造的先进科学技术和先进思想理念，注入大多数青年人的头脑，让他们不断吸收充足的养分壮大自己，武装自己，这样培养出来的适应社会需求的高素质人才，就能不断增强高等教育服务经济社会发展的能力，从而推动经济社会的发展。

大学和社会的关系一直是世人所关注的问题。从游离于社会边缘的过去到走入经济社会的当代，大学服务于经济社会的职能和使命从未改变过。从近代的京师大学堂到如今这支庞大的大学群，不管是研究高深学问，还是传授创新知识，无不是让大学服务于经济社会，推动经济快速增长，促进社会的发展和进步。在二者相互促进发展的同时，大学以最先进的办学理念和办学模式为适应经济社会发展而做出努力，为经济发展培养优秀人才，为新兴城市的建设和新农村的改革提供必要的智力保障，缩小社会的贫富差距，为创造和谐社会贡献出自己的一份力量。在当代，各高校都在加强科技创新和应用研究，"以服务求支持，以贡献求发展"，加快科技成果转化，服务地方经济建设，这也是高校服务经济社会的现实需要。

1.2.3 推动文化进步

文化一词，在现代汉语词典里被解释为，人类在社会历史发展过程中所创造的物质财富和精神财富的总和，特指精神财富，如文学、艺术、教育、科学等。一直以来，文化与教育就有着密切的联系，教育传递知识的同时也是文化传播和传递的过程。大学以研究高深学问为己任，自始至终就与文化密切相关，无论是其诞生之际，或是发展之时，抑或是科学技术高度发达的今天，大学都是精英文化的缔造者和传播机构。大学在研究高深学问的同时，通过具有创新精神的系列文化活动，丰富人们的生活，增加人们生活的情趣，提升文化品位，从而推动文化进步，适应当代社会发展的需求。

江泽民同志提出的"三个代表"重要思想，其中之一就是关于先进文化。中国共产党第十六次代表大会对"什么是先进文化"做出了明确论述："发展先进文化，就是发展面向现代化、面向世界、面向未来的，民族的科学的大众的文化，以不断丰富人们的精神世界，增加人们的精神力量。"这一论述体现了文化的真正内涵在于人本身的发展，它以优化人的精神为最终目的。

---

① 凡奇，《从边缘到中心——走向社会中心的大学使命与大学教育改革》，第118页。

大学教育是先进文化的教育，先进文化通过大学教育得以创新和传播。在这一过程中，大学积极发挥文化育人的作用，传播先进文化，把"不断丰富人们的精神世界，增加人们的精神力量"作为教育的主要目的，注重对青年学生精神世界的塑造和培养及完美人格的建立。这一主旨在现代大学起源之时就已有体现。大学培养的人才不再是迂腐的、教化类的人，而是自由的、全面发展的、彰显个性的新时代青年，他们在这里接受先进文化的熏陶和教育，感受博大精深的大学文化，亲历大学先进文化带给他们的全面洗礼，在这里积累、收获、提升、成长，成就创造美好精神家园和幸福、安宁生活的能力。

大学是先进文化的发源地，也是文化传承的重要载体和文化创新的重要源泉。社会的不断进步，文化的不断发展促使了文化的创新。通过继承传统文化，扬弃旧义，创立新知，以推陈出新的方式传播到社会、延续至后代，不断培育崇尚科学、追求真理的思想观念，从而推动文化建设，发展出具有面向世界、博采众长的先进文化。作为大学，有责任和义务推动文化的传承与创新，通过文化之力，促进人与人之间、人与自然、社会之间形成和谐关系。在面对多种思潮和多元文化时，大学总是以审视的眼光加以对待，以犀利的目光给予批判，坚定地传承优秀传统文化，发展创造民族先进文化，以达到匡正社会风气，引领社会先进文化健康发展的目的。另外，高等教育与基础教育的不同之处就在于对人性的塑造和自我完善。在大学教育中，大学以丰富的教学手段和形式多样的教育方式使先进文化进入青年学生的头脑，使之不断吸取知识的养分，茁壮成长，促进大学生对人性的塑造和自我完善，为社会培养出众多具有文化修养的创新人才，从而增强国家的文化软实力和本国文化的国际影响力，为人类文明进步作出贡献。

所以说，在当代社会，大学的办学宗旨除了传播知识，更在于陶冶人的情操，培养构建完美的人格，以人为中心和主体，推动文化进步。

1.2.4 促进人的全面发展

大学时期是人的社会化的关键时期。一个人只有进入社会，对社会的发展进步产生积极作用，他的生命才有价值，他的人生才有意义，这就是人的社会化问题。一个自然人要成为社会人，第一，他要具备在社会中生存的能力，就是我们所说的专业技能或一技之长。在过去，人们获得求生技能可以依靠师傅带徒弟的方式，而今天，大学给我们提供了培养专业技能的系统教育环境，所以技能社会化需要在大学中完成。第二，作为社会成员必须要有国家意识、民族意识和正确的政治意识，要使自己向着国家需要的人才方向上发展，了解国家的政治制度，履行公民的政治义务，这叫做人的政治社会化，它是大学教育的重要内容。第三，作为社会人，其行为要在国家的法律法规的范围内行使，要符合社会规范和法律法规，也就是说社会人要行为社会化，这就要求大学在人才培养的过程中注重培养学生的公民意识、法律意识、道德意识和道德能力。第四，社会人还表征在性别角色的社会化上，其含义是公民除享有社会基本公共权利和义务外，社会还赋予不同性别的社会成员不同的权利和义务，代表不同的社会特征和性别角色，这也需要学校、社会、家庭的教化和熏陶才能完成。由此可见，一个人不论将来是求生存还是求发展，大学的教育都应该是他一生中接受的一次最系统、最重要的教育，为人的社会化发挥着重要的作用。

随着时代的发展变化，大学教育更加需要根据社会对人才的需求来设计培养方案和专业培养计划，《国家中长期教育改革和发展规划纲要(2010～2020 年)》对高等教育提出：要"着力培养信念执著、品德优良、知识丰富、本领过硬的高素质专门人才和拔尖创新人才"。可以看出，当代大学的根本任务就是要贯彻"育人为本，德育为先"的高等教育理念，培养适应社会政治经济建设、社会发展的拔尖人才和建设者。胡锦涛《在庆祝清华大学建校100周年大会上的讲话》上提到：全面提高高等教育质量，必须大力提升人才培养水平。"要着力增强学生服务国家服务人民的社会责任感、勇于探索的创新精神、善于解决问题的实践能力，努力培养德智体美全面发展的社会主义建设者和接班人。要注重更新教育观念，把促进人的全面发展和适应社会需要作为衡量人才培养水平的根本标准，树立多样化人才观念和人人成才观念，树立终身学习和系统培养观念，造就信念执著、品德优良、知识丰富、本领过硬的高素质人才。要注重培养拔尖创新人才，积极营造鼓励独立思考、自由探索、勇于创新的良好环境，使学生创新智慧竞相迸发，努力为培养造就更多新知识的创造者、新技术的发明者、新学科的创建者作出积极贡献。大学坚持以人才培养为根本任务，强化厚基础、重实践、求创新的育人特色，大力培养高素质、高层次、多样化、创新型的人才。"这让我们联想起德国哲学家雅斯贝尔斯所指出的：教育是极其严肃的伟大事业，通过培养将新的一代带入人类文化精神之中，让他们在完整的精神中生活工作和交往。所以，教育不只是简单地培养一些专业人才，不只是使人在专业上成功，重要的是使培养的新的一代能生活、工作在"人类优秀文化精神之中"。这一经典思想向我们揭示了教育的本质，也就是说，教育应该是以人为本的关怀人、影响人、塑造人、引导人、改变人和发展人的教育。所以，今天的大学教育已经从过去单一的专业教育、专门化培养逐步发展成激发学生全面自由发展的活力，重视学生思想素质教育和文化素质教育，以促进人的全面发展为使命的大学教育。

大学教育是科技教育与人文教育并重的教育。"大学所进行的科技教育，是在提高创造'人之物'的能力，是人的本质力量的强化；大学所进行的人文教育更是直接为了人格的完善，为了实现人的价值，也可以说是为了'人的自由而全面的发展。'"[①]也就是说，科技教育和人文教育相结合的大学教育，才能让受教育者的人格更加完善、心智更加健全、情操更加高尚、品位更加优雅，才能使人从一个个体"独生"的自然人逐步成长为在群体中"共生"的社会人。今天的大学，优质的人力资源、文化资源和物质资源在这里聚集，学子们在教师的谆谆教导下，提升自己的专业知识和专业技能，在专业领域里有所建树，培养出自主学习的能力和善于思考、发现、解决问题的能力；同时，更重要的是莘莘学子在大学精神的感召下，在大学文化的熏陶中，在人文关怀的氛围里知使命、明责任、有道德、扩视野、学知识、提能力。因此，大学为学子们提供了足够的时间和空间来塑造个性、完善自我，促进个人的全面发展。

大学教育是教人学会"做人做事"的教育。被爱因斯坦称为才子的无名氏（Anonymous）有一句耐人寻味的话："什么是教育呢？把所学的东西都忘了，剩下的就是教育"[②]。这句话的意思是，教育最终赋予受教育者的不只是知识的积累，而是赋予受教育者学会做人做事，成就美好人生的道德智慧和创新创造能力。我国著名教育家陶行知先生说过这样一句话："千教万教教人求真，千学万学学做真人。"这就是说，教育的根本任务就是要教学生学会做人，做一个求真、求善、求美的人，做一个知行统一的人；教学生学会做事，追求真理，做正确的事和会正确地做事。今天的国家希望我们青年学生具有讲诚信、能负责、敢担当、会创新

---

① 凡奇，《从边缘到中心——走向社会中心的大学使命与大学教育改革》，第173页。
② 肖川，《教育的理想与信念》，第149页。

的优秀品质和能力，能够承担起国家未来的社会主义现代化建设和中华民族伟大复兴的历史使命，这就要求大学要为学子们提供完整而系统的人才培养体系，将课堂学习与课后实践相结合，学校教育与社会实践相结合，让学生在这一体系中学习、实践、体验、感悟和升华，帮助引导学生学会仰望星空，铸就人生理想；学会脚踏实地，实现人生理想；学会承担责任，敢于担当重任；学会执著坚守，对事业精益求精；学会爱和尊重，爱天下人，爱天下生命也善待自己；学会包容宽恕，与邻与友为善；学会诚实守信，忠诚待人诚信做事；学会理性思考，遇事冷静应对；学会谦虚严谨，性情不骄不躁；学会承受挫折，勇敢面对失败；学会组织领导和与人沟通，善于团队协作；学会知足，不贪财，不计较名利地位；学会优雅，懂得欣赏音乐美术诗词；学会唯美唯好，整洁高雅漂亮；学会表达自己，言谈举止有方，待人接物有礼；学会感恩珍惜，记住生命中所有帮助过自己的人；学会竞争创造；学会坚忍奋斗……

时代的进步给大学的使命提出了新的要求：研究高深学问、服务经济社会、推动文化进步、促进人的全面发展。只有这样，大学培养出来的高素质人才才能推动社会进步，引导人们不断向前，让大学生们在社会中表现自我，实现自我，发展自我，最终引领社会前进。

1.3　大　学　精　神

大学精神是一所大学的灵魂，是贯穿于大学始终的大学理念。它是大学在长期的发展过程中积淀形成的，具有自己独特气质的精神文明成果，它是一种共同的追求、理想和信念，具有相对的稳定性。大学精神是大学文化的精髓和核心，对大学的生存和发展起着导向作用。

1.3.1　关于大学精神

大学精神是在大学理念的支配下，经过所有大师、学子等大学人的努力，长期积累、积淀而成的共同的追求，共同的理想和信念。

大学精神是大学文化的核心，是大学的灵魂所在，也是大学的价值理念和价值追求。正如一个人的内在气节一样，大学精神蕴涵在大学的躯壳之中，虽然看不见摸不着，却无时不在。在大学精神的统领下，不同家庭条件和成长环境、不同价值观和人生观、不同文化和专业背景的学子凝聚在一起，形成一股向心力和凝聚力，维持着学校的正常运转，影响着社会的发展。没有大学精神的大学，就像没有灵魂的人，就不能称之为真正意义上的"大学"。大学精神既深藏于大学之中，又游离于大学之外。它给大学注入了生命活力，使大学不仅仅是教学楼、图书馆、林荫大道等毫无生气的建筑群落，也不仅仅是人才的聚集地，聚众讲学的场所，而是人、思想、价值观念、理性思考、创新、智慧与博大胸怀等精神的集合。

大学精神自大学创立之初就已存在，从近代、现代再到当代，大学精神在不同的历史条件和社会环境中流动、变化和发展着，正如每所大学在创立之初、发展之时和成熟之后的大学精神都有着些许变化一样，虽然基本主旨不变，但大学精神还是有着各种不同的表述。中山大学的青年学者任剑涛对大学精神的概括，很富于启示：大学精神和制度"具有相对于政治组织体制而言的独立性，相对于意识形态而言的自由性，相对于组织化社会自我确认特性而言的批判性，相对于重视功利的社会习性而言的创造性和传授知识的超脱性，相对于社会分工专门定势而言的包容性。"①

因此，大学精神主要包括以下内容：学术自由，自觉的学术精神，永恒的道德精神，包容与批判的精神和创新精神。

大学学术自由是维持大学生命活力的源泉。大学是研究高深学问、推动社会进步的场所，需要"相对于政治组织体制而言的独立性"和"相对于意识形态而言的自由性"的空间，需要让学者们在一个不受外界约束和干扰的自由环境中进行工作，给他们以独立思考的环境与空间，他们需要学术自由与学术言论自由。"这种自由一旦被剥夺，他就失去了充分参与智力交流活动的机会，而智力交流活动却是有助于培养人的价值观，有助于认识世界，有助于发挥那些最具人性特点的思维和想象力的。""如果我们希望推动社会进步，我们就不能用传统观念对这些人加以约束，也不能设置其他人为的障碍来抑制创造性思维。"②因此，要维持大学学术的生命活力，大学需要倡导学术自由的大学精神。

自觉的学术精神是大学充满学术活力的灵魂。曾任交通大学校长的叶恭绰在一次演讲中告诫师生："诸君皆学问中人，请先言学问之事。……尝以为诸君修学当以三为难衡：第一，研究学术，当以学术本身为前提以达于学术独立境界。……夫学术之事，自有其精神与范围，非以外力逼迫而得善果者……"这就是要求为学问者要有一种自觉的学术精神。大学要"真正培养出一些智慧的才具，培养出一些有骨头、有广博知识，同时又有影响力的知识分子"（李敖语），就需要大学自身具有深厚的文化底蕴，大学教师要有对科学的敬畏感和探知欲，要有对学术的孜孜追求，要有独立的批判精神和创新精神，以达到对学生的深厚影响和对学术的发展。大学的高深与涵阔，大学的进步与发展，均在于有自觉探究学术的精神。

永恒的道德精神是社会文明进步的灯塔。浙江大学校长竺可桢在战时西迁途中对学生说："乱世道德堕落，历史上均是，但大学犹如海上灯塔，吾人不能于此时降落道德标准。切记：异日逢有作弊机会是否能涅而不淄、磨而不磷，此乃现代教育试金石也。"大学聚集着一批民族精英，他们反观自己，远瞰世界，重温历史，感知未来；他们以高雅的文化品位和卓尔不凡的气质追求着自己的理想；他们拒绝社会腐朽，批判低俗观念。大学以高尚德行与理性思维培养目光远大、修养深厚、境界高远、学识广博的新一代社会力量，成为社会道德的坚守者和提升者，乃至道德先锋；大学精神中倡导道德重塑和道德实践，以积极的姿态影响社会风气，彰显道德精神的力量，成为社会文明进步的灯塔。

大学的包容精神表现为"海纳百川，有容乃大；壁立千仞，无欲则刚。"就是说大学以其博大的胸襟将不同文化背景、成长环境的人融入到一起，纳入到大学人的范围内，在它统一的文化背景和文化底蕴下，感染、熏陶、塑造和培育；大学的包容精神体现在名师如林、学子众多、唯才是用与宽容尊重上。大学的包容精神在学术上体现出兼容并包的精神，大力提倡学术自由、民主竞争、思想的交流和碰撞、中西合璧，使大学人在宽松、兼容并包的良好环境下读书思考、学习交流、探索研究，使大学成为科学与文化的实践地，成为博大精深的思想库和优秀人才的聚集地。

大学的批判精神表现为教师在教学和科研过程中，以科学的态度对待传统文化知识与现

---

① 杨东平，《大学精神》，前言第 11 页。
② （美）德里克·博克，《走出象牙塔——现代大学的社会责任》，第 17 页。

实问题，破除迷信与守旧主义，建立起完善的科学知识体系；表现为对社会现实思潮的理性反思和价值构建，在社会各种思潮和文化涌现出来之时，大学有义务和责任以审视的眼光对待，以犀利的目光批判，以达到匡正社会风气，引领社会文化健康发展的目的；大学的批判精神还体现在大学知识群体对政府决策的意见或建议上，他们以对问题的科学态度和客观的批判精神，以他们职业的特质和专业领域的眼光为政府决策提供咨询，帮助政府科学决策。

大学的创新精神是大学发展的不竭动力。江泽民同志曾经说过，创新是一个民族进步的灵魂，是国家兴旺发达的不竭动力。创新精神是大学存在和发展的必备要素，是大学保持社会地位的根本生命力。

19 世纪，洪堡提出教学与科研相统一的原则，在大学与社会相联系之时也让科学研究成为大学的一个重要职能。在社会的创新过程中，人才和有效知识发挥出的重要功能往往是在大学内完成的。大学的"基础研究和技术创新之间的联系往往是微妙的、间接的，它们之间的联系要经过很长的时期才会显现。"[①]直至大学研究成果的出现，这也是大学对社会的贡献。作为推动社会不断发展的大学，创新精神是它所必备的一个因素，也是大学不断向前发展的不竭动力。

大学以人才培养为己任，而创造性则是人才的核心要素。曾任哈佛大学校长的艾略特认为，大学文化最有价值的成果是让学生具有开放性的思维、审慎的思考态度、谦恭的行为方式，掌握哲学研究方法，全面了解前人积累的思想。爱因斯坦则更直接地认为，学校教育的首要目的是"发展独立思考和独立判断的一般能力"，"一个由没有个人独创性和个人志愿的规格统一的个人所组成的社会，是一个没有发展可能的不幸的社会。"

创新是大学精神的灵魂。创新精神可以帮助大学在教育理念、办学思想、培养模式、教学管理等方面塑造自我，发展出具有各自特色的独创性。哈佛大学以师资雄厚，拥有几十名诺贝尔奖得主的教授，以及拥有学术卓著、自由全面发展、自信自立自强的学生而著称；耶鲁大学则以教授治校、思想开放、人文一流、盛产总统而自豪；而普林斯顿大学则以重质量、重研究、重理论而闻名，并培养出多位诺贝尔奖获得者；斯坦福大学以积极主动的进取精神，提出不因袭任何传统，沿着自己的目标前行的理念，以"学术顶尖"的构想建设和发展大学，成为"硅谷"坚实的后盾。许多世界上顶尖的大学都因善于创新，坚持走自己的路而闻名于世，将自己的大学精神发扬光大。

大学精神维系着大学未来的命运，大学的教育理念决定着学生综合素质的高低。在科技发达的今天，唯有具备坚守道德、学术自由、科学研究、兼容并包、取其精华、去其糟粕、善于创新的大学精神，才能让大学之树常青。

1.3.2　大学精神与大学校训

1. 大学精神与大学

南京大学校长蒋树声在《大学精神和办学传统》一文中谈到："现在，大学不仅是研究高深学问的地方，更对社会的文化进步和思想创新有着巨大的示范和辐射作用。""在经济转型的过程中，大学不可避免地受到社会实用性和专业化的巨大冲击，尤其是我国由于时间较短，一流大学的建设特别容易停留在有形的物质层面上，而忽视营造、培育、扶植无形的大

---

① (美)德里克·博克，《走出象牙塔——现代大学的社会责任》，第 155 页。

学灵魂的塑造。"①正如美国普林斯顿大学前校长、著名教育家亚伯拉罕·弗莱克斯纳所指出的，"在保障大学的高水准方面，大学精神比任何设施、任何组织都更有效。"可见，在创建一流大学的过程中，大学精神对大学发展有着至关重要的作用。大学精神与大学的关系正如养分与植物的生命、人的精神与人的存在意义一样，没有了大学精神，大学便失去了勃勃生气，失去了前进的动力，最终也将走入穷途末路。大学精神使大学敢于迎难而上，敢于挑战强权，敢于捍卫正义，敢于领时代所先。大学精神让大学具有无限生机，是大学生命力的体现，是大学文化的精髓和核心，是大学不断前进的思想导向。

大学精神的建立和维护需要每一位大学人的努力和实践，正如德国著名哲学家卡尔·雅斯贝尔斯在《大学生的精神升华》一文中所说的，"大学的理想要靠每一位学生和教师来实践，至于大学组织的各种形式是次要的。如果这种为实现大学理想的活动被消解，那么单凭组织形式是不能挽救大学生命的，而大学的生命全在于教师传授给学生新颖的、符合自身境遇的思想来唤起他们的自我意识。"大学精神的塑造是所有大学人共同努力的结果，大学精神的发扬和维护，也需要广大师生的共同努力。作为大学教育主体的师生，在学习实践的过程中应当建立起自由平等、互利互助、人性而又不失原则的和谐关系，成为探索真理和追求高深学问道路上的合作伙伴。这种师生关系的建立、维护与传承，不仅是大学精神酝酿与产生的必要条件，也是大学精神长盛不衰的基本保证。

大学精神有着丰富的内涵，对大学的生存与发展起着至关重要的作用。大学精神是一个复杂的综合体，它既体现着大学共有的品质，又有自己独特的一面，它体现着大学存在的价值，是大学区别于其他教育机构的显著特征。世界上任何一所知名大学都有自己独特的大学精神，这不仅是一笔宝贵的精神财富，也是大学的魅力所在，更是大学持续发展的生命力和不竭动力。

由于每所大学特定的历史传统、所处的社会环境、学科设置、发展目标和学校任务等方面的差异，大学精神也各具特色，如北京大学的自由民主，清华大学的自强不息，南京大学的诚朴坚毅……大学正是在其长期的文化底蕴的熏陶中，经过一代代大学人的认识与实践，自发形成其风格的。这种独特的大学精神本身具有嬗变性，"在历史和不同的社会情境中流动、变化和发展着。"②它能够根据环境的变化有意识地对传统进行继承与扬弃，以便更好地适应社会。

2. 大学精神与校训

中国近现代大学建立之初，有一批优秀的大师，他们对大学精神的不懈追求和可贵探索，丰富着成长中的大学文化和大学教育，并以此引领着近现代大学的过渡与发展。他们是现代大学的人格化象征。梅贻琦将大学之道解释为"在明明德，在亲民，在止于至善"。潘光旦认为，"大学教育的宗旨不止是教人做人、做专家，而且是要做'士'——承当社会教化和转移风气之责任的知识分子。"主长交通大学的国学大家唐文治，致力于将文化传统融于现代教育之中，通过文理沟通、两文（中文、外文）并重以实现"体用兼备"的教育目标。张伯苓为南开大学制定"允公允能"的校训，主张德智体美四育并举③。梁启超先生指出，大学在于"独立其精神，自由其思想"。蔡元培先生提出的"思想自由，兼容并包"……

---

① 蒋树声，《大学精神与办学传统》，南京大学报，2004 年 9 月 10 日第 19 期。

② 杨东平，《大学精神》，前言第 10 页。

③ 杨东平，《大学精神》，前言第 7 页。

在各种形式的大学精神的表述中，校训是一所大学独立思想和传统精神的集中体现，最能反映一所大学的学校历史、办学特色以及大学精神，体现着这所大学的追求、信念和精神气质。

下面我们来看看各大高校的校训及其反映的大学精神。

1）国外名校

哈佛大学校训：Let Plato be your friend, and Aristotle, but more let your friend be truth. 与柏拉图为友，与亚里士多德为友，更要与真理为友。

哈佛大学是美国最著名与古老的高等学府之一，作为世界顶尖级名校，它的校训也集中地体现着它的精神，它追求的理想和信念。

哈佛大学最初由一批清教徒所创立，它最早的校训是"察验真理"（Veritas [1643 年]），目的在于教育清教徒确立起清教观念；1650 年，其校训改为"荣耀归于基督"（In Christ Gloriam）；1692年，其校训又改为"为基督、为教会"（Christo et Ecclesiae）。哈佛大学最初的办学目的和大学校训都与教会有着莫大的关系，它是为当时的教会服务的。

后来，哈佛大学确立了新的校训，用拉丁文表达，"Amicus Plato, Amicus Aristotle, sed Amicus VERITAS"，意为"与柏拉图为友，与亚里士多德为友，更要与真理为友"，这是一句非常著名的校训。在由哈佛学院时代沿用至今的哈佛大学的校徽上面，用拉丁文写着VERITAS 字样，意为"真理"，如图 1-2 所示校训和校徽的这些文字，都昭示着哈佛大学办学兴校的宗旨——求是崇真。担任哈佛大学校长长达 20 年（1933～1953 年）之久的美国著名教育家科南特曾说过："大学的荣誉，不在它的校舍和人数，而在于她一代一代人的质量。"正因为哈佛大学在择师和育人上的高标准和高质量的要求，哈佛大学才得以成为群英荟萃、人才辈出的世界一流名校。

图1-2　哈佛大学校徽

耶鲁大学校训：light and truth. 光明与真理。

耶鲁大学位于康涅狄格州的一个小城市纽黑文。纽黑文是美国比萨饼的起源地。1701 年，以詹姆斯·皮尔庞特为首的一群牧师，说服了康州法院投票赞成"特许建立教会学校的法案"，以使年轻人"可以学习艺术，为教会和国家服务"。于是，这群牧师建立了大学学院，设在萨柏克，1716 年，学院搬到纽黑文。同年，一位从塞布鲁克迁到纽黑文的耶鲁先生向学院捐赠了 400 册图书，及一副乔治一世的字画，董事们为了表示感念，决定把校名改为耶鲁。经过 300 年的风风雨雨，耶鲁大学为美国输送了大批精英，也为世界培育出了许多栋梁之才。

20 世纪 60 年代，当时的耶鲁大学校长金曼·布鲁斯认为，"只有在学校拥有全部的自治权利、每个教师及学者皆有研究自由的条件下，整个社会才会有完全的自由与平等。而这也正是耶鲁的真正完整精神所在。"个性独立、维护学术自主的耶鲁精神一直为世人所称道。

耶鲁大学具有思想开放、兼容并蓄的特点。求是创新，精英教育，追求卓越；以人为本，重在素质；具有全球大视野与国际竞争力，这些都是耶鲁大学的精神所在。

其他国外名校的校训，在此就不一一细说。例如：

斯坦福大学校训：The wind of freedom blows. 让自由之风劲吹。

普林斯顿大学校训：In the nation's service and in the service of all nations. 为国家服务，为社会服务。

牛津大学校训：Dominus Illumination Mea.（拉丁文），英译为 The lord is my illumination. "主照亮我"或"上帝乃知识之神"。

剑桥大学校训：Here light and sacred draughts. 求知学习的理想之地。

麻省理工学院校训：Mind and hand. 既学会动脑，也学会动手。

……

2）国内名校

北京大学校训：爱国、进步、民主、科学。

北京大学创办于1898年，初名京师大学堂，是中国第一所国立综合性大学，也是当时中国最高教育行政机关。辛亥革命后，于1912年改名为北京大学。

1912年，蔡元培作为教育总长亲自制定的《大学令》，确定了大学"教授高深学问"的宗旨，确立了所谓的"教授治校"的制度。1917年，蔡元培长北京大学，奠定了北京大学兼容并蓄、学术独立、思想自由的精神，确立了大学之为大的基本准则和文化精神。从那时起，学术独立，或曰学术自由的思想日渐彰显，成为在中国大学中占主流地位的理念。[①]

中国著名教育家，曾任北京大学校长的蒋梦麟在谈到北大之精神时，说道：

"第一，本校具有大度包容的精神。俗话说，'宰相肚里能撑船'，这是说一个人能容，才可以做总揽万机的宰相。如是气度狭窄，容不了各种的人，就不配当这样的大位。凡历史上雍容有度的名相，无论经过何种的大难，未有不能巍然独存的。千百年后，反对者，饥议者的遗骨已经过变成灰土；而名相的声誉犹照耀千古，'时愈久而名誉彰'。个人如此，机关亦如此。……本校自蔡先生长校以来，七八年间这个'容'字，已在本校的肥土之中，根深蒂固了。平时于讲堂之内，会议席之上，作剧烈的辩驳和争论，一到患难的时候，便共力合作。这是已屡经试验的了。但容量无止境，我们当继续不断地向'容'字一方面努力。'宰相肚里好撑船'，本校肚'里'要好驶飞艇才好！"

"第二，本校具有思想自由的精神。人类有一个弱点，就是对于思想自由，发露他是一个胆小鬼。思想些许越出本身日常习惯范围以外，一般人惊慌起来，好像不会撑船的人，越出了平时习惯的途径一样。但这个思想上的胆小鬼，被本校渐渐地压服了。本校是不怕越出人类本身日常习惯以外去运用思想的。虽然我们自己有时还觉得有许多束缚，而一般社会已送了我们一个洪水猛兽的徽号。本校里面，各种思想能自由发展，不受一种统一思想所压迫，故各种思想虽平时互相歧异，到了有某种思想受到外部压迫时，就共同来御外侮。引外力以排除己异，是本校所不为的。故本校虽处恶劣政治环境之内，尚能安然无恙。"

"我们有了这两种的特点，因此而产生两种缺点。能容则择宽而纪律弛。思想自由，则个性发达而群治弛。故此后本校当于相当范围以内，整饬纪律，发展群治，以补本校之不足。"[②]

作为新文化运动的中心和"五四"运动的策源地，作为中国最早传播马克思主义和民主科学思想的发祥地，作为中国共产党最早的活动基地，北京大学为民族的振兴和解放、国家的建设和发展、社会的文明和进步做出了不可替代的贡献，她在中国走向现代化的进程中起到了重要的先锋作用。爱国、进步、民主、科学的传统精神和勤奋、严谨、求实、创新的学风在这里生生不息、代代相传。

[①] 杨东平，《大学精神》，前言第5页。

[②] 杨东平，《大学精神》，第23、24页。

清华大学校训：自强不息，厚德载物。

早在 1911 年，清华学堂初创时就提出"以进德修业、自强不息为教育之方针"。(《清华学堂章程》)。1914 年，著名学者梁启超在清华大学任教时做了题为"君子"的讲演，以"自强不息"、"厚德载物"勉励学生，希望清华学子们都能继承中华传统美德，并引用了《易经》上的"自强不息"、"厚德载物"等话语来激励清华学子。此后，清华人便把"自强不息，厚德载物" 8 个字写进了清华校规，以激励清华学子，后来又逐渐演变成为师生共同遵循的清华校训。

"自强不息，厚德载物"出自《周易》，"天行健，君子以自强不息"(乾卦)；"地势坤，君子以厚德载物"(坤卦)。意思是，天(即自然)的运动刚强劲健，相应于此，君子应刚毅坚卓，发愤图强；大地的气势厚实和顺，君子应增厚美德，容载万物。也就是说，君子应该像天宇一样运行不息，即使颠沛流离，也不屈不挠；要成为君子，接物度量就要像大地一样，没有任何东西不能承载。

清华大学多年来一直践行"自强不息，厚德载物"的校训，集刚健和柔顺两种不同的特质于一身，体现了一种健全的人格。

南京大学校训：诚朴雄伟，励学敦行。

南京大学自建校一百多年以来，校名屡经更迭，校址也一再搬迁，但学校诚朴坚毅、自强不息的传统精神在一代又一代南大人身上传承延续并不断发扬光大。

从南京大学创立到新中国成立，南大的校训一直发展变化着。新中国成立后，由于多种原因，南京大学一直没有确立自己的校训。于是在2002年，学校筹备百年校庆之时，在时任校长蒋树声的倡导下，学校决定在百年校庆前夕进行校训的征集工作。后来，将"诚朴雄伟，励学敦行"作为南京大学新的校训。

"诚朴雄伟，励学敦行"八字校训，不仅言简意赅，朗朗上口，易于传记，而且端庄大气，寓意深刻，富有哲理。"诚朴雄伟"原是中央大学时期的校训，"励学敦行"是从中国古代前贤名句中选取而来。"励学"二字出自宋真宗一首名为《励学篇》的诗，劝勉人勤奋学习。"敦行"见于《礼记·曲礼上》："博闻强识而让，敦善行而不怠，谓之君子。"将"诚朴雄伟"与"励学敦行"两句合为一起作为今日南京大学的校训，既反映了该校的优良传统与特色，又能体现学校办学的理想追求和实现途径。八字校训既各自独立成意，各有侧重，又相互联系，浑然一体，涵盖了教育思想、科学精神、品格修养等各个方面。

"诚朴"是南大传统精神中最本色的东西。为人要诚朴，就是要诚心正意，朴实无华，以诚相待；做学问要"诚朴"，就是要有实事求是的科学精神，严谨、勤奋的治学态度。"雄伟"是雄壮而伟大的意思，为人、为学要有远大志向，立志"做得大事"，养吾浩然之气，要有崇高的责任感、使命感，将个人奋斗的目标与国家的发展、人类的进步紧密结合起来，只有胸怀宽阔、志存高远的人，才会超越自我，永不满足已有的成绩，从而不断取得进步。

"励学"就是勉励师生勤奋求学，要求为学者勤于自勉，刻苦磨砺，注重知识的学习、素质的提升、品格的塑造、精神的超越、心灵的净化、思维的创新。"敦行"就是勉力去做，强调动手的能力、实践的作风和对道德的践履。

所以，"诚朴雄伟，励学敦行"的校训，既继承和反映了南大百年办学的优良传统，又面向未来，体现了其对办学理念的更高追求，同时还阐明了实现远大目标的途径。[①]

---

① 参阅南京大学校园网：http://www.nju.edu.cn/cps/site/newweb/foreground/sub.php?catid=53.

除了大学校训，校风和学风对大学精神也有一定的作用，大学校园文化常常体现在各大学的校风、学风以及校训上。下面我们以成都信息工程学院的校训、校风和学风来作简单的诠释。

成都信息工程学院：

校训：成于大气，信达天下。

校风：爱心、责任、行动。

学风：尊师、好学、励志、笃行。

校训：成于大气，信达天下。

其一，"成于大气"主要指办学、做人、做事成就于大气精神和成功于大气品质。大气精神主要是指坚定奋斗方向、统观事物大局、把握发展大势的气度；海纳百川、兼收并蓄、有容乃大的气量；自强不息、求真务实、拼搏进取的大无畏的气概；立大志、干大事、创大业的气魄。大气品质主要是指胸襟宽广、目光深邃、心境豁达、态度积极、爱心博大和责任厚重。

其二，"信达天下"最基本的是做人的要求，即以诚取信，以良好的信用和信誉达于天下；同时也指成信院和成信人在信息时代必须面向世界、面向未来和面向现代化，开拓开放，通达天下。成功、成才之人大都是志存高远、胸怀宽广、豁达大度、诚实守信、包容和谐、气量宏大和奋斗不已的人，是以社会为己任的人，是小我服务于大我的人。

其三，校训蕴含了"成都信息工程学院"的简称"成信"及谐音"诚信"，同时蕴含了学校由气象学院到信息工程学院的发展历程。

校风：爱心、责任、行动。

爱心，关爱之心是人的基本属性，是社会文明进步的特殊动力。孟子云："仁者爱人，爱人者，人恒爱之。"爱心使自己和他人、学校和社会充实、幸福、温馨、和谐！

责任，责任是和谐社会和文明生活的本质体现，强烈而厚重的责任感会产生强大的精神动力。责任是道德建设的基本元素，是自律和他律品质的结合，它基于人的良知、信念、觉悟和制度。"天下兴亡，匹夫有责！""人尽其责，泰山可移！"有责任感的人，受人尊敬，招人喜爱，让人放心。

行动，"点燃一烛，胜过咒诅黑暗"说明行动胜于一切！老子云："合抱之木，生于毫末；九层之台，起于累土；千里之行，始于足下。""思想的巨人，行动的矮子"为人不齿。从现在做起，从自己做起，从细节做起，求真务实，躬行践履，我们将共同成就宏大的事业。

学风：尊师、好学、励志、笃行。

尊师，尊师是学生爱心的体现。尊师既是中华民族的优良传统，又是改革开放时代的精神美德；尊师既是莘莘学子对教师呕心沥血的回报及感恩之情，也是大学生人格自我塑造的应有之义。

好学，勤奋好学是学生"责任"的最好体现，也是人生发展之必需。荀子说："学不可以已。"前人以程门立雪、闻鸡起舞、凿壁偷光、悬梁刺股为后人作了有关"好学"的极好诠释，今天的学子面对知识经济时代，更应以勤奋好学和学以致用为终身乐事，因为"业不止，学无涯"。

励志，即磨炼意志、砥砺志向。古人云："士不可以不弘毅，任重而道远。""三军可夺帅，匹夫不可夺志。"没有远大的志向(理想和抱负)，就没有奋进的目标和灵魂；缺乏坚韧的意志，则不能实现既定的目标。

笃行，是学生对"行动"的诠释。"笃"是专一，是忠实，是坚定；"行"是实践、是行动。古人云："博学之，审问之，慎思之，明辨之，笃行之。"没有"笃行"的"学问思辨"皆为坐而论道；没有"笃行"的理想抱负都是空中楼阁。成功成才的路有千条万条，但有一条是必经之路，那就是坚定不移和持之以恒的行动和实践。[①]

校训、校风和学风是一所大学的办学特色和思想，是大学精神的集中体现。如果人文精神是求善，科学精神是求真的话，那么大学精神就应该是求美了。大学精神之美在于对人文精神和科学精神的融合。南京大学文学院一位著名教授曾在一篇文章中说过："大学应存在一股强大的'清流'，它标志着一个民族之文明与良知不可磨灭，标志着一个民族对真理、正义的追求，即使十分艰难的时日也不能放弃。"这正是对大学精神的生动概括。

总之，大学校训最能体现一所大学的精神，是一所大学独立思想和传统精神的集中体现。当然，还有其他重点院校与普通院校的校训，在此就不一一细说。例如：

复旦大学校训：博学而笃志，切问而近思。

上海交通大学校训：饮水思源，爱国荣校。

西南大学校训：含弘光大，继往开来。

四川大学校训：海纳百川，有容乃大。

四川师范大学校训：重德、博学、务实、尚美。

......

1.4　我 与 大 学

步入大学校园，莘莘学子感受到了这边独好的大学风景，在享受"梅花香自苦寒来"的欣喜之时，也迈入了人生重要的过渡阶段——大学。大学是校园生活与社会的过渡时期，是学生时代到成人社会的衔接期，是未来人生重要的起点。莘莘学子将在这里扬帆起航，逐步走上自立的道路，为自己和家人撑起一片蓝天。

1.4.1　人生的意义

对个人而言，生命是宝贵的，她具有唯一性、可体验性和可创造性。

生命的唯一性。生命犹如单行道，没有回头的道路，更没有重来的机会。生命之所以宝贵，是因为它脆弱，一旦失去便无法重来，所以活着的人一定要珍惜。无论在人生历程中遭遇怎样的挫折与困难，一定要坚信明天依然美好，翻开新的一页，人生也将从新的一天开始，让每一天都活得精彩，过得有意义。

生命的可体验性。从我们睁开双眼的那一刻起，我们就已经开始体验生命了，体验她的快乐、痛楚、成功与荣耀、失败与懊恼。每个人都有同等的机会去体验和感悟，去寻觅我们所需要的，体验我们所向往的……

生命的可创造性。世事轮回，千百年来，无数后人重复着前人经历的悲欢离合，喜怒哀乐。除此之外，还可以以自己的方式与不懈地努力去创造专属于自己的人生，创造奇迹，创造未来。今天的行为与习惯造就的是明天的成败，我们每一个人都应该把握住生命中的每一个今天，活在当下，活得精彩。

---

① 参阅成都信息工程学院校园网：http://news.cuit.edu.cn/NewsCont.asp?ID=14979。

人生的意义，关于这个话题，多少年来，无数人曾思考过，追寻过。但由于个人先天条件和后天成长环境等因素的不同，答案也各不相同。

对于二十几岁的年轻人，或许更注重的是个性的体验，人生的意义在于诸如成功与荣耀，自由与爱情等正面的内容，追求人生的美好是无可厚非的。此时，把握梦想，立下目标，主宰自己的前程，是当下最重要的事情。

经济学家茅于轼先生曾说，"人生的意义在于寻找人生的快乐。"戴尔·卡耐基说："如果想要自己快乐，就为自己立一个目标，使它支配自己的思想，放出自己的活力，并鼓舞自己的希望。"

这也正是本书的主旨：**成功 = 理想 + 规划 + 行动**（将在第2章进行详细论述）。在自己理想的支配下，设立目标，加以科学的规划，再以坚持不懈地行动来成就未来。

每个人都有自己的理想或志向。两千多年前，孔子在与众弟子谈论志向之时，谈到自己的志向是：

"老者安之，朋友信之，少者怀之。"——《论语·公冶长》

这句话大致的意思是：让社会上的老年人，无论在精神或物质方面，都有安顿；朋友之间，能够互相信任，人与人之间和谐相处，没有猜疑；关心年轻一代，让年轻人永远有伟大的怀抱，美好的理想。孔子以简单的三句话，道出了生命的真谛：活着就是为了奉献与分享。

孔老夫子所描述的志向是我们所称道的理想世界。但这伟大的理想无不是由细微点滴的小事情所构成的，所以活在当下的我们，要把握每一天，尽其所能去成就它。如果觉得鸿鹄之志太过遥远，那至少应该停下来思考，懂得爱与被爱、关怀与被关怀、奉献与分享。要知道人生的意义在于创造奇迹，在于它显示出的生生不息的力量。

人生的意义在于创造奇迹。19世纪美国盲聋女作家海伦·凯勒、优秀科学家斯蒂芬·威廉·霍金，他们身残志坚，战胜了自己，战胜了生活，成为生活的强者。以自己不懈地努力和对理想孜孜不倦地追求，创造了生命的奇迹，实现了自己的人生价值和人生意义。

人生的意义在于它显示出的生生不息的力量。中华民族的和平崛起，向世界展示了这个民族生生不息的力量。2008年5.12汶川特大地震，华夏儿女心系灾区，慷慨相助，全国上下万众一致、众志成城、不怕困难、共克时艰，灾后重建工作取得重大阶段性成果，显示出民族团结的力量，显示出中国社会主义制度的优越性，显示出各级政府在党中央领导下的有力组织和主导，显示出灾区人民自强不息、生生不息的力量。

生命的意义在于经历磨难和失败而后生。一个人可以被困难淹没而窒息，也可以从生命的磨难和失败中成长，正像腐朽的土壤中可以生长鲜活的植物一样。土壤也许腐朽，但它可以为植物提供营养；失败固然可悲，但它可以考验人的智慧，磨炼人的勇气，给你重生的机会。只有当我们以平和的心态面对失败和考验，我们才能变得成熟，在失败中成长。而那些失败和挫折，都将成为生命中的无价之宝，值得我们在记忆深处永远收藏。这就是人生的意义。新东方的创始人俞敏洪就是这个时代自强不息的典范，他经历三次高考才被录取，北大毕业后留校任教，起初他的事业也并非一帆风顺。在经历了人生的一次挫折之后，他失望之极，同时他也抓住了人生中最大的机会：创办了北京新东方学校。短短十几年间，新东方学校培养的出国留学的学生不计其数，俞敏洪因此被誉为"留学教父"。

人生的意义要在社会中完成，才能体现出价值。当代社会，任何优秀成功的人究其生命轨迹，无一不是与社会的贡献密切相关。他们把实现个人人生价值与国家需要、社会需要有机结合，把个人理想前途融入社会事业发展的大潮中，他们经历挫折而百折不挠，最终成就了一番事业，为社会所公认。其实，一个人来到世间，他首先被打上的是民族的烙印、国家的烙印，然后是社会的、家庭的和自己的烙印，所以人的生命的意义就在于他能为国家服务、为社会服务和为人民服务，在服务中体现价值，让生命闪烁出耀眼的光辉。

1.4.2　大学生活

一直以来，大学就是年轻人所向往的地方，在这里，有自己的理想，有自由的时间，有宽松的人际环境，有深厚的文化底蕴，还有设施齐全的现代化教学设备。在这里，学子们将完成自己喜爱的专业知识的学习与深造，为未来的人生奠定坚实的基础。那么，大学究竟是什么呢？

1. 大学是什么

历朝历代的思想家都对大学有不同的界定。

1854 年，都柏林天主教大学校长约翰·亨利·纽曼(John Henry Newman)：一所大学就是一个群英会集的殿堂，天下各处各地的学子到这里来以寻求天下各种各样的知识。

1859 年，美国密歇根大学课程表的开场白：没有任何一个机构配得上称为大学，除非这个机构能够为想要学习任何一门科目的学生提供自由广阔的天地，令他乐此不疲。

在现代化刚起步之时，西方对于"大学是什么"的主导思想：大学应该是一个教化的机构，目的是培养颇有学问的青年绅士。

爱因斯坦：学校教育的首要目的始终应当是，青年人在离开学校时，是作为一个和谐发展的人，而不是作为一个专家。

北京大学老校长蔡元培：大学者，研究高深学问者也。大学者，囊括大典，网罗众家之学府也。

清华大学老校长梅贻琦：大学者，非谓有大楼之谓也，有大师之谓也。

著名科学家，曾长期担任浙江大学校长的竺可桢：大学是社会之光，不应随波逐流。大学犹海上之灯塔，吾人不能于此时降落道德标准也。

香港中文大学前任校长金耀基：学生在大学里，实际上是学四种东西，一是学怎样读书：learn to learn；二是学怎样做事：learn to do；三是学怎样与人相处：learn to together；最后是学怎样做人：learn to be。

香港科技大学社会科学部教授丁学良：大学(university)的词根是"universus"，即"普遍"、"整个"、"世界"、"宇宙"的意思，所以大学从它诞生的那一日开始，它的精神气质就是"普遍主义(普适主义)"。

美国著名高等教育学者弗莱克斯纳：大学不是一个风向标，对社会每一流行风尚都做出反应。大学必须经常给予社会一些东西，这些东西并不是社会所想要的(wants)，而是社会所需要的(needs)。

英国数学家、哲学家 A.N.怀特海：青年在中学时代，常是低着头，弯着腰，在书桌上面，实验室中消磨。但是等到大学的时候，每个大学生就应当抬起头、挺起胸，高瞻远瞩，才能领略到大学教育乃为了培养真正的人才，发挥人类内在的美德与潜在的天才。然后才可在学术上创造种种的奇迹，不仅贡献给国家世界，而且是全人类。[①]

---

① 《中国大学人文启思录》第一卷，第 275 页。

大学作为高等学府，包罗万象，兼容并蓄，以研究高深学问、服务经济社会、推动文化进步和促进人的全面发展为使命，为青年学生提供了良好的受教育机会。

大学是青年学生梦想起飞的地方，是自由独立的天堂，是了解社会、融入社会的重要过渡期。对于步入大学新生活的学生而言，新面孔、新环境、新生活，一切从新开始。在这里，学子们将开始涉足高深知识领域，走近科学的、美学的、哲学的、文学的世界；开始独立的学习与生活，走进自我的、群体的、自由的、自主的世界；开始追逐自己的理想与兴趣，参与个人的、团体的、省内的、国内的比赛；开始自主地选择参与社会实践和社团活动，体会真实的、多彩的、五味俱全的社会生活；开始有足够的时间由自己做出安排而不受父母的干涉……大学生活自由而独立，大学生活要求你学会独立。

大学是个人系统地接受教育的最佳时期。大学学习不再像中学时期的学习，停留在知识的积累上，而是独立思考、自我探求、自我思索的过程。在大学，你可以用整段的时间来思考人生、规划自我、潜心钻研、博览群书、发展兴趣、提升素质、锻炼能力；你可以系统性地接受某一专业领域的专业教育和学习，全面建立起自己的知识构架和创新思维能力，培养进入社会的生存能力和发展能力；你可以用 4 年的时间发展人际关系，培养属于自己的人脉，结交到人生的挚友，收获受益一生的人力资源；在大学，你可以在追求科学和人文关怀的浸润中让自己心智丰富、理性成熟、虚怀若谷，宁静优雅……

2. 大学生活的特点

大学是未来人生重要的起点，在这里培养的素质和能力将影响到大学生的职业选择和未来人生。因此，步入校园的学子，首先应该了解大学生活的特点，以此来应对不同于高中时代的全新的大学学习和生活。

简单而言，大学生活主要有以下几个特点。

1）面临更多的责任

大学生大多是18周岁以上的年轻人，在年龄上已经是成年人了，所以在享受法律赋予自己权利的同时，也要承担相应的义务和责任，开始自己自立的路程。

在中学，学习时间和学习任务由家长和老师来帮助安排，而大学期间的自由时间和学习任务则完全由自己来掌控。大学是向社会过渡的阶段，必须在这里学会生存、学会生活。所以，自己要独立地安排自己的时间，即管理好自己的时间，打点自己的衣食住行，独立地与人交往、处理各种关系、完成学业和各项工作。因此，需要你独立地承担责任。记住梁启超先生的这样一段话："凡属我受过他好处的人，我对于他便有了责任。凡属我应该做的事，而且力量能够做到的，我对于这件事便有了责任。凡属于我自己打主意要做的一件事，便是现在的自己和将来的自己立了一种契约，便是自己对于自己加一层责任。"

2）教学内容和教学方式的改变

中学期间，学校一般开设 10 门左右的课程，教授的大多是基础性知识，大多数时间是为了应付高考而准备的；在大学，实行学分制，四年的学习时间至少要修习 50 门以上的课程，每学期(每学年)都有新课程。大一、大二基本上是公共课和基础课的学习，大三、大四主要以学习专业课为主，包括做毕业设计、写毕业论文，大学期间的学习任务看似轻松，实则繁重。

大学课堂教学内容多，老师的课堂教学大多讲要点、重点和难点，讲思想方法和结论，这就需要同学课前预习、课后自己及时消化；大学授课进度快，老师一般会按照教学进度，一节课讲授一章或多章内容，如果上课注意力不集中或缺课的话，下节课仿似云里雾里，尤其是理工科的学习；课后参考书目较多，课外习题较少；每门课考试的次数明显比高中少，一般情况，基础课有期中考试，其他课程只有一次期末考试，科目难易不同，考试方法也不同，学习主动性掌握在自己手中，但是若不用功、不复习，考试照样会亮红灯。大学学业成绩与奖学金、学位证、毕业证、黄牌警告、红牌退学有直接关系。目前，高等教育面临新一轮改革，教学内容、教学方式、教学手段、实验实习方法、考试方法等都在不断改进，所以适应大学学习是新同学走进大学的第一道坎。

作为大一新生，一定要学会自主学习，温故而知新，还要多读书、读好书，多去图书馆、实验室，积极参与科研活动，以便尽快适应大学的学习生活。

3) 人际关系的改变

大学期间，人际关系显得尤为重要，此时积累的人际网络关系对今后步入社会的人脉关系有着至关重要的作用。在中学期间，人际关系的概念更多是友谊的延伸，根据个人的兴趣、喜好来取舍朋友。大学是小社会，在这里各种文化价值观念和社会行为的矛盾、冲突都会显现，必须学会与不同性格、不同兴趣爱好和不同习性的人和平共处，尤其是一个寝室的同学。良好的人际关系和生活环境是个人良好发展的前提，况且和谐共处也是构建和谐校园、和谐社会的必要条件。

4) 给自己的全新定位

大学是全新的学习环境，一切从"新"开始。在和大家站在同一起跑线上之时，要对自己有一个全面、客观的认识。曾经的辉煌也好，失落也罢，一切都烟消云散，随风而逝。在这里，要给自己重新定位，设立新的目标，做出新的规划，付诸新的行动，为自己的理想而坚持不懈地努力，孜孜不倦地追求。随着时间的推移，你会发现，原来青涩、单纯、被动的你，将会慢慢成长、成熟、主动，积累着智慧，积淀着经历，收获着喜悦，赢得认可与成功。

3. 大学里应该学什么

人作为社会成员，其一系列关系都是在社会中形成与发展的。因此，个人的理想和信念从来都具有社会性和共同性的特点。

作为当代大学生，一方面要为自己树立理想信念；另一方面也要了解大学学习和大学生活的特点，为理想和信念制订科学的规划，同时付诸有效的行动，以适应社会的发展。

"大学里应该学什么"，中国科学院院士，著名机械工程专家、教育家，原华中理工大学校长杨叔子先生说过，"大学应该做的事情有三件：第一，教会学生如何做人；第二，教会学生如何思维；第三，教会学生必要的科学技术和文化知识，以及应用现代科学技术与文化知识的能力。"[①]由此，我们懂得，在大学我们要学会三件事，即学会做人、学会思维、学会应用现代科学技术与文化知识解决实际问题。

大学是人一生中最为关键的时期。从入校的第一天开始，就应该对自己的大学生活有正确的认识和科学的规划。为了体会学习的乐趣、享受成功的喜悦、实现人生的意义，为了在毕业之时顺利找到喜爱的工作，在大学期间要做好以下几点。

1) 学会做人做事

学会做人。青年人要先学"为人"，然后才是学"为学"，即"为学先为人"。做一个诚实守信、积极上进的人；做一个虚怀若谷、谦虚严谨的人；做一个乐于助人、乐善好施的人；

---

① 《中国大学人文启思录》第一卷，第 2 页。

做一个顾全大局、有责任心的人；做一个勤于思索、善于总结的人；做一个有理想，会实干的人。

学会做事。学会追逐梦想的方法，学会正确地做事和做正确的事(后面将逐步阐述)。在做事中善于思考，善于总结，善于创新；在做事中积累经验，积淀阅历，成长收获；在做事中体验生活，感悟生活，丰富生活。

2) 学会独立

陈寅恪先生曾讲道：独立之精神、自由之思想，倡导的就是独立思考，独立人格。作为青年学生在大学里就应该培养自己独立的能力：能够独立生活，善于独立思考，养成独立人格。"独立生活是一种自主、自理的生活态度，让大家能够独自面对和处理生活学习中的困难和选择。独立思考是一种实事求是的思想方法，让大家遇事不跟风、不盲从、不随波逐流。独立人格是一种不依附他人和权威，具有自我人性和追求的精神品格。只有学会了独立思考、具备了独立人格，才能帮助你们激发好奇心、启迪想象力、建立批判性思维，才能促使你们真正走向成熟，也才意味着你们可以对自己负责、对家庭负责、对社会负责。"[①]

3) 学会学习，学会创新

大学是研究高深学问的地方，有大楼、大师，青年学子在这里成长、成才。大学的学习不光是要掌握一门科学技术，重要的是建立系统的科学知识体系，学会自主学习，学会有选择地学习，学会应用所学知识解决实际问题的方法，建立起终身学习的生存、发展理念。

学会创新是学习的最高境界。科学技术在发展，社会在进步，这一切都源于人类的不断创新。简言之，创新推动社会文明进步，促进社会经济发展，创新不仅是大学精神，它也是时代精神、民族精神。

4) 学会树立目标，做好规划

大凡成功人士都拥有远大的理想和高远的志向，他们在给自己树立好了人生的目标后，会作出相应的规划，然后落实到行动上全力以赴地去完成。作为青年学生，在大学期间就要学会树立目标，做好规划，用"以终为始"的方式和"知行统一"的方法走好大学生活的每一步。

下面我们用一段大学学校领导在2013年新生开学典礼上的讲话结束本章的内容。

亲爱的同学们，上大学曾是你们多年来明确而坚定的一个梦想，而如何通过大学之道把自己陶冶成社会有用之才才是梦想成真的内涵。希望你们从今天起，准备新的加速，迎接新的挑战，在美丽而宁静的校园中、在鲜活而奔腾的社会里茁壮成长！作为师长，今天和同学们共同探讨在大学如何成才的几点思考并共勉。

1. 大学是大道之学，需明大道、立大志、成大气

大学之大，不仅在于碧绿成荫的大树和环境宁静的大楼，而在于明大道、立大志、成大气。

"大学之道，在明明德，在亲民，在止于至善"。大学不仅是学习知识、研究学问、传播知识、传承文化的最广大的空间和场所，更是教人崇真、向善、求美和担当重大社

---

① 选自陈吉宁，《如何让大学生活更有意义——在清华大学2012级本科生开学典礼上的讲话》。

会责任的学府和殿堂。希望同学们尽快转变角色，以开放的姿态和豁达的胸怀适应大学新环境，学习新知识，平等、友善地对待来自五湖四海的新同学，以欣赏赞美的眼光学习他人的优点，宁静致远，给高尚的灵魂打造健康的居所，为科学精神的自由驰骋打开浩瀚的天空。

"大鹏一日同风起，扶摇直上九万里"。大学学习是人生"功崇惟志，业广惟勤"的重要起点。常乐村(阳光城)很小，梦想可以很大。实现中华民族伟大复兴的中国梦是民族的梦，也是成信学子最大的梦。希望同学们在大学的学习中，把自己五彩缤纷的人生梦和美丽的中国梦有机融合，立报国之志，成社会之才，砥砺前行，攻坚克难，坚定地奔向新的人生目标。

明大道、立大志、成大气是成信学子的坚守与追求。学校在 60 多年的办学中凝练了"成于大气、信达天下"的校训，其意就在于培养志存高远、胸怀宽广、豁达大度、诚实守信、包容和谐、不懈奋斗的人；以社会责任为己任、小我服务于大我的人"。"成于大气、信达天下"充分诠释了大学大道的内涵，彰显了大学大道的精神。希望同学们明白其中道理，将她作为未来生活的价值追求和行动指南，成为一名有知识更有文化，有文凭更有素质的成信学子。

2. 大学是大道之学，需自觉、求实、创新

大学之大道在于学问大，科学理论系统，学科专业齐全。当代科学技术世界——微观、中观、宏观、宇观世界精彩纷呈，既高度分化，又高度综合，既需要我们"上九天揽云"，又需要我们"下五洋捉鳖"。大学学科专业分门别类的学习是同学们人生成才非常关键的一个节点，需自觉刻苦、认真求实和传承创新。

大学学习生活脱离了父母的督促和老师的监管，需自己高度自觉。希望同学们在自我管理的养成中自我完善。养成勤奋学习的习惯、合理安排时间的习惯、独立思考的习惯、好学乐学且持之以恒的习惯，变"要我学"为"我要学"，以学益智、以学修身并学以致用、用以促学，从而为自己的梦想实现插上腾飞的翅膀！

科学理论是自然、社会、人类一般规律严谨而系统的体现，来不得半分虚假，科学知识既渊博深厚而又日日历新。同学们为什么来上大学？是为探求真理而来，是为追求科学精神和寻求科学方法而来。只有认真求实，辛勤耕耘，才能求真知，做学问、成良才。大学求实的路径就是"博学之、审问之、慎思之、明辨之、笃行之"。尤其是创新，是时代的要求，也是现代科技和现代教育发展的规律，"是一个民族进步的灵魂，是一个国家兴旺发达不竭的动力。"希望同学们在大学学习中，既要勤读书、善读书又"不唯书"，既要尊重师长又不唯师长，好学善问，大胆质疑，在学习、传承知识中敢于创新和超越。

3. 大学是大道之学，需大视野、大开放、大合作

大学是大道之学，在于大学是人类优秀文化交流、借鉴、融合最集中之高地。当今时代，更是一个经济全球化、世界多极化、社会信息化的时代，大学只有开放才能与时俱进，只有借鉴人类文化最优秀成果，才能不断攀登科学技术高峰，才能坚挺起国家、民族的脊梁，才能成为学子梦寐以求的精神家园。

学校确立了开放合作发展的办学理念，加入了 CDIO 国际工程教育组织，实施了国际工程教育教学的重大改革，就是希望同学们树立开放包容的心态，拥有国际化的视野，汲取人类文化成果的营养，锤炼社会信息化的本领，不断提升自己的全面素质和综合能力，在与人为善、与邻为伴中成于大气，在善于交流、擅长合作中信达天下，让青春绚丽梦想在成信大地上放飞、成真。

祝同学们在大学新生活中：身心健康、学习顺利、生活愉快！①

扩展阅读一：中国大学排行榜

近些年来，中国当代大学呈现出百花争艳，百家争鸣的繁荣景象，每年都会有专业的机构对中国的大学进行排名。表 1-2～表 1-5 是 2013 年中国校友会从不同角度对国内外各大高校的排名②。

表 1-2　2013 中国大学排行榜 10 强

名次	学校名称	所在省市	院校类型	总分
1	北京大学	北京	综合	100
2	清华大学	北京	理工	98.25
3	复旦大学	上海	综合	82.51
4	浙江大学	浙江	综合	82.18
5	上海交通大学	上海	综合	79.72
6	南京大学	江苏	综合	78.71
7	中山大学	广东	综合	75.00
8	吉林大学	吉林	综合	74.95
9	武汉大学	湖北	综合	74.80
10	中国科技大学	安徽	理工	74.11

表 1-3　2013 中国大学社会科学奖励排行榜 20 强

名次	学校名称	所在地区	类型	社会科学奖励
1	北京大学	北京	综合	53
2	中国人民大学	北京	综合	26
3	复旦大学	上海	综合	22
4	武汉大学	湖北	综合	20
5	北京师范大学	北京	师范	19
6	华东师范大学	上海	师范	14
7	四川大学	四川	综合	10
8	南开大学	天津	综合	9
9	厦门大学	福建	综合	8
10	浙江大学	浙江	综合	7
10	中山大学	广东	综合	7
10	华中师范大学	湖北	师范	7
13	南京大学	江苏	综合	6
13	吉林大学	吉林	综合	6
15	山东大学	山东	综合	5
15	东北师范大学	吉林	师范	5
17	清华大学	北京	理工	4
17	内蒙古大学	内蒙古	综合	4
17	中央民族大学	北京	民族	4
20	西北大学	陕西	综合	3
20	西南大学	重庆	综合	3
20	南京师范大学	江苏	师范	3

统计说明：国家重大人文社科奖励是指 1978～2009 年中国高校人文社会科学研究优秀成果奖一等奖和国家社会科学基金项目优秀成果奖二等奖等以上奖励。

---

① 节选自成都信息工程学院党委书记赖廷谦《让青春梦想在成信大地上成真——在 2013 年新生军训总结大会暨开学典礼上的讲话》。

② http://www.cuaa.net/cur.

表 1-4　2013 中国最受媒体关注大学排行榜 20 强

名次	学校名称	所在地区	类型	2013 大学排名	媒体报道(万条)
1	北京大学	北京	综合	1	616
2	清华大学	北京	理工	2	589
3	中国人民大学	北京	综合	12	308
4	复旦大学	上海	综合	3	268
5	北京师范大学	北京	师范	16	214
6	中山大学	广东	综合	7	184
7	浙江大学	浙江	综合	4	176
8	中国科学院大学	北京	理工	—	172
9	上海交通大学	上海	综合	5	164
10	武汉大学	湖北	综合	9	156
11	南京大学	江苏	综合	6	125
12	中央财经大学	北京	财经	104	117
13	厦门大学	福建	综合	20	112
14	南开大学	天津	综合	14	110
15	同济大学	上海	理工	22	105
16	中国政法大学	北京	政法	78	102
17	山东大学	山东	综合	15	93.9
18	华中科技大学	湖北	理工	11	93.2
19	四川大学	四川	综合	13	89.5
20	中国传媒大学	北京	语言	—	82.1

表 1-5　中国校友会网 2013 中国大学排行榜 100 强

名次	学校名称	地区	类型	总分	科学研究	人才培养	综合声誉
1	北京大学	北京	综合	100.00	93.36	100.00	100.00
2	清华大学	北京	理工	98.25	100.00	87.15	90.06
3	复旦大学	上海	综合	82.51	56.39	53.53	53.53
4	浙江大学	浙江	综合	82.18	53.42	50.14	65.00
5	上海交通大学	上海	综合	79.72	58.88	36.50	49.46
6	南京大学	江苏	综合	78.71	44.45	43.52	53.26
7	中山大学	广东	综合	75.00	41.64	29.38	41.61
8	吉林大学	吉林	综合	74.95	37.63	36.36	32.97
9	武汉大学	湖北	综合	74.80	36.03	35.33	37.50
10	中国科学技术大学	安徽	理工	74.11	35.61	27.94	47.60
11	华中科技大学	湖北	理工	73.52	38.06	28.44	31.03
12	中国人民大学	北京	综合	72.36	17.32	41.72	32.52
13	四川大学	四川	综合	72.31	30.93	28.67	30.58
14	南开大学	天津	综合	71.96	30.13	26.37	33.39
15	山东大学	山东	综合	71.81	28.18	27.54	33.20
16	北京师范大学	北京	师范	70.98	24.43	27.37	30.85
17	哈尔滨工业大学	黑龙江	理工	70.68	26.80	25.23	25.68
18	西安交通大学	陕西	综合	70.55	26.64	24.80	25.31
19	中南大学	湖南	综合	70.54	27.62	23.80	25.24
20	厦门大学	福建	综合	70.43	26.26	22.82	29.69
21	东南大学	江苏	综合	68.96	24.89	18.15	23.26
22	同济大学	上海	理工	68.92	24.28	18.16	24.21

名次	学校名称	地区	类型	总分	科学研究	人才培养	综合声誉
23	天津大学	天津	理工	68.56	20.75	19.09	25.43
24	北京航空航天大学	北京	理工	68.36	24.76	16.02	20.04
25	大连理工大学	辽宁	理工	67.77	20.03	15.28	25.43
26	华东师范大学	上海	师范	67.73	17.67	18.54	22.36
27	华南理工大学	广东	理工	67.61	19.14	14.81	26.53
28	中国农业大学	北京	农林	67.05	18.09	13.64	23.85
29	湖南大学	湖南	综合	66.41	13.57	15.00	22.37
30	兰州大学	甘肃	综合	66.35	13.69	13.17	25.81
31	重庆大学	重庆	综合	65.88	13.62	13.04	19.26
32	西北工业大学	陕西	理工	65.87	13.99	12.55	19.42
33	东北大学	辽宁	理工	65.80	13.38	13.54	17.45
34	北京理工大学	北京	理工	65.77	13.09	12.64	20.14
35	华东理工大学	上海	理工	65.76	15.92	8.98	22.10
36	北京协和医学院	北京	医药	65.33	14.18	11.25	14.32
37	东北师范大学	吉林	师范	65.27	13.15	10.27	18.60
38	北京科技大学	北京	理工	65.20	11.00	12.05	18.48
39	中国地质大学	湖北	理工	64.77	10.37	9.98	19.02
40	武汉理工大学	湖北	理工	64.66	12.79	8.11	16.04
41	华中师范大学	湖北	师范	64.62	10.94	9.91	15.48
42	西北大学	陕西	综合	64.59	11.22	9.99	13.98
43	中国矿业大学	江苏	理工	64.55	11.77	9.01	14.49
44	华中农业大学	湖北	农林	64.52	12.80	7.61	15.17
45	电子科技大学	四川	理工	64.47	10.72	8.38	17.77
46	长安大学	陕西	理工	64.17	13.11	7.91	8.29
47	东华大学	上海	理工	64.15	13.70	5.34	13.09
48	西南大学	重庆	综合	64.13	8.93	9.33	14.76
49	中国海洋大学	山东	综合	64.09	10.22	7.03	16.77
50	南京航空航天大学	江苏	理工	63.96	10.11	7.30	14.48
51	南京理工大学	江苏	理工	63.89	9.49	6.55	17.00
52	西南交通大学	四川	理工	63.84	7.40	8.65	16.16
53	北京交通大学	北京	理工	63.80	9.00	6.61	16.66
54	苏州大学	江苏	综合	63.79	10.36	6.83	12.54
55	中国石油大学	北京	理工	63.77	8.51	7.13	16.17
56	云南大学	云南	综合	63.67	7.58	8.69	13.07
57	西安电子科技大学	陕西	理工	63.62	9.66	7.28	10.57
	北京化工大学	北京	理工	63.62	10.00	4.64	16.49
59	南京农业大学	江苏	农林	63.59	7.19	6.84	17.56
60	西北农林科技大学	陕西	农林	63.58	8.69	6.92	13.35
61	南京师范大学	江苏	师范	63.57	6.40	9.98	11.16
62	上海大学	上海	综合	63.49	7.85	7.39	13.00
63	郑州大学	河南	综合	63.40	6.46	8.85	11.40
64	河海大学	江苏	理工	63.37	7.55	6.38	14.60
65	合肥工业大学	安徽	理工	63.22	6.24	7.11	13.84
	北京邮电大学	北京	理工	63.22	9.51	4.35	12.54
	哈尔滨工程大学	黑龙江	理工	63.22	8.06	4.86	14.91
68	湖南师范大学	湖南	师范	63.21	6.08	8.60	10.11
69	暨南大学	广东	综合	63.04	6.78	6.79	10.53
70	福州大学	福建	理工	62.93	7.80	5.14	10.55
71	南昌大学	江西	综合	62.87	8.22	5.09	8.63

续表

名次	学校名称	地区	类型	总分	科学研究	人才培养	综合声誉
72	北京林业大学	北京	林业	62.84	5.54	5.25	14.79
73	北京工业大学	北京	理工	62.73	6.61	5.59	9.42
74	华南师范大学	广东	师范	62.66	4.58	7.16	9.53
75	陕西师范大学	陕西	师范	62.62	5.43	7.29	6.41
76	江南大学	江苏	综合	62.47	6.77	2.85	12.28
77	华南农业大学	广东	农林	62.40	6.51	5.60	4.68
78	首都医科大学	北京	医药	62.39	8.03	4.34	3.91
78	中国政法大学	北京	政法	62.39	2.30	5.66	15.20
80	新疆大学	新疆	综合	62.29	5.27	4.41	9.33
81	广西大学	广西	综合	62.22	5.38	4.08	8.92
82	内蒙古大学	内蒙古	综合	62.18	5.08	4.41	8.22
83	上海财经大学	上海	财经	62.15	2.94	5.45	10.50
83	华北电力大学	北京	理工	62.15	5.68	3.34	8.99
85	中央民族大学	北京	民族	62.10	2.59	4.83	12.30
86	南京医科大学	江苏	医药	62.09	6.91	3.80	3.67
86	山西大学	山西	综合	62.09	5.53	6.21	0.93
88	太原理工大学	山西	理工	62.08	4.97	4.52	6.62
88	河南大学	河南	综合	62.08	5.21	5.74	2.81
90	中南财经政法大学	湖北	财经	62.06	2.70	6.57	6.90
91	南方医科大学	广东	医药	62.04	5.94	4.12	4.59
91	安徽大学	安徽	综合	62.04	3.99	4.70	8.22
93	湘潭大学	湖南	综合	61.99	5.50	4.29	4.58
94	贵州大学	贵州	综合	61.95	4.87	3.65	7.31
95	哈尔滨医科大学	黑龙江	医药	61.94	5.82	4.49	2.46
95	南京工业大学	江苏	理工	61.94	5.89	4.42	2.42
97	燕山大学	河北	理工	61.91	5.72	3.92	3.72
98	浙江工业大学	浙江	理工	61.90	5.63	4.19	3.14
99	辽宁大学	辽宁	综合	61.89	1.99	6.10	7.35
99	东北林业大学	黑龙江	林业	61.89	4.13	4.55	5.91

扩展阅读二：中国校友会网 2013 中国大学排行榜评价指标体系

中国校友会网 2013 中国大学排行榜采用三级评价指标体系：一级指标由人才培养、科学研究和综合声誉三个指标构成；二级指标由科研基地、科研项目、科研成果、培养基地、师资队伍、杰出校友、学术声誉、国家定位和社会声誉构成；三级指标由科学创新基地、基础科研项目、重大科研成果、杰出人才、师资水平、学科水平、国家定位、校友捐赠和媒体关注等指标构成，如表 1-6 所示。

表 1-6 中国校友会网 2013 中国大学排行榜评价指标及权重

一级指标	二级指标	三级指标	指标权重
人才培养	杰出校友	杰出人才	20.65%
人才培养	师资队伍	师资水平	12.90%
人才培养	培养基地	学科水平	8.82%
科学研究	科研成果	重大科研成果	20.43%
科学研究	科研基地	科学创新基地	9.46%
科学研究	科研项目	基础科研项目	11.83%
综合声誉	学术声誉	学术声誉	7.53%
综合声誉	国家定位	国家定位	2.15%
综合声誉	社会声誉	媒体关注	3.23%
综合声誉	社会声誉	校友捐赠	3.01%

随着社会的不断发展与进步，中国校友会网大学研究团队认为凡是涌现出能比较持续地反映高校办学水平和科研水平的高等级质量指标都将成为我们评价大学的依据。

中国校友会网 2013 中国大学排行榜各级评价指标的内涵：

(1)杰出校友是指高校毕业生中杰出的政界领袖、企业家、科学家和优秀博士等。

杰出政界领袖是指 2000 年以来国家级正副职领导、省部级等正职领导，第十四届至第十八届中央委员及候补委员等。

杰出企业家是 1999~2012 年胡润、福布斯和新财富等中国富豪榜上榜企业家；上市公司、中央直管企业、国有重点企业董事长、总裁/总经理，国有商业银行、股份制商业银行董事长、行长等企业领导者。

杰出科学家是 1955~2011 年中国科学院和中国工程院院士，以及美国、法国、英国、加拿大、俄罗斯和发展中国家等科学院和工程院院士、杰出人文社会科学家和长江学者及创新团队带头人等。("杰出人文社会科学家"的遴选标准和入选学者名单详见《中国杰出人文社会科学家研究报告》)

优秀博士是指 1999~2012 年全国优秀博士论文奖获得者(含提名奖)和 2010~2011 年教育部博士研究生学术新人奖获得者等。

(2)师资水平由 1955~2012 年申报并当选的中国科学院院士和中国工程院院士、国外院士、杰出人文社会科学家、国家教学名师、国家级教学团队、千人计划入选者、青年千人计划入选者、长江学者及创新团队带头人和国家自然科学杰出青年基金获得者等组成。

(3)学科水平由"高校学科创新引智基地(111 计划)"、国家一级重点学科、国家二级重点学科、国家重点培育学科、国家一二级学科博士点、二级学科硕士点和高等学校特色专业建设点等组成。

(4)重大科技成果包括国家级奖励成果、国家级专利、标准和著作奖励和国际高水平论文等。

国家级奖励成果是指 1978~2011 年国家最高科技奖、自然科学奖、技术发明奖、科技进步奖，其中国家科技进步二等奖奖励的统计时间为 2000~2011 年；1997~2012 年中国十大科技进展奖和中国科学十大进展(原中国基础研究十大新闻)；1998~2012 年中国高校十大科技进展奖；1999 年国家社科基金项目优秀成果奖；1995~2009 年中国高校人文社会科学研究优秀成果奖和国防院校科研特殊贡献等。

国家级专利、标准和著作奖励是指中国专利奖、中国标准创新贡献奖、国家图书奖和中国出版政府奖等。其中，中国专利奖统计时间为 2001~2012 年，其中专利金奖为 1989~2012 年；中国标准创新贡献奖统计时间为 2006~2011 年；国家级图书奖统计时段：国家图书奖为 1993~2005 年，中国出版政府奖为 2008~2011 年。

国际高水平论文是指 *Nature* 和 *Science* 论文和 ESI-TOP 论文被引频次。*Nature* 和 *Science* 论文是指 1998~2012 年中国高校师生在英国的《自然》(*Nature*)与美国的《科学》(*Science*)杂志上发表的论文。ESI-TOP 论文是指中国高校以第一作者的身份在特定学科领域和年限中的被引频次排名在基本科学指标数据库-ESI 世界前 1%的论文，统计时间为 2001 年 1 月 1 日至 2011 年 12 月 31 日。

(5)基础科研项目包括 1998~2012 年 973 国家重大基础研究项目、国家重大科学研究计划项目；2011 年国家自然科学基金项目和 2012 年国家社会科学基金项目。

(6)科学创新基地包括知识生产基地、技术创新与成果转化基地。

知识生产基地由国家实验室、国家重点实验室、国防重点实验室、国家重点实验室培育基地、教育部(含省部共建)重点实验室、国防重点学科实验室、教育部(含省部共建)人文社会科学重点研究基地等组成。

技术创新与成果转化基地由国家工程研究中心、国家工程实验室、国家工程技术研究中心、国家地方联合工程研究中心和工程实验室、教育部工程研究中心、国家技术转移机构和国家大学科技园等组成。

(7)综合声誉包括学术声誉、国家定位和社会声誉等。

学术声誉是指进入"ESI 论文被引用频次居世界前 1%"的中国大学被收录的论文，统计时间为 2001 年 1 月 1 日至 2011 年 12 月 31 日。

国家定位是指高校是否为 985 工程大学（含 985 工程优势学科创新平台建设高校）、211 工程大学、国家重点大学和国家重点建设西部地区高校，是否设有研究生院等。

社会声誉由校友捐赠和媒体关注组成。校友捐赠是指 1990～2012 年中国大学 1952 年（含）以后毕业校友、在读学生和教师捐赠的总额；单笔捐赠金额在 10 万以上。媒体关注是指最近 3 年国内新闻媒体对大学的新闻报道，统计时间为 2010～2012 年，新闻检索工具为百度新闻搜索。

中国校友会网 2013 中国大学排行榜计算方法：

本排行榜最终综合评价和单项评价结果均归一化处理以百分制分数形式给出。

计算方法：

(1)三级评价指标得分的计算。

计算公式：上榜高校的三级评价指标得分=$100 \times \sum$（各三级评价指标参数×系数 ）/ MAX（$\sum$（各三级评价指标参数×系数 ））

(2)一/二级评价指标得分的计算。

计算公式：上榜高校的二级评价指标得分=$100 \times \sum$（各三级评价指标得分×权重）/ MAX（$\sum$（各三级评价指标得分×权重））

计算公式：上榜高校的一级评价指标得分= $100 \times \sum$ 各二级评价指标得分 / MAX（$\sum$ 各二级评价指标得分）

(3)综合排名得分的计算。

计算公式：上榜高校的最终综合排名得分=$60+40 \times \sum$（ 三级评价指标得分×权重）/ MAX（$\sum$（三级评价指标得分×权重））

（来源：中国校友网）

学习笔记：

问题思考：

1. 理解大学使命和大学精神。

2. 思考：我为什么上大学？我上大学学什么？毕业后我能干什么？

参考文献：

伯顿·克拉克. 2003. 高等教育新论——多学科的研究. 杭州：浙江教育出版社

德里克·博克. 2003. 走出象牙塔——现代大学的社会责任. 杭州：浙江教育出版社

凡奇. 2003. 从边缘到中心——走向社会中心的大学使命与大学教育改革. 北京：高等教育出版社

胡锦涛在庆祝清华大学建校 100 周年大会上的讲话. 2011 年 4 月 24 日

曲士培. 2006. 中国大学教育发展史. 北京：北京大学出版社

孙培青. 2000. 中国教育史. 上海：华东师范大学出版社

杨东平. 2000. 大学精神. 沈阳：辽海出版社

约翰·S.布鲁贝克. 2002. 高等教育哲学. 杭州：浙江教育出版社

张向前. 2006. 中华高教研究. 北京：华龄出版社

第2章　人生规划和职业规划

2.1　美丽人生——你的人生规划

"子在川上曰：逝者如斯夫，不舍昼夜。"作为一代圣人的孔子，看着河川的流水绵绵流向远方时，发出了这样的感慨。诚然，时间像流水一样不停地流逝，世事变换之快，人生短暂之极。在这短暂的一生中，我们无法掌控生命的长度，但却可以决定生命的深度。唯有珍惜利用每一分一秒，才会无憾于此生。

人生，不论出身如何、身处何地，只要理解人生的价值、生命的意义，就能拥有快乐的人生；不论锦衣玉食或衣单食薄，只要为自己的选择奋斗过、努力过，就能拥有无悔的人生；只要选定清晰的人生目标，实施人生规划，就能拥有美丽的人生。

美国哈佛大学曾对一群年轻人做过一项长达25年的跟踪调查，调查内容为规划对人生的影响。调查结果如下：

87%的人规划模糊或没有规划，10%的人有清晰短期的人生规划，3%的人有清晰且长远的人生规划。

25年后，他们的生活状况如下：

3%有清晰且长远规划的人，25年来几乎都不曾改变自己的人生目标和信念，并且坚持不懈为之努力着，最后他们几乎都成了社会各界顶尖的成功人士，有白手起家的创业者、行业领袖人物和社会精英等。

10%有清晰短期人生规划的人，大多生活在社会的中上层，他们的那些短期目标不断得以实现，生活水平稳步上升，成为社会各界不可或缺的专业人士，如律师、工程师、医生、高级主管等。

87%中人生规划模糊的人，几乎都生活在社会的中下层，他们安稳地工作生活，没有什么特别的成绩。而那些没有目标和规划的人，几乎生活在社会的最底层，生活境况不太好，晚年生活拮据，食不果腹。

调查者因此得出结论：目标对人生有巨大的导向作用。成功，在年轻时仅仅是一种选择，你选择了什么样的人生规划，就会有什么样的人生伴随着你一生。

人活着，除了需要金钱、事业、机遇和快乐等物质享受外，还需要一份精神力量，以达到心灵上的完善。人生规划是关于心灵奥秘和人生归宿的问题，也是人生、事业发展的动力。在漫长的人生道路上，没有人生目标，也就没有了希望，以致失去生活的动力。设立你的人生目标，实施人生规划，你会在实现目标的过程中享受快乐，获取心灵的愉悦和完善。

2.1.1　人生规划及其重要性

每个人在年轻时都有自己的理想和抱负，刚迈入大学校园的新生宏图大志，雄心勃勃。全新的生活环境带给他们新奇的感官享受，渴望在这里让自己大展宏图，放飞理想。然而对于刚脱离高考的新生们来说，对于大学的新环境有着或多或少的不适应。不知道自己的理想如何与现实接轨，迷茫、飘渺、困惑。此时，当以规划为理想导航，引领着自己朝着正确的方向前行。因此，对大学四年乃至今后人生的规划就成了莘莘学子的必修课。做好规划后，还需要行动为理想和现实搭桥。因为再好的规划，若不付诸行动，即使目标近在咫尺，也难以到达目的地。

时不待我，人生短暂，且每个人只有一次人生，不要因为年轻的无知和过失，让自己在生命的最后时光里留下太多的遗憾，从而抱憾终身。如果我们能在年轻时做好自己的人生规划，或许遗憾就不会那么多了。下面我们来看看这则故事。

有一对兄弟住在80层的电梯公寓上。一天，他们外出旅行后回来，刚走到大楼，发现停电了。虽然他们疲惫不堪，背着大包大包的行李，但却没有别的选择，只有爬楼梯。于是兄弟俩开始了艰辛的攀登历程，他们边爬边聊，累得气喘吁吁，不知不觉到了20楼，这时感觉有点累了。哥哥提议说，"行李包太重了，不如我们把包放在这里，等来电后坐电梯来拿。"说着，他俩把行李放在了20楼，这样的话一下轻松了许多。

他们又开始有说有笑继续攀登，到了40楼的时候，兄弟俩实在累极了，于是待在原地休息。想到只爬了一半，兄弟俩开始互相埋怨，指责对方不注意大楼的停电公告，才会落得如此下场。他们边吵边爬，就这样一路爬到了60楼。这时，他们累得连吵架的力气也没有了。弟弟对哥哥说，"我们不要吵了，节省能量爬完它吧。"于是，兄弟俩默默地继续往上爬。最后，终于到了80楼。当兄弟俩兴奋地来到家门口时，才发现他们开门的钥匙留在了20楼的行李包里。

这个故事其实就像我们的人生：20岁之前，我们活在家人、老师的期望下，背负着许多的压力和包袱，自己处在成长期，各方面能力不足，步履维艰。20岁以后，我们离开了家人，卸下了沉重的包袱，开始全力以赴地追求自己的梦想，就这样愉快地度过了20年。可是等到了40岁，才发现自己青春已逝，不免产生许多的遗憾和悔恨，于是开始遗憾这个，惋惜那个，抱怨这个，嫉恨那个。就这样，在抱怨中又度过了20年。到了60岁，发现人生已所剩不多，于是告诉自己不要再抱怨了，好好珍惜剩下的日子。于是默默地、悄无声息地走完自己的余年。最后，当到了生命的尽头，才想起自己仿佛还有未了却的心愿深藏在心底，永远无法实现了。原来，我们所有的梦想都留在了20岁的青春岁月。如果在20岁的时候，我们对自己的人生做出科学的规划，制订出实施规划的时间和措施，提早做好准备，应对未来人生可能出现的问题或困难，或许到了终年才不会有太多的遗憾和抱怨。

那么，什么是人生规划？我们先来看看当代人必经的几个阶段。

1. 当代人经历的几个阶段

早在春秋时期，儒家学派创始人孔子就对人生经历的不同阶段做出了精辟的概括：

"吾十有五而志于学，三十而立，四十而不惑，五十而知天命，六十而耳顺，七十而从心所欲，不逾矩。"

这段经典之语人们早已耳熟能详，成为人生各阶段的代名词。他告诉人们人生各个阶段应该做什么、成就什么。现代人的成长历程依然遵循这样的规律。

改革开放后，中国社会快速发展，独生子女家庭所占比重越来越大，即使在多子女家庭，孩子们也享受着市场经济带来的社会福利和科学技术带来的各种便捷。网络、电影电视等大众媒体充斥着他们的童年生活，他们在以各种方式从外界获取信息的同时，也充分感受着高科技带给他们的快乐和惊喜，伴随着他们走过难忘的童年。步入中学后，孩子们进入了青春期，此时的生活是充满彩色梦想的，但同时也是繁忙紧张的，直至步入大学。在大学里，他们感受到的是另一个全新的"小社会"，大部分时间可以自由支配，用于自我学习、自我提升、自我成长。经过四年大学生活的洗礼后，大部分人进入社会走上工作岗位，还有部分人继续读研深造。在事业成长的道路上，不断获得信息、增长知识、积累经验，成长着、快乐着、收获着。几年后，有了一定的经济基础，便开始谈婚论嫁，接着经历婚姻，成立家庭，然后为人父母，享受天伦之乐，直至终老。这就是人的一生，看似漫长，实则短暂。

在个人的成长过程中，世界观、价值观和人生观不断发生着变化，并随着年龄的增长逐步趋向成熟、稳定。法国当代心理学家亨利·瓦龙在《心理生活研究概论》一文中写道："无论是心理学的或是生物学的事实，都是从活体与其环境的接触开始。"他强调社会环境对人的心理发展的至关重要性，认为外因和内因的相互作用是人的心理成长发展的动力。人，随着年龄的增长，学习、工作、生活环境的不断改变和教育程度的不断深化，外界环境的刺激逐渐转为内在的影响，使人的心理活动发展也逐渐变得复杂、主动而成熟。对人生的看法、想法和规划也从小学时候的理想慢慢成长为大学时代的初步构思，对未来职业有了初步的设想。

幼儿时期，孩子在父母、幼儿教师的呵护中开始对人、对周围、对事物有了一些感性认识，头脑里形成了一些自己的概念。父母和幼儿教师是自己童年时期接触最多的人，此时的心理发展很大程度上受父母和老师的影响，大多数孩子的思想、行为依赖于父母和老师，并以他们为榜样。步入小学，孩子们开始了义务教育生涯，有了自己的生活空间和生活圈子，可以进行看课外书、看电视、上网等多种课外娱乐活动，有一帮可爱的小伙伴共同度过课余生活，此时的他们初步建立了自己的世界观和价值观，对人生和未来有了自己的理想和抱负：当科学家、人民警察、教师、演员、医生，时刻准备着为共产主义事业而奋斗……认为这些理想就是自己遥不可及的未来。

中学后，孩子们步入了青春期，这是人生重要的转折点。此时的他们叛逆、自负，人生观、世界观和价值观逐渐融入了自己的想法，有了自己的困惑和疑问，这个阶段正确适时地疏导和教育，可以及时地转变他们偏执的思想，避免不必要事件的发生。孩子们中学期间的学习生活大多是在家长和老师的教导和督促下，设立共同的目标：向高考迈进。虽然重心放在学习上，但孩子们也会利用自己闲暇的课余时间，忙里偷闲地做自己喜欢的事情，憧憬美好的大学生活，对大学生活有了初步的想法和构思，脑海中形成了自己理想而美好的图画和场景。

当昔日的梦想变成现实，步入大学学堂，在感受"宝剑锋从磨砺出，梅花香自苦寒来"的喜悦之时，莘莘学子对这个新的环境有了全新的认识和感悟。昔日梦中的大学生活来得如此之快、如此现实，他们惊喜、愉悦、欢腾……随着年龄的增长、社会实践的丰富和社会积淀的增多，他们的世界观、人生观和价值观也不断发展、成熟，直至清晰，逐步确立自己大学乃至人生新的规划。

大学毕业后，大多数人迈入了职业生涯，在自己的岗位上努力奋斗，几年后选择结婚生子，为人父母，在工作岗位上默默地奋斗，看着自己的孩子逐渐长大成人，然后和自己一样参加工作，结婚生子，此时的自己也已到了花甲之年，尽享天伦之乐，直至终老。

关于人生的成长历程与人生规划，我们可以用下面的生涯彩虹图来表示：

　　著名的职业生涯规划大师萨柏认为，一个人一生中扮演的多种角色就像彩虹一样，同时具有多种色带。他创造性地描绘出一个多重角色生涯发展的综合图形——**生涯彩虹图**，如图 2-1 所示。在生涯彩虹图中，纵向层面代表纵观上下的生活空间，子女、学生、休闲者、公民、工作者和持家者多种角色之间交互影响，交织出个人独特的生涯类型。

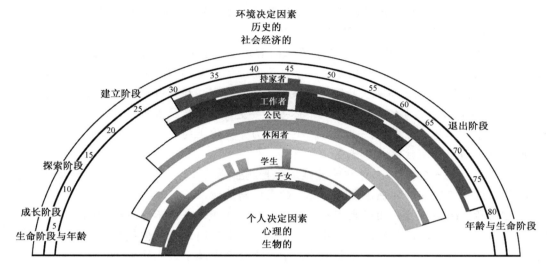

图 2-1　生涯彩虹图

　　萨柏认为，在个人发展历程中，人随着年龄的增长而扮演不同的角色，图的外圈为主要发展阶段，包括成长期、探索期、建立期、维持期和退出期。内圈"生活空间"中阴暗部分的范围，长短大小不一，表示在该年龄阶段各种角色的分量。在同一年龄阶段可能同时扮演多种角色，因而彼此会有所重叠，但其所占比例分量则有所不同，萨柏将显著角色的概念引入了生涯彩虹图。他认为角色除与年龄及社会期望有关外，与个人所涉入的时间及情绪程度都有关联，因此每一阶段都有较显著的角色。

　　从生涯彩虹图可以看出，个人的成长阶段(0～14 岁)中最显著的角色是子女；探索阶段(15～24 岁)是学生；建立阶段(30 岁左右)是持家者和工作者；维持阶段(45 岁左右)，工作者的角色突然减少许多，取而代之的是学生角色，同时公民、休闲者与持家者的角色逐渐增加，这便是通常所说的"中年危机"的出现，暗示此时必须要继续学习、充电，才能更好地处理职业与家庭生活各方面的问题。[①]

　　成长阶段：从出生到14岁，在此期间，孩童开始关注自我，有了发展自我的概念，以各种不同的方式来表达自己的需要，并通过对现实世界的不断尝试，修饰自己的角色。

　　此阶段发展的任务是发展自我形象及对工作世界的正确态度，并了解工作的意义。这个阶段大致包括三个时期：一是幻想期(10岁以前)，以"需要"为主要考虑因素；二是兴趣期(11～12岁)，以"喜好"为主要考虑因素，喜好是个体抱负与活动的主要决定因素；三是能力期(13～14岁)，以"能力"为主要考虑因素，能力逐渐具有重要的作用。

　　探索阶段：15～24岁，该阶段的青少年，通过学校的集体活动、校园休闲活动、社会实践等机会，对自我能力及角色、职业已经有过一番探索，因此选择职业时有较大的弹性。

---

① http://wiki.mbalib.com/wiki/%E7%94%9F%E6%B6%AF%E5%BD%A9%E8%99%B9%E5%9B%BE.

此阶段发展的任务是使职业偏好逐渐具体化、特定化并实现职业偏好。也可分为三个时期：一是试探期(15~17岁)，考虑需要、兴趣、能力及机会，做暂时的决定，并在幻想、讨论、课业及工作中加以尝试；二是过渡期(18~21岁)，进入就业市场或专业训练，更重视现实，并力图实现自我观念，将一般性的选择转为特定的选择；三是试验并稍作承诺期(22~24岁)，职业生涯初步确定并试验使其成为长期职业生活的可能性，若不适合则可能再重复经历上述各时期以确定新的方向。

建立阶段：25~44岁，由于经过上一阶段的尝试，小有成就者会谋求变迁或做其他探索，因此该阶段较能确定在整个事业生涯中属于自己的"位置"，并在31~40岁，开始考虑如何保住这个"位置"，并固定下来。此阶段发展的任务是统整、稳固并求上进。又可分为两个时期：一是试验-承诺稳定期(25~30岁)，个体寻求安定，也可能因生活或工作上的若干变动而尚未感到满意；二是建立期(31~44岁)，个体致力于工作上的稳固，大部分人处于最具创意创造的时期，由于资深往往业绩优良。

维持阶段：45~65岁，个体仍希望继续维持属于他的工作"位置"，同时会面对新进人员的挑战。这一阶段发展的任务是维持既有的成就与地位。

退出阶段：65岁以上，由于生理及心理机能日渐衰退，个体不得不面对现实，从积极参与到逐渐隐退。这一阶段往往注重发展新的角色，寻求不同方式以替代和满足需求。此时作为持家者、休闲者和公民的角色逐渐加重，个人充分享受属于自己的生活。[1]

2. 人生规划及其重要性

国学大师王国维在《人间词话》中谈到，古今之成大事业、大学问者，必经过三种之境界："昨夜西风凋碧树。独上高楼，望尽天涯路。"此第一境也。"衣带渐宽终不悔，为伊消得人憔悴。"此第二境也。"众里寻他千百度，回头蓦见，那人正在，灯火阑珊处。"此第三境也。[2]

王国维对历史上无数大事业家、大学问家的成功进行了深刻反思，并做出归纳总结。他认为，大事业、大学问不可能一蹴而就，要遵循循序渐进的规律，它是一个长期研究、探索的艰辛过程，要求欲成功者务必具备坚韧不拔的意志、坚定不移的信念和坚如磐石、百折不挠的精神。王国维用晏殊、欧阳修、辛弃疾三首词中的三句话道出了伟人成功的共同内在逻辑，此非大学问家不能道已。在这条通往成功的道路上，人生目标、理想的设立和实施必须要有一个全面、客观、科学的整理和规划。很多时候设立目标和理想跟年龄的大小没有太大关系，如果能从小立志，并努力实现它，你就能拥有超人的力量。

闻名世界的大导演史蒂文·斯皮尔伯格，在年轻时就身兼电影导演和制片人两职，他的作品《侏罗纪公园》和《辛德勒名单》对大家而言应该并不陌生，他的成功历程具有必然性。早年斯皮尔伯格在参观过一个电影制片厂后，立下长远的目标：要拍最好的电影。虽然这个目标对当年的他来说一点都不切实际。但是，自那以后，他对自己的人生便有了明确的规划，生活中他把自己定位为一名电影导演，并以导演的生活方式来严格要求自己，从外形穿着、内在气质到专业素养等，并且通过与外界的不断接触来提升自己的专业知识和专业技能，诸如认识和接触一些优秀的导演和编剧，不断学习、观察和思考，通过与他们的沟通和交流不

---

① http://www.daai.cc/2009/0422/4111.html.
②(清)王国维，《人间词话》，第41页。

断提升自己，积累经验，积淀生活。很多年后，他实现了自己的目标——成为闻名世界的电影导演。

再看看这则故事：

斯尔曼，是伦敦一对著名登山家夫妇的儿子。11 岁时，他的父母在乞力马扎罗山上遭遇雪崩，不幸双双遇难。父母临行前，留给了年幼的斯尔曼一份遗嘱，希望斯尔曼能像他们一样，一座接一座攀登上世界著名的高山。在遗嘱中，他们赫然罗列了一些高山的名字：乞力马扎罗山、阿尔卑斯山、喜马拉雅山……

这样的遗嘱，对于一条腿患了慢性肌肉萎缩症的斯尔曼来说，简直就是一场灵魂的地震，但捧着父母遗嘱的那一刻，残疾的斯尔曼并没有害怕和退缩，却有了一种坚毅的信念：我一定会征服那一座座高山，并在世界之巅和你们的灵魂相会！

以后的六七年里，斯尔曼抱着征服世界巅峰的坚定信念和使命，马不停蹄、坚持不懈地锻炼着自己年轻却又残疾的躯体，他跛着腿参加越野长跑，跟随南极科考队在白雪皑皑的南极适应冰天雪地的艰苦生活，甚至远行非洲，到一望无际的撒哈拉大沙漠上考验自己在弹尽粮绝时的野外生存能力。

19 岁时，斯尔曼登上了世界第一高峰——珠穆朗玛峰；

21 岁时，斯尔曼登上了阿尔卑斯山；

22 岁时，斯尔曼登上了乞力马扎罗山……

斯尔曼凭借着坚毅的信念和使命，克服了种种困难，作为残疾人的他做出了常人想都不敢想的壮举。

正当人们羡慕他的成就，津津乐道他的壮举时，28 岁的斯尔曼，却在他的寓所里平静地触电自杀了。

遗言中，斯尔曼不无颓废地写道："这些年来，作为一个残疾人，我创造了那么多征服世界著名高山的壮举，那都是父母的遗嘱给我的一种信念。如今，当我攀登完所有的高山之后，功成名就的我感觉无事可做了，我没有了新的目标。我厌倦爬山、上楼甚至走路，对生活和生命有了一种乏味的感觉。假若再有几座比珠穆朗玛峰更高的山峰，或许我会攀登到 50 岁或 60 岁，可现在没有，我感到了无奈和绝望……"

斯尔曼的观点固然是极端的、片面的，但或许真的如斯尔曼所言，如果不是过早地征服完乞力马扎罗山、阿尔卑斯山、喜马拉雅山，那么他肯定还会顽强地生活着、不懈地努力着，因为他心中有目标、有信念。

我们为斯尔曼喝彩的同时，也替他感到惋惜。他没有及时为自己找到新的信念和使命，没有将已有的信念及时更新并贯穿始终。

"人生如果不是从 1 岁到 100 岁，而是从 100 岁到 1 岁，你会怎么做？"

大学和人生一样，需要倒过来看。大一的同学应该想象自己已读大四，然后"回顾"自己的大学究竟要收获什么，还需要补充什么。这样就能知道自己的方向所在，给自己确定几个合适的目标。目标是激发人的积极性并使之产生自觉行为的必要前提，没有目标就没有方向、没有力量，就难以步入成功的殿堂。大学生，应该有强烈的成就动机，有了它，就拥有三种最重要的东西：自觉性、主动性、创造性。而要有较强的动机，就必须树立起切实可行的目标。

在这里，我们可以看到一个人确立人生目标，做出规划，并为之奋斗、获得成功的过程。

漫漫人生路，成大事者必然对自己的人生道路、未来前景有明确的规划。说到这里，到底什么是规划，什么又是人生规划？

关于规划，《现代汉语词典》上注释：规划是比较全面的长远的发展计划。

所谓**人生规划**，即结合自身实际情况（个人的兴趣爱好、能力及志向等），根据社会发展的需要，对人生未来的发展道路做出一种预先的策划和设计。在实施的过程中，积极主动地确立自己事业的发展方向、奋斗目标，然后为达到这一目标而确定行动的时间和方案。

人生规划的意义在于人生规划有助于实现自己的人生目标。人生规划的设立，可以帮助我们清晰地认识自己的人生目标，理性地思考自己的未来，初步尝试性地选择未来适合自己的职业和生活方式，大学期间就设立好自己的人生规划，可以有针对性地培养自己的综合素质和综合能力，提早为步入职业生涯做好充分的准备。人生规划的设立还可以让我们在纷繁复杂的人生中，找寻到自己的方向，追随自己的志向和理想，实现人生价值。

那么，我们应该在何时制订自己的人生规划？

每个年龄阶段都有不同的人生规划。步入职业生涯前，大学阶段的规划显得尤为重要，它的确立决定了你今后职业发展的基本方向。步入社会，面对五彩缤纷、充满诱惑的世界，喜悦、矛盾与困惑交织，此时此刻，人生规划的实施、人生目标的确立会坚定你前行的方向，使你更高效地到达目的地。大学，可以用四年的时间成长、收获、成熟，并结合自己的兴趣爱好、专长和能力确立人生目标，为毕业后的工作道路点亮灯塔，准备随时起航。

20岁以前，大部分人的经历相似，读书、升学、考研、工作……大多数人都在同一个起跑线上，在父母及亲朋好友、社会价值观、人生观等诸多因素的影响下完成基本的教育。在青年时代，人们就应该开始对未来做出规划，懂得规划人生的重要性，一旦决定就不轻言放弃。然后，在迈入工作岗位前，全面积累丰富的知识，用实际行动一步步迈向目的地。

20～25岁，在这个年龄阶段里，我们需要懂得掌握和规划自己的未来，决定自己在什么领域发展事业，实现自己的理想抱负。此时除了要享受法律赋予我们的权利外，还要履行自己的责任和义务。同时要开始规划自己的未来，如考研、就业、感情……争取自己人生的主动权。

25～30岁，我们像海绵一样努力吸收同时也甘心被压榨，以获得自我的成长。在此期间，我们在工作取向、薪水待遇以及感情婚姻等方面都极力争取，在没有经验的同时遭遇着不同程度的挫折。

30～35岁，我们要善于判断机会、把握机会、不能再有尝试错误的心态。此时的事业正是如日中天之时，我们要高瞻远瞩，在面对宽广人生时不局限于自我。如婚姻，结婚是人生第一次重大抉择，面对婚姻，很多人认为结婚就是完成一项社会责任，殊不知它正是学习的开始。

35～40岁，我们开始享受生活和事业带来的喜悦和快感，同时也给他人带来希望。如果此时的你已经是领导了，那就应该领导你的下属为享受更好的生活而努力，力争做一个有影响力的人。

40～55岁，事业稳步发展，家庭、事业等各方面都相对成熟、稳定。

55岁以后，一般进入了支配个人时间的时期，从社会角色、职业角色中慢慢淡出，家庭角色、休闲消费角色愈加浓重……

3．人生规划不同于儿时理想

人生规划不同于儿时理想，它是可行的、具体的，儿时的理想更多是一种憧憬。

童年时期的梦大多是彩色的，想象力随着外界信息的不断获得、增多而变化着，此时的想象力极其丰富，会在大脑里勾画或在本子上用笔描绘出未来的宏伟蓝图。孩提时代的身体、心理、智力处于不断发展变化时期，世界观、人生观虽初步形成，但还处于懵懂状态，他们分不清现实社会和虚无飘渺的想象世界，不知道它们之间有着千差万别。而是对外界有着自己的构思和想法，在心中逐步搭建起自己的小小的世界，并把它等同于现实世界。因此，此时构思的理想大多脱离实际，他们会想当然地认为理想就是自己的未来。例如，当宇航员、科学家、歌星、影视明星等，这些职业并非人人都能从事，它有着诸如身体、智力、心理、专业技能和专业素质等多方面的要求，它更多是儿时对自己初次接触社会后，在大脑里反馈出的信息，是对五彩缤纷的世界幻化出的一种憧憬，是在一系列科幻片、影视剧及其他大众媒体的冲击下产生的不切实际的理想。在未来成长的道路上，绝大多数人会因为人生目标的改变或其他自身因素的限制而中途放弃这些理想，因此儿时理想实现的可行性不大，它们是人们在儿时对未来世界的一种憧憬。

梦想是人们获得力量的源泉。从小到大，每个人都有自己的梦想。进入大学后，个人的身体、心理、个性、气质等逐渐发展成熟，各种适应能力也逐步培养起来。在经历社会实践、感受社会文化熏陶和接受学校家庭教育后，人们会对人生产生新的认识和感悟，对人生道路和人生目标做出初步的归纳、总结和计划，并制订出具体实施的时间和方案，有针对性地进行挑战和冲刺。通过对自己未来的规划，可以使个人找到正确的方向，好好学习，提升自己的综合素质和能力。此时设立的理想有具体可行的方案和实施的具体时间，并通过自己的努力及时修正实施过程中的偏差和变化，是可以实现的人生目标，并非小学时期遥不可及的理想憧憬。

幸福的人不止是实现自己梦想的人，还有正在实施着自己人生规划的、离梦想越来越近的追梦人，因为他们的努力，幸福离他们越来越近，他们在快乐的过程中接近幸福，享受追求幸福的乐趣。

规划和理想的区别具体可见表 2-1。

表 2-1　规划和理想的区别

	概　念	关　键　词	不同成长期	性　质	能 否 达 到
儿时的理想	孩提时代对未来事物的想象或希望	想象	儿童时代，大脑对未来事物的简单勾画	虚幻的、飘渺的、抽象的	难以到达
大学的规划	青年时代的比较全面、长远的发展计划	有目的的计划	青年时代，为接近理想而做出的一系列实施步骤	现实的、可行的、具体的	通过行动和努力可以达到

由此可知，孩提时代的理想不切实际，很难用现实的行动去达到。例如，一个五音不全的小孩希望长大后能当歌唱家，即使他在后天的成长过程中勤奋刻苦地训练，也无法在歌唱领域有太大的发展空间，儿时的理想对他来说可能更多是镜中花、水中月。青年时代，人的心智较儿童时代更为成熟，此时的理想切合实际，如果加以规划，制订出切实可行的方案和步骤，再付诸行动，那实现理想的机会就要大很多。又如，还是那个五音不全的小孩儿，长大后，尽管他还是爱好唱歌，但他意识到了计算机软件操作对他来说更加得心应手，于是，

他给自己定下一个目标，大学学习软件工程专业，毕业后当一名软件高级工程师。在接下来的时间里，他有针对性地对自己的学习生活做出切实可行的规划，并付诸行动。这样，在他毕业后，做一名软件高级工程师对他来说就是垂手而得的了。

2.1.2 人生规划的原则

关于个人的人生规划，大致要遵循以下三个原则：认识自我、管理自我和发展自我。

1. 认识自我

认识自我是人生规划的第一步，是对"我是谁？我打算做什么？我该怎样活着？"等问题的思索和探讨。从广度上看，认识自我涉及理想与现实的整合、个体先天遗传特征的分析、后天生活环境及教育程度、大众传媒的影响等；从时间上看，个体在不同时期对"我是谁，我打算做什么"会有不同的看法。因此，从长远的角度来看，认识自我是每个人长期的任务，尤其是青年时期的自我认识，对个体一生的发展意义深远，是奠定个人职业生涯发展的基础。

认识自我包括自我评估，即对自己做全面的分析，包括兴趣爱好、特长、性格、能力、智商、情商、思维方式及组织管理、活动协调能力等方面的内容。通过自我分析，可以清晰地认识自己、了解自己，扬长避短，选定出适合自己发展的职业生涯路线，从而对职业生涯目标做出最佳抉择。因此，实事求是的自我认识和自我评估是制订出适合自己发展的职业生涯规划的必要前提。

第一，正确认识自己的身体、智力，人的自然属性和社会属性。

人性是人特有的属性，包括自然属性和社会属性。人的自然属性是人在生物学上区别于其他动物的特点，包括生理结构、生理机能和生理需要等。人的自然属性的最基本表现是以人的生理结构为物质前提的各种欲望和自我保存等基本机能。

人的社会属性是人在实践基础上形成和发展起来的人与人之间的关系属性。它是人所特有的，是人的本质属性，主要表现为：

(1)人类共生关系的依存性；

(2)人际关系中物质、精神方面的社会交往；

(3)社会生活中的道德性；

(4)生产活动中的合作性。

马克思在《提纲》中表述了"人的本质……是一切社会关系的总和。[①]"他对社会主体——人的界定是生产主体、社会主体、人格化的人。[②]人作为社会的人，同时具有自然属性和社会属性。因此，在认识自我的时候，首先要对自己的身体、心理、智力等方面有一个全面的了解。

身体是人的各个生理组织构成的整体，是人进行一切活动的载体，拥有健康的身体是人学习、工作、生活、实现理想抱负和人生价值的前提。没有强健的体魄，任何理想和抱负都无法实现。因此，身体素质在人的一生中占据着极其重要的地位。拥有良好的身体素质不光和遗传有关，而且与后天的锻炼也有密切的联系。一般而言，身体素质的先天性不足是可以

---

① 《马克思恩格斯全集》第 3 卷，第 5 页。

② 李云峰，《马克思学说中人的概念》，第 159 页。

通过后天科学的锻炼来弥补的，并可以达到增强体质，强健体魄的目的。因此，从年幼时，我们就应该养成坚持锻炼身体的良好习惯，从而使自己拥有人生最大的一笔财富——健康的身体。

智力是人们在认识客观事物的过程中所形成的认识方面的稳定的心理特点的综合，它包括观察力、注意力、记忆力、想象力和思维能力，其中思维能力是智力的核心。智力，是成功解决某种问题或完成某项任务所表现出的良好适应性的个性心理特征。美国心理学家布朗（Roger Brown）强调早期经验对智力发展的重要性，他认为，智力是学习能力、积累知识、推理和应付新情景的能力。

1983年，美国哈佛大学心理学家加德勒在《智力结构》一书中提出了"多元智力"的理论。加德勒认为，传统的智力观太狭隘，以此作为基础的测验目的主要集中于社会，尤其是学校教育受传统智力观的束缚，往往忽视了对人类和个体生存与发展具有同等重要的其他能力。加德勒的多元智力理论认为，人类至少有七种智力，即言语-语言智力、逻辑-数理智力、视觉-空间智力、身体-动觉智力、音乐-节奏智力、交往-交流智力和自知-自省智力。这七种智力彼此联系，又相互独立。而每种智力都由不同的核心能力组成，并以不同的形式表现和发挥作用。同时，多元智力还告诉我们，人与人是不一样的，每个人都有自己的智力特点和智力优势，从而表现出人的多元化特点，如图2-2所示。

图 2-2　多元智力图

由此可见，智力是一种集抽象和概括于一体的综合能力，并非单一的能力。智力因素除了与先天遗传有关外，还与后天获取的知识、信息与外界的接触和交互作用有着密切的联系，特别是早期经验对智力的发展尤为重要。

第二，对自己的**性格、气质、爱好、素质、能力、特长**等有清晰的认识。

性格是个人对现实稳定的态度和与之相适应的习惯化了的行为方式中所表现出来的心

理特征。①性格是一个人在成长过程和生活环境中，接受各类事物的影响，而逐渐培养出来的心理特征，具有相对的稳定性。心态则因性格而生，并为性格所左右，是在感受外界刺激时所做出的心理反应，因此性格决定着人的基本态度和行为方式。在做人生规划时，需要考虑自己的性格特点来做出选择和规划。

气质在心理学中是指表现在人的心理活动和行为的动力方面的、稳定的个人特点，也就是日常所说的脾气秉性。②在日常生活中，你的做事风格是冲动型还是稳妥性？心里郁闷是极力找朋友分解还是独自"消化"？喜欢安静地呆着还是热衷于各种社交活动？反应敏捷抑或迟钝……这些问题都跟气质有很大的关系。现实生活和小说人物中有不少气质独特的人物。例如，多愁善感的林黛玉，爽朗泼辣的王熙凤，思维灵活、动作敏捷的燕青，情绪暴烈、直爽忠诚的李逵，忠厚稳重、坚毅的林冲……这些心理差异即是气质差异。古人早已注意到气质带来的不同表现，圣人孔子把人分为"中行"、"狂"、"狷"，认为"狂者进取，狷者有所不为"，要"狂而不狷"。气质不同于能力和性格，它较多地受到神经系统先天特性的影响，具有一定的先天性，且相对稳定，并具有一定的可塑性。

兴趣是人积极探究某种事物的认识倾向，是人的认知需要的情绪表现，反映了人对客观事物的选择性态度。爱因斯坦说："兴趣是最好的老师。"一个人对某种事物感兴趣，就会对其产生强烈、肯定的情绪色彩，产生主动接近这种事物的倾向，积极参与有关活动。美国著名作家艾默生说："有史以来，没有任何一项伟大的事业不是因为热忱而成功的。"兴趣是发自内心的激情和热忱，是一切事业努力与专注维持长久发展的原动力。它主要体现在两方面：

一是定向作用。兴趣吸引我们去看、去听、去关注能满足自己内在需求的事物，将人的关注点与注意力锁定在一定范围。

二是动力作用。兴趣代表着内在需求，可以激发人们从事某项事业或活动的持久热情，并使之获得较大进展。当初，比尔·盖茨放弃了自己在法律系的学业，选择了喜爱的软件开发，成就了一代神话，他的故事，彰显了新经济时代、新兴行业崛起之时，兴趣在成功中重要的引领作用。可见，兴趣对人生事业的发展尤为重要。

素质一词本是生理学概念，指人的先天生理解剖特点，主要指神经系统、脑的特性及感觉器官和运动器官的特点。素质对大学生而言，是指其从事社会实践活动所具备的条件与能力，为一个人所具有的身体、天赋、素养、才智和能力等的综合表征，即包括思想道德素质、人文素养、智力水平、心理素质、身体素质、独立生活能力和文化艺术素养等各方面。素质以人的生理和心理实际作基础，以其自然属性为基本前提，个体间不同的生理、心理成熟水平决定着个体素质的差异。而人的素质一旦形成就具有内在的相对稳定的特征，所以人的素质是以人的先天禀赋为基质，在后天环境和教育影响下形成并发展起来的内在的、相对稳定的身心组织结构及其质量水平。素质是一个人本身应该具备的当前性和潜在性的能力。

能力，即对一项活动的胜任力，是直接影响人的活动效率，促使活动顺利完成的个性心理特征。生活中，有人擅长绘画，有人擅长舞蹈，有人具有超强的记忆力，有人具有较强的组织管理协调能力。这些都是每个人身上所表现出的不同的能力。能力有两重含义：一是已经表现出来的实际能力，这种能力可用成就测验来测量；二是潜在的尚未表现出来的心理潜

---

① 赵国祥，《心理学概论》，第 267 页。

② 赵国祥，《心理学概论》，第 258 页。

能，这种潜能通过学习或训练后有可能发展起来。一般而言，个体具备一定的能力就能顺利完成某项活动，能力的强弱直接决定着活动效率的高低。相反，个人的能力又总是在活动中形成和发展的，并在相应的活动中得以表现。例如，打羽毛球，发展了人的迅速判断能力、敏捷反应能力、动作的协调能力；辩论赛，发展了人的语言表达能力、思维敏捷能力、团队协作能力等。能力的形成受先天遗传和后天环境两方面因素的影响，是二者相互交织、相互作用的结果。如果说兴趣是先导，缺乏兴趣难以维持长期发展的话，那么能力则是手段，缺乏能力，再高尚宏伟的理想蓝图也不过是泡沫而已。能力又可分为一般能力和特殊能力、模仿能力和创造能力、认识能力、操作能力和社交能力等。

特长 在《现代汉语词典》中的解释是：特长是指个人特别擅长的技能或特有的工作经验。其中，技能是指掌握和运用专门知识的能力。每个人都有特长，每个人的特长都不一样。有的特长"一听就很高雅"，如琴、棋、书、画，而有的特长"看上去并不美"，如吃、喝、赌、偷、耍嘴皮子等。俗话说："纵有良田万顷，不如一技在身"，"千招会不如一招绝"。在古代，很多人赖以生存和实现自我价值的都是他的一技之长，他的成就、幸福都建立在他最擅长的技能上。当然，在当今这个竞争激烈的社会中，仍然需要这样的人才，特别是对于技术含量高的部门更是对这样的人才求贤若渴。只要拥有了"一技之长"，你就有了竞争的资本，有了谋生的手段和实现人生目标的机会。特长就是人生的财富，如"吃"，有人善品美食，做了美食家；有人善做美食，做了名厨；苏秦、张仪凭着三寸不烂之舌，左右了战国末期的局势；而孟尝君利用"神偷"得以成功逃生。世有伯乐，然后有千里马。只要找到了伯乐，千里马的特长就能发挥到极致。

第三，认识自己的独特性。

上面的多元智力理论告诉我们，人与人是不一样的，每个人都有自己的智力特点和智力优势。当然其他方面也有着各自的特点。毕竟每个人由于后天成长的环境条件不同，受到的文化教育、社会熏陶和外界影响不同，在诸如性格、气质、兴趣、特长、个人素质及能力等方面会参差不齐，各自都具有自己的优势和特点，因此形成了区别于他人的鲜明的个性，即个人的独特性。这种相对稳定的态度和行为方式贯穿于人的所有活动中，在相似或不同的场景中都会有所表现。人的性格是个性和共性的统一，在一定的经济、政治、文化条件中，形成性格的共性，又因每个成员先天条件、后天所处环境影响的不同，又形成了性格的个性。种种不同的特点组合而成就形成了每一个人的独特性。

庄子《逍遥游》中有一个故事：大鹏展翅十万八千里，小雀蹦蹦跳跳飞不高，小雀嘲笑大鹏一飞那么远，看我多自在，想飞就飞，想停就停。其实正如"尺有所短，寸有所长"一样，每个人都拥有自己的特质。如同世上没有相同的两片树叶一样，上天在造人之时也从未有过重复。每个人都具有聪明、坚强、善良、美丽等不同的特点，但每个人具有的这些特点又因其程度不同，在与个人其他特点相结合之时，形成了自己独有的特质。或许很多时候，我们艳羡别人的特质而对自己的特质不屑一顾。其实，我们应该好好审视一下自己，挖掘出属于自己的特质，找到属于自己的人生位置。毕竟人生中，每个人都是独一无二的个体，都是无可代替的个人。我们一起来看下面这则故事——《生命的裙裾》[①]。

约翰和汤姆是相邻两家的孩子，他俩从小就在一起玩耍。约翰是一个极其聪明的孩子，

---

① 王少毅，《世界上最伟大的励志故事全集》，第 93 页。

学什么都是一点就通，因而常常得到大人们的夸奖。约翰知道自己的优势，自然也颇为骄傲和自豪。汤姆和约翰相比，脑子就没有那么灵光了，尽管他很用功，但学习成绩却很难名列前茅，和约翰相比，汤姆心里时常感觉很自卑。而汤姆的母亲却是一个很开明之人，每当汤姆困惑和郁闷时，母亲总是鼓励他："如果你总以他人的成绩来衡量自己，那你终生也不过只是一个'追逐'者。奔驰的骏马尽管在开始的时候总是呼啸在前，但最终抵达目的地的，却往往是充满耐心和毅力的骆驼。孩子，妈妈看好你。"在母亲的鼓励下，小汤姆迈着坚定的步伐很努力地向前走着。

聪明的约翰自诩是个聪明人，因此在获得一些小小的成绩后就自我陶醉，止步不前，不愿学习新的知识，总觉得自己不屑去学。因此，多年过去后，当他长大成人，约翰在人群中成了最普通不过的人了，后来他一生业绩平平，没能成就任何一件大事。而自觉愚笨的汤姆却从各个方面充实着自己，一点点地超越着自我，不断进步，不断成长，在他坚持不懈地努力和母亲不断地鼓励下，最终成就了一番事业，成为了社会上的卓越者。

约翰见状，感到愤愤不平，以致郁郁而终。他的灵魂飞到了天堂后，质问上帝："我的聪明才智远远超过汤姆，我应该比他更伟大、更卓越才是，可为什么你却让他成为了社会的卓越者，人间的成功者呢？"

上帝笑了笑说："可怜的约翰啊，你至死都没能弄明白：我把每个人送到世上，在他生命的'褡裢'里都放了同样的东西，只不过我把你的聪明放到'褡裢'的前面，你因为看到或是触摸到自己的聪明而沾沾自喜，以致误了你的终生！而汤姆的聪明却放在了'褡裢'的最后，他因看不到自己的聪明，总是在仰头看着前方，所以，他一生都在不知不觉地迈步向上、向前。"

汤姆成功了，这在很大程度上跟他母亲对他的鼓励和他自己勤勉上进、奋斗不息的精神分不开。生活中，每个人都有自己独特的一面，认清自己的独特性，发掘出来加以利用，成功终将属于你。

人生如汪洋大海，而我们正如大海中驾驭着自己躯壳的舵手，对自己有足够地了解，才会如了解自己船只的船长，在大风大浪前果断勇敢，乘风破浪，最终成功到达目的地。我们再来看看《百合花》①的故事。

从前在一个偏僻遥远的山谷里，有一个高达数千尺的悬崖。不知从何时开始，在这断崖上长出了一株小小的百合。

百合诞生之时，跟身旁一般的杂草差不多，没有太大的区别。但它自己知道，自己并不是一株野草，而是美丽的百合。它深知：唯有开出美丽的花朵，才能证明自己和它们的区别。为了能让自己绽放出美丽的花朵，百合努力地吸收水分和阳光，深深地扎根在土里，昂首挺胸地屹立在断崖边。终于在一个春光明媚的早晨，百合的顶部结出了第一个花苞。百合心里特别高兴，可它身旁的野草却对它不屑一顾：这家伙明明和咱们一样，却偏说自己是一株花，我看它头顶结的不是什么花苞，而是头脑长瘤了。它们讽刺百合说："别说你不会开花，即使真会开花，在这荒郊野外的断崖边上，也没人会欣赏你。"偶尔有蜂蝶鸟雀飞过，它们也劝百合不用那么努力地开花："在这断崖边上，纵然开出世界上最美丽的花朵，也没人会欣赏你，这和你身边的野草有什么区别，一点价值都没有。"

---

① 王少毅，《世界上最伟大的励志故事全集》，第33页。

可百合一点都不理会外界给的讥讽和建议,它了解自己,没有迷失在外界的环境中,而是坚定信念,努力释放内心的能量。终于有一天,它开花了,它那灵性的白和秀挺的风姿,成为了断崖上最美的风景。百合一朵一朵地盛开着,花朵上每天都有晶莹的水珠,那是百合深深的喜悦而凝结成的泪滴。日复一日,年复一年,百合努力地开花,结籽。它的种子随风飘落在山谷、草原和悬崖边。最后,整个山谷都开满了洁白的百合花。几十年后,人们千里迢迢地来到这儿,欣赏着这圣洁美丽的百合花。从此,这里被人称为"百合谷地"。

这则故事告诉我们,人要客观、公正地认识自我、了解自我,否则便很容易迷失在外部环境制造的假想中,从而做出错误的判断。如果百合当初听信了身边野草和蜂蝶鸟雀的话,那么就不会克服一切困难努力地去实现自己的梦想,当然也不会有后来的"成功"。当代社会,很多人会为了各种各样的目的编制出一个个美丽的谎言来鱼目混珠、混淆视听,扰乱你的思维和判断。只有清楚地认识自己、了解自己,才会知道什么事可以做、什么事不可以做;对于可以做的事,他们懂得如何做得更好,不可以做的事,他们懂得怎样采取对策。在认识自我、了解自我的过程中,更可以看到自己离目标有多远,差距有多大,这样有针对性地发展自我,以缩小二者的差距,能帮助人们尽快实现人生追求和人生目标。

那么在生活中,我们应该如何正确认识自己的特质?

一是你的长处:

(1) 你适应新环境的能力(在短期内适应从中学生到大学生的转变,并很快融入大学生活);

(2) 你目前具备的素质和能力(身体素质良好、政治素质过硬等,以及口头表达能力良好,善于与人沟通交流等);

(3) 你具备什么样的特质(优于他人的潜质,如专业学习上的,对计算机、物理学的敏感度与领悟力等,或具备短跑、跨栏等体育运动的特质)。

二是你的短处:

(1) 不能很快适应大学生活(学习的方式不适应,性格内向,不善于与人往来等);

(2) 综合素质和能力欠佳(身体素质、文化素质等,以及自学能力、思辨能力、口头表达能力等尚需提高。)

通过对自我的分析和认识,明确自己人生的方向和目标,找出"我来大学要学什么?四年后我是谁?"的答案,并为自己确立目标,看看现在的自己离目标的差距有多大,还需要哪些方面的发展和完善,用四年的时间去完善和成就自己。

2. 管理自我

征服自己的一切弱点,正是一个人伟大的起始。

——沈从文

许多人在面对学习、工作时,都处于一种很被动的位置,总是依靠别人的监督和鞭策,自律不强,自己无法正确、自觉地管理自我,缺乏积极主动的精神,长此以往,那离成功只会越来越远。

"自律"是我们在学习、工作和生活中经常要提到的一个词,它指在无人监管的情况下,通过个人的自我要求,约束自己的一言一行,变被动为主动,用个人自觉的行动造就出一种井然的秩序,为我们的学习生活争取更大的自由空间。"自律"对于当代大学生来说,是必备的一种基本素质,它对于管理自我有着极大的推动促进作用。

　　管理自我是个人对自己的目标、思想、时间、人脉、情绪、心理和行为等表现进行管理，在个人奋斗的过程中，自己管理自己，约束自己，激励自己，最终实现自我设定目标的一个过程。在生活中，管理自我或许是一件再简单不过的事了，但很多人却往往忽视这一点，学生、职业者、自由人士等均不例外。殊不知管理自我在个人职业生涯乃至整个人生都有着至关重要的意义。纵观古今中外，凡成大事者，无不是通过严格的自我管理而获得成功的。

　　对青年学生而言，管理自我应做好以下几方面的管理。

　　1）时间管理

　　时间对每个人而言都是公平的，一天 24 小时、一年 365 天。在同样的时间里，不同的人取得的成绩却截然不同，在时光隧道里，有的徘徊不前，有的勇往直前，有的造就了辉煌又享受了幸福的人生，有的尝尽了苦涩却感受不到生活的温馨。这很大程度上跟个人对于时间的管理有关。个人在工作之外除去吃饭、睡觉、休息时间后的几个小时是至关重要的，譬如每天晚饭后 7 点到睡前 10 点之间的 3 小时，如果你能用来学习充电、提升自我，那么坚持一年后你一定会收获颇丰。

　　在时间管理上，我们必须要知道"四象限"法。这是美国管理学家科维提出的一个关于时间管理的理论，他把工作按重要和紧急两个不同的程度，划分为四个"象限"：既紧急又重要、重要但不紧急、紧急但不重要、既不紧急也不重要。

　　根据"四象限"法，我们把日常需要处理的事情分为以下四类：

　　第一类：重要且紧急的事。

　　这类事情诸如应对发生的灾害、期末考试、住院手术等。在日常的工作和生活中，这类事情往往是放在第一位的，我们必须快速有效地去处理，以防危机进一步扩大范围。

　　第二类：重要但不紧急的事。

　　这类事情如人生规划、职业规划、日常学习中做的学习计划、课外时间对课堂知识的复习、和老师同学之间的沟通交流、参加培训等。这类事情虽然不紧急，但却很重要，必须要去做、去落实。

　　需要提醒大家注意的是，我们在处理这类事情时，要做到事前有计划，做事时把握好时间进度，主动按时去完成。因为，只有抓紧时间做好这一类事情，才能减少第一类重要且紧急事件的发生率。

　　第三类：紧急但不重要的事。

　　这类事情诸如父母、朋友在你工作之时打来电话询问近况或突来访客等。这类事情虽然不是很重要，但却需要马上去处理，因此还是得花时间去做。

　　日常生活中，当我们遇到这类事情时很容易产生错觉，将这类事与第一类混淆，从而在这类事情上花很多时间去处理。在你学习了关于时间管理的理论之后，一定要尽量减少这类事情的发生，如无意义的闲聊或谈话等。

　　第四类：不紧急也不重要的事。

　　这类事情如：无聊的网络小说、上网聊天、玩网络游戏、看毫无内容的电视节目、KTV唱歌的娱乐活动等。这是在工作之余，很大一部分年轻人喜欢做的事情，也是部分大学新生容易步入的一个误区，初入职场的年轻人如果在工作之余不充电，而是沉迷于做这些非重要又不紧急的事的话，那么终会落在同事之后，逐渐被社会所淘汰。同样初入大学的新生如果在学习之余，放纵自己，花大量的时间来做这些事的话，那么最终也会虚度年华、荒废学业。

步入这类事件的人部分是因为受到挫折而通过做这类事来调整心态，但作为大一新生，如果把握不好度，一味地沉迷下去，最终只会适得其反，让个人沉溺在自己的世界里不能自拔。

作为年轻人，对于时间掌控的优先计划原则是必须要会的。按事情处理的顺序划分：先是既紧急又重要的事，接着是重要但不紧急的事，再是紧急但不重要的事，最后才是既不紧急也不重要的事。这也是我们通常说的优先计划管理，即把事情按照既定目标来进行优先设定，这样做的话可以有条不紊地处理事情，最终按照原定计划，顺利完成。

2) 人脉管理

在好莱坞流行着这样一句话"一个人能否成功，不在于你知道什么（what you know），而是在于你认识谁（whom you know）。"被尊称为华文卡内基之父的黑幼龙[①]指出，这句话并不是叫人不要培养专业知识，而是强调"人脉是一个人通往财富、成功的入门票。"人脉管理在管理自我中占据着重要的地位。正如马克思所说，人是社会的人，不可能独立于社会和他人而单独存在。从人呱呱坠地之时，就和周围的人和事发生着千丝万缕的联系。而在人的成长过程中，周围的人如父母、长辈、老师、同学、朋友都是个人人际关系中重要的角色。人脉通常是指人际关系，或指由人与人之间相互联系而构成的网络。人脉管理就是将人脉进行有效管理，使人脉朝着我们预期的方向发展，促进个人人生目标的达成。人脉管理在管理自我中的地位不可小觑，它在个人成长成才中发挥着极其重要的作用。

作为大学生应该从以下几个方面做好人脉管理。

(1) 重视人脉。人脉体现人的人缘和社会关系。在人不断追求事业成功和幸福快乐的同时，人脉是最广泛运用的资源。不论以后你从事何种职业、进入何种行业，人脉都是极其珍贵的资源。因此要重视人脉，客观了解它在个人职业生涯中的重要性和不可或缺性。学生时代，同学的和睦相处、老师的循循善诱、小伙伴们的快乐陪伴、长辈的关心爱护，无疑给我们的生活增添了无限色彩、几多温暖。当我们步入大学校园开始独立生活后，才发现第一次远离家门的酸楚、第一次独立的辛酸。这个时候，我们静下来思考，才发现原来人脉是如此的珍贵。作为大学生的你，应该珍惜目前所拥有的一切，重视已有的人脉，因为这些资源对于你今后职业或事业发展所起的积极作用不容低估。

(2) 注重人脉的积累。儿时伙伴、大学同学、朋友或陌生人等，都是个人积累人脉的对象。俗话说：在家靠父母，出门靠朋友。大学的独立生活开始后，青年学生也开始了人生的独立起航。在大学里，虽然没有父母的时刻相伴，但却有同窗而学的同学，有志同道合的朋友，有朝暮相处的室友，有关心爱护的师长。在这里，你的人脉得到了全新的洗礼，你对人脉的认识也有了全新的感受。许多创业的故事就是从大学里志同道合的朋友，同窗而学的同学或朝暮相处的室友共同演绎而来的。同学们，请珍惜现在你身边志同道合的同学或朋友，或许有一天他会成为你事业中的合伙人或生命中的贵人。在人生的不同时期，在遇到新朋友时，要勇敢地敞开心扉，大胆接纳、求同存异、扬长避短，作为大一新生，积累人脉，结交朋友从现在开始并不晚。

(3) 正确维护人脉。人脉仅仅说明你认识对方，对方认识你，但这种认识的程度不足以

---

① 黑幼龙，1940 年 11 月 9 日出生，河南省荥阳县人，美国罗耀拉大学硕士，1987 年，引进全球知名的企业训练课程"卡内基训练（Dale Carnegie Training）"，帮助企业发挥人力资源潜能，增强企业竞争力，打造出华文的卡内基王国，并连续多年获得全世界卡内基训练代理机构总绩第一名。

帮助你事业获得成功。如果要让它在你的职业生涯或事业中发挥重要作用，那就需要正确地去维护，将普通的人脉发展为关系良好的人脉，并且正确地利用它，让其在我们的事业中充分发挥作用，朝着预期目标发展，协助我们的事业取得良好成绩，获得成功。当然维护人脉的方法有很多，譬如，通过多沟通交流来加深相互间的了解，找寻共同兴趣，发掘共同利益等，将普通人脉深化为对你真正有用的"关系"。

在人脉管理中，个人要主动敞开心扉，以诚待人，努力让自己变得优秀，并将优秀作为一种习惯，因为好的自己才能"碰到"好的人，才能更好地去发展和维护"人脉"。有这样一个故事：

有一个年轻人去到店里去买碗，到店后，他随手拿起一只碗，然后依次与其他的碗轻轻碰击，这引来了一串串沉闷、浑浊的声响，他失望地皱着眉头、摇着头，接着又去试下一只碗……最后，他几乎挑遍了店里所有的碗，竟然也没能找到一只让他感到满意的，就连店老板捧出的自认为是店里碗中的精品，也被他摇着头，沮丧失望地放了回去。

老板很是纳闷，便问他为何老是拿手中的碗去碰别的碗？这个年轻人答道，曾经有位长者告诉过他挑碗的诀窍，当一只碗与另一只碗轻轻碰撞时，如果能发出清脆、悦耳的声响，那便说明，这是一只好碗。

老板恍然大悟，于是拿起一只碗递给他，并笑着说："年轻人，你拿这只碗去试试，保管你能挑到心仪的碗。"年轻人将信将疑地拿着碗，按照老板说的去做。这次可奇怪了，他手里拿着的每一只碗都在轻轻碰撞下发出了清脆悦耳的声响，他感到很困惑，便向老板请教。老板笑着说："道理其实很简单，你刚才拿来试的那只碗本身就是次品，用它试碗，声音必定浑浊。你想得到一只好碗，首先要保证自己手里拿的那只也是好碗……"

正如一只碗与另一只碗的碰撞一样，一颗心与另一颗心的碰撞需要付出真诚才能发出清脆悦耳的响声。日常生活中，在人际交往时如果自己带着猜忌、怀疑甚至戒备之心与人相处，那么难免也会得到别人的猜忌与怀疑。生活中，其实每个人都可能成为自己生命中的"贵人"，前提是你遇到他时是否与人为善，是否以诚相待。你付出了真诚就会得到相应的信任，你献出了爱心就会得到尊重。反之，你对别人虚伪、猜忌，别人给你的也只能是一堵厚厚的墙和一颗冷漠的心。

每个人的生命里都有一只碗，盛着善良、信任、宽容、真诚，也盛着虚伪、狭隘、猜忌、自私……请剔除碗里的杂质，然后微笑着迎接另一只碗的碰撞，做最好的自己，才能碰撞出最好的别人，才能发展更多的人脉，维护好生命中的"贵人"。

有人说，成功是三分努力加七分人脉，我们暂且不去评判它的对与否，但至少可以看出人脉管理在个人事业成功中的重要地位。毕竟人注定永远都不会是孤立的个体，而是和社会密切相关的。因此，要想早日成功，那就应该提早加强自我的人脉管理能力。

3) 情绪管理

百度百科：情绪管理(Emotion Management)是指通过研究个体和群体对自身情绪和他人情绪的认识、协调、引导、互动和控制，充分挖掘和培植个体和群体的情绪智商、培养驾驭情绪的能力，从而确保个体和群体保持良好的情绪状态，并由此产生良好的管理效果。最先由因《情绪智商》(*Emotional Intelligence*)一书而成名的丹尼尔·戈尔曼(Daniel Goleman)提出"情绪管理"这个词，他认为这是一种善于掌握自我，调控情绪，对生活中的矛盾和事件引起的反应能适可而止的排解，能以乐观的态度、幽默的情趣及时缓解紧张的心理状态。中国全民健心网肖汉仕教授认为情绪管理是用心理科学的方法有意识地调适、缓解、激发情绪，以保持适当的情绪体验与行为反应，避免或缓解不当情绪与行为反应的实践活动，它包括认知调适、合理宣泄、积极防御、理智控制、及时求助等方式。

日常生活中，每个人都有情绪和情绪的宣泄，正如亚里士多德所言："任何人都会生气，这没什么难的，但要能适时适所，以适当方式对适当的对象恰如其分地生气，可就难上加难。"生活中，个人在面对不同的对象时应以最恰当的方式来表达情绪。情绪能改变人的心情，改变人的生活，情绪的正确宣泄有利于个人人际关系的维护，有利于个人的成长和发展，进而有利于个人的职业和事业的发展。在成功的路上，最大的敌人或许并非缺少机会，或是资历浅薄，而是对自己情绪的控制。一般而言，成功的人都是具有良好情绪管理的人，他们可以很好地控制、化解不良情绪，将自己快速地从负面情绪中调整过来，并很快进入到工作状态中。

肖汉仕教授创立的 6H4AS 情绪管理方法，我们在遭遇困惑时不妨试试。

(1) 用智慧去打开六种快乐 6H(HAPPY) 的资源，以便增加快乐，优化情绪，即奋斗求乐、化有为乐、化苦为乐、知足常乐、助人为乐、自得其乐。

(2) 当陷于苦恼、出现生气等负面情绪及行为冲动时，使用 4AS 技术来自我管理情绪，以便改变情绪。A：ASK 即反问，反思。S：STEP 即步骤。

即：值得吗？自我控制！

为什么？自我澄清！

合理吗？自我修正！

该怎样？自我调适！

当然，个人具备良好的情绪管理能力是需要时间来培养的，作为大一新生的你，如果还没有具备这种能力，那么就从现在开始，刻意地去培养，这样在步入社会时你才能够更胜一筹。

3. 发展自我

从人的价值论角度看，人的自我发展是实现个人和社会价值的前提。人是价值主体和价值客体的统一，是作为价值客体的人满足价值主体的人的需要的关系属性。作为个人的价值包括：个人的社会价值，即个人对社会需要的满足；个人的自我价值，即个人通过自己的活动来满足生存和发展的需要。在社会主义社会中，在个人和社会的关系上，人的价值既包括社会对个人的尊重和满足，又包括个人对社会的责任和贡献。人在认识自我、发展自我、实现自我价值的同时，也创造了社会价值。

人的全面发展既是推动社会进步和全面发展的基础和前提，也是自我发展的核心内容。在当代社会，人的全面发展的内容随着社会的发展呈现出新的内容，它包括：身心健康的和谐发展(它是人全面发展的前提和基础)；生存与发展能力的发展(如劳动能力、学习能力、管理能力、研究能力、创造能力、判断能力、应变能力、审美能力及人与社会、人与自然的协调发展能力等)[1]；道德和精神的充分发展(完美人格的塑造和精神世界的丰富)；社会关系的协调发展(如人与自然、人与人、人与社会的关系)；人的个性的全面发展(如个人的素质、品格、气质、爱好、兴趣、特长、情感等[2])；人的需要的合理满足(物质需求和精神的需求)等。

---

① www.lunwenwang.com</A< p>.

② http://wenku.baidu.com/view/db02f505cc175527072208f8.html.

发展自我是大学期间必不可少的功课。人的全面发展是伴随着自己一生的发展过程，也是一个不断提升自我的过程，它渗透于人的每一个成长阶段。大学阶段是青年学生快速成长的阶段，当然也是发展自我的最佳时期，在这个成长的过程中，虽然会不同程度地受到家庭环境、社会文化、自然物理等多方面的综合影响，但大学的教育、老师的言传身教，对学生的发展具有重要的定向指导作用，引导学生对个人价值的追求和发展，帮助学生成长成才。

托马斯·亨特·摩尔根是美国著名生物学家，他毕生从事胚胎学和遗传学的研究，在孟德尔定律的基础上，创立了现代遗传学的"基因学说"。1933年，他被授予诺贝尔生理学及医学奖。

幼年时期，摩尔根就对博物学有着浓厚的兴趣。他曾用几个夏天的时间到肯塔基州的乡间、山区和西马里兰州的农村观光游览，这使他有机会搜集化石和考察自然界。1886年，他在肯塔基学院毕业，取得动物学学士学位，随后进入霍普金斯大学学习。

在霍普金斯大学就读时，摩尔根受到了几位优秀大学老师的指导，从中受益匪浅。他在H.涅维尔·马丁的指导下攻读普通生物学、解剖学和生理学；在威廉·霍华德的指导下攻读解剖学；在威廉·基斯·布鲁克斯的指导下攻读形态学和胚胎学。1890年，摩尔根完成了《论海洋蜘蛛》的博士论文，获得博士学位。

正是大学期间的学习和不断积累，让他后来在遗传问题上有了极大突进。他通过对果蝇的研究发展，促进了遗传理论研究，并于1915年与他人合著出版了《孟德尔遗传学机理》，创立了基因理论。

除了大学教育中老师的指导外，学习、实践也是自我发展的良好方式。

俗话说：活到老，学到老。大学期间是人生的黄金时期，需要不断地学习来充实和发展自己。在大学校园里，大家体会到更多的是学校的高等教育，除了专业基础知识外，还可以通过自学学到很多课外知识，以达到知识积累和奠定自身的文学素养的目的。因为坚实的理论基础和丰富的实践经历是成功的必备要素。

美国天文学家、著名的现代宇宙理论家爱德温·哈勃，通过自己的不断学习和不懈努力发现了银河外星系的存在和宇宙的不断膨胀，成为银河外天文学的奠基人和提供宇宙膨胀实力证据的第一人。

哈勃在芝加哥大学学习期间，就已受到天文学家海尔的启发，开始对天文学产生了浓厚的兴趣，并参看了大量相关书籍，这为他以后取得的成绩奠定了坚实的基础。毕业时他获得了数学和天文学的校内学士。毕业后，又在牛津大学学习法律，当过一段时间律师，但他对天文学的热情从未减退。后来，他终于有时间集中精力潜心钻研天文学，并返回芝加哥大学攻读天文学博士学位。期间，哈勃在该校设于威斯康星州的天文台工作，毕业时，获得天文学博士学位。在哈勃从军参战后，他便开始在威尔逊天文台(现属海尔天文台)专心研究河外星系并有了新发现：星云并非都在银河系内。哈勃在分析一批造父变星的亮度以后断定，这些造父变星和他们所在的星云距离我们远达几十万光年，因而将它们定位于银河系外。这项发现在1924年公布之时，让天文学家不得不改变对宇宙的看法。

1925年，哈勃根据河外星系的形状将它们分类，得出了第二个重要结论：星系看起来都在远离我们而去，且距离越远，远离的速度越高。这一结论意义深远：因为一直以来，天文学家都认为宇宙是静止的，而现在发现宇宙是在膨胀的。1929年，哈勃还发现宇宙膨胀的速率是一个常数，这个被称为哈勃常数的速率就是星系的速度同距离的比值。后来，在经过其他天文学家的理论研究后，发现宇宙已按常数率膨胀了 100 亿～200 亿年。

哈勃的发现为天文学界做出了巨大的贡献。正是哈勃不断地学习和积累实践经验，才成就了他后来的成绩。

古语云：读万卷书，行万里路。学习的方式并不限于书本，除了教育、培训、自学外，实践也是学习，阅历也是知识。在古代，如艺术家、能工巧匠等从事"技术性"行业的人们，在踏遍大江南北实践的同时也精进了自己的技艺，最后名垂青史。

李时珍出身名医世家，自小习读医术，观摩父亲坐堂问诊，对医学医经早已认识不浅。但若如此每日坐在家中看诊，他也不会成为名冠一方的名医，更不会有后来的成就——写出巨著《本草纲目》。传说他写此书时，行程万里，各处去寻访民间有效的偏方，实地求证各种药材特征，不断精进自己的医术。李时珍"行万里路"的收获确实不小。

知识，原本就是用来改变、改善我们的生活的，它源自生活的智慧结晶，而书本只能作为这一种智慧的载体。所以"实践出真知"，只有立足于生活的知识才是最具有生命力的。

早在出国留学热刮遍之前，作家三毛就已经到西班牙、德国和法国等欧洲国家游历，后来又去了很少有外人涉足的撒哈拉沙漠，成为最早领略异域风情的中国人之一。她阅历的丰富，让人们在心中形成了一个固定的形象——三毛是个携着笔漫游世界的女人。她凭借对所见所闻的描述和领悟，写出了让读者如痴如醉的文字，刮起了一股"三毛热"。

阅历能丰富我们的灵魂，成熟我们的思想，锻炼我们的意志，成就我们的判断力。若我们想要规划一生的学习，不妨也在阅读书本的同时，多增长见闻，拓宽自己的知识面，进一步充实自己。

此外，学校的社团活动和社交活动是人全面自由发展的良好途径。对于提升个人能力有着极其重要的推进作用。

人生其实就是一个不断自我学习、自我发展、自我提升的过程。在学习和发展的过程中，不断获取知识、增长见识、积累经历、积淀生活，逐步实现人生价值。因此，在对自己有较全面和清晰的认识之后，设立人生目标，找出二者间的差距，有意识、有针对性地培养这些方面的素质和能力，扬长避短，提早进入角色，以促使人生规划的顺利实施。学校、培训机构、社会大环境等都是自我发展的良好场所。

2.1.3　人生规划的一般方法

人生的规划包含很多内容，如学业规划、职业规划、健康规划、爱情和婚姻规划、人际关系规划、家庭规划、时间规划、理财规划等。其中，学业规划、职业规划是大学生进入大学后就应该认真思考的重要内容，也是影响人一生发展的重要规划。

正如生涯彩虹图一样，人在不同的生活空间，所扮演各种角色的分量有所不同，因此不同阶段人生规划的侧重点也有所不同。人年轻时，目标的设立和职业的选择非常关键，必须清楚地知道自己的人生目标是什么、未来能做什么、未来的计划等问题。假设人的寿命是 85 岁，现在年轻的你是 20 岁，从今天向后看还有 65 年，那你就应该给出这 65 年的大致规划，规划出今后每一阶段的奋斗目标，让自己生活的各个阶段都有目标感、充实感、满意感和幸福感。例如，大学阶段要努力学习，学业成绩处于中上或优秀；要主动参加社团活动、志愿者活动、担任学生干部，培养自己的组织管理协调能力；参加学校如辩论队或演讲比赛等活动，以培养自己的口头表达能力、思辨能力等。大学毕业开始新的阶段，或者大学毕业选择考研，读硕士、进而读博士，毕业后从事研究工作或高等教育工作，奋斗一二十年，成为某一学科领域里的专家学者，或者在某一科研机构工作，将来发展成为研发工程师、系统工程师等；或者大学毕业就选择找工作，工作几年后在某个领域小有名气，再奋斗十多年在此领域颇有建树；或工作几年让自己经济收入处于工薪阶层的中等水平，衣食无忧，再奋斗若干年进入中上收入阶层，可以带父母周游世界或一起享受优美的田园风光；或在企业（或事业单位）工作几年，积累了经验和人脉就自己出来闯天下——创业，通过十年、二十年的奋斗，把事业发展到全国乃至全世界等。当然，随着年龄的增长，在工作的同时自己也要考虑完成婚姻大事……

人生的不同阶段都需要规划，而人生规划的具体方法则因人而异，每个人都有自己独特的一面，因此每个人的规划方法也各不相同。下面我们就简单列举几个方面，希望大家从中有所思考，回答好下列问题，对自己的人生规划将起到点石成金的作用。

(1) 我是谁？把自己的长处和短处一一列出来，长处和局限性是什么，以做到扬长避短。

(2) 我想干什么，即我的理想是什么？这个问题可以通过一系列的心理测试，并结合自己的兴趣爱好来了解：我为什么要有这样的理想，别人对我的理想的建议是什么。

(3) 我能干什么？通过对自己的充分认识，明确自己具备哪些能力，对什么感兴趣，对自己的能力和兴趣有所了解。做一个针对自己的 SWOT 分析，我的理想对 SWOT 的修正（在第4章将有详细论述）。

(4) 环境允许我干什么？以敏锐的洞察力关注社会现状、外部环境和家庭因素，看看环境允许自己做什么。

(5) 我希望未来的我是什么样子？可能吗，我最终的职业目标到底是什么。

(6) 如何实现我的理想？分解一下实现理想的步骤（可以采用"以终为始"的方法，这在第4章将有详细论述）。

把上述问题想清楚了，你就有了人生目标，接下来就是对每一阶段进行必要的规划。当然，在执行计划时，还要根据实际情况适时做出调整，以适应社会发展的需求和变化，要用自己睿智的眼光和独特的见解去分析和规划自己的人生道路。

对于刚步入大学校园的新生而言，大学阶段首先要做的就是对自己进行学业规划，确定目标和具体的行动，避免走入误区导致终生痛苦。下面来看看这位大学生的故事：

一名刚入校的大学新生，面对新环境、新老师、新同学、新的生活方式，身体、心理都很不适应。课堂老师讲课的方式他无法接受，认为老师讲得太快，自己还没有消化就又开始讲下一章节的内容了，自己课后看书又静不下心，看不懂。由于是初次远离父母，独自一人，此时面对大学充裕的空闲时间，不知所措，整日无所事事。于是开始在网络的"虚拟世界"里寻求快感，找寻作为成功者被人尊重的"快乐"，以求度过漫长无聊的大学生活，殊不知网络游戏让他成了"瘾君子"。每天除了上课就是上网，有时通宵达旦，次日蒙头大睡，这样浑浑噩噩度过了大一第一学期。最后期末考试，5门课程亮起了红灯，而且还得了一个"黄牌"（该校规定：如果学生大学四年期间连续两次得黄牌或累计三次得黄牌，就自动退学）。这对于一向学业成绩良好的他，无疑是个重重的打击，思前想后，决定痛定思痛，改过自新，重新做人。可网络游戏的瘾并非容易戒掉，而且第一学期落下的许多课程，要一并补上并非易事。为了尽快走出学习的阴暗区，他咨询家长、老师、班上同学以及心理健康中心老师的意见，在大家的帮助下，第二学期，这位同学的成绩有所好转。一年后，在大家对他的关注度减少之后，他自律差的习惯又暴露无遗，专业课亮红灯，英语四级、计算机都没过……不幸的是这学期他又拿到了一张黄牌警告。父母眼里是期待和无助，老师眼里是失望与无奈，同学眼里是另类与无聊……自己心有余而力不足，到了大三又开始三天两头旷课、迟到，他的结果可想而知了……

这位同学存在的主要问题是大学期间没有给自己树立目标，在经历高考后，人放松下来，之前12年的学习目标——进入大学达成了，便认为任务完成了，无事可做。殊不知大学是个人独立生活的开始，应科学规划自己的大学生活，为今后的职业生涯打好基础，定下目标及职业志向，做出科学的规划，朝着这个目标前行，有了目标和计划，再多的诱惑，自己的心也不会迷茫。大学期间，有充足的时间可以为实现这一目标积累知识技能和经验。像这位同学，人生最好的黄金时期虚度而过，不但浪费了自己的时间、金钱和精力，也为今后的职业生涯埋下了不良的种子。

大学里曾流传着这样一句话："男生不可不读王小波，女生不可不读周国平。"对于热爱书、热爱文学的人们，周国平并不陌生，他的字里行间流露出的智慧与超然，让不少人难忘。周国平曾经谈到："我们活在世上，不免要承担各种责任……不过，我们不要忘记，除此之外，我们还有一项根本的责任，便是对自己的人生负责……在某种意义上，人世间各种其他的责任都是可以分担或转让的，唯有对自己的人生的责任，每个人都只能完全由自己来承担，一丝一毫依靠不了别人"。

诚然，我们首先应该对自己的人生负责，因为这是作为社会人去完成其他责任的基础，而认真做好个人的人生规划则是对自己人生负责的第一步。作为年轻人，必须要保持清醒的头脑，知道自己究竟想要什么，想得到什么结果，以终为始，达成目标。这样，他的内心才会获得一种平静和充实，更加坚定自己的人生方向，实现自己的人生价值。

2.1.4　成功 = 理想 + 规划 + 行动

长春工业大学校长张德江在题为"高校的素质教育应落脚于'三成'教育"的文章中谈到，"成功追求的不是完美而是目标的实现和价值的体现。一个人虽然也考虑个人利益，也存在缺点和不足，但是能够富有爱心和责任心，与人为善，努力进取，得到人们的认可和尊敬，就是做人的成功；一个人虽然经历了挫折与失败，然而终于创出了一番成就，做出了自己的贡献，就是事业上的成功；一个人虽然经历了磨难与历练，然而逐步成长、成熟、成才，事业有成、生活快乐，体现了自己的价值，就是人生的成功。"[①]

人人都想有一个成功的人生，可对成功的概念、成功的路径及结果从来就没有一个统一的标准。由于人的价值观念、个人喜好、理想追求等的不同，人成功的途径和方式也各不相同。一生中轰轰烈烈、功名显赫叫成功，一生中甘当人梯、点亮自己照亮他人也叫成功，一生中平平淡淡、工作顺利、家庭和睦、生活幸福同样叫成功……在这些成功的故事背后，共同遵循着这样的一条规律：**成功 = 理想 + 规划 + 行动**。

对于青年人来说，更应该及早立志，并且加以科学规划，在成长的过程中有计划、有目

---

① 张德江，《高校的素质教育应落脚于"三成"教育》，中国高等教育，2010年第7期。

的地培养和积累相关方面的知识能力，再以自己睿智的眼光、坚定的信念和执著的行动来实施自己的人生规划，那么离成功就会越来越近。我们来看看下面这则故事。

有一位美国青年小伙立志要做一名优秀的商人。中学毕业后他考入麻省理工学院，他没有去读贸易专业，而是选择了工科学习中最普通最基础的专业——机械专业。大学毕业后，他没有马上投入商海，而是考入芝加哥大学攻读经济学硕士学位，获得硕士学位后，他却出人意料地考了公务员，在政府部门工作5年后辞职下海经商。2年后，他开办了自己的商贸公司。20年后，他的公司资产从最初的20万美元发展到2亿美元，他就是美国知名企业家比尔·拉福。1994年10月，比尔·拉福率团来中国进行商业考察，在接受《中国青年报》采访时谈到，他的成功应感激他父亲给予的指导——他们共同制订了一份重要的生涯规划：

工科学习—工学学士—经济学学习—经济学硕士—政府部门工作—锻炼处世能力，建立广泛的人际关系—大公司工作—熟悉商务环境—开办公司—事业成功。

最终，这个生涯设计方案让他功成名就，达成梦想。

比尔·拉福的生涯设计脉络清晰，步骤科学合理，充分考虑了个人兴趣、素质、能力等多方面的因素，并注重职业技能的培养，在他立志后，在父亲的指导下作出了科学的规划，再以坚定的行动去实现自己的理想。他的成功正是理想+规划+行动的最好诠释。

正如尼采所说："如果人生没有意义，我就给人生一个意义，用自己的双手去创造一个有意义的人生。"比尔·拉福的成功演绎了一个自己创造的意义世界，他的成功也是个人人生经历和职业经历累积到一定程度的厚积薄发的实现。正如我们经常听到的："一次幸运并不可能带给一个人一辈子好运，人生还需要你自己来规划。"

比尔·拉福的故事告诉我们：人生是可以设计的，人不光要有理想、有信心、有毅力，还要加上科学的规划和设计，找到属于自己的人生道路，并坚定不移地走下去，那么成功就不再遥远。纵然，成功的定律有很多，但这却是最简单实用又很重要的一项基本原则：**成功 = 理想 + 规划 + 行动。**

人要有理想，没有理想的人生是没有意义的人生。理想是人生的灯塔，照亮前行的路途，点亮人的希望，是人前进的莫大的精神动力。没有理想，人就失去了前进的动力，生活也将失去激情和快乐，人生也毫无意义可言。所以，作为大学生，一定要有自己的理想，在此之后，结合自身的兴趣、爱好、专业、特质等为自己的理想确立一个值得奋斗一生的目标，然后通过大学教育、继续教育、终生教育，通过自己一生的勤奋实践，使自己努力接近自己的人生终极目标，实现人生价值。

人需要为自己做出规划。规划让理想更加清晰和具体，有了实现的具体方案和步骤，将会离成功更近一步。无数事实证明，有规划的人生具有科学性、主动性、合理性和积极性，人生的成功具有必然性；没有规划的人生是随意的、被动的、片面的、消极的，即使成功了也有很大的偶然性。因此，作为青年学生，需要为自己的大学生活乃至整个人生做出科学的规划。

人需要有方向的行动。理想和规划让行动有方向有目标，行动让规划得以实施，让理想得以实现，让人生更加精彩。光有理想和规划，而不付诸行动，人生的目标和希望将永远是水中月镜中花，遥不可及，无法实现。所以，在理想、规划和行动之间，我们要做的是"知行统一"。

可见，理想、规划和行动三者密不可分，规划是连接理想和行动之间的纽带，也是最重要的推进力量。作为当代大学生，需要在理想中，绘出未来的蓝图；在规划中，寻求前进的途径和方法；在行动中，感受过程的艰辛和快乐。不断积累知识，充实自己，积淀生活，成长自己，以自己的勇气和毅力来实现目标，迈向成功。

大学生活是青年人不断认清自我，发掘自我，规划自我，超越自我的过程，一切应尽在自己掌控之中，正像大学生中间流行的一句话：我的青春我做主。应该说，美丽人生由你做主。

2.2　职　业　规　划

正如马克思所说，人是社会的人，不可能独立于社会和他人而单独存在。因此，人在社会上生活不免要承担各种角色。在众多纷繁复杂的角色中，如何扮演好自己的人生，这其中却有着一定的艺术和技术。

人生规划包含对整个人生的设定和规划，而职业规划则是步入职业期所实施的计划，它是人生规划中非常重要的一部分。如果一个人没有做好职业规划，那么会给他的整个人生带来巨大的影响和改变，因为科学的职业规划是人事业成功和生活幸福的源泉，是人实现自我价值和社会价值的前提。一个人的一生不能没有事业，但是，没有好的职业就无从谈事业，只有选择了适合自己的职业，把它当成自己人生的一部分，才能在工作中体会到生活的乐趣和人生的意义。因此，人生规划和职业规划二者具有统一性和一致性。人生规划先于职业规划，职业规划包含于人生规划之中。人生的不同阶段有着不同的理想和志向，人生规划随着年龄、环境、理想、志向的改变而不断变化。青年时期，人的心智相对成熟，此时，职业规划的确立具有相对稳定性。职业规划是整个人生规划中的重要且长期有效的组成部分，它的科学与否、可持续与否，将直接影响到人生规划的可持续发展。

2.2.1　职业规划的基本认识

1. 职业规划及其意义

职业规划也称职业生涯规划，通常是指在对个人职业生涯的主客观条件进行测定、分析、总结的基础上，对自己的兴趣、爱好、能力、特点进行综合分析与权衡，结合时代特点，根据自己的职业倾向，确定自己最佳的职业奋斗目标，并为实现这一目标做出行之有效的安排。职业生涯规划的目的绝不仅是帮助个人按照自己的资历条件找到一份合适的工作，实现个人目标，更重要的是帮助个人真正地了解自己，为自己定下事业大计，筹划未来，拟定一生的发展方向，根据主客观条件设计出合理且可行的职业生涯发展方向。

职业生涯是一个动态的发展变化的过程，有效的职业规划有利于明确人生未来的奋斗目标。一个人的事业究竟应该向哪个方向发展，可以通过确立人生目标、制订职业生涯规划来使之明确起来。"目标之所以有用，仅仅是因为它能帮助我们从现在走向未来。"只有确立了明确的目标，才能激励人们去奋斗，去积极创造条件来实现目标，以免漫无目标地四处漂浮，随波逐流。职业生涯活动将伴随我们的大半生，拥有成功的职业生涯才能拥有美丽的人生。因此，职业生涯规划具有特别重要的意义。

(1)职业生涯规划可以发掘自我潜能，增强个人实力。行之有效的职业生涯规划将会：① 引导你正确认识自身的个性特质、现有与潜在的资源优势，帮助你重新对自己的价值进行定位并使其持续增值；② 引导你对自己的综合优势与劣势进行对比分析；③ 使你树立明确的职业发展目标与职业理想；④ 引导你评估个人目标与现实之间的差距；⑤ 引导你前瞻与实际相结合的职业定位，搜索或发现新的或有潜力的职业机会；⑥ 使你学会如何运用科学的方法采取可行的步骤与措施，不断增强你的职业竞争力，实现自己的职业目标与理想。

(2) 职业生涯规划可以增强发展的目的性与计划性，提升成功的几率。一个人的职业生涯发展要有计划、有目的，不可盲目地"撞大运"，很多时候我们的职业生涯受到挫折就是由于职业生涯规划没有做好。好的计划是成功的开始，正如古语所言：凡事预则立，不预则废。

(3) 职业生涯规划可以提升应对竞争的能力。当今社会处在变革的时代，到处充满着激烈的竞争。物竞天择，适者生存。职业活动的竞争非常激烈，要想在激烈的竞争中脱颖而出并立于不败之地，就必须设计好自己的职业生涯规划。而不少应届大学毕业生不是首先静下心来做好自己的职业生涯规划，而是拿着简历与求职书到处乱跑，总想会撞到好运气，找到好工作。结果是浪费了大量的时间、精力与资金，到头来感叹招聘单位有眼无珠，不能"慧眼识英雄"，叹息自己英雄无用武之地。这部分大学毕业生没有充分认识到职业生涯规划的意义与重要性，认为找到理想的工作是依靠学识、业绩、耐心、关系、口才等条件，认为职业生涯规划纯属纸上谈兵，简直是耽误时间，有那些时间还不如多跑两家招聘单位。这是一种错误的观念，殊不知未雨绸缪，磨刀不误砍柴工的重要意义。在有了清晰的认识与明确的目标之后，再付诸实践，这样更经济、更科学。

2. 职业生涯规划的流程与主要内容

要做好职业生涯规划就必须按照职业生涯设计的流程，认真做好以下每个环节。

(1) 自我评价，即全面了解自己。一个有效的职业生涯设计必须是在充分、正确地认识自身条件及相关环境的基础上进行的。要认识自己、了解自己、审视自己，做好自我评估，包括自己的兴趣、特长、性格、学识、技能、智商、情商、思维方式等。弄清我想干什么、我能干什么、我应该干什么、在众多的职业面前我会选择什么等问题。

(2) 确立目标。确立目标是制订职业生涯规划的关键，目标通常有短期目标、中期目标、长期目标之分。长期目标需要个人经过长期艰苦努力、不懈奋斗才有可能实现，确立长期目标时要立足现实、慎重选择、全面考虑，使之既有现实性又有前瞻性。短期目标则更具体，对人的影响也更直接，是长期目标的组成部分。

(3) 环境评价。要做好职业生涯规划还要充分认识与了解本专业、本行业的地位、形势、发展趋势以及相关的环境，评估环境因素对自己职业生涯发展的影响，分析环境条件的特点、发展变化等，把握环境因素的优势与限制。

(4) 职业定位。职业定位就是要为职业目标与自己的潜能及主客观条件谋求最佳匹配。良好的职业定位是以自己的最佳才能、最优性格、最大兴趣、最有利的环境等信息为依据的。职业定位过程中要考虑性格与职业的匹配，兴趣与职业的匹配，特长与职业的匹配，专业与职业的匹配等。此外，职业定位还应注意：① 依据客观现实，考虑个人与社会、单位的关系；② 比较鉴别，比较职业的条件、要求、性质与自身条件的匹配情况，选择条件更合适、更符合自己特长、更感兴趣、经过努力能很快胜任、有发展前途的职业；③ 扬长避短，看主要方面，不要追求十全十美的职业；④ 审时度势，及时调整，要根据情况的变化及时调整择业目标，不能固执己见，一成不变。

（5）实施策略。实施策略就是要制订实现职业生涯目标的行动方案，没有行动，职业目标只能是一种梦想。要有具体的行为措施来保证目标的实现，要制订周详的行动方案，更要注意去落实这一行动方案。

2.2.2　职业规划的实施依据

职业生涯规划要在实施的过程中检验，观察其效果如何，并及时诊断生涯规划各个环节中出现的问题，找出相应的对策及依据，对规划进行调整与完善。

职业锚对职业规划的启示：职业锚的概念是由美国埃德加·施恩教授提出的，他认为职业规划实际上是一个持续不断的探索过程。在这一过程中，每个人都在根据自己的天资、能力、动机、需要、态度和价值观等慢慢地形成较为明晰的与职业有关的自我概念。随着一个人对自己越来越了解，这个人就会越来越明显地形成一个占主要地位的职业锚。所谓职业锚，就是指当一个人不得不做出选择的时候，他或她无论如何都不会放弃的职业中的那种至关重要的东西或价值观。正如"职业锚"这一名词中"锚"的含义一样，职业锚实际上就是人们选择和发展自己的职业时所围绕的中心。在一个人对自己的天资和能力、动机和需要，以及态度和价值观有了清楚的了解之后，他就会意识到自己的职业锚到底是什么。施恩根据自己在麻省理工学院的研究指出，要想对职业锚提前进行预测是很困难的，这是因为一个人的职业锚是在不断发生变化的，它实际上是在一个不断探索的过程中产生的动态结果。

有些人也许一直都不知道自己的职业锚是什么，直到他们不得不做出某种重大选择的时候，他过去所有的工作经历、兴趣、资质、性向等才会集合成一个富有意义的模式(或职业锚)，这个模式或职业锚会告诉此人，对他或她个人来说，到底什么东西是最重要的。施恩根据自己多年的研究，提出了以下五种职业锚。

（1）技术或功能型职业锚。具有较强的技术或功能型职业锚的人往往不愿意选择那些带有一般管理性质的职业。相反，他们总是倾向于选择那些能够保证自己在既定的技术或功能领域中不断发展的职业。

（2）管理型职业锚。有些人则表现出成为管理人员的强烈动机，承担较高责任的管理职位是这些人的最终目标。当追问他们为什么相信自己具备获得这些职位所必需的技能的时候，许多人回答说，他们之所以认为自己有资格获得管理职位，是因为他们认为自己具备以下三个方面的能力：① 分析能力，在信息不完全以及不确定的情况下发现问题、分析问题和解决问题的能力；② 人际沟通能力，在各种层次上影响、监督、领导、操纵及控制他人的能力；③ 情感能力，在情感和人际危机面前只会受到激励而不会受其困扰和削弱的能力，以及在较高的责任压力下不会变得无所作为的能力。

（3）创造型职业锚。有人总有这样一种需要，即建立或创设某种完全属于自己的东西——一件署着他们名字的产品或工艺、一家他们自己的公司或一批反映他们成就的个人财富等。

（4）自主与独立型职业锚。有人在选择职业时似乎被一种自己决定自己命运的需要所驱使着，他们希望摆脱那种因在大企业中工作而依赖别人的境况，因为当一个人在某家大企业中工作的时候，他的提升、工作调动、薪金等诸多方面都难免要受到别人的摆布。这些毕业生中有许多人还有着强烈的技术或功能导向。然而，他们却不是到某一个企业中去追求这种职业导向，而是决定成为一位咨询专家，要么是自己独立工作，要么是作为一个相对较小的企业中的合伙人来工作。

(5)安全型职业锚。还有一部分毕业生极为重视长期的职业稳定和工作的保障，他们似乎比较愿意去从事这样一类职业：这些职业应当能够提供有保障的工作、体面的收入及可知的未来生活。这种可知的未来生活通常是由良好的退休计划和较高的退休金来保证的。对于那些对地理安全性更感兴趣的人来说，如果追求更为优越的职业意味着将要在他们的生活中注入一种不稳定或保障较差的地域因素，那么他们会觉得在一个熟悉的环境中维持一种稳定的、有保障的职业对他们来说是更为重要的。对于另外一些追求安全型职业锚的人来说，安全则意味着所依托的组织的安全性。他们可能优先选择到政府机关工作，因为政府公务员看来仍是一种终身性的职业。这些人显然更愿意让他们的雇主来决定他们去从事何种职业。

职业锚理论对大学毕业生职业生涯规划的启示：

首先，做好职业生涯规划要进行自我定位。自我分析、自我定位是职业生涯规划的首要环节，它决定着个人职业生涯的方向，也决定着职业生涯规划的成败。求职之前先要进行职业生涯规划，进行职业生涯规划之前先要进行准确的自我定位。先要弄清自己想要干什么、能干什么，自己的兴趣、才能、学识适合干什么。可通过自我分析与可靠的量表工具的测量，评估自己的职业倾向、能力倾向和职业价值观，这是职业生涯规划的基础。

其次，职业生涯规划是一个动态变化的过程。当今社会处于激烈的变化过程中，大学毕业生的就业观念也要相应地改变，打破传统的"一业定终身"的理念，就业、再就业是大趋势，职业生涯规划也随着各种变化来调整。所以环境的变化将导致自我观念的变化，反映到职业生涯规划上来，就不能一次把终生的职业生涯的每一个具体细节都确定下来。

最后，大学毕业生职业生涯规划的重点内容是职业准备、职业选择与职业适应。从职业生涯发展的过程来看，职业生涯发展经历了不同时期，一种观点认为职业生涯的阶段主要可分为以下几个时期。① 职业准备期：职业准备期是形成了较为明确的职业意向后，从事职业的心理、知识、技能的准备以及等待就业机会。每个择业者都有选择一份理想职业的愿望与要求，准备充分的人就能够很快地找到自己理想的职业，顺利地进入职业角色。② 职业选择期：这是实际选择职业的时期，也是由潜在的劳动者变为现实劳动者的关键时期。职业选择不仅仅是个人挑选职业的过程，也是社会挑选劳动者的过程，只有个人与社会成功结合、相互认可，职业选择才会成功。③ 职业适应期：择业者刚刚踏上工作岗位，存在一个适应过程，要完成从一个择业者到一个职业工作者的角色转换。要尽快适应新的角色、新的工作环境、工作方式、人际关系等。④ 职业稳定期：这一时期，个人的职业活动能力最为旺盛，是创造业绩、成就事业的黄金时期。当然职业稳定是相对的，在科学技术发展迅速、人才流动加快的今天，就业单位与职业岗位发生变化是很正常的。⑤ 职业结束期：由于年龄或身体状况等原因，人们逐渐减弱职业活动能力与职业兴趣，从而结束职业生涯。

大学毕业生职业生涯规划的侧重点在职业准备、职业选择、职业适应三个阶段。大学生要对职业进行物质、心理、知识、技能等各方面充分的准备，还要根据各方面的分析与自己的职业锚合理客观地对职业做出选择。对即将踏入的职业活动要有一定的合理的心理预期，包括工作的性质、劳动强度、工作时间、工作方式、同事及上下级关系，都要快速地适应，使自己迅速成为一个成功的职业者。

2.2.3 职业规划的方法及步骤

1. 职业规划的方法

(1)职业规划的首要环节——职业方向定位,是最为重要的,它是人们职业生涯的"镜子和尺子",用于看清人们的职业特质,指导其5～10年的职业积累和发展。有人会说它具有灯塔、航标等设施的照亮和引导作用,这种说法一点都不过分。事实上,职业方向为你聚拢心力和有限的资源,揭示出关键特质的程度差异。总之,对职业方向与职业特质的坚定把握,是从战略高度对职业成功的把握,是最有效的把握方式。

(2)职业规划的另一把尺子是职业核心能力测评。对于大多数受过高等教育的人来说,它并不是那么必需。大学正规学历教育中核心能力的训练,完全可以支持你基本的职业发展目标。如果你认为自己的大学学习不那么顺利或成功,或者你有很高的职业发展期望,就有必要通过"职业核心能力测评"进行胜任力评估,用以支持你制订的职业目标并树立一个能力提升的方向与标准。它的数据是企业管理者的能力常模。

(3)环境对人职业发展过程的巨大影响,使得职业成熟度测评成为又一个非常重要的服务环节。如果你并不掌握资源、权力,就不要试图去改造组织环境,因为个人并不具备这样的力量,这个想法过于理想化了。主动适应环境是聪明的选择,不假他人之手,凭借自身努力就可以把握。组织原则、职场规则、人际策略、方法视角、自我管理等都标志着你的职业成熟度水准,决定着你的回报速度。对于付出了巨大的努力仍然得不到认可、经常归罪于环境恶劣、不断忍气吞声或动辄冲冠一怒的人来说,职业成熟度测评是你经验丰富的良师益友。

(4)缺乏信息支撑的决策,是可怕的决策。正所谓"心中无数点子多,头脑糊涂决心大"。职业规划注重方法论,是因为方法论与价值观一样,是"形而上"的"道",是必需的前提条件。但如果不与"形而下"的"器"相结合,"道"亦成为在半空中漂浮的空谈。因此职业规划最终必须体现为职业决策,而职业信息库恰恰是它的信息支撑。职业咨询师、分析师都会为你的职业决策添砖加瓦,而职业信息库的结构和内容历经了反复地设计与调整,而且这种调整还会继续。

最后,无法回避的是,在你历经思考和学习之后,仍然需要获得"确定性"支持。特别是遇到复杂情况时,取舍、策略、次序、轻重、缓急的筹划都需要专家的深度参与。

2. 职业规划的步骤

面对严峻的就业形势,考虑到自身的职业发展,大学生们有必要按照职业生涯规划理论加强对自身的认识与了解,找出自己感兴趣的领域,确定自己能胜任的工作,明确切入社会的起点及提供辅助支持、后续支援的方式,其中最重要的是明确自己的人生目标,即进行自我人生定位。自我定位,规划人生,就是明确"我能干什么?""社会可以提供给我什么机会?""我选择干什么?""我将怎样做?"等问题,使理想可操作化,为步入社会提供明确的方向。

第一,明确自身优势。

要明确自己能力的大小,给自己打打分,确定自己的优势和劣势,这就需要进行自我分析。通过对自己的分析,深入了解自己,根据过去的经验来选择、推断未来可能的工作方向与机会，从而彻底解决我能干什么的问题。只有从自身实际出发、顺应社会潮流，有的放矢，才能马到成功。要知道每个人都是不同的、有差异的，我们就是要找出自己与众不同的地方并发扬光大。定位，就是给自己亮出一个独特的招牌，让自己的才华更好地为招聘单位所认识；对自己的认识、分析一定要全面、客观、深刻，绝不回避缺点和短处。而你的优势，即你所拥有的能力与潜力主要体现在以下几个方面：

（1）我学习了什么。在大学期间，我从学习的专业中获取了哪些收益；参加过哪些社会实践活动，提高和升华了自己哪方面的知识。专业也许在未来的工作中并不起到很大作用，但在一定程度上决定了自身的职业方向，因而尽自己最大的努力学好专业课程是生涯规划的前提条件之一。不可否认，知识在人生历程中具有重要的作用，特别是在知识日益受到重视的今天，它的作用则更加突显。

（2）我曾经做过什么。即自己已有的人生经历和体验，如在大学期间担任学生干部，曾经为某知名组织工作等社会实践活动，取得的成就及积累的经验，获得过的奖励等。经历是个人最宝贵的财富，它往往可以从侧面反映出一个人的素质、潜力状况，因而备受招聘单位的关注，同时这也是自我简历的亮点所在和重要组成部分，绝对不容忽视。对于应聘者而言，经历往往比知识更为重要，因为许多事情只有经历过，才可能有深刻的体会。

（3）我最成功的是什么。我做过很多事情，但最成功的是什么？为何成功，是偶然还是必然？是否是自己的能力所为？通过对最成功事例的分析，可以发现自我优越的一面，如坚强、果断、智慧超群，以此作为个人深层次挖掘的动力之源和魅力闪光点，形成职业规划的有力支撑；寻找职业方向，往往是要从自己的优势出发，以己之长立足社会。

第二，发现自己的不足。

（1）性格的弱点。人无法避免与生俱来的弱点，因此，我们必须正视它，并尽量减少其对自己的影响。例如，一个独立性强的人会很难与他人默契的合作。而一个优柔寡断的人绝对难以担当组织管理者的重任。卡耐基曾说："人性的弱点并不可怕，关键要有正确的认识，认真对待，尽量寻找弥补、克服的方法，使自我趋于完善。"因此要注意安下心来，多跟别人沟通，尤其是与自己相熟的人，如父母、同学、朋友等交谈。看看别人眼中的你是什么样子，与你的预想是否一致，找出其中的偏差，这将有助于自我的提高。

（2）经验与经历中所欠缺的方面。"人无完人，金无足赤"，由于自我经历的不同，环境的局限，每个人都无法避免一些经验上的欠缺，特别是面对招聘单位纷纷要求具有数年工作经验的时候。有欠缺并不可怕，怕的是自己还没有认识到或虽然认识到却一味地不懂装懂。正确的态度是认真对待，善于发现，并努力克服和提高。

第三，进行社会分析。

（1）社会分析。社会在进步，在变革，作为即将进入社会的大学生们，应该善于把握社会的发展脉搏。这就需要对社会大环境进行分析：当前社会、政治、经济的发展趋势；社会热点职业门类分布及需求状况；所学专业在社会上的需求形势；自己所选择职业在目前与未来社会中的地位情况；社会发展对自身发展的影响；自己所选择的单位在未来行业发展中的变化情况，在本行业中的地位、市场占有及发展趋势等。对这些社会发展大趋势问题的认识，有助于自我把握职业社会需求、使自己的职业选择紧跟上时代脚步。

（2）组织分析。这应是个人着重分析的部分，组织将是你实现个人抱负的舞台，西方关于职业发展有句名言"你选择了一个组织，就是选择了一种生活"。特别是现代组织越来越强调组织文化的建设，对员工的适应生存能力要求越来越高，因而应对你将寄身其中的组织的各个方面做详细了解：在知己知彼的基础上，只有两者之间拥有较多的共同点，这个组织才是个人融入其中的最佳选择。

(3) 人际关系分析。个人处于社会庞杂的环境中，不可避免地要与各种人打交道，因而分析人际关系状况显得尤为必要。人际关系分析应着眼于以下几个方面：个人职业发展过程中将与哪些人交往；其中哪些人将对自身发展起重要作用；工作中会遇到什么样的上下级、同事及竞争者，他们对自己会有什么影响，如何与他们相处、对待等。

第四，明确选择方向。

通过以上的自我分析及认识，我们要明确自己该选择的职业方向，即解决"我选择干什么"的问题，这是个人职业生涯规划的核心。职业方向直接决定着一个人的职业发展，职业方向的选择应按照职业生涯规划的四项基本原则，结合自身实际来确定，即选择自己所爱的原则，即你必须热爱自己选择的职业，发自内心地认识到要"干一行，爱一行"，只有热爱它，才可能全身心地投入，做出一番成绩；择己所长的原则，即选择自己所擅长的领域，才能发挥自我优势，注意千万别当职业的外行；择世所需的原则，即所选职业只有为社会所需要，才有自我发展的保障；择己所利的原则，即应该本着"利己、利他、利社会"的原则，选择对自己合适、有发展前景的职业。

职业生涯目标的确定，是个人理想的具体化和可操作化。它是指可预想到的、有一定实现可能的最长远目标。按照马斯洛的需求层次理论，人一般具有生理需求（基本生活资料需求，包括吃、穿、住、行、用）、安全需求（人身安全、健康保护）、社交需求（社会归属意识、友谊、爱情）、尊重需求（自尊、荣誉、地位）、自我实现需求（自我发展与实现）五种从低层次到高层次的需求。职业目标的选择并无定式可言，关键是要依据自身实际，使其适合于自身的发展。值得注意的是，伴随着现代科技与社会的进步，个人要随时注意调整职业目标，尽量使自己职业的选择与社会的需求相适应，一定要跟上时代发展的脚步，适应社会需求，才不至于被淘汰出局。

第五，规划未来。

(1) 职业通路选择与自我提升发展计划。根据职业方向选择一个对自己有利的职业和得以实现自我价值的单位，是每个人的良好愿望，也是实现自我的基础。但这一步的迈出要相当慎重，理想的工作单位，如西门子公司，就特别鼓励优秀员工根据自身能力设定发展轨迹，一级一级地向前发展。他们认为最好的人才要"有很好的人生目标，不断激励自己"，并提出"员工是企业内的企业家"的口号，给员工以充分的决策、施展才华的机会，而不是让他干什么就干什么，管得太死，统得过细。随着职业、职务的变化，我们必须制订一个完善的自我发展计划以备应对不同的情况。例如，选择一个什么样的组织，预测自我在组织内的职务提升步骤，个人如何从低到高台阶而上；预测工作范围的变化情况，不同工作对自己的要求及应对措施；如果发展过程中出现偏差（工作不适应或解聘），如何改变自己的方向；预测可能出现的竞争，如何相处与应对，分析自我提高的可靠途径。如果你想从事销售工作并想有所作为，你的起步可能是一个公司的业务代表，你可以设定通路计划：从业务代表做起，在此基础上努力，经过数年逐步成为业务主管、销售区域经理、销售经理，最终达到公司经理的理想生涯目标。

（2）职业生涯规划的时限。面对发展迅速的信息社会，仅仅制订一个长远的规划显得不太实际，因而有必要根据自身实际及社会发展趋势，把理想目标分解成若干个可操作的小目标，灵活规划自我。一般来说，以5~10年左右的时间为一个规划段落为宜，这样就会很容易跟随时代需要，灵活易变地调整自我，太长或太短的规划都不利于自身成长。具体可有两种方式：一是根据自己的年龄划分目标，如25~30岁的职业规划和30~40岁的职业规划；二是根据职业通路中的职位、职务阶段性变化为划分标准，制订不同时期的努力方向，如5年之内向部门经理职位冲刺，10年内成为主管经理。

（3）自我肯定与进步。清楚地了解自我之后，我们就要对症下药，有则改之无则加勉，重要的是对劣势的把握、弥补，做到心中有数。注意分析：① 问题产生的原因，是自身素质问题、人际关系问题，还是工作本身的问题？② 自我修正的可能性与手段，可通过什么方式、方法修正，是知识学习、专门业务培训还是改变职业方向？如何完善自我，有这样几种具体可利用的方法：一是加强学习。大学生要在竞争中立稳脚跟，必须做到善于学习，主动学习。在大学期间，要针对自身劣势，制订出自我学习的具体内容、方式、时间安排，尽量落于实处便于操作。进入工作岗位后，要善于在实践中学习，主动利用组织开展的相应培训学习提高。二是实践锻炼。在大学期间，主动参与学生活动，接触各色人群，不耻下问，对应地锻炼自己能力欠缺的方面。如果可能的话，不妨多看、多听、多写，把自己的收获体会用文字表达出来，这对你的提高帮助更为直接。参加工作以后，更要主动在实践中锻炼才干，不断总结、不断提高。三是寻求他人的帮助。家庭、同学、朋友、师长和专业咨询机构都可以成为个人提高的有力支援，关键要学会求得他人帮助。对自己了解最深的莫过于你周围最亲密的人，多听听他们的经验教训及对自己的评价，尤其是注意他们对你的职业选择和通路发展的建议与评价。各类专业咨询机构在指导个人认识和选择职业方面都有一套比较完整的测评手段，可以借助他们加深对自我的认识和全面了解。

2.2.4　了解职业

要做好职业规划，首先要了解什么是职业。一说起职业，也许我们马上会想到，小时候曾经梦想长大了以后要当科学家、医生、警察、教师……这些就是职业吗？要了解职业，我们先来看看什么是工作。

日常生活中我们所说的"工作"（job），可以理解为"干活"（work），是指人们从事的活动或任务，它由一系列相似的职位组成，职业可以理解为工作中的位置（岗位），它与分配给个人的一系列具体任务直接相关。[①]

职业是指参与社会分工，利用专门的知识和技能，创造物质财富和精神财富，获取稳定、合理报酬，满足个体物质和精神需要的工作。[②]职业是一定社会分工的产物，是人们物质生活和精神享受的来源，也是权利与义务的具体体现。

职业的意义在于，职业是一个人谋生的手段和需要，也是个人贡献社会、实现自我价值和社会价值的舞台，为人的全面发展、个性展示提供了充足的空间和人生舞台。

接下来我们来看看职业的分类和职业的基本要求。

---

① 于海琴，《心理成长与生涯发展》，第132页。
② 张文勇，马树强，《大学生职业规划与就业指导》，第22页。

1．职业的分类

所谓职业分类，即按照一定的标准和方法，根据一定的分类原则和职业本身的特性，把职业分成若干种类，以揭示各种职业间内在的区别和联系。

一般而言，职业分类是根据工作性质的同一性来划分的。一方面根据职业活动、工作特征的相异程度进行职业的划分；另一方面根据职业活动、工作特征的相同程度进行职业的归类。

根据国际职业分类的通行做法，职业分类一般划分为四个层次，分别为大类、中类、小类和细类。大类层次的职业分类是依据工作性质的同一性，并考虑相应的能力水平进行的；中类层次的职业分类是在大类范围内根据工作的任务与分工的同一性进行的；小类层次的职业分类是在中类的范围内按照工作的环境功能及其相互关系的同一性进行的；细类层次的职业分类，即为职业划分与归类，它是在小类的基础上按照工作分析法根据工艺技术、对象操作流程和方法的同一性进行的。[①]

1) 国际标准职业分类

为了给不同国家的职业分类提供一个统一的基础标准，以便在国际间进行相互的交流和促进，1949年国际劳工组织召开了第七届国际劳动统计专家会议，会上通过了一个"国际标准职业分类(草案)"，拟订一本《国际标准职业分类》。接下来的几年时间里，通过多个国家政府、国际组织的协调帮助，共同合作努力，终于在1958年完成了《国际标准职业分类》的出版发行，后经过几次修订，现已成为世界各国制订本国职业分类体系的蓝本。

《国际标准职业分类》对职业分类体系进行了详尽的描述，共分为大类、小类、细类和职业项目。1988年版《国际标准职业分类》对大类进行了一定的修订，修订后的大类有：立法者、高级官员和管理人员；专业人员；技术和辅助专业人员；职员；服务人员和商店与市场销售人员；农业和水产业技术工作者；手(工)艺人和有关行业的工人；设备与机械的操作工和装配工；简单劳动职业者；军人。《国际标准职业分类》对于职业分类所采取的基本原则是按照从事工作的类型来划分和归类的，并根据具体的职业范围确定从事工作类型的同一性和相异性。

《国际标准职业分类》虽然不能替代各国的职业分类，但却为各国制订适合自己本国国情和需要的职业分类起着基础的、重要的参考作用。不同国家在地理位置、自然环境、经济政治发展水平、科学技术水平等方面不尽相同，因此其分类的方法、标准和内容也有很大的差别。

2) 我国的职业分类

采用不同的分类标准和方法，可以把职业划分为不同种类，产生不同分类结果。例如，按照三次产业的方法，可把各类职业划分为三个产业。第一产业：种植业、养殖业和矿业；第二产业：建筑业和制造业；第三产业：主要指服务业。

1986年，我国首次颁布《职业分类与代码》（GB 6565—1986），并启动了编制国家统一职业分类标准的宏伟工程。1992年，在中央各部委的大力支持和协助下，劳动部组织编制了《中华人民共和国工种分类目录》，将当时我国近万个工种归属为46个大类的4700多个工种，

---

① 张文勇，马树强，《大学生职业规划与就业指导》，第25页。

初步建立了行业齐全、层次分明、内容较完善、结构较合理的工种分类体系，为后来的工作奠定了坚实的基础。1998年12月，由劳动部、国家统计局和国家技术监督局联合中央各部委，共同成立的国家职业分类大典和职业资格工作委员会，编制完成了《中华人民共和国职业分类大典》，并于1999年5月正式颁布实施。《中华人民共和国职业分类大典》是我国第一部对职业进行科学分类的权威性文献，由于它的编制与国家标准《职业分类域代码》的修订同步进行，相互完全兼容，因此它本身也就代表了国家标准。

《中华人民共和国职业分类大典》将我国职业划分为由大到小、由粗到细几个层级：8大类、66个种类、413个小类，细分为1838类职业，2005年又细分为1915类职业，如表2-2所示。

表2-2　职业分类表

大类(行业)	中类	小类	细类
国家机关、党群组织、企事业单位负责人	5	16	25
专业技术人员	14	115	379
办事人员与有关人员	4	12	45
商业、服务人员	8	43	147
农、林、牧、渔、水利生产人员	6	30	121
生产、运输设备操作人员及相关人员	27	195	1119
军人	1	1	1
不便分类的其他从业人员	1	1	1
合计	66	413	1838

这里要说明的是，社会在发展，时代在进步，职业的种类和名称也在不断发展变化。2007年，劳动和社会保障部又发布了一些被证明比较成功的新职业：会展设计师、珠宝首饰评估师、创业咨询师、手语翻译员、灾害信息员、孤残儿童护理员、数控程序员、合成材料测试员、室内装饰装修质量检验员。总体来看，随着社会的发展，我国的新职业在不断产生，部分老职业在衰退和消退，各产业部门内部也在进行调整和变化。

3) 职业与专业的关系

在个人学业规划和升学志愿选择时，职业与专业之间的关系是必须要重视和解决好的问题。有人说，专业决定了职业；又有人说，当今社会的快速发展让不少人从事非自己所学的专业，且他们中不乏成功人士，因此认为专业与职业没有多少联系。那么，职业与专业的关系到底是什么呢？

其实，职业与专业之间并非像上述所说的单一的关系，即一一对应或毫无关系。的确如后者所说，许多成功者现在从事的职业并非原来所学专业，如学中文专业的人可以成为记者编辑等新闻从业人员或管理人员，学新闻专业的人也可成为高校教师或公务员。但个人毕业后从事的第一份正式职业是至关重要的，毕竟学以致用是最符合经济效益的个人发展原则。因此，个人毕业后的第一份正式职业若是所学专业将对提高个人发展有着非常重要的战略意义。社会的高速发展，让社会分工越来越细，每个行业所需要的知识和技能也越来越专业，如果不是本专业，还必须要承担起相应的工作，则要花费大量的时间、精力、金钱去弥补这一空缺。因此，在求学之前还是应该认真地选择专业，争取让自己的专业和毕业后从事的职业联系起来，尽量避免个人发展上的弯路。

那么专业和职业到底是一个什么样的关系呢？它们之间的联系大致可概括为三种：一对多的关系、多对一的关系、一一对应的关系。一对多，即指一个专业对应多个职业方向，这些专业的学习内容一般较为广博，发展方向较为分散，如哲学、历史、中文、经济学等；多对一的关系则指不同的专业可以发展成为同一个职业方向，这种职业一般技术含量不高，但要求个人在实践中自己领悟和学习，如业务拓展人员、新闻记者、企业管理人员等；一一对应则一般表现为技术性较强、专业分工明确的中职和高职类工科专业。

专业与职业之间有多对一、一对多、一对一等几种对应方式。普通高校开设的大多数专业一般都可以从事以下几种职业，但对个人的天赋及兴趣要求也比较高，这几种职业具体分析如下：

第一，高校教师。这类职业方向可以从绝大多数专业中分化出来，只要是高校所开设的专业，它都会需要相应的师资。在各种教育或培训机构里承担教学任务的工作人员或管理人员，向社会提供教书育人的劳务。这类人工作待遇稳定、休假时间长、社会地位较高。职业发展方向可向教授、教学管理人员、研究人员或教育部门领导发展。

第二，科研人员。在科研院所承担课题研究的工作人员，一般从事科学实验、社会调查、研究与写作工作。这类人员的工作稳定、薪资较高、社会地位高、自我实现的可能性大。发展方向为科学家、思想家等。

第三，公务员。由财政供养的国家工作人员。此类人员所需的专业范围涵盖也非常广泛。他们是在国家机关、党政机构里面担任公职，从事具体事务性或政务性工作的人员。这类人群待遇稳定、福利好、社会地位高。职业发展方向为政治领袖、部门领导及主管等。

第四，业务员。这类职业对从业者的个人素质要求很高，可从多个专业生发出来，一般指在单位里进行市场开拓的工作人员，如企业里的销售人员、保险公司里的保险业务员、银行里的业务拓展人员、媒体里的广告及发行业务人员等，其主要工作就是让市场肯定和接受自身的产品。职业发展方向为营销经理、营销总监或自立门户而成为企业家、创业家。

第五，记者、编辑等媒体从业人员。主要指在报社、期刊社、出版社、电台、电视台、通讯社、文化公司、网站等机构从事新闻工作的人员。这类职业需要一定的本专业知识及实践操作，特别是编辑。当然作为记者这门职业更多的是实践中的挖掘和捕捉，因此它也是可以包容许多专业的复合型职业。这类人员阅历丰富、薪资待遇高。职业发展方向为媒体单位部门主管或单位领导、高级编辑、专业作家，或开辟自己独立的新闻事业。

我们再来看看专业与职业一对一的关系：

"两弹元勋"邓稼先大学和研究生期间学习的都是物理专业，1950年，26岁的邓稼先在美国获得了物理学博士学位。他带着当时最先进的物理学知识，涉洋归来准备报效祖国。回国后在中国科学院近代物理研究所从事原子核理论研究。在原子弹、氢弹研究中，邓稼先领导开展了爆轰物理、流体力学、状态方程、中子输运等基础理论研究，完成了原子弹的理论方案，并参与指导核试验的爆轰模拟试验。原子弹试验成功后，邓稼先又组织力量，探索氢弹设计原理，选定技术途径，领导并亲自参与了1967年中国第一颗氢弹的研制和实验工作。邓稼先为我国第一颗原子弹和第一颗氢弹试验成功立下了卓越的功勋。他这一生选择了物理专业，他在本专业的成就让世人敬仰，也让世人记住了这位"两弹元勋"。

作为当代大学生，从入校时就应该做好准备，如今已经选择了自己的专业，那就应该在本专业有所长、有所精。除此之外，还应注重自身综合素质和学习能力的培养，一般而言，只要综合素质高，任何职业都可以适应并快速掌握。在毕业之时如果有幸能选择与自己本专业挂钩的职业固然不错，如若未能如愿也不要气馁。社会是一个全新的世界，需要从"象牙塔"走出的莘莘学子从头学习和实践。

2. 职业的基本要求

不同行业对人才的能力和素质的要求也不同。一般而言，创新能力、团队精神、沟通表达能力及学习能力，是用人单位最为看重的四种素质。这四种素质代表了两个大的方面，创新能力和学习能力主要属于智力型素质(智商)，团队精神和沟通表达能力主要属于情感型素质(情商)。越来越多的用人单位着重看应聘者的综合素质，而后来决定是否录用他，用人单位需要"高智商与高情商"的复合型人才。关于智商与情商，我们将在下一章节中详细讲述。

由于职业社会对人才的要求随着时代、科技的发展变化而不断改变，职业的基本要求有以下几点：

(1)逐渐由单一型向复合型转化。随着工业生产的大型化、智能化和系统化，对人才的要求不再局限于一人一岗、一人一技了，一人多岗、一人多技的复合型人才开始成为市场经济社会的"新宠"。如行政、销售、管理人员还要懂得驾驶、持有驾照等。

(2)由传统工艺型向信息化、智能型转化。随着科技进步和社会发展，以体力劳动为主、动手能力强的传统工艺逐步为高科技的脑力、智力活动所代替，随着高科技、高智能型的生产工艺流程运用到各行各业，劳动过程所需人才逐步倾向于以智能型为主。

(3)由职业型向社会型转化。随着社会化大生产的不断发展，各种职业之间开始出现相交点，各个小岗位、职员的能力或力量显得越来越小，难以应对实际需要，传统的只从事本岗位劳动的职业型要求开始转向既能完成本职业的要求，又能掌握与职业有关的社会性要求的社会型人才。

(4)由就业型向创业型转变。在市场经济条件下，越来越多的人学会了审视市场新领域、新视觉、新机遇，积极创造新的事业，有在就业中创新的，也有创造事业为社会提供就业的人，具有创业意识和潜能的人才在市场经济竞争下是具有绝对优势的。

(5)由阶段性学习向终身性学习转变。过去的科技不够发达，与国际接轨少，产品升级换代周期长，工艺流程换代缓慢，知识不需要随时更新。现代社会科技日新月异，产品和工艺更新换代加速，新兴的技术和力量要求从业者必须不断学习，才能适应社会的发展，否则只有被淘汰。

因此，许多职业要求个人不断提高自己的科学文化素质和专业素质，积极向高科技的、信息化的手段和工具靠近，与社会、时代共奋进，具备适应社会发展的生存能力，具有良好的身体素质和心理素质。

此外，作为职业的基本要求，还应该要包括八项技能：学习技能、交往技能、管理技能、创新技能、依法办事技能、健身技能、娱乐技能、理财技能。另外，在工作、生活中，要学会做人，做一个积极向上、受欢迎的人：充满工作热情、善于团结合作、勤奋吃苦、敢于担当、懂规则、知进退，保持个性、勇于创新，公平正直、诚实守信。只有这样，才能在自己的职业发展道路上，丰富人生色彩，增添人生快乐，实现更高的人生目标和价值。

2.3　职业规划与职业测评

2.3.1　职业规划决策

1. 做好职业规划的前提：认识和把握自己

做好职业规划的关键是进行自我剖析，即透视自己希望从职业中获得什么；透视自己的性格、兴趣、气质、才能与不足；透视自己的价值观以及它们是否与自己规划的职业相匹配。通过这一环节，明确自己的职业性向、技能及职业偏好等。

职业世界纷繁多彩，每种职业都要求从业者具备一定的条件，如知识、技能、体力、品德和心理素质等。而每个人各方面的条件又都是各不相同的，因此其对职业的选择就必然会有所不同。所以，只有认识和把握自己，才能做出切合实际的职业选择。在进行自我分析时，有诸多因素与职业有关，那么，应该考虑哪些因素呢？对个体因素而言，在自我分析时主要应考虑一个人的性格、兴趣、能力和气质。下面就对性格、兴趣、能力、气质的特征进行分析，并就其与职业如何吻合做一概要介绍。

1）了解自己的职业兴趣

兴趣在人们的职业活动中具有重要的作用。

(1) 兴趣是最好的老师，是一种强大的精神力量。兴趣可以使人集中精力去获得知识，开发智力并创造性地开展工作。当一个人对某种事物产生兴趣时，就能调动整个身心的积极性；就能积极地感知、观察事物，积极思考，大胆探索；就能情绪高涨，想象丰富；就能增强记忆效果，增强克服困难的意志。反之，"牛不喝水强按头"是不会取得好效果的，当然也就不可能充分发挥一个人的聪明才智。

(2) 兴趣可提高人的工作效率。一个人对某一工作有兴趣时，枯燥的工作也会变得丰富多彩、趣味无穷。兴趣使工作不再是一种负担，而是一种享受。兴趣可以调动身心的全部精力，使人以敏锐的观察力、高度集中的注意力、深刻的思维和丰富的想象投入工作，从而有助于工作效率的提高。据研究，如果一个人对某一工作有兴趣，在工作中他能发挥其全部才能的80%～90%，并且能长时间保持高效率工作而不感到疲劳。反之，对工作没有兴趣的人，在工作中只能发挥其全部才能的20%～30%，并且容易疲劳。

(3) 兴趣是促使事业成功的重要因素。对某一职业有浓厚的兴趣，是智力开发的"孵化器"。兴趣是动力的源泉。对一个人来说，对工作感兴趣，就愿意钻研，这样就会取得成就。这就是兴趣的作用所在。多方面的兴趣可以使人善于应付多变的环境。如需变换工作，只要自己感兴趣，也能很快地熟悉、适应新的工作。

因此，在职业选择时，需要了解自己的兴趣。俗话说"人各有所好"，不同的人有不同的兴趣，有的人对研究自然科学感兴趣，如天文、地理、生物、化学等；有的人倾向于情感世界，活跃于人际关系领域；有的人则倾向于理智世界，在数学、公式领域内自由翱翔；有的人对智力操作感兴趣，对读书、写作、演算、设计乐此不疲；有的人则对技能操作感兴趣，对修理、车、钳、刨、铣、摄影、琴、棋、书、画津津有味。不同的职业也需要不同的兴趣特征，一个擅长技能操作的人，靠他灵巧的双手，可以在技能操作领域得心应手，但如果硬要他把兴趣转移到书本的理论知识上来，他就会感到无用武之地。正是这种兴趣上的差异，构成人们选择职业的重要依据。故兴趣在职业活动中的作用应引起人们的重视，特别是对于初选职业的人，更应引起注意。

职业兴趣的发展一般要经历这样一个过程：有趣(短暂、多变的兴趣)—乐趣(专一、深入的兴趣)—志趣(具有社会性、自觉性、方向性的兴趣)。古今中外的名人和大师们所取得的成就无一不是基于志趣产生的结果。英国哲学家罗素说，他的人生目标就是使"我之所爱为我天职"，这种理想确实令人神往。那么该如何了解自己的职业兴趣呢？你可以在职业指导人员或心理咨询老师的帮助下作一些测试，由此确定你属于哪种兴趣类型。需要说明的是，职业兴趣类型并无好坏之分，每种类型都有积极的一面也有消极的一面，因而在职业选择中就应尽可能地选择那些适合自己职业兴趣特点的专业或工作。

职业兴趣应考虑到气质的不同，不同的气质在工作中的效率也不一样。工作和生活中，对不同气质的人的合理使用可以提高工作效率。表2-3所示是几种气质的人群特点及其适合工作。

表2-3 气质—职业参照表

气质	优点	适合的工作
胆汁质	直率，热情，外向，情绪发生快而强，易冲动，精力旺盛，有顽强的拼劲，但缺乏耐心(直、急、猛)	应急性强、冒险性大的工作，如救生员、消防员等
多血质	反应迅速，情绪丰富，外向，适应性强，活动能力强，但情感体验不深，兴趣广泛但易变，注意力容易转移(快、活、变)	适合社交性强的工作，如销售等
黏液质	安静，稳重，心平气和，不易冲动，内向，踏实，注意力稳定，但难于转移，自我控制力强，但易因循守旧(稳、实、专)	适合原则性比较强的工作，如人事、调查、保管等
抑郁质	心思细密，善于察觉他人不易察觉的细节，不急不躁，不容易发脾气，反应缓慢，情绪体验深刻，内向，不善与人交往，胆小，孤僻(细、慢、愁)	适合于比较死板的工作，如会计等

在工作生活中，要根据人的不同气质特征来合理调整组织结构和工作岗位，以达到效率的最高化。

2)认识自己的职业性格

近年来，国外用人单位在招聘时出现一种新观念，即认为性格比能力重要。其原因是，如果一个人能力不足，可通过培训提高。但一个人的性格不好，要改变起来，可就困难多了，正所谓"山能移，性难改"。所以，在招聘新人时，将性格测试放在首位，当性格与职业相吻合时，才对其能力进行考查。正如印度的古语所说："播种行为，收获习惯；播种习惯，收获性格；播种性格，收获命运。"可见，性格与人们的职业生涯有密切的关系。

职业心理学的研究表明，性格是个性中具有核心意义的成分，几乎涉及人的心理过程及个性特征的各个方面(罗双平，1999)。① 性格的态度特征不同。有的人诚实、正直、谦逊，而有的人自私、虚伪、自傲；有的人勤奋、认真、创新，而有的人懒惰、自卑、墨守成规。② 性格的意志特征不同。有的人自制、果断、勇敢，而有的人冲动、盲目、怯懦；有的人顽强、严谨、坚持，而有的人优柔寡断、虎头蛇尾、轻率马虎。③ 性格的情绪特征不同。有的人情绪体验深刻，易被情绪支配，控制力较弱，情绪对工作影响较大；有的人情绪体验微弱，意志控制能力强，不易被情绪所左右，情绪对工作影响较小；有的人情绪稳定持久，情绪起伏波动较小，即使是在成功和失败的重大事件面前情绪也较稳定；有的人则患"冷热病"，易激动，情绪不稳，在成功面前忘乎所以，在失败面前又可能垂头丧气；有的人经常处于精神饱满、欢乐之中，朝气蓬勃、乐观向上；有的人则经常抑郁低沉、无精打采、垂头丧气。④ 性格的理智特征不同。如在感知注意方面，有主动观察与被动观察型，有分析型与概括型；在想象方面，有主动想象型与被动想象型，有狭窄型与广阔型，有创造型与模仿型，也有冷静的现实主义和脱离实际的幻想家等。

性格广泛地影响着人们对职业的适应性，而不同的职业对从业者也有不同的性格要求。人的性格因人而异，因此，求职者可以根据自己的情况选择适当的量表，对自己的性格进行测量，以判定自己的性格类型，为择业做好准备。

3）判断自己的职业能力

职业能力不同于职业兴趣，你也许对某项职业特别感兴趣，但这并不表明你具备从事这项职业的才能和特长。"金无足赤，人无完人"，无所不通的"全才"是不存在的。任何一个人都或多或少地有着自己的特长，有的善于理论分析，有的善于实际操作；有的擅长事务性工作，有的擅长创造性活动；有的口才好，有的文笔佳……而各类职业所需要的能力也各不相同，如法官就应具有很强的逻辑推理能力，却不一定需要很强的动手能力；建筑工则应有一定的空间判断能力，却不需要良好的语言表达能力。

能力是指直接影响活动效率，使活动任务得以顺利完成的个性心理特征。人的能力可以分为一般能力和特殊能力两大类。一般能力通常又称为智力，包括注意力、观察力、记忆力、思维能力和想象力等。一般能力是人们顺利完成各项任务都必须具备的一些基本能力。特殊能力是指从事某项专业活动的能力，也可称特长，如计算能力、音乐能力、动作协调能力、语言表达能力、空间判断能力等。由此可见，能力是一个人完成任务的前提条件，是影响工作效果的基本因素。因此，了解自己的能力倾向及不同职业的能力要求对合理地进行职业选择具有重要意义。那么，怎样才能发现和判断自己具有哪些职业能力呢？能力的测量可以利用能力量表进行，常用的能力量表有职业能力倾向量表、创造才能测验量表、交际能力测验量表等。

4）确定自己的职业性向

当你对自己的兴趣、能力、性格有了一个初步的认识后，就可以把这三方面联系起来，从总体上确定自己的职业性向。有关职业性向的内容前面已做了介绍，这里就不再赘述。职业性向可以用霍兰德职业性向量表或其他量表进行测量，本节的附录中即有霍兰德的职业性向量表及其他量表供大家参考。

《孙子·谋攻篇》有道，"知己知彼，百战不殆；不知彼而知己，一胜一负；不知彼，不知己，每战必殆。""知己知彼，百战不殆"这一规律，不仅为古今中外许多军事家所推崇，作为一种智慧和谋略，同样适用于社会生活的其他方面。在竞争激烈的当代社会，唯有对自己、竞争对手和选择的职业有足够的了解和分析判断，并迅速采取行动，才能赢得一席属于自己的生存发展之地。

职业规划要素图如图2-3所示。

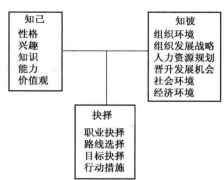

图 2-3 职业规划要素图

前面提到，由于个人先天条件和后天生活环境、所受教育程度等的不同，所以每个人都有自己的独特性，进而其职业规划的要素也不尽相同，以上提供的要素仅供参考。请按照自己的实际情况列出符合自己需求的职业规划要素图。表 2-4 所示为成功者与失败者的成就欲特征。

表 2-4　成功者和失败者的成就欲特征

	成功者	失败者
高度敬业	不满现状、追求卓越和自我完善 有很高倾向的事业心，比别人干得多并自得其乐 积极主动地接受挑战。在有困难、有压力的情况下也能尽职尽责	安于现状 无事业心，对工作敷衍 工作欠积极主动，遇到困难就停滞不前 缺乏自信心，追求安逸，没上进心 畏怯退缩，凡事采取观望态度，不积极参与 凡事都抱"无所谓"的态度
具有强烈的竞争性	完美的应对能力、感觉很好 体力充沛 自信心强 力争优胜、不甘人下 开拓进取、敢想敢干、勇往直前 彻底做好别人不做的事	
忘我地投入	忍耐力 持续不断地学习 彻底地遵守基本规则	
对未来的热情	对人生抱着积极的态度 具备战略与强烈的目的意识 对于过去成功的超然感 积极性(打破安于现状的观念)	

明确人生目标与计划必须要在充分且正确地认识自身条件及相关环境的基础上，对自我及环境了解得越透彻，人生目标与计划就越清晰，职业决策也就越果断、科学、正确。同时，在实施规划的道路上不断发现人生的意义，寻找人生的乐趣和价值，保持前进的动力，这也是职业发展成功的力量和源泉。

看看目前你所具备的特征属于哪一类？

2. 认识个人因素与职业因素的相互作用

要合理地进行职业选择，除了要进行职业研究和自我剖析以外，还要在这两项工作的基础上将个人因素与职业因素进行匹配，以求达到最佳的效果。在匹配时主要注重以下几个主要因素的吻合。

1) 性格与职业的吻合

人的性格千差万别，或热情外向，或羞怯内向，或沉着冷静，或火爆急躁。职业心理学的研究表明，不同的职业有不同的性格要求。如驾驶员要求具备注意稳定、动作敏捷的职业性格特征；医生则要求具备耐心细致、热情待人的职业性格特征。当然，每个人的性格都不能百分之百地适合某项职业，但却可以根据自己的职业方向来培养、发展相应的职业性格。对组织而言，不同的性格特征，决定了每个员工的工作岗位和工作业绩；对个人而言，不同的性格特征则决定着自己事业能否成功。因此，性格是组织选人、个人择业的重要因素之一。

那么，性格与职业如何进行匹配呢？通常个人在选择职业时，应根据自己的性格，选择适合个人性格特点的职业和工作；同时，由于每种职业对从业者都有特定性格的要求，用人单位在挑选人员时也应重视有关性格特征的测试，尤其是对一些高层次工作更应如此。

尽管性格的个体差异很大，却仍有某些带有共性的特征可供分类研究。近年来，一些教育学和心理学科研人员根据我国的实际情况，将职业性格分为 9 种基本类型，可作为选择职业的参考依据。

(1) 变化型。其特点是在新的和意外的活动或工作情境中感到愉快，喜欢有变化的和多样化的工作，善于转移注意力。适合从事的职业类型有：记者、推销员、演员等。

(2) 重复型。其特点是适合连续从事同样的工作，按固定的计划或进度办事，喜欢重复的、有规律的、有标准的工作。适合从事的职业类型有：纺织工、机床工、印刷工、电影放映员等。

(3) 服从型。其特点是愿意配合别人或按别人指示办事，而不愿意自己独立做出决策，担负责任。适合从事的职业类型有：办公室职员、秘书、翻译等。

(4) 独立型。其特点是喜欢计划自己的活动和指导别人的活动或对未来的事情做出决定，在独立负责的工作情境中感到愉快。适合从事的职业类型有：管理人员、律师、警察、侦察人员等。

(5) 协作型。其特点是在与人协同工作时感到愉快，善于引导别人，并想得到同事们的喜欢。适合从事的职业类型有：社会工作者、咨询人员等。

(6) 劝服型。其特点是通过谈话或写作等使别人同意自己的观点，对别人的反应有较强的判断力，并善于影响别人的态度和观点。适合从事的职业类型有：辅导员、行政人员、宣传工作者、作家等。

(7) 机智型。其特点是在紧张和危险的情况下能自我控制，沉着应付，发生意外和差错时能不慌不乱地出色完成任务。适合从事的职业类型有：驾驶员、飞行员、公安员、消防员、救生员等。

(8) 自我表现型。其特点是喜欢表现自己的爱好和个性，根据自己的感情做出选择，通过自己的工作来表现自己的思想。适合从事的职业类型有：演员、诗人、音乐家、画家等。

(9) 严谨型。其特点是注重工作过程中各个环节、细节的精确性，愿意按一套规划和步骤将工作尽可能做得完美，倾向于严格、努力地工作以看到自己出色完成工作的效果。适合从事的职业类型有：会计、出纳员、统计员、校对员、图书档案管理员、打字员等。

值得注意的是，绝大部分职业都同时与几种性格类型的特点相似，而一个人也都同时具有几种职业性格类型的特点。因此，上面提到的性格与职业的吻合，只是一个很小的方面，不可能适用于每一个人。在实际的吻合过程中，应根据个人的性格与职业的要求，具体情况具体分析，不能一概而论。这里只提供基本的方法，供组织在选人时、个人在择业时参考。

2) 兴趣与职业的吻合

兴趣对人生事业的发展至关重要，所以兴趣自然是进行职业选择时应考虑的重要因素之一。为便于大家根据自己的兴趣选择合适的职业，这里介绍一下加拿大职业分类词典中提到的各种职业兴趣类型的特点与适合从事的职业。

(1) 愿与事物打交道。这类人喜欢接触工具、器具或数字，而不喜欢与人打交道。适合从事的职业有：制图员、修理工、裁缝、木匠、建筑工、出纳员、记账员、会计、勘测师、工程技术人员、机器制造师等。

（2）愿与人打交道。这类人喜欢与人交往，愿意与人接触，对销售、采访、传递信息一类的活动感兴趣。适合从事的职业有：记者、推销员、营业员、服务员、教师、行政管理人员、外交联络人员等。

（3）愿与文字符号打交道。这类人喜欢常规的、有规律的活动，习惯于在预先安排好的程序下工作，愿意做有规律的工作。适合从事的职业有：邮件分类员、办公室职员、图书馆管理员、档案整理员、打字员、统计员等。

（4）愿与大自然打交道。这类人喜欢地理地质类的活动。适合从事的职业有：地质勘探人员、钻井工、矿工等。

（5）愿从事农业、生物、化学类工作。这类人喜欢种养、化工方面的实验性活动。适合从事的职业有：农业技术员验员、饲养员、水文员、化验员、制药工、菜农等。

（6）愿从事社会福利类的工作。这类人喜欢帮助别人解决困难。他们试图改善他人的状况，帮助他人排忧解难，喜欢从事社会福利和助人工作。适合从事的职业有：律师、咨询人员、科技推广人员、教师、医生、护士等。

（7）愿做组织和管理工作。这类人喜欢掌管一些事情，以使自己发挥重要作用，希望受到众人尊敬和获得声望，愿做领导和组织工作。适合从事的职业有：各级各类组织领导管理者，如行政人员、企业管理干部、学校领导和辅导员等。

（8）愿研究人的行为和心理。这类人喜欢谈涉及人的主题，对人的行为举止和心理状态感兴趣。适合从事的大都是研究人、管理人的工作，如心理学、政治学、人类学、人事管理、思想政治教育等研究工作，以及教育、行为管理工作、社会科学工作、写作等。

（9）愿从事科学技术事业。这类人喜欢通过逻辑推理、理论分析、独立思考或实验发现并解决问题，对分析的、推理的、测试的活动感兴趣，长于理论分析，喜欢独立地解决问题，也喜欢通过实验获得新发现。适合从事的职业有：生物、化学、工程学、物理学、自然科学工作者及工程技术人员等。

（10）愿从事有想象力和创造力的工作。这类人喜欢创造新的式样和概念，大多喜欢独立的工作，对自己的学识和才能颇为自信。乐于解决抽象的问题，而且急于了解周围的世界。适合从事的大都是科学研究工作和实验室工作，如社会调查、经济分析、各类科学研究工作、化验、新产品开发，以及表演、绘画、创作或设计等。

（11）愿做操作机器的技术工作。这类人喜欢通过一定的技术来进行活动，对运用一定技术、操作各种机械、制造新产品或完成其他任务感兴趣。喜欢使用工具特别是大型的、马力强的先进机器，喜欢具体的东西。适合从事的职业有：飞行员、驾驶员、机械制造师等。

（12）愿从事具体的工作。这类人喜欢制作看得见、摸得着的产品并从中得到乐趣，希望能很快看到自己的劳动成果，并从完成的产品中得到满足。适合从事的工作有：室内装饰、园林、美容、理发、手工制作、机械维修、烹饪等。

根据这种分类，一种兴趣类型可以对应许多种职业，同时绝大多数的职业也都与几种兴趣类型的特点相近，而每一个人往往又都同时具有其中几种类型的特点。假如你要成为一名护士，那你就应有愿与人打交道(类型2)、愿热心助人(类型6)、愿做具体工作(类型12)这三方面的兴趣特征；如果你对其中的某一方面缺乏兴趣，那就应努力培养和发展这方面的兴趣以适应护士职业的要求，否则，还是选择更适合自己兴趣类型的职业为好。

3) 能力与职业的吻合

对任何一种职业而言，必须要求从业者具备相应的能力。能力是职业适应性的首要的和基本的制约因素。因此，无论是用人单位在招聘时，还是个人在择业时，都应考虑到能力与职业的吻合问题。一般来说，一项职业总是需要几种综合的能力，择业时就应考虑自己是否具备这些能力。我国职业教育奠基者黄炎培先生指出，"一个人职业和才能相当和不相当，相差很大。用经济眼光看起来：要是相当，不晓得增加多少效能；要是不相当，不晓得埋没多少人才。就个人论起来：相当，不晓得有多少快乐；不相当，不晓得有多少怨苦。"试想一下，倘若鲁迅继续学医学，就不会成为伟大的文学家；假如陈景润还当中学教师，便没有举世闻名的"陈氏定理"；要是达尔文当初听从父亲之命放弃科学考察而去做一名牧师的话，自然界的生物进化之谜不知何时才能解开？

能力的不同使个人在选择职业时产生一定的差异。从能力差异的角度来考虑，我们在职业选择时应遵循以下原则：

(1) 注意能力类型与职业相吻合。① 人的能力类型是有差异的，即人的能力发展方向存在差异。对职业的研究表明，职业也是可以根据工作的性质、内容和环境而划分为不同的类型的，并且对人的能力要求也不同，因此，应注意能力类型与职业类型的吻合。② 能力水平要与职业层次一致或基本一致。对一种职业或职业类型来说，由于所承担的责任不同，又可分为不同层次，不同的层次对人的能力有不同的要求。因此，在根据能力类型确定了职业类型后，还应根据自己所达到或可能达到的能力水平确定相吻合的职业层次。只有这样，才能使能力与职业的吻合具体化。③ 充分发挥优势能力的作用。每个人都具有一个多种能力组成的能力系统，在这个能力系统中，其各方面能力的发展是不平衡的，常常是某方面的能力占优势，而另一些能力则不太突出。对职业选择和职业指导而言，应主要考虑其最佳能力，选择最能运用其优势能力的职业。同样，在人事安排中，如能注重一个人的优势能力并分配相应的工作，会更好地发挥这个人的作用。

(2) 注意一般能力与职业相吻合。一般能力通常又称为智力，包括注意力、观察力、记忆力、思维能力和想象力等。不同的职业对人的一般能力的要求不同，有些职业对从业者的智力水平有绝对的要求，如律师、工程师、科研人员、大学教师等都要求有很高的智商。智力在相当大的程度上决定着个人所从事的职业类型。

(3) 注意特殊能力与职业相吻合。特殊能力是指从事某项专业活动的能力，也可称为特长，如计算能力、音乐能力、动作协调能力、语言表达能力、事务能力、空间判断能力、形态知觉能力、手指灵活度与灵巧度等。要顺利完成某项工作，除要具有一般能力外，还要具有该项工作所要求的特殊能力，如从事教育工作需要有阅读能力和表达能力，从事数学研究需要具有计算能力、空间想象能力和逻辑思维能力。

2.3.2　职业测评

职业测评是心理测量技术在职业管理领域的应用，它以心理测量为基础，对人的素质进行科学、客观、标准的系统评价，从而为组织和个体两个层面的职业管理提供参考依据。这里所说的素质，指的是那些完成特定职业活动所需要或与之相关的感知、技能、能力、气质、性格、兴趣、动机等个人特征，它们是以一定的质量和速度完成职业活动的必要基础。

职业测评兴起于20世纪初，当时它在美国军事和工业领域获得了广泛应用，大大提高了职业招聘和培训部门的经济效益。1926年，美国飞行学校的学员中，有87%因飞行不佳而被淘汰，其原因是他们的空中飞行心理适合性不佳。直到第二次世界大战期间，客观的要求促使心理选拔技术不断发展和普及，因飞行不佳而被淘汰的人数才开始下降，如美国空军的淘汰率由70%降至36%，法国空军的淘汰率则由61%降至36%，这大大减少了培训资源的浪费，也有利于个人的职业生涯发展。

心理测量经过近百年的稳步发展，现已成为最有效、最客观的职业测评手段。全球约有四分之三以上的大公司在人员甄选、安置和培训方面使用职业测评，而且越来越多的中小公司也正加入到这一行列中来。美国电话电报公司早在20世纪30年代就起用评价中心技术，采纳许多心理测量的方法考查自己的管理者，并取得了巨大的成功；摩托罗拉公司也很早接受和采纳了心理测量，在员工招聘中采用各种有关的心理测验。

西方许多发达国家从小学开始就会开展各种各样的活动以帮助学生认识工作、热爱工作并及早进行职业规划。美国的中学生至少要接受一次这样的职业测验；在中学和大学还设立了专业的职业辅导咨询中心，由职业心理学家依据专业的职业心理测评技术和规范化的咨询流程对学生进行职业指导。

职业测评的目的是实现人适其职，职得其人；人尽其才，才尽其用。它在研究、咨询、辅导和组织对员工的职业生涯开发中都占据重要的地位，是不可或缺的工具。具体来说，它的功能包括以下几个方面。

预测功能：预测个体在教育训练、职业训练及未来工作中的表现。

诊断功能：评估个体的长处和短处、优势和劣势，并诊断个体在兴趣、价值观和职业生涯决策等方面的特质。

区别功能：区别出个体的某些特质最类似于哪一类的职业群体。

比较功能：依据测量学指标，将个体素质（能力倾向、兴趣、价值观等）与某些效标团体相比较，从而观察两者之间的匹配程度。

探测功能：了解个体在职业生涯发展的连续过程中，其职业决策、职业适应性的行为和态度，以及能力方面的一般状况，以便提供必要的职业辅导。

评估功能：对职业生涯咨询或辅导的进展情况和效果进行评估。

职业测评包括许多功能，企业需要它，各种组织需要它，个人也需要它。它可服务于人力资源规划，为招聘、安置、考核、晋升提供依据，同时也可为个人择业提供参考，是职业生涯规划与开发的基础。通过职业测评，可以实现组织和个人"双赢"的目的。

职业测评主要包括以下一些类型。

(1)职业兴趣测评：不同人的工作生活兴趣可以按照对人、概念、材料这三大基本内容要素分类，而社会上的所有职业、工作也是围绕着这三大要素展开的。因此，基于这一理论思想设计的职业兴趣测验可以在个体兴趣与职业之间进行匹配。

(2)职业人格测评：用以测量个体与他人相区别的独特而稳定的思维方式和行为风格，这些特点可能影响个体的职业选择、工作绩效、工作方式及习惯。

(3)职业价值观测评：人们对于职业的不同评价和取向反映了他们职业价值观的深层次差异。认识个体的职业价值观，可以帮助组织找到激励员工积极性的依据和途径，并以此为依据安排相应的工作内容。而对于个人来说，客观地认识自己的职业价值观类型，则有利于科学地进行职业选择和决策。

(4)职业能力测评：职业能力测试由一般能力倾向测试延伸而来，包括对言语理解能力、逻辑推理能力、创造力、人际交往能力等与职业发展息息相关的能力的测评，分别对测试者的"读"和"听"的能力、"想"的能力、思考创新的能力、沟通交流能力等进行考察，对于组织来说，职业能力测评可以帮助其进行选拔聘任，对于个体来说，职业能力测评可以使测评者对自己上述几方面的能力和素质有更明确的了解，从而更好地进行职业定位。

2.3.3　职业兴趣测评

美国约翰·霍普金斯大学心理学教授约翰·霍兰德(John Holland)是美国著名的职业指导专家。他于1971年提出了具有广泛社会影响的职业性向理论(career orientation)，这一理论首先将某种职业归属为 6 种典型的工作环境中的一种。这 6 种工作环境分别指：

(1)现实的环境，如建筑、驾驶卡车、农业耕作等；

(2)调查研究性的环境，如科学和学术研究等；

(3)艺术性的环境，如雕刻、表演和书法等；

(4)社会性的环境，如教育、宗教服务和社会性工作等；

(5)开拓性的环境，如销售、政治和金融等；

(6)常规性的环境，如会计、计算机技术、药理学等。

这6种典型的工作环境可以描述员工的个性定位，即我们每个人都偏好于这6种职业类型中的一种或多种。约翰·霍兰德认为，职业性向(包括价值观、动机和需要等)是决定一个人选择何种职业的重要因素。霍兰德基于自己对职业性向测试(vocational preference test，VPT)的研究，一共发现了6种基本的职业性向。然后根据劳动者的心理素质和择业倾向，将劳动者划分为 6 种基本类型。

(1)实际性向。具有这种性向的人会被吸引去从事那些包含着体力活动并且需要一定的技巧、力量和协调性才能胜任的职业。这类职业有：森林工人、耕作工人及农场主等。

(2)调研性向。具有这种性向的人会被吸引去从事那些包含着较多认知活动(思考、组织、理解等)的职业，而不是那些主要以感知活动(感觉、反应或人际沟通以及情感等)为主要内容的职业。这类职业有：生物学家、化学家及大学教授等。

(3)艺术性向。具有这种性向的人会被吸引去从事那些包含着大量自我表现、艺术创造、情感表达及个性化活动的职业。这类职业有：艺术家、广告制作者及音乐家等。

(4)社会性向。具有这种性向的人会被吸引去从事那些包含着大量人际交往内容的职业，而不是那些包含着大量智力活动或体力活动的职业。这类职业有：诊所的心理医生、外交工作者以及社会工作者等。

(5)企业性向。具有这种性向的人会被吸引去从事那些包含着大量以影响他人为目的的语言活动的职业。这类职业有：管理人员、律师及公共关系管理者等。

(6)常规性向。具有这种性向的人会被吸引去从事那些包含着大量结构性的且规则较为固定的活动的职业，在这些职业中，雇员个人的需要往往要服从于组织的需要。这类职业有：会计、银行职员等。

劳动者类型与职业类型的对应表如表2-5所示。

表 2-5　劳动者类型与职业类型的对应表

类型	劳动者特征	职业类型
实际型	① 愿意使用工具从事操作性工作 ② 动手能力强，做事手脚灵活，动作协调 ③ 偏好于具体任务，不善言辞，不善交际 性格：持久的、感觉迟钝的、不讲究的、谦逊的	主要指各类工程技术工作、农业工作，通常需要一定体力，需要运用工具或操作机器 主要职业：木工、电器技师、工程师、营养专家、建筑师、运动员、农场主、森林工人、公路巡逻官、园艺工人、城市规划人员、军官、机械操作工、维修工、安装工人、矿工、电工、司机、测绘员、描图员、农民、牧民、渔民等
调研型	① 思想家而非实干家，抽象思维能力强，求知欲强，肯动脑，善思考，不愿动手 ② 喜欢独立的和富有创造性的工作 ③ 知识渊博，有学识才能，不善于领导他人 性格：好奇的、个性内向、非流行大众化、变化缓慢的	主要指科学研究和科学实验工作 主要职业：生物学家、化学家、地理学家、数学家、医学技术人员、生理学家、物理学家、心理学家等自然科学和社会科学方面的研究与开发人员、专家；化学、冶金、电子、无线电、电视、飞机等方面的工程师、技术人员
艺术型	① 讨厌结构，喜欢以各种艺术形式的创造来表现自己的才能，实现自身价值 ② 具有特殊艺术才能和个性 ③ 有创造力、乐于创造新颖、与众不同的艺术成果，渴望表现自己的个性 性格：冷淡疏远的、有独创性的、非传统的	主要指各类艺术创作工作 主要职业：广告管理人员、艺术教师、艺术家、作家、广播员、室内装修人员、医疗绘图师、音乐家、摄影师、公共关系专家、音乐、舞蹈、戏剧等方面的演员、艺术家、编导、教师；文学、艺术方面的评论员；广播节目的主持人、编辑、作者；绘画、书法、艺术、家具、珠宝等行业的设计师等
社会型	① 乐于助人，喜欢从事为他人服务的工作和教育工作 ② 喜欢参与解决人们共同关心的社会问题，渴望发挥自己的社会作用 ③ 寻求亲近的人际关系，比较看重社会义务和社会道德 性格：缺乏灵活性的、亲切仁慈的	主要指各种直接为他人服务的工作，如医疗服务、教育服务、生活服务等 主要职业：公使、教师、学校管理人员、保育员、行政人员、医护人员、工作分析专家、社会工作人员、图书管理员、丧葬承办人、精神健康工作者、衣食住行服务行业的经理、管理人员和服务人员、福利人员、娱乐管理人员等
企业型	① 追求权力、权威和物质财富，具有领导才能 ② 喜欢竞争，敢冒风险 ③ 精力充沛、自信、善交际，口才好，做事巧妙 性格：善辩的、精力旺盛的、寻求娱乐、努力奋斗的	主要指那些组织与影响他人共同完成组织目标的工作 主要职业：综合性农业企业管理人员、房地产商、经理、企业家、政府官员、律师、金融家、零售商、人寿保险代理人、采购代理人、行业部门和单位的领导者、管理者等
常规型	① 尊重权威，喜欢按计划办事，习惯接受他人指挥和领导，自己不谋求领导职务 ② 不喜欢冒险和竞争，富有自我牺牲精神 ③ 工作踏实，忠诚可靠，偏爱那些规章制度明确的工作环境 性格：有责任心的、依赖性强、高效率、猜疑心重	主要指各类与文件档案、图书资料、统计报表之类相关的科室工作 主要职业：会计、出纳、银行职员、速记员、鉴定人、统计人员、打字员、办公室人员、秘书和文书、图书管理员、风险管理者、旅游外贸职员、保管员、邮递员、审计人员、人事职员等

霍兰德的职业性向理论的实质在于劳动者的职业性向与职业类型的匹配。霍兰德认为，同一类型的劳动者与同一类型的职业互相结合，便达到适应状态，这样劳动者找到了适宜的职业岗位，其才能与积极性才能得以发挥。依照霍兰德的理论，劳动者职业性向类型与职业类型相关系数越大，两者适应程度越高；二者相关系数越小，相互适应程度就越低。

为了直观地阐明自己的思想，霍兰德设计了一个平面六角形的图形如图2-4所示。这个图形的六个角分别代表六种职业类型和六种职业性向类型。六种类型的劳动者与六种类型的职业相关联，在图形上以连线表示。连线距

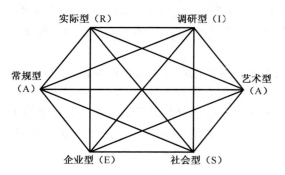

图 2-4　霍兰德的职业性向选择图

离越短，两种类型的人业相关系数就越大，适应程度就越高。当连线距离为 0，换言之，劳动者类型与职业类型高度相关，统一在一个点上(图中六个角顶端所示)，表明某种类型劳动者从事相应类型职业，或者某类型职业由相应类型劳动者来从事，此种情况下，人业配置最相适宜，是最好的职业选择。

霍兰德模型中的六种职业性向并非完全独立。在一些性向之间，存在着重要的相关性。霍兰德等(Holland，Whitney，Cole，&Richards，1969)的研究表明，各种定位之间的相关性程度存在差异。例如，现实性定位与常规性定位($r=0.36$)和调查研究性定位($r=0.46$)相关性较强，而与社会性定位($r=0.21$)相关性较弱。一般地，相关程度较高的职业性向是在六角形中相邻近的位置，那些极不相关的职业性向则位于六角形中较远的位置。模型的六角形状暗指，当人们无法在个人所偏好的部门找到合适的工作时，其在六角形中相邻近的位置找到的工作往往比在与之相距较远位置找到的工作令人满意。大多数人实际上都并非只有一种性向，如果他具有的两种职业性向是非常相近的，那么他将会很容易选定一种职业。然而，如果此人的职业性向是相互对立的，如同时具有实际型性向和社会型性向的话，那么他在进行职业选择时将会面临较多的犹豫不决的情况，这是因为他的多种兴趣将驱使他在多种十分不同的职业之间进行选择。霍兰德认为，一个人的各种性向越相似或相容性越强，则他在选择职业时所面临的内在冲突和犹豫就会越少。

奥尼尔等(Oneil，Magoon，&Tracey，1978)进行了一项为期七年的跟踪研究，研究结果有力地支持了霍兰德模型预测的有效性。他们发现，被自我指导研究归类为调研型的男性学生喜欢获得研究生学历，接受在调查研究性领域的教育，也更偏好在相关职业中就业，并为之制订计划。

霍兰德的职业兴趣理论的核心是按照不同的职业特点和个性特征将人分为六大类：实际型、调研型、艺术型、社会型、企业型、常规型，这六种类型的人具有不同的特征。每种类型的人对相应的职业类型感兴趣，当我们择业的时候，就可以按照我们的兴趣与职业环境进行匹配。

【案例】得分统计表如下。

技能型(A 型)	研究型(B 型)	文艺型(C 型)	社会型(D 型)	企业型(E 型)	事务型(F 型)

得分说明：

在某种职业类型中的总分越高，表明您越适合从事该职业环境的相关工作，得分最高的项就是最适合您的职业类型；反之，您在某个类型的得分越低，表明您越不适合从事该类型的职业。您在择业时应尽量避免选择得分最低的职业类型，因为该类型的工作与您的自我兴趣相差很远，可能会不利于您在工作中获得快乐和满足感并做出成绩；如果您有两种(或以上)的职业类型的得分相同，表明那两种(或以上)职业类型都比较符合您。

技能型： 该类型的人往往看重现实事物的价值，安分随流，做事保守，较为谦虚，踏实稳重，诚实可靠，情绪稳定，不善交际应酬，通常喜欢独立做事。

研究型： 该类型的人坚持性强，有韧性，喜欢钻研，重视科学性和不断地学习，善于分析思考，为人好奇，独立性强，做事谨慎。

文艺型： 该类型的人属于理想主义者，追求完美，不重实际，想象力丰富，富有创造性，具有独创的思维方式，直觉强烈、敏感，情绪波动大，较冲动，不服从指挥。

社会型：该类型的人有强烈的社会责任感和责任心，关心社会问题，渴望发挥自己的社会作用，为人友好，热情，开朗，善良，善解人意，助人为乐，易于合作。

企业型：该类型的人为人乐观，对自己充满自信，喜欢冒险，精力旺盛，有支配愿望，好交际，喜欢发表意见和见解，善辩，独断。

事务型：该类型的人服从权威，讲究秩序，责任感强，高效率，稳重踏实，细心仔细，有条理，耐心谨慎，依赖性强。

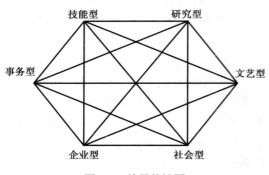

图 2-5　结果统计图

从图 2-5 中可以看出各个职业类型之间存在不同程度的关系。一般来说，两个类型离得越近，它们之间的关系就越密切，这两种类型的个体之间的共同点就越多。例如，技能型和研究型的人就都不太偏好人际交往，这两种职业环境中也都较少有机会与人接触。

反之，两个类型离得越远，关系也就越少，通常在六边形上处于对角位置的类型之间即为相对关系，如技能型和社会型、研究型和企业型、艺术型和事务型等，一般来说，相对关系的人格类型共同点很少，因此，一个人同时对处于相对关系的两种职业都感兴趣的情况十分少见。

兴趣是成功的重要推动力，对于面临就业的大学生来说，如果能够选择到与自己兴趣爱好相符合的职业，将可以使自己在工作中找到快乐和满足感，也更容易获得成功。所以，大学生在择业的时候，应该尽量选择与自身兴趣相匹配的职业类型和职业环境。

然而，在实际的职业选择中，除了应该优先选择那些与自身的职业类型相匹配的职业环境外，还要考虑一些其他的因素。首先，因为个体本身常是多种职业兴趣类型的综合体，单一职业倾向显著突出的情况往往并不多见，所以在具体择业的时候，除了最适合的职业类型外，第二适合的职业类型中的相关工作，有时也同样可以予以考虑。其次，由于兴趣的可行性差异，有些人的职业兴趣脱离客观条件，过于浪漫，往往想得好，做不到；有些人的职业兴趣则建立在切实可行的基础之上，如结合自己所学的专业、社会的职业需求等，最后可以心想事成，获得成功。所以，大学生在择业时，除了要考虑自己的职业兴趣外，还要兼顾获得职业成功的现实可能性。

职业类型及职业发展建议：

根据测评结果，优势的职业类型是技能型和事务型。

技能型（A 型）：

基本特征：

(1) 该类型的人身体强健，动作敏捷，做事手脚灵活，具有较强的动手能力和动作协调能力；

(2) 该类型的人很现实，不是理想主义者，追求安定、舒适的生活；

(3) 该类型的人不善言辞，可能在自我表达和向他人表达情感方面稍感困难，不擅长与人交际；

(4) 该类型的人思想较保守，对新鲜事物不太感兴趣，情感体验也不太丰富，在生活上缺少一些情趣；

(5) 该类型的人宁愿与机器和工具打交道也不愿意与人打交道。

职业特征:

(1) 该类型的人喜欢户外活动,热衷于通过自己的双手来创造出新鲜事物。

(2) 该类型的人喜欢运用工具、机器从事一些操作性工作。对要求具备机械方面才能、体力、或从事与物件、机器、工具、运动器材、动植物相关的职业有兴趣。

(3) 该类型的人偏好于具体任务,更适合于从事各类工程技术工作或有一定程序要求的技术型、技能型工作。

(4) 该类型的人更喜欢和具体有形的物体,如机械、工具等打交道,因此在工作过程中不希望有太多的人际交往。

在职业发展过程中,这种职业倾向的人可以充分发挥自己动手能力强、沉稳、耐心的优点,不断提高自己的技能、技巧;此外,要注意增强抽象思维的能力和与人交往、沟通的技能。

推荐职业:

职业代码:

该类型的典型职业:录音师、制图员、司机、机械工程师、园艺师、烹调师、建筑师、钟表维修员、计算机硬件人员、测绘员等。

事务型(F 型):

基本特征:

(1) 该类型的人尊重权威和规章制度,喜欢按计划办事,讲求精确,喜欢从事高度有序的工作;

(2) 该类型的人工作踏实,忠诚可靠,遵守纪律,自我控制能力强,喜欢有秩序的、安稳的生活;

(3) 该类型的人喜欢关注实际和细节情况,做事认真仔细;

(4) 该类型的人习惯接受他人指挥和领导,愿意执行上级命令,通常不习惯于自己对事情做出判断和决策,缺乏创造性和冒险精神。

职业特征:

(1) 该类型的人偏好对数字、资料等进行明确、有序和系统化的整理工作,如按照既定规章程序保管记录,填写书面和数字的资料,使用文字和数据资料设备协助实现组织目标或获取经济利益。

(2) 该类型的人喜欢要求注意细节、精确度、有系统有条理,具有记录、归档、据特定要求或程序组织数据和文字信息的职业。

(3) 该类型的人喜欢有组织、系统化的活动,他们习惯接受他人的指挥和领导,不喜欢成为众人瞩目的焦点,也没有强烈的领导欲望。他们在工作时会善始善终,坚持不懈,是值得信赖的人。

(4) 该类型的人比较适合职责明确、条理清晰、高度有序的工作环境。

在职业发展过程中,这种职业倾向的人可以发挥自己友善、自我控制强、工作细致且有毅力的优势;此外,注意提高自己的创新和灵活应变的能力及处理复杂事情的能力等。

推荐职业:

职业代码:

该类型的典型职业：审计员、出纳、会计、图书管理员、统计员、打字员、秘书、邮递员、文员、接待人员、文件档案管理员等。

该类型人的弱势职业倾向为文艺型和企业型。

文艺型（C型）：

基本特征：

(1)该类型的人具有丰富的想象力和很强的创造力，乐于创造新颖、与众不同的成果。

(2)该类型的人具有一定的艺术才能和个性，喜欢以各种艺术形式的创作来表现自己的个性，实现自身的价值。

(3)该类型的人做事理想化，凭直觉对事物做出判断，追求完美，不重实际。

(4)该类型的人善于表达，感情丰富、敏感，容易情绪化。

职业特征：

(1)该类型的人喜欢的工作要求具备艺术修养、创造力、表达能力和直觉，并将其用于语言、行为、声音、颜色和形式的审美、思索和感受。

(2)该类型的人的组织能力与操作能力相对较弱，不善于事务性工作。

(3)该类型的人灵活多变，能够接受不确定性，反对墨守成规，适合自由的、有自我表现机会的工作。

在职业发展过程中，这种职业倾向的人可以充分发挥自己的艺术、直觉、想象和创造能力，发挥自己勤于自我反省的特长；此外，要注意进一步增强自己处理实际事务的能力。

推荐职业：

职业代码：

该类型的典型职业：演员、导演、室内装饰设计师、主持人、化妆师、摄影师、歌唱家、乐队指挥、小说家、诗人、剧作家等。

企业型（E型）：

基本特征：

(1)该类型的人精力充沛、自信、善于交际、热情洋溢、富于冒险、支配欲强。

(2)该类型的人通常具有领导才能，能够影响、说服他人共同达到组织或个人的目标。

(3)该类型的人为人务实，通常追求权力、财富和地位，习惯以利益得失，权利、地位、金钱等来衡量做事的价值，做事有较强的目的性。

职业特征：

(1)该类型的人往往不喜欢那些需要精耕细作的常规性的日常工作，以及长期的智力劳动和复杂的思维工作。

(2)该类型的人富于冒险、喜欢竞争，比较适合那些需要胆略、冒风险和承担责任的工作。

(3)该类型的人适合可以展示自己的经营、管理、劝服、监督和领导才能，并实现机构、政治、社会及经济目标的工作。

(4)该类型的人适合经常和人打交道而不要求很高的动手操作能力的工作。

在职业发展过程中，这种职业倾向的人可以充分发挥自己在说服、支配和言语方面的技能，以及自信、精力充沛、领导力强的优势；此外，应尽量避免过于冲动的想法和行为，多注意日常工作和工作中的细节。

推荐职业：

职业代码：

该类型的典型职业：行业部门和单位的领导者、管理者、房地产商、企业家、律师、金融家、零售商、人寿保险代理人、采购代理人等。

2.3.4　职业人格测评

16PF 问卷是由美国伊利诺州立大学著名人格心理学家卡特尔经过三十多年的研究编制而成的。卡特尔把人格分解为 16 种因素，所有因素的有机组合就构成了个人整体的人格特征。本问卷以 16 种人格因素为测评要素，每一项因素对应的分值高低将会反映个人在此要素上的人格表现。需要注意的是，具体分值并不是精确数字，而是代表了特征突现的程度。进行此项测验，将有助于个人更深入地了解自己。下面我们以某位同学的测验结果为例进行分析。

【案例 A】该同学的测验分数如下。

乐群性	智慧性	稳定性	影响性	活泼性	有恒性	交际性	情感性
6	1	6	5	7	7	6	6
怀疑性	想象性	世故性	忧虑性	变革性	独立性	自律性	紧张性
7	6	7	6	4	6	3	5

人格特征解释：

(1) 乐群性，主要测试个人在工作和生活中，是喜欢独立做事，还是喜欢与别人合作。该同学可以较好地和别人相处或一同工作，也能较好地独自完成工作。对人对事的工作该同学都可以从事。

(2) 智慧性，主要测试个人的智力水平、学习和理解的能力。该同学的思维有些迟钝，学习和理解的能力不强，不能举一反三。这可能是其在答题时情绪不稳定造成的，也可能是因为其心理上有些问题没有得到很好地排解。建议其可以从事一些事务型工作。

(3) 稳定性，主要测试个人情绪的稳定性和对现实生活的态度。该同学的情绪比较稳定，对于生活中的变化和各种问题，一般都能比较沉着地应对，但遇到重大挫折时，或在紧急情况下，也可能会有一些情绪波动。

(4) 影响性，主要考察个人喜欢影响别人还是容易受别人影响。该同学能较好地协调自己的想法和别人的想法，一方面，他对事物有自己的判断和想法，不会人云亦云；另一方面，他也听得进别人的意见，不会固执己见。

(5) 活泼性，主要考察个人是严肃、静默，还是活泼、健谈。该同学对人和事物的热情一般。一般情况下为人随和，和人相处比较轻松愉快；对于重要人物和重大事件，也能严肃认真对待。

(6) 有恒性，主要测试个人是否有明确的目标理想，以及个人的毅力和责任感的强弱。该同学有自己的目标和理想，虽然不是特别远大，但会持续地去追求。一般情况下，该同学遵纪守法，对人对事都会负起自己的责任。

(7) 交际性，主要测试个人是否愿意与别人交际。该同学的交际性处于中等水平。像大多数人一样，在通常的交际中，其都能表现得比较轻松，但有时在周围的人都不熟悉的情况下，也可能保持沉默。

(8) 情感性，主要测试个人是否富于想象，重理智还是重情感。该同学倾向于在情感与理智之间取得平衡。在需要判断和决策时，倾向于注意事实以及它们的实用意义，同时也意识到有关问题的情绪性后果与价值。

(9)怀疑性，主要测试个人对世界的很多观念是确定不移的，还是有所怀疑的。一般情况下，该同学倾向于认为他人是真诚、值得信任的，但对有些人或事也会保持警惕，当完全了解他人之后，便会乐于接受和信任他们。

(10)想象性，主要测试个人比较认真谨慎、脚踏实地，还是富于想象，倾向于思考而不是行动。该同学能较好地平衡理想和现实，既有自己的理想追求，也会考虑现实可能性。一般情况下能够脚踏实地，有时也会陷入幻想。

(11)世故性，主要测试个人做人是比较坦率真诚，还是比较老成世故。该同学待人比较真诚坦率，但也不会过于轻信或感情用事，比较认同"害人之心不可有，防人之心不可无"的理念。

(12)忧虑性，主要测试个人是比较忧郁，还是比较乐观自信。该同学对自己的长处和缺陷有比较现实的认识，能为自己的失误承担责任，并从这些失误中吸取教训。

(13)变革性，主要测试个人的心态和思想是比较开放自由，还是比较保守。该同学既不过于保守，也不过于激进，其认为传统中有些东西可以保留，也有些东西需要变革。

(14)独立性，主要测试个人是喜欢依靠自己，还是依赖别人的力量解决问题。该同学力求在融合于群体和保持自身独立这二者之间保持平衡。在一般情况下，其渴望能成为集体中的一员；但在某些情况下，也希望独自完成自己的计划或坚持自己的观点，而不受他人和舆论的左右。

(15)自律性，主要测试个人是否有坚强的意志、自制力和明确的目标感。该同学通常不能克制自己，自我矛盾，比较松懈和随心所欲，不大遵守纪律和社会规范。职业上倾向于艺术家、自由职业者。

(16)紧张性，主要测试个人在平时状况下或遇到困难时，是心平气和还是容易紧张。该同学通常所体验到的紧张程度和大多数人差不多，一般都能保持心情平和，在遇到重大挑战或紧急情况时，也可能比较紧张。

综合以上16种因素，该同学在活泼性、有恒性等方面表现得比较突出，而在智慧性、自律性等方面则表现较差，应尽量避免从事对此三项性格特征有严格要求的职业。

人的性格错综复杂，任何测评都只能在一定程度上反映人格的部分特征，但其科学的测评可以作为增进自我了解的有效工具，促进人们对自身的进一步审察和思考。

如果你觉得测评结果和你的情况不甚吻合，有可能是以下的几个原因造成的。

(1)考虑对你描述的相反方面，是否符合你的性格特点？

(2)回忆你做题时的情景，是凭自己第一感觉回答的吗？

(3)你是否受自己应该选择什么或别人希望你选择什么的影响？

人格(personality)源于拉丁语 Persona，也叫个性。心理学中，人格指一个人在一定情况下所做行为反应的特质，即人们在生活、工作中独特的行为表现，包括思考方式、决策方式等。世界上关于人格理论的划分有很多种，本测评采用的 MBTI 人格理论，是目前国际上最流行、在企业中应用最广泛的理论之一。

MBTI 的人格类型分为四个维度，每个维度有两个方向，共计八个方面，即共有八种人格特点，具体如下。

我们与世界相互作用的方式——你的注意力集中于何处

外向 E Extravert	注意力集中在外部世界的人或事物，关注自己如何影响外部环境，善于与人打交道，喜欢行动和变化
内向 I Introvert	注意力集中在自身的内在世界，关注外部环境的变化对自己的影响，内心体验非常丰富。喜欢独立看书、思考；避免成为注意的中心，听的比说的多；喜欢安静地集中精力做事，不被打扰

我们获取信息的主要方式——你如何获得信息

感觉 S Sensing	关注由感觉器官获取的具体信息，如看到的、听到的、闻到的、尝到的、触摸到的事物；着眼于现实，安于现状，喜欢按部就班地按已有的方式做事；关注细节、喜欢描述；善于记忆和与大量的事实打交道
直觉 N Nutrition	关注事物的整体发展和变化趋势，擅长发现新的挑战和可能性；富有想象力和灵感，遵照自己的灵感和预感做事，不喜欢精确地计算时间；喜欢学习新技能，但容易厌倦；可以迅速地、跳跃性地得出结论

我们的决策方式——你如何做出决定

思考 T Thinking	喜欢通过客观分析做决定，重视事物之间的逻辑关系，能够预见到选择的逻辑结果。更喜欢对人们的观念，而不是情感做出反应，行为果断，意志坚定，有分析问题和事态的才能
情感 F Feeling	喜欢基于自己的价值观做决定，较多地考虑某种选择对自己和他人的影响。富有同情心，善解人意，以情感为重。珍重和谐，并能够为营造和谐的氛围而努力

我们的做事方式——你如何与外界打交道

判断 J Judging	喜欢按照计划，有条理地、按部就班地生活和做事；喜欢终止辩论和做出决定，愿意进行管理和控制，希望问题能够得到解决
知觉 P Perceiving	喜欢自发地灵活做事和宽松自由的生活方式；愿意开放自我，体验世界，试图去理解、适应环境；倾向于留有余地，喜欢有多种选择

在以上四个维度上，每个人都会有自己与生俱来的倾向性，也就是说，都会处在两个方向分界点的这边或那边，我们称之为"偏好"。例如，如果你落在外向的那边，称为"你具有外向的偏好"；如果你落在内向的那边，称为"你具有内向的偏好"。

在现实生活中，每个维度的两个方面都会被你用到，只是其中的一个方面用得更频繁、更舒适，就好像每个人都会用到左手和右手，习惯用左手的人是左撇子，习惯用右手的人是右撇子。同样，在四个维度上你用得最频繁、最熟练的那种方式就是你在这个维度上的偏好，而将这四个偏好加以组合，就形成了你的人格类型，它反映了你在一系列心理过程和行为方式上的特点。

将人们在四个维度上的偏好加以组合，一共可以组成 $2 \times 2 \times 2 \times 2 = 16$ 种人格类型，如 ESTP、INTJ 等。

【案例 B】假如你的人格类型为 INTP(内向、直觉、思考、知觉)。

你的人格特征：

你比较安静，沉默寡言，更善于处理概念和想法，而不是与人打交道。聪慧，特别喜欢理论和科学思维，用逻辑分析解决问题，有很强的创造灵感。非常独立，有批判性和怀疑精神，深藏不露，内心通常在投入地思考问题；对一个观点或形势能做出超乎常人的、独立准确的分析，会提出尖锐的问题，也会向自己挑战以发现新的合乎逻辑的方法。

你对解决问题非常着迷，极善于发现想法中的缺陷，却很难把它们表达出来，你对常规的细节没有耐心，如果事情需要太多的琐碎细节，你会失去兴趣，也会因计划中很小的缺陷而陷入困境，你绝不容忍任何一点不合逻辑的情况出现。建议你更多地关注现实和细节，简单清楚地表达自己的想法，学会赞赏和鼓励别人，尽量思考成熟后再采取行动。

你在工作中的优势：

有很强的目标和使命感，而且非常执著，有冲劲和闯劲，不患得患失；能有远见地分析问题，把握事情的全局，弄清行为和思想的长远影响。

对搜集信息有好奇心和独特的洞悉力，能够综合考虑和运用大量的信息，理解非常复杂和高度抽象的概念，擅长用极端复杂的方式思考问题。

能够独立自主地完成工作，对自己的想法和观点充满信心；即使在压力很大的情况下也能有条理地分析事物，客观地处理问题，而不感情用事。

喜欢学习新知识，掌握新技能，能灵活地适应新情况，随机应变地处理问题；天生擅长富有创意的思考，富有想象力、探险和创新精神，对找到创造性解决问题的办法更感兴趣。

你在工作中的劣势：

不喜欢按传统的、公式化的方式办事，对程式化的事情和固执的人缺乏耐心，不喜欢重复地做同一件事，对琐碎的日常工作缺乏耐心，办事情可能条理不清，容易发生紊乱，建议你做事要更加有条理，尝试坚持计划。

如果你没有机会运用自己的才能，或得不到赏识，便会感到沮丧，爱打嘴仗，好争论，喜欢冷嘲热讽，消极地批判一切。

你过于注重逻辑分析和理智思考，忽视情感和现实，可能以"不符合"逻辑为由，主观断定某些自己或他人看重的东西是不重要的，需要找到自己真正在乎的事，更真实地对待自己的情感。

你有时的想法过于复杂以至于难以与别人交流和让别人理解，你直率的批评可能会无意中给他人造成伤害，建议你增进人际交往和与他人的合作的能力，更多体谅他人的感受，考虑自己对他人的影响。

给你的职业建议：

你在兴趣上有严格的界限，需要从事自己非常感兴趣的职业。

大多数具有你这样特点的人喜欢做技能型、研究型工作，可以运用自己独特的能力来分析复杂的系统，形成富有创意的解决办法，站在行业的前沿与复杂高深的概念打交道，带有一定的风险性也是你对工作的要求。

需要用清晰的、逻辑性较强的思维和创造才能来解决问题的企业型工作对你也很有吸引力，如金融分析师、投资分析师等。

能够给你提供可以创造出完全新奇的东西的领域，可以经历许多不同事情的领域也是你感兴趣的，文艺型工作很适合你，工作环境灵活宽松，没有过多的限制和规则，还有大量不受打扰的时间。

(1) 本测评的目的和意义。一个人的职业价值观是职业观、生活态度、人生目标等方面的综合体现，它是人生价值观在职业问题上的反映，是职业素质的重要组成部分。由于每个人的身心条件、年龄阅历、教育状况、家庭影响、兴趣爱好等方面的不同，人们对职业特性的评价和取向有着不同的主观判断，从而也导致了个人职业价值观的差异。所以，有些人希望自己的工作充满挑战，越刺激越好；有些人却希望自己的工作稳定，变动越少越好。由于各种原因，美好的向往不可能完全实现，我们很难找到完全满足自己需要的工作，所以常常需要在众多的条件中做出取舍，这时职业价值观就起着重要的作用。该测评能帮助大学生客观地认识自己的职业价值观类型，科学地进行职业决策。

(2)本测评的理论依据。职业价值观直接反映着每个人的职业期望，是一个人对于工作有关的客观事物的意义及重要性的评价和看法，它探讨人们在职业选择和职业生活中，在众多的价值取向里，优先考虑哪种价值。心理学家研究发现，不同人群的职业价值观有很大差别，并且对个人的职业选择有重大影响。本测试借鉴了职业生涯规划领域的"职业锚"理论，又融入了其他几种价值观类型，将人的职业价值观分为帮助-贡献、审美-艺术、思考-创新等十四种类型，通过考查受试者对代表不同价值追求的多种活动的好恶情况及程度来确定其主导的职业价值观类型。各职业价值观的维度分数表示对职业中可能获得的各种回报的重视程度，分数越高(尤其是前三项高分者)，则表示个人越重视这方面的回报，在择业时如果有针对性的考虑这些方面的因素，将有助于选择更适合自己的职业，并能激发今后的工作热情。

职业生涯规划表如表2-6所示。

人的自我因素的分析包括自己的性格、兴趣、能力、气质等方面。分析的重点是自己的性格、兴趣与能力，并找出三者的结合点。

环境因素的分析包括组织环境、社会环境、经济环境。要分析出哪些是有利因素，哪些是不利因素，哪些因素将阻碍你的生涯发展，哪些因素将为你的发展提供机遇。

表 2-6　职业生涯规划表

姓名		性别		年　龄		政治面貌	
现工作部门			现任职务		到职年限		
个人因素分析结果							
环境因素分析结果							
职业选择							
生涯路线选择							
职业生涯目标		长期目标			完成时间		
		中期目标			完成时间		
		短期目标			完成时间		
完成长期目标的计划与措施							

学习笔记：

问题思考：

1. 人生规划、职业规划对个人成长进步有什么意义？在大学期间如何做好自己的人生规划？

2. 结合目前的状况，做一个简单的职业规划，并努力地让自己的大学生活向职业规划靠近。

3. 给自己的父母写封短信，谈谈你的人生规划(职业规划)设想。

参考文献：

冯刚. 2005. 大学，梦起飞的地方. 北京：清华大学出版社

孟万金. 2004. 职业规划——自我实现的教育生涯. 上海：华东师范大学出版社

王宏，熊丙奇，田磊. 2004. 直面就业——大学生职业发展指导. 上海：上海交通大学出版社

王凌峰. 2000. 我的大学. 北京：中国时代经济出版社

王沛. 2007. 大学生职业决策与职业生涯规划. 北京：科学出版社

王少毅. 2007. 世界上最伟大的励志故事全集. 北京：中央编译出版社

肖建中. 2006. 职业规划与就业指导. 北京：北京大学出版社

于海琴. 2008. 心理成长与生涯发展. 武汉：华中科技大学出版社

张国忠，曲贵海. 2008. 大学生职业生涯规划与就业指导. 北京：中国计量出版社

张文勇，马树强. 2006. 大学生职业规划与就业指导. 北京：科学出版社

赵国祥. 2007. 心理学概论. 北京：光明日报出版社

第3章　素质决定成就

我国的高等教育历来十分重视对学生综合素质的培养。大学生的综合素质主要表现为思想道德素质、专业能力素质、科研能力素质、应用能力素质、创新能力素质、合作能力素质等内容。

随着新时代的到来，社会发展不再仅仅需要掌握单一技能的高精尖人才，而是更需要综合素质高、知识面宽、基础雄厚、具有人格魅力的高精尖复合型人才，以应付新的挑战。这种趋势在社会职业变迁中的体现比较显著，专业完全对口的岗位越来越少，职业变动的可能越来越大，行业特征也不像过去那么鲜明，岗位所需的知识和技能更新周期加速，复合程度提高。这些特征将使用人单位对大学生的综合素质和人格魅力的要求空前提高。

无石之刚硬，不成山之巍峨；无水之流深，难就海之壮阔。纵览古今，成败无数，未来的你，是在历史的海洋中迎风弄潮，于风口浪尖处一展英姿，还是在夕阳西下时空叹"唯草木之零落兮，恐美人之迟暮"？是什么决定一个人成功与否？又是什么决定其成就大小？如何掌握自己的命运，追求人生的成功？让我们一起来揭开谜底。

3.1　成功的基石——素质

"古之立大事者，不唯有超世之才，亦必有坚忍不拔之志。"唐宋八大家之一的苏轼如是说。可见欲成为"立大事者"，有所成就，亦必有不同寻常的"才"、"志"。放到当今社会，苏大学士的所谓"才"、"志"，即我们常说的"素质"。"工欲善其事必先利其器"[①]，素质之"器"不利，则成就之"事"不善。

苍鹰拥有搏击长空的翅膀，才得以万里翱翔；雄狮凭借强健有力的四肢，方能够称霸一方。动物如此，人亦如此，一个人若要想取得一定的成就，也必须具备相应的素质。

当代大学生是祖国培养的高素质人才，是国之栋梁，是社会建设的主力军。面对激烈的市场竞争环境，他们如何才能在社会建设中扮演好自己的角色，实现最大的人生价值呢？

答案很简单：具备过硬的素质，素质决定成就。大学生只有努力提高自身素质，才能奠定成功的基础。那么何谓素质，素质有什么价值，要成功需要哪些素质呢？下面我们一起来探讨。

3.1.1　什么是素质

何谓素质？素质之于人，恰如根、茎、叶于一株植物，有了它们，植物才能吸取阳光雨露，开出鲜花，结出果实；又恰如翅膀之于雄鹰，桨橹之于船舸，凭之跨越千山，遨游万里。素质既是一种品质，也是一种能力；既是一种素养，也是一种表现；既是一种特点，也是一种修为。虽素质无定论，但人人论素质，针对我们大学生，素质又是指什么呢？

---

① 孔丘，《论语》，第 142 页。

"素质"一词涉及人类学、种族学、社会学、生物学、遗传学、优生学、教育学、心理学和医学等多学科的理论知识，往往难以提出每个学科普遍接受的统一定义。本书则主要有以下几种解释。

心理学认为，素质是指由遗传或先天因素决定的神经系统和感觉器官的特点。"素质"一词的现代内涵已经扩展到指构成一个现代社会人所具备的各种要素，核心体现在人的品质上。教育理论界的许多学者认为素质既包括先天遗传的特征，又包括后天习得的素养。素质着重表示人在先天生理基础上，受后天环境、教育的影响，通过个体自身的认识和社会实践，养成的比较稳定的身心发展的基本品质。人的素质内涵可界定为个体先天遗传的禀赋与后天环境影响、教育作用、学习内化的结合而形成的相对稳定的基本品质结构与质量水平。[①]

《辞海》对"素质"一词的定义为：① 人的生理上的原来的特点；② 事物本来的性质；③ 完成某种活动所必需的基本条件。

常用汉语查询网站《汉典》http://www.zdic.net关于"素质"的释义如下：① 事物本来的性质；② 指人的神经系统和感觉器官的先天特点，亦指素养。

百度百科里关于"素质"的定义：① 指有机体与生俱来的生理解剖特点；② 指个人的才智、能力和内在涵养；③ 指人的体质、品质和素养；④ "素质"又称能力、资质、才干。

综合上述观点，对于一个大学生而言，素质即指大学生从事社会实践活动所具备的条件与能力，为一个人所具有的身体、天赋、素养、才智和能力等的综合表征，包括思想道德素质、心理素质、身体素质、人文素养、智力水平及独立生活的能力等各方面。我们这里谈到的大学生成功所需的素质，不妨简单地称之为综合素质。

基于以上从各种侧面和角度对素质的定义，我们归纳出素质具有的以下特征：
(1)素质的培养，与人的内在和外在环境紧密相关，也和人的自身修养紧密相关；
(2)素质的养成不是一日而成的，需要长时间的培养；
(3)不同的内、外在环境对素质有不同的要求；
(4)素质影响人的行为。

素质是成功的决定条件！有这么一段著名的格言："播下一种思想，收获一种行为；播下一种行为，收获一种习惯；播下一种习惯，收获一种性格；播下一种性格，收获一种命运。"美国著名心理学家马斯洛也曾说过这样的话："心若改变，你的态度跟着改变；态度改变，你的习惯跟着改变；习惯改变，你的性格跟着改变；性格改变，你的人生跟着改变。"两段名言不约而同的揭示了自身因素对人生命运的影响，那么，我们不妨说，播下好的素质，收获大的成就，良好的素质一定会影响人的一生。

本节小语：你现在对素质的含义理解了吗？

3.1.2　成功者必备的素质

如果将人生比做一道菜，每个人都是厨师，那么必须将油、盐、酱、醋及其他各调料放入其中，再加以适当的火候，方能做成美味佳肴。可是，要想烹饪"成功"这道美味，到底需要哪些必备"调料"，为什么需要？我们一起来分析成功者(尤其是一名成功的大学生)必备的素质。

---

① 徐涌金，张明纲，《大学生综合素质培养体系的构建思路》。

　　大学生刚刚摆脱高中的懵懂，又面临着对外界社会的迷茫，"路漫漫其修远兮"，在"上下求索"之路上，难免会遇到各种各样的困惑与诱惑，经历各种困苦与挫折，心若如不系之舟，随风飘荡，迟早会迷失于人生的大海。这就要求大学生必须具备一定的素质，才能顺利地成长成才。各类影视、书刊、网络上关于成功应具备的各种素质的列举不计其数，逐一为之，既浪费精力又不易做到，在面临繁杂的信息时，我们应学会甄别，择善而从。

　　归纳起来，想成功，就要做到以下几点：

　　第一，一定要树立正确的积极的政治观、世界观、人生观、价值观、道德观、法制观等。这样才能正确地认识自己，认识社会，实现自我价值；要有志向，有理想，有抱负，有远见。

　　第二，一定要确定好目标，有规划，有计划。要确认自己一定会成功，并向别人表达出你积极思考的态度。这是对你自信的一种磨炼。还要为自己的成功制订规划，有计划地提高自身素质，逐步迈向成功。

　　第三，一定要全身心地投入。自信的人想要实现自己梦想的愿望非常强烈，以至于他将全身心地投入到实现梦想的行动中去。这是一种毫无条件、没有妥协的投入，全神贯注的人将拥有用之不竭的能量。

　　第四，一定要提高自己的学习能力，认知能力。不仅要学习知识，还要不断总结获取知识的方法，既要学习，还要学会如何学习，不断积累知识，掌握并提高实践技能，提升发现问题、解决问题的能力。

　　第五，一定要养成积极锻炼的习惯，健康强壮的身体是革命的本钱。"欲文明其精神，必野蛮其体魄"，强健的身体是其他一切活动的不竭动力。

　　第六，一定要有良好的个人修为。珍惜生命，有同情心、羞耻感、责任感，积极乐观，善于为人处世，有智慧，有良知，讲诚信，能够很好地融入社会，为社会所认可。

　　第七，一定要有阳光的心理。要乐观豁达、积极向上、待人热情洋溢，悦纳自己、宽容他人，会换位思考，胜不骄、败不馁，勇于进取，敢于开拓创新。

　　第八，永不放弃。千万、千万、千万不要放弃！耐心和坚持是成功者奖杯上的宝石，落败放弃只是成功路上的不和谐音符，因此一定要摒弃这种观念。

　　第九，立即行动，每日进步。行动，是开在成功路上最美的鲜花。一个好的执行，胜过一百个好的设想。要立即行动，不断进取，每天有进步，就会离成功越来越近。

　　对于我们社会主义现代化的大学生，怎样才能成功呢？我们不妨参考英格尔斯提出的"人的现代化的十二条标准"：① 乐于接受新事物；② 准备接受社会的改革和变化；③ 思路广阔，头脑开放；④ 注重现在和未来，守时，惜时；⑤ 强烈的个人效能感；⑥ 有计划的生活和工作；⑦ 尊重知识；⑧ 有可依赖性和信任感；⑨ 重视专门技术；⑩ 选择离开传统所尊敬的职业，敢于提出挑战；⑪ 相互了解，尊重和自尊；⑫ 熟悉生产过程。[①]

　　麦可思(MyCOS)-中国大学毕业生求职与工作能力调查显示，本科大学毕业生离校时掌握的能力水平比企业在工作中要求达到的水平普遍低了4%～6%，这反映出一个普遍性的问题，即当前的大学生，在综合素质上离社会和企业的要求，还有一定的距离。

　　通过与用人单位、企业的沟通以及对社会成功人士的调查研究发现，最受企业青睐的人要具备解决问题的能力，健康的身体，丰富的知识，扎实的专业技能，良好的解决问题的能力和

---

① 《中国大学人文启思录》第一卷，第22页。

团结沟通协作能力，较高的人文修养和道德情操，较好的理论思维创新能力，较高的思想素质、心理素质和人文社科素质，较强的事业心、责任感和竞争意识等。大学生要想在毕业时能达到单位和企业的要求，就必须在大学阶段努力提升自身的综合素质。

思考：1. 成功者该具备的素质你都具备吗？如何保持这些素质？

2. 你有不足的方面吗？怎样克服？

3.1.3 提升素质——大学生的时代使命

当今世界，是全球化、信息化的世界；当今中国，是欣欣向荣、飞速发展的中国。

21世纪是知识经济的时代，它标志着人类正在步入一种全新的、基于最新科技的经济形态。这个时代发展的核心是科技，关键是人才。科技兴国战略的顺利实施以及实现中华民族伟大复兴的关键在于教育的成功。随着我国改革及现代化建设的深入，国家对人才的需要及人才素质的要求越来越高。[①]

"素质"和"能力"是不能混为一谈的。能力，是指顺利完成某一活动所必需的主观条件。能力总是和人完成一定的活动联系在一起的，离开了具体活动，既不能表现人的能力，也不能发展人的能力。只有那些完成活动所必需的，直接影响活动效率的，并能使活动能顺利进行的心理特征，才是能力。素质，则是知识与能力发展到一定程度所表现出来的一种特质，素质具有不可视性，它通过行为，通过能力外化出来，是知识与能力的一种综合表现。

教育的目的是什么？《大学》里有一句话："大学之道，在明明德，在亲民，在止于至善。"意思是大学教人的道理，在于净化个人的心灵，陶冶个人的情操，培养个人的善良美德；在于团结群众，教育群众，弃旧扬新，从而使人们达到真善美的最高境界。

素质教育的目的是什么？答案只有一个，即全面提高学生的素质。此处的"全面"有两个含义：一是所有学生的素质都必须有所提高；二是各种素质都必须得到培养与提高。在素质的构成上，现在取得的初步共识是，素质分三类，即自然素质、心理素质、社会素质。因此，所谓"全面提高"，就是要使这三类素质都能有所提高，达到一定的要求，不容许重此轻彼，或重彼轻此。

大学生大都是18～24岁，正处于身心发展的阶段，具有极强的可塑性。而大学，则是大学生由高中生转化为社会人的一个缓冲期，是一个转折点。正是因为大学的特殊地位，才使其为大学生提供了一个广阔的平台和丰富的资源。正如前文所述，在大学时期应该做好三件事，即学会做人，学会思维，学会求知与应用。为了达到素质教育的目标，我们青年大学生应该通过大学这个素质教育平台来提升自己的综合素质和能力。

第一，树立远大理想。要树立为国家富强、为民族复兴贡献个人智慧和能力的崇高理想，志存高远，积极锻炼自己，及时学习先进的科学知识，高质量地掌握人类文明的先进成果，只有首先具备这样的能力，才能在未来高科技社会中占有一席之地。

第二，有明确的目标，善于规划。凡事预则立，不预则废。做任何事情都要有所规划，要有目标。冲着自己的目标前进，稳扎稳打，步步为营，最终才会实现目标。

第三，善于合作，学会创造。创造能力是21世纪人才非常重要的能力，它要求当代大学

---

① 曹晶珠，《素质教育在高校中的重要性》。

生必须有开拓精神，有创造性思维；同时，未来社会也是充满竞争与合作的社会。一件事情的完成、一个竞赛的取胜、一项事业的成功，都需要团队的协同作战、沟通与合作。所以，竞争与合作能力是一个人十分重要的素质。

故事一则：

一位行善的基督徒，临终后想知道天堂与地狱究竟有何差异，于是天使就先带他到地狱去参观。到了地狱，在他面前出现一张很大的餐桌，桌上摆满了丰盛的佳肴，地狱的生活看起来还不错嘛！不用急，你再继续看下去。过了一会，用餐的时间到了，只见一群骨瘦如柴的饿鬼鱼贯入座，每个人手上拿着一双 3 尺长的筷子，可是由于筷子实在是太长了，最后每个人都夹得到而吃不到，你觉得很悲惨吧！我再带你到天堂看看。到了天堂，同样的情景，同样的满桌佳肴，每个人同样用一双 3 尺长的筷子。不同的是，他们喂对面的人吃菜，而对方也喂自己吃，因此每个人都吃得很愉快。

可见，同样的环境，同样的条件，合作与爱在的地方就是天堂，敌对与个人享乐在的地方成了地狱。21 世纪的社会就是合作与共赢的社会，拥有团队合作意识，大家同心协力，互敬互爱，互惠互利，就会实现利益的最大化，实现双赢。反之，后果则不堪设想，这便是素质的力量。

第四，要强健体魄，付诸行动。一切目标与理想，都要付诸行动。21 世纪的人才必须是热情、自信的，有很强的意志力，有个性、有主见和很强的自控力，同时还要有极好的身体素质。这样才能在以后激烈的工作竞争中，抓住机遇，将理想化为现实。

没有创新能力，如何建设创新型社会？

没有健康的体魄，如何承担快节奏、高压力的工作？

没有百折不挠的精神，如何面对未来越来越多的挑战和可能的失败？

所以，21 世纪的人才，在各方面都要有较高的素质，才能在工作岗位上有所建树和发展。社会是一个充满激烈竞争的广阔舞台，我们要做有合理的专业知识结构、有较高的思想素质、有较强的事业心和责任感、有良好的人文修养、有高尚的道德情操、有科学的思维能力、有敏锐的创造力、有较强的适应能力，以及身心健康的、全面发展的人。

3.2 综 合 素 质

"花逞春光，一番雨、一番风，催归尘土；竹坚雅操，几朝霜、几朝雪，傲就琅玕。"[①]纵览古今，不学无术者难成大事，欺世盗名者终归名裂，成功者如星璀璨，庸碌者渺如云烟，真正成就一番事业者，无不有"雅操"、"洁质"。

大学，是一个梦想起飞的地方；莘莘学子，拥有远大的理想抱负。那么，大学生该具有怎样的"雅操"，才能为自己理想的实现奠定坚实的基础呢？上一节，我们初步了解了成功者必备的素质，下面我们将一起学习大学生应具备的综合素质的具体内容。

"综合素质"在工具书中的解释为：人具有的学识、才气、能力及专业技术特长等综合条件，也称综合表现力。其在学术文献中的解释主要有以下几种。

(1)综合素质是指一个人的知识水平、道德修养及各种能力等方面的综合素养。

---

① 《菜根谭》。

(2)综合素质是指人的适应能力、生存能力、社交能力、创新能力、实践能力及在体育、文艺、美术、音乐、舞蹈、语言等方面的特长。

(3)综合素质是指人所具有的认识、分析、处理事物的潜能，通常包括思想素质、文化素质、身体素质等。

(4)综合素质是指人们自身所具有的各种生理的、心理的和外部形态方面及内部涵养方面比较稳定的特点的总称。它大体包括身体素质、心理素质、外在素质、文化素质、专业素质五个主要方面。

对于大学生而言，综合素质主要包括以下几方面：思想道德素质、人文素养、智力水平、心理素质和身体素质。

3.2.1　思想道德素质

有德之士，如夏日之阴、冬日之炉，不求亲人而人自亲之。

——庄无臣

1. 思想道德素质的内容

思想道德素质主要包括政治观、世界观、人生观、价值观、道德观等内容。

1) 政治观

在社会主义社会，思想政治素质最根本的核心就是爱国主义、集体主义和社会主义思想。对祖国的热爱会变成大学生一种渴望祖国繁荣昌盛的动机，继而产生巨大的热情，为追求真理而不辞辛劳地攀登，从而形成无畏的创业精神。集体主义使大学生将自己的成才目标与社会发展、时代需要紧密相连，继而形成一种促进自己不断创新和实践的动力。

2) 世界观

世界观也被称为宇宙观，是指人对整个世界(自然界、社会和人的思维)的根本看法。人们在实践中逐渐形成了关于世界的本质、人和客观世界的关系等总的看法和根本观点，这就是世界观。一般说来，人人都有自己的世界观，并以此来观察问题和处理问题。

世界观建立于一个人对自然、人生、社会和精神的、科学的、系统的、丰富的认识基础上，由于人们的社会地位不同，观察问题的角度不同，所以会形成不同的世界观。大学生要树立正确的世界观，就是辩证唯物主义世界观，也称马克思主义的世界观。

3) 人生观

人生观是指关于人生目的、态度、价值和理想的根本态度和看法，包括对人生价值、人生目的和人生意义的基本看法和态度。它是世界观的重要组成部分。人生观主要回答人为什么活着，人生的意义、价值、目的、理想、信念、追求等问题。人生观的基本内容包括幸福观、苦乐观、荣辱观、生死观、友谊观、道德观、审美观、公私观、恋爱观等。

人生观是在人们的实际生活过程中逐步产生和发展起来的，不同社会或阶级的人们有着不同的人生观。由于人们所处的社会地位、生活环境和文化素养不同，因而形成了不同的人生观。我们必须提倡和树立全心全意为人民服务的人生观。用人民的利益高于一切的原则战胜形形色色的个人主义，把自己锻炼成为一个高尚的人，纯粹的人，脱离低级趣味的人，一个有益于人民的人。

4) 价值观

价值观是指一个人对周围的客观事物(包括人、事、物)的意义、重要性的总评价和总看法。价值观具有相对的稳定性和持久性。在特定的时间、地点、条件下,人们的价值观总是相对稳定和持久的。价值观取决于人生观和世界观。一个人的价值观是从出生开始,在家庭和社会的影响下,逐步形成的。一个人所处的社会生产方式及其所处的经济地位,对其价值观的形成有决定性的影响。当然,报刊、电视和广播等宣传的观点及父母、老师、朋友和公众名人的观点与行为,对一个人的价值观也有不可忽视的影响。

价值观不仅影响个人的行为,还影响着群体的行为和整个组织的行为。在同一客观条件下,对于同一个事物,人们的价值观不同,就会产生不同的行为。在同一个单位中,有人注重工作成就,有人看重金钱报酬,也有人重视地位权力,这就是因为他们的价值观不同。

价值观的类型有理性价值观、美的价值观、政治性价值观、社会性价值观、经济性价值观和宗教性价值观。

当代大学生应该自觉培养理性价值观和社会性价值观,即以知识和真理、群体和他人为中心的价值观,把为群体、他人服务看得高于一切。

5) 道德观

道德是以意识形态为基础的人们在共同生活中的行为准则和规范。它一般是通过社会舆论或者某种阶级性的意识形态宣传来对人们的生活构成某种秩序,并起到约束的作用。简单地说,就是社会群体的不成文的规则。道德观就是一个人对这种意识形态规则的认识和立场。

总的来说,道德是社会群体的共识,道德观在一定时期和一定范围内是稳定的,"主流道德观"是社会秩序的一个基础。

个人道德观是指用来指导个人行为的原则或规则。

社会道德观作为一种社会意识形态,是无形的巨大力量。道德增值,则人人自爱,社会和睦;道德贬值,则良知泯灭,必生祸乱。当代大学生要成为"有理想、有道德、有文化、有纪律"的社会主义新人。"四有"是精神文明建设的总体要求,而"有理想、有道德"又规定了它的性质和方向。当代大学生不能离开崇高的思想道德,因为"无德不能怀远",无德便不能真正具有良好的文化修养,无德便不可能有高度的纪律观念。

2. 诚信 —— 大学生思想道德素质的根本

品性素质,即优化品德、性格的素质。培根曾说"任何人的本领都没有比良好的品格与态度更容易受人欢迎,更易于谋求高尚的职位"。性格决定命运在当今社会已经成为公认的至理名言。品性素质,就是要使人与社会的关系和谐,使人与他人的关系和谐。具有良好的品性,才有可能"得道多助",甚至"天气顺之",否则只会"失道寡助",甚至"众叛亲离"。

故事一则:

一个顾客走进一家汽车维修店,自称是某运输公司的汽车司机。"在我的账单上多写点零件,我回公司报销后,有你一份好处。"他对店主说,但店主拒绝了这样的要求。顾客纠缠说:"我的生意不算小,会常来的,你肯定能赚很多钱!"店主告诉他,这事无论如何也不会做。顾客气急败坏地嚷道:"谁都会这么干的,我看你是太傻了。"店主火了,他要那个顾客马上离开,到别处谈这种生意去。这时顾客露出微笑并满怀敬佩地握住店主的手:"我就是那家运输公司的老板，我一直在寻找一个固定的、信得过的维修店，你还让我到哪里去谈这笔生意呢？"

面对诱惑，不怦然心动，不为其所惑，虽平淡如行云，质朴如流水，却能让人领略到一种山高海深，这是一种闪光的品格——诚信。"诚信"是优秀思想品德的重要体现之一，诚信是为人之本，成事之基，是中华民族几千年来推崇的传统美德，被誉为"进德修业之本"、"立人之道"，是国人"修身、齐家、治国、平天下"的前提。可是，近年来，受各种环境因素的影响，部分学生潜意识中的诚信意识变得匮乏，曾经被视为一方净土的大学校园也出现了诚信缺失的现象。有一份调查表明：在大学生活中未说过假话的人只有 0.48%。调查同时指出 88.39% 的同学认为诚信在当今社会中很重要，诚信的价值、意义不容忽视，但是在实际生活中却做不到这一点。

大学生应该是社会主义核心价值观、荣辱观的积极践行者，从我做起，从身边做起，从小事做起，诚实做人，诚信做事，以身作则，遵纪守法，修身养性，陶冶情操，不断学习与思考，使高尚成为一种修为，一种习惯。"日知其所无，以就懿德"[1]。

3.2.2 人文素养

在缺乏教养的人身上，勇敢就会成为粗暴，学识就会成为迂腐，机制就会成为逗趣，质朴就会成为粗鲁，温厚就会成为谄媚。

——洛克

1. 人文素养的内涵

科学技术作为第一生产力，其在经济、国防、社会发展中的地位越来越重要。过去在青年人中流传的"学好数理化走遍天下都不怕"的传统思想在今天一些大学生的头脑中依然存在。但是，我们应该清醒地认识到，社会主义建设需要全面发展的人才，既要有较高的科学素养，又要有较深的人文素养，相辅相成互为融合，才能更好地适应社会、立足社会，成为社会发展的有用之才。因此，大学生要着力提高自己的人文素养。

1）"素养"起源

"人文"一词早在《易经》中就已出现："刚柔交错，天文也；文明以止，人文也。观乎天文，以察时变；观乎人文，以化成天下。"在这里，"人文"与"天文"遥相呼应，"人文"大约指人所创造的一切文化。在西方，"人文"是相对于神学、神文而言的，是针对中世纪的宗教等级制度、文化专制而说的。人文素养目前没有一致的定义，有的观点认为人文素养是关于人之为人应该具备的基本文化素养，它是由知识、观念、信仰、情感、意志等诸多因素综合而成的一个人的内在品质和潜能，表现为一个人的人格、气质、修养及综合能力；还有的观点认为人文素养是经过学习人文社会科学知识而形成的内在素养和品质。其高低体现于品位、审美情趣、理想追求、价值取向、思维方式、行为习惯等方面。

2）如何理解"人文素养"

著名教育学者肖川教授曾对"人文素养"的内涵进行过界定。他认为"人文素养"这一术语可能包括以下几个方面的含义。

---

① 《乐羊子妻》。

① 对古典文化有相当的积累，理解传统并了解历史意义，能够"守经答变，返本开新。"② 对人的命运，人存在的意义、价值和尊严，人的自由与解放，人的发展与幸福有着深切的关注。③ 珍视人的完整性，反对对人的生命和心灵的肢解与割裂；承认并自觉守护人的精神的神秘性和不可言说性，拒斥对人的物化与兽化，摒弃将人简单化、机械化。④ 尊重个人的价值，追求自我实现，重视人的超越性向度；崇尚"自由意志和独立人格"，并对个体与人类之间的关联有相当的体认，从而形成人类意识。⑤ 对人的心灵、需要、渴望与梦想、直觉与灵性给予深切的关注；内心感受明敏、丰富、细腻与独特，并能以个性化的方式表达出来。⑥ 重视德性修养，具有叩问心灵、反身而诚的自我反思的意识和能力。⑦ 具有超功利的价值取向，乐于用审美的眼光看待事物。⑧ 具有理想主义的倾向，追求完美。⑨ 具有终极关切和宗教情怀，能对"我是谁，我们从哪里来，又要到哪里去"一类问题作严肃追问。⑩ 承认并尊重文化的多样性，对差异、不同、另类，甚至异端，能够抱以宽容的态度。⑪ 能够自觉地守护和践履社会的核心价值，如公平与正义。[①]

遵循字面含义的表述来组合其意义就是最实际、最便利的途径。"人文"，在这里当确定为"人文科学"，如政治学、经济学、历史、哲学、文学、法学等；而"素养"应该是由"能力要素"和"精神要素"组合而成的，即"人文科学"是研究能力、知识水平和人文科学体现出来的以人为对象、以人为中心的精神——人的内在品质。

人文素养的灵魂，不是"能力"，而是"以人为对象、以人为中心的精神"，其核心内容是对人类生存意义和价值的关怀，这就是"人文精神"。个人人文素养的质量是个人健康发展的结果，社会的人文素养质量是一个社会汲取历史经验教训、积累文明成果的结果，它是"文明成果"的最重要部分，也是衡量"社会文明"的尺度及标志。

2. 人文素养的层次

人文素养是指一个人成其为人和发展为人才的内在素质和修养。它可以分为三个层次。

一是基本层，主要表现为珍惜生命，有同情心、羞耻感、责任感，己所不欲、勿施于人，愿意助人，有一定的自制力，做事比较认真，能顺利运用母语，思维顺畅、清楚，有逻辑性和个人见解，言行基本得体，懂得一些文艺基本知识等。

二是发展层，表现为积极乐观、崇尚仁善、热情助人、热爱生活，有较强的责任感，有明确的奋斗目标和较强的自制力，做事认真，能准确、流畅地运用母语，思维清晰、灵活，逻辑严密，有独到的见解，言行得体，有一定的文艺特长，会品评高雅艺术等。

三是高境界层，表现为高度关爱所有的生命和自然，有高度的使命感，百折不挠，奋斗不息，能优雅、生动自如地运用母语和熟练应用一门外语，思维敏捷、深刻，善于创新，言行得体且优雅，有魅力，对艺术有较高的悟性等。

概而言之，发展人文素养的核心就是"学会做人"——做一个有良知的人，一个有智慧的人，一个有修养的人。

故事一则：

一位中国留学生跟随在澳大利亚生活多年的同胞去悉尼近海捞捕鱼虾，每次网拉上来后，那位同胞总要一番挑拣，然后将剩下的大部分鱼虾扔回大海，中国游客不解。那位同胞

---

① 肖川，《教育的理想与信念》，岳麓书社，2002。

答道:"在澳大利亚,只有符合国家法规规定尺寸的鱼虾才可以捕捞。"中国游客说:"远在公海,谁管你啊?"同胞淡淡一笑道:"在这里,不是什么都非得要别人来提醒,来督促的。"

人文素养,是一种内在文化美德的自然体现,自然是不需要他人来提醒的。因此,现代化大生产要求学生不仅要学好专业知识、技能,而且还要懂得学习和吸收人类社会的优秀文化成果,加强人格修养、理想信念、价值观念以及文明礼仪等方面的综合素质。应具有正确鉴别社会事物的知识结构,良好的文明行为习惯,团结合作的意识,对环境变化的适应性和社会生活的协调能力,审美鉴赏的语言文字、人际交往的能力,并能正确处理人与自然、人与社会、人与人之间的关系,以及人生的理性情感、意志等方面的问题,这些都是适应现代化社会生活所必需的基本素质和能力,当代大学生必须将人文素质教育摆在重要位置。

3. 如何提升大学生的人文素养

1)积极接受人文教育

大学生首先应自觉接受语言、文学、文化、历史、哲学、艺术、思想、道德、政治、法律等方面人文知识的熏陶;其次要主动接受文化教育特别是民族文化,即本民族认可的世界观、价值观和行为模式;再次要接受人类意识教育,即让自己学会同他人和谐相处、同其他民族、自然环境和谐相处;最后要接受精神修养的教育。

据央视进行的在校大学生人文素养抽样调查显示:有85%的大学生人文素养欠缺。其中65%是因为应付高考而无法涉猎人文知识,10%左右的学生认为有无人文知识关系不大,而余下的学生则认为人文知识根本没有用。这种状况是非常令人担忧的。所以,大学的教育就是要通过人文素质教育来拓宽大学生的视野,使其形成正确的世界观、人生观和价值观。

2)谈笑有鸿儒——多与人文素养高的人交往

一个人的人文素养蕴含在他(她)的品性学识、举止言谈、性格志趣、气质修养以及人格魅力之中,常与文学修养高的人交流,你会变得温文尔雅;常与性格开朗的人在一起,你会变得更加阳光;常与志趣高雅的人在一起,你会变得有品位;常与执著守信的人交朋友,你会变得更加讲良心、讲道义、讲诚信;常与关心人的人在一起,你也会变得更有爱心,关爱身边人、关爱社会。

3)在人文环境中陶冶情操

校园人文对于学生陶冶情操、砥砺德行、磨炼意志、塑造自我具有重要的作用。因此,高校一般会发挥校园文化的力量,营造高品质的人文环境,组织引导学生参加一系列格调高雅的积极向上的文化艺术活动,聆听人文讲座、心理访谈、艺术欣赏等。大学生们应该充分利用这种人文环境优势,主动参与其中,接受感染与熏陶,提升自我人文素养。

4)积极参加社会实践活动,增长人文知识,提升人文素养

人文知识一定要经过内化才能转变为人文素养,变为自己的意识、思想、情感以至行动。也就是知识进入人的认知本体,渗透到自己的生活与行为之中,才能称之为素养。因此,大学生通过社会实践活动可以将所学知识、学问和善行结合起来,在服务社会的过程中,了解社会、认知社会、感悟人生,不断地提升自我的人文素养。

一个国家没有现代科学就会落后,就要挨打;而一个民族没有人文文化,精神就会迷失,民族就会异化;一个人没有人文精神,他就是一个残缺、不完整的人。作为21世纪的大学生,既要有科学素养，又应有人文精神；既要有专业知识，又应有健全人格。大学生应高度重视对自身人文素养的培养，利用一切能利用的资源提升自我，提高人文素养。

3.2.3　智力水平

圣人之智如日，贤人之智如月，士人之智如烛……如日者，无所不照，无所不彻也；如月者，无所不照，有所不彻也；如烛者，思至则见，不思不见也。

——庄无臣

1.　正确看待智力水平

智力是人们在认识客观事物的过程中所形成的认识方面的稳定的心理特点的综合，它包括观察力、注意力、记忆力、想象力和思维能力，其中思维能力是智力的核心。人们普遍认识到智力是一个人的学业、事业成功的最基本前提，智力开发、思维水平提高在现代人才培养中处于核心地位。

现代社会知识化、信息化速度的日益加快，使得整个社会出现了"知识崇拜"、"人才崇拜"的潮流，而较高的智力水平，是形成高知识人才的最有利条件。然而智力不是先天的，而是靠我们后天的努力完成的，这就需要我们善于思考、善于学习、善于总结，时刻锻炼自我。

只要你肯为你的目标付出艰辛的劳动，并配合正确的方法，就一定会获得成功。许多在事业上有成就的人，在其童年时代、少年时代，并不一定具有锋芒毕露的优势，相反，他们却很平凡，甚至显出迟钝、愚笨的样子，常常被周围的人嘲笑、讥讽。如果因为自己笨就灰心丧气，不再努力，那不就是将自己潜在的才华、能力都扼杀在摇篮之中了吗？

故事一则：

一个非常自卑的男孩，他的家里很穷，又没有其他孩子聪明，没有值得在同学面前炫耀的显赫的父母，他甚至连多讲一句话都不敢。正因如此，其他孩子就经常取笑他，欺负他。这个男孩的眼里经常储满委屈的泪水，他的心情坏到了极点，他也自卑到了极点。但是，在他的心中，又总有一个声音在不屈地发问："我什么时候才能体会成功的滋味，让别的同学不再小看我呢？"

校外劳动的日子来到了，男孩跟着老师来到了一家食品厂，就是现在生产"露露"杏仁饮料的那个食品厂，这些男孩的任务是手工清洗那些回收来的脏兮兮的罐头瓶子。这些瓶子由于放的时间长了，上面的污垢太多太厚，在洗刷的过程中要格外小心，不然就会弄伤手指。为了激发大家的劳动热情，在清洗之前，老师宣布要进行比赛，看谁刷的瓶子最多。

听到老师的话，男孩很兴奋，他想，自己从没有得过第一，这一次一定要好好努力，争取得第一。洗了几个瓶子以后，男孩就掌握了刷瓶子的要领，干得特别用心。他一个人低着头，不停地刷。别的同学刷累了休息时，他在刷；别的同学借口上厕所偷懒时，他在刷；别的同学消极应付聊天时，他在刷。刷到后来，他的手被水泡得又白又胀，腰累得又酸又痛，但他的内心充满了难以言说的快乐。因为，那个劳动日，他一共刷了108个瓶子，是参加劳动的所有同学中刷得最多的，得到了他生命中的第一个"第一"。他得到了老师的夸奖，也第一次徜徉在同学们惊奇而钦佩的目光里。

男孩从自己辛勤的劳动中获得了成功，并找到了自信。自此以后，他的一切仿佛都改变了，一直自卑的他挺起了胸膛，向着美好的未来尽情奔跑。三十多年过去了，他终于成为计算机领域中最出色的科学家之一，他就是微软亚洲研究院的主任研究员周明。

一直到今天，周明还珍藏着他小时候在校外劳动中洗刷的108个瓶子。他说："我原来一直是没有自信的，但是这件事给了我自信。就是从那天起，我知道无论什么事情，只要我肯干，就一定可以干好。我发现天才的全部秘密只有6个字：'不要小看自己'，那一瞬值得我一辈子记忆，我知道我的生活完全不同了。"

是的，放弃自卑，充满自信，不要小看自己，就能体会到成功的快乐。

面对生理缺陷，有的人一蹶不振，徘徊在自卑的阴影里，怨天尤人，愤问苍穹的不公，从此心地晦暗，失去欢笑、快乐和宽容；有的人拭干眼泪，挺直脊梁，努力让自己的生命，闪烁出火焰般的明媚温暖。从这个故事中也同样得出先天的智力不是一成不变的，智力是可以提升的。

那么如何提高智力水平呢？

首先，我们应该明白一点：人脑是越用越灵活，即要想提高智力水平，就要多用脑，多思考，要注意培养独立思考的能力，要防止那种死记硬背，不求甚解的倾向。学习中要多问几个"为什么"，一个问题可以从几个不同的方面去思考，做到举一反三，融会贯通。

其次，要多总结，多归纳，知行合一。经过一段时间的学习思考，就要学会总结，归纳。这样可以训练自己的思维，获得适合自己的学习方法。知者行之始，行者知之成，既要善于在实践中学习，边实践、边学习、边积累；又要躬行实践，即把学习得来的知识，用在实际工作中，解决实际问题。

最后，一定要循序渐进，持之以恒。伟大领袖毛泽东曾言"贵有恒，何必三更睡五更起；最无益，只怕一日曝十日寒"。任何积极训练思维，提高智力水平的方法，都是要在长期坚持的基础上取得效果的。掌握方法，逐步积累，终会成功！

2. 培养良好的思考习惯

习惯一旦养成就会成为支配人生的一种力量。叶圣陶先生说过："好习惯养成了，一辈子受用；坏习惯养成了，一辈子吃它的亏，想改也不容易。"那么，在生活中该如何培养良好的思考习惯、提高学习效率呢？

第一，大学生一定要掌握反思的学习方法。《学记》中说："学然后知不足，教然后知困。知不足，然后能自反也；知困，然后能自强也。"就是说在反思的过程中，教学相长的过程。

第二，树立终身学习意识，培养积极健康情绪。学无止境，一心向学，终身学习，才能不断掌握新知识。

第三，要集中注意力，全神贯注地思考，全身心地投入学习。学会管制自己的意志，不让任何杂念干扰自己的学习，认真进行思考，全神贯注。聚精会神地做一件事比漫不经心地做的效率至少要高出十倍。

第四，要学会劳逸结合，端正心态，积极学习。学习效率的提高需要清醒的头脑，需要健康的身体。列宁说过：不会休息的人就不会工作。所以做任何事情，都要做适当的休息，可以通过体育运动或者文化娱乐活动去适当放松，反而会提高学习效率。

第五，学会换位思考，多角度思考，逆向思维等思维习惯。换位思考，可以增进与他人的进一步沟通；多角度思考可以对问题把握得更全面；逆向思维往往可以找出问题的解决办法。总之，不能墨守成规，顽固僵化，要善于发散思维，引发 brainstorming（头脑风暴），灵活地思考、处理问题。

3.2.4　心理素质

成功是产生于那些有了成功意识的人身上，失败根源于那些不自觉地让自己产生失败意识的人身上。

——拿破仑·希尔

心理素质包括人的认识能力、情绪和情感品质、意志品质、气质和性格等个性品质的诸方面。心理是人的生理结构特别是大脑结构的特殊机能，是对客观现实的反映。心理素质具有人类素质的一般特点，但也有自己的特殊性。在走向21世纪的今天，人的心理素质和心理健康显得越来越重要。心理健康、乐观、豁达、百折不挠已逐渐成为优秀心理素质的主旋律。

1. 心理素质与心理健康

九方皋识千里马，不辨公母，不分毛色，只看马的骨风与精神。人的一切行为都是自内而外的，一个成功的人，一个成功的团体，都离不开个体和团体心理的健康。一个人能否成大器，是否能够有所作为，不在于他现在的能力、地位，而取决于他是否有集大成者的意志与精神，这说的就是心理素质。

心理素质高低反映心理健康的程度，心理素质好的人心理就健康，心理素质较差的人在心理健康方面就存在一定的问题。

1) 世界卫生组织（WHO）定义"心理健康"的标准

(1) 有足够的自我安全感。安全感是人的基本需要之一，如果惶惶不可终日，人便会很快衰老。抑郁、焦虑等心理，会引起消化系统功能的失调，甚至会导致病变。

(2) 能充分了解自己，并能对自己的能力做出适度的评价。如果勉强去做超越自己能力的工作，就会显得力不从心，于身心大为不利。由于超负荷的工作，甚至会给健康带来麻烦。

(3) 生活理想、切合实际。由于社会生产发展水平与物质生活条件有一定限度，如果生活目标定得太高，必然会产生挫折感，不利于身心健康。

(4) 不脱离周围现实环境。因为人的精神需要是多层次的，与外界接触，一方面可以丰富精神生活，另一方面可以及时地调整自己的行为，以便更好地适应环境。

(5) 能保持人格的完整与和谐。个性中的能力、兴趣、性格与气质等各种心理特征必须和谐而统一，方能得到最大的施展。

(6) 善于从经验中学习。现代社会知识更新很快，为了适应新的形势，就必须不断学习新的东西，使生活和工作得心应手，少走弯路，以取得更多的成功。

(7) 能保持良好的人际关系。人际关系中，有正向积极的关系，也有负向消极的关系，而人际关系的协调与否，对人的心理健康有很大的影响。

(8) 能适度地表达和控制自己的情绪。人有喜怒哀乐不同的情绪体验，不愉快的情绪必须释放，以求得心理上的平衡。但不能发泄过分，否则，既影响自己的生活，又加剧了人际矛盾，于身心健康无益。

(9) 有限度地发挥自己的才能与兴趣爱好。人的才能和兴趣爱好应该充分发挥出来，但不能妨碍他人利益，不能损害团体利益，否则，会引起人际纠纷，徒增烦恼，无益于身心健康。

(10)在不违背社会规范的前提下能恰当地满足个人的需求。当然，个人需求的满足，必须合法，否则将受到良心的谴责、舆论的压力乃至法律的制裁，自然毫无心理健康可言。

2)日常生活中常用"三良好"来衡量心理健康

(1)良好的个性。情绪稳定，性格温和，意志坚强，感情丰富，胸怀坦荡，豁达乐观。

(2)良好的处世能力。观察问题客观现实，具有较好的自控能力，能适应复杂的社会环境。

(3)良好的人际关系。助人为乐，与人为善，与他人的关系良好。

美国有一个企业专门从事咨询研究，他们调查了 188 个公司，测试了每个公司的高级主管。想了解他们的智商、心理素质和他们的工作之间有什么关系，调查结果发现，心理素质对工作的影响力是智商的 9 倍。智商略低的人，如果拥有更高的心理素质，也完全可以获得成功。

心理素质，在个人的整体素质中，处于基础、核心的地位，而且越来越成为人们身心健康、事业成败、生活幸福的决定因素，是一个人能否取得人生成功的关键。人生一世，每一个决定，每一件事，甚至每一句话的得失成败均悬于此。成功者选择自己拯救自己，失败者寄希望于别人或者命运。这两种完全不同的心理趋向，使得成功与失败在未知前已见分晓。

故事一则：

1965 年 9 月 7 日，世界台球冠军争夺赛在纽约举行。路易斯·福克斯的得分遥遥领先，只要再得几分就能稳拿冠军。就在这时，他发现一只苍蝇落在主球上，他挥挥手把它赶走了。可是他伏身击球时苍蝇又飞回来了，他起身驱赶，但苍蝇好像在跟他作对，他一回身，苍蝇又落在主球上，周围的观众发现了这个现象，开始哈哈大笑。他的情绪恶劣到了极点，终于失去了理智，愤怒地用球杆去击打苍蝇，结果碰到了主球，裁判判他击到了球，于是他失去了一轮机会。他因此方寸大乱，连连失利，而对手约翰迪瑞越战越勇，最后获得了冠军。

第二天人们发现了路易斯的尸体，他投河自杀了。

一只小小的苍蝇，竟然打垮了大名鼎鼎的世界冠军。

从这件事情中我们可以看出，福克斯的心理素质太差了。他的失败不在于对手的强大，而是在对待苍蝇这个影响情绪的小事情上失去了理智和冷静，以至于失去了冠军甚至生命，福克斯的教训对于每一个人而言都是异常深刻的。

人产生心理问题的原因不在于外部，而在于自己的认知和评价。即使是遇到相同的事情，不同人的认知和评价也会因为情绪的反应而各不相同，如有的人不知所措，痛苦万分，甚至会引起身体的严重不适；有的人却可以处事不惊，临危不乱，并且很快找到解决之道。在生活节奏越来越快的现实社会里，心理素质是一个人成功的基础，更是使一个人富有一生的资本。一种健全的人格，比一百种智慧都有力量，战胜别人要从战胜自己开始。因此，我们在提高自身各项素质的同时，万万不可忘记提高和培养自己良好的心理素质。

"具有良好行为的人必有良好的品性，具有伟大人格的人必有伟大的心性。"[①]美国社会心理学家马斯洛考察了近代历史上包括富兰克林、林肯、爱因斯坦、贝多芬等名人的人生历程，发现在这些人身上存在着一些共同的心理特征和品质：

(1)了解并认识现实，持有较实际的人生观；

(2)积极地接纳自己、别人以及周围的世界；

---

① 成牧，《心理素质决定成败》，海潮出版社，2006。

(3) 能享受自己的私人生活；

(4) 有独立自主的性格；

(5) 就事论事，较少考虑个人利害；

(6) 在情绪与思想表达上较为自然；

(7) 有较广的视野；

(8) 对平凡事物不觉厌烦，对日常生活永感新鲜；

(9) 有伦理观念，能区别手段与目的，绝不为达到目的而不择手段；

(10) 爱人类并认同自己为全人类的一员；

(11) 具有民主作风，尊重别人的意见；

(12) 有至深的知己，有亲密的家人；

(13) 在生命中曾有过引起心灵震动的高峰体验；

(14) 有哲学家气质，有幽默感。

2. 大学生心理素质的提升

当代大学生可以通过以下方法提高心理素质。

第一，自我肯定。人要不断地否定和肯定自己才能进步，而否定的最终目的是为了向肯定方向发展，自我肯定，保持坚定的信念，往往是事业成功的关键。

第二，抛弃自卑。自卑往往产生于三个原因：一是缺乏成功的体验；二是缺乏客观公正的评估；三是自我评估偏颇。要抛弃自卑，首先要战胜自我，为自己树立一个目标，要有坚强的信念，相信自己的能力，同时要对自己有一个科学的评估。

第三，增强自信。自信是一个在某方面具有优越感的人的天然流露，自信是不容易短期速成的，好好学习、好好工作、好好生活，短期的方法可以用心理暗示法，就是每天早上对着镜子跟自己说几遍：我是最好的，我不比任何人差，而且在内心要说服自己。

第四，心理调节和情绪调节。对负面情绪，一定要调节和控制，保持身心健康。

目前，有许多关于心理调节的方法，大家不妨选择适合自己的方法，并经常为自己做做心理按摩。深呼吸是最快、最简单的情绪调节方法，想要心平气和、气定神闲、心安理得、心旷神怡等，最方便、最见效的做法就是深呼吸，以此调气调息，摆脱情绪的纷扰，找到理性的回归。还可以采取音乐疗法、运动疗法、旅游疗法、艺术疗法、洗浴疗法等。

法国作家大仲马说："人生是用一串串无数的小烦恼组成的念珠，乐观的人是笑着数完这串念珠的。"这种积极乐观、不畏挫折的心理素质，是人生的可贵品质，是事业的坚固基石。大学生应该关注心理健康，塑造阳光心态，始终乐观积极，昂扬奋进，不断调节自我，健康成长，励志成才。

3. 心理素质小测验

测验一：

请你做以下八道心理素质测试题，每题只能选择一个选项，然后将得分累加，看看总分是多少，就能大致了解你的心理素质和应付能力。

(1) 你骑车闯红灯，被警察叫住；后者知道你急着要赶路，却故意拖延时间，这时你：

a. 急得满头大汗，不知怎么办才好　　　b. 十分友好地、平静地向警察道歉

c. 听之任之，不作任何解释

(2)在朋友的婚礼上，你未料到会被邀请发言，在毫无准备的情况下，你：

a. 双手发抖，结结巴巴说不出话来　　　b. 感到很荣幸，简短地讲几句

c. 很平淡地谢绝了

(3)你在餐馆刚用过餐，服务员来结账，你忽然发现身上带的钱不够，此刻，你会：

a. 感到很窘迫，脸发红　　　　　　　　b. 自嘲一下，马上对服务员实话实说

c. 在身上东摸西摸，拖延时间

(4)假如你乘坐公共汽车时忘了买票，被人查到，你的反应是：

a. 尴尬，出冷汗　　　　　　　　　　　b. 冷静，不慌不忙，接受处理

c. 强作微笑

(5)你独自一人被关在电梯内出不来，你会：

a. 脸色发白，恐慌不安　　　　　　　　b. 想方设法自己出去

c. 耐心地等待救援

(6)有人像老朋友似的向你打招呼，但你一点也记不起他(她)是谁，此时你：

a. 装作没听见似的不答理　　　　　　　b. 直率地承认自己记不起来了

c. 朝他(她)瞪瞪眼，一言不发

(7)你从超市里走出来，忽然意识到你拿着忘记付款的商品，此时一个很像保安人员的人朝你走过来，你会：

　　a. 心怦怦跳，惊慌失措　　b. 诚实、友好地主动向他解释　　c. 迅速回转身去补付款

(8)假设你从国外回来，行李中携带了超过规定数量的烟酒，海关官员要求你打开提箱检查，这时你会：

　　a. 感到害怕，两手发抖　　b. 泰然自若，听凭检查　　c. 与海关官员争辩，拒绝检查

测试题答案：选 a 得 0 分，选 b 得 5 分，选 c 得 2 分。①(0～25 分)你承受压力的心理素质比较差，很容易失去心理平衡，变得窘促不安，甚至惊慌失措。②(25～32 分)你的心理素质比较强，性情比较稳定，遇事一般不会十分惊慌，但有时往往采取消极应付的态度。③(32～40 分)你的心理素质很好，几乎没有令你感到尴尬的事，尽管偶尔会失去控制，但总体来说，你的应变能力很强，是一个能经常保持镇静、从容不迫的人。

测验二：

焦虑症是一种持久的并伴有植物神经活动紊乱的情绪障碍，患者常有焦虑不安、恐惧等感受。焦虑是正常的，焦虑症是病态的，那么如何知道自己的焦虑情绪是否正常呢？不妨试试下面的焦虑症测试题吧。

仔细阅读每一题，然后根据你平时的实际情况，用第一感选择答案。A. 没有或几乎没有，1 分；B. 有时，2 分；C. 常常，3 分；D. 绝大部分或全部时间，4 分。注意记录得分。

(1)觉得比平常容易紧张和着急。

(2)无缘无故感到害怕。

(3)容易心里烦乱或觉得惊慌。

(4)觉得可能将要发疯。

(5)觉得一切都很好，也不会发生什么不幸。

(6)手脚发抖打颤。

(7) 因为头痛、头颈痛和背痛而苦恼。

(8) 感觉容易衰弱和疲乏。

(9) 觉得心平气和，并且容易安静地坐着。

(10) 觉得心跳得很快。

(11) 因为一阵阵头晕而苦恼。

(12) 有晕倒发作，或觉得要晕倒似的。

(13) 吸气呼气都感到很容易。

(14) 手脚麻木和刺痛。

(15) 因为胃痛和消化不良而苦恼。

(16) 常常要小便。

(17) 手常常是干燥温暖的。

(18) 脸红发热。

(19) 容易入睡并且一夜睡得很好。

(20) 做噩梦。

本量表按最新中国常模结果设计，总得分的正常上限为 40 分，标准分为 50 分，焦虑评定的分界值是 50 分，标准分低于 50 分值说明你心理状况正常，超过 50 分说明你有焦虑症状，分值越高，说明您的焦虑症状越严重（测验结果仅供参考，切勿对号入座）。

3.2.5　身体素质

健康是人生的第一财富。

——爱默生

1. 身体素质的含义及身体健康标准

身体素质，简称体质，是生命质量的基础。从体育锻炼的角度讲，具体包括力量、速度、耐力、柔韧、灵敏这五个方面。① 力量，是人体做功的一种外在表现，是肌肉紧张或收缩时所表现出来的能力。它是人体进行正常生活、工作和维持生命的最首要的机能素质。② 速度，表现一个人的动作快慢，是人体进行快速运动的能力。它可使心率达到生理极限，对人体神经系统的刺激强度最大。③ 耐力，是人体体力和心肺功能在尽可能长的时间内的承受能力。也可看做人体抵抗疲劳的能力。耐力应是全身耐力、肌肉耐力和心肺耐力的综合。④ 柔韧，由关节的骨结构、关节周围组织体积的大小、胯关节的韧带、肌腱、肌肉与皮肤的伸展性来决定，柔韧性好坏可直接影响人体的协调性、动作幅度和肢体的灵活性。⑤ 灵敏，是各项技能和素质的综合表现，可在突发状况下迅速改变身体位置时表现出来。

世界卫生组织对身体健康制定了新的标准，它包括躯体和心理的健康状态。

"躯体健康"可用"五快"来衡量：

吃得快：进食时有良好的胃口，不挑剔食物，能快速吃完一餐。说明内脏功能正常。

走得快：行走自如，活动灵敏。说明精力充沛，身体状态良好。

说得快：语言表达正确，说话流利。表示头脑敏捷，心肺功能正常。

睡得快：有睡意，上床后能很快入睡，且睡得好，醒后精神饱满，头脑清醒。说明中枢神经系统兴奋，抑制功能协调，且内脏无病理信息干扰。

便得快：一旦有便意，能很快排泄完大小便，且感觉良好。说明胃肠肾功能良好。

2. 身体素质的培养

在大学里，学生要自我培养体育锻炼意识，按照个人爱好主动选择体育运动项目，要积极组建和参加体育协会，通过各种形式进行比赛和实践。这不仅可以达到体育锻炼的效果，激发自己的兴趣，促进体育锻炼习惯的形成，也能全面提高学生的综合素质，丰富校园的体育文化，使校园体育运动向多元化发展。大学生不仅要锻炼身体，愉悦心情，同时还要培养团结协作的能力，激发积极向上的学习热情。我们应该具备强烈的参与意识，发挥主观能动性，明确体育锻炼的意义，学习有关的体育知识，并养成良好的锻炼习惯。要爱体育，爱生活，培养自我保健意识和促进体育锻炼习惯的形成，实现自主运动，终身体育的目标。

大学期间，正是人生大有可为的时机，但各类学习和实践都需要有健康的身体。大学毕业后发展事业(以及其他任何事情)更需要强健的体魄来支持。如果注意观察你就会发现，成功人士基本上都有一个强健的体魄。有了好身体，才有充足的精力去开拓事业，好的身体状况也会使人有好的精神状态，好的性格，使人做事情充满干劲，到哪里都容易受到赏识。自己做老板就更需要好身体了，因为当老板比打工要累得多。

在目前的状况下，要想锻炼出一个强健的体魄是不难的，有很多途径，如跑步、踢球、游泳……跑步是最简单有效的方式，最好是长跑；经常踢球也会让你有一个非常强壮的身体。

所以，大学生要养成锻炼身体的好习惯，参加一两个体育运动协会，经常去徒步踏青，打打羽毛球，骑骑单车，练练武术……这些都是年轻人不错的选择。选一两项运动作为自己的业余爱好，可以锻炼身体，愉悦身心，收获健康，结交朋友。如果"每天锻炼一小时"，就可以达到"快乐工作五十年，幸福生活一辈子"的效果，何乐而不为呢？

下面是针对身体素质各项指标的锻炼方法：

力量锻炼可分为上肢锻炼和下肢锻炼。锻炼上肢力量可选择引体向上、俯卧撑等运动，也可借助哑铃、拉力器等器械；锻炼下肢可选择蹲起、跳台阶、快速跑等。

速度素质的表现形式有反应速度、动作速度和周期性运动中的位移速度。有的项目是以速度的快慢来衡量成绩的，如游泳、跑、滑冰、自行车等。其他一些运动项目，如足球、篮球、排球等也要求具有很高的速度素质。

耐力锻炼可分为有氧耐力和无氧耐力。有氧耐力运动包括长跑、游泳、登山、健美操等；无氧耐力运动包括爆发运动，如短跑、跳高、跳远等，爆发力较差的人应注意缩短运动距离。以长跑为例，可以从每天 500m 开始，逐渐过渡到 1000m、2000m 等。

柔韧锻炼可使全身舒展，但须持之以恒才能见到效果。柔韧性较差的人应注意运动时要减小动作幅度。最好的柔韧锻炼是户外慢跑，它能使全身各器官都舒展开来，使人心情舒畅，体会到运动的乐趣。

灵敏素质主要取决于大脑皮质神经过程的灵活性。灵敏素质主要是在多组合、高难度、技术性强的运动中得到发展，如击剑、武术等。

另外，我们还要避免有损身体健康的坏习惯。

现代人有很多损伤身体的生活方式，其中普遍存在且损耗人体血气能量、损伤元气的三大主要方式为：① 最直接的方式——邪淫(好色、S 淫、纵欲、嫖妓……)；② 最快速的方式——熬夜；③ 最剧烈的方式——真动怒。

上面的三条只要具备一条，而且经常犯的话，元气就会大幅度降低，就会或多或少的出现种种身体不适的表现，这些表现是身体对你说："老兄，元气省着点用，我快撑不住了。"如果你不在意的话，身体素质就会迅速下降，百病丛生，到时候悔之晚矣，可别怪身体没有提醒你哦！

正所谓"身体是革命的本钱"，当代大学生应该选择合适的锻炼项目，注重体质的内外修养，"早睡早起、避免邪淫、控制情绪"，树立"健康第一"和"终身体育"的思想观念，把合理膳食、体育锻炼作为自身全面发展的一部分。

3.3　关于诸"商"

"商"的释义有多种：① 两个以上的人在一起计划、讨论：～量、～讨、～议、～定、～榷、～酌(商量斟酌)、相～、磋～、洽～、协～。② 买卖，生意：～业、～店、～界、～品、～标。③ 古指行商(坐商为"贾")，后泛指做买卖的人，亦用以指从事私营工商业的人：～人、～贩、～贾(gǔ)(商人)、～旅。④ 数学上指除法运算中的得数：～数。⑤ 中国朝代名：～代。⑥ 中国古代五音之一，相当于简谱"2"。⑦ 星名，二十八宿之一，即"心宿"。⑧ 指姓。

我们要谈到的诸"商"是由上述第四种解释引申而来的，是相比较之后的一种指数，表示某种水平。例如，智商表示智力水平，情商表示管理自己情绪和处理人际关系的能力和水平。

"商"和前面讲的综合素质是什么关系呢？综合素质是指一个人的知识水平、道德修养及各种能力等方面的综合素养，这些素质的高低可以用"商"来评价，它们之间有联系，但也有明显区别，不能混为一谈。

综合素质，它大体包括思想道德素质、文化素养、智力水平、心理素质和身体素质五个主要方面，而诸"商"又是这五大基本素质的某一方面的量化体现，也就是说综合素质是一种抽象的概念，而诸"商"则表明综合素质中某一项或某几项素质的量化指标，简言之，就是综合素质是主体，包含五大基本素质，所以诸"商"是这一抽象概念的形象表达，较之前者，它更生动形象，易于比较测试。

3.3.1　情商

情商(emotion quotient，EQ)主要指人在情绪、情感、意志、耐受挫折等方面的水平。

心理学家认为，情商包括以下几个方面的内容：一是认识自身的情绪，因为只有认识自己，才能成为自己生活的主宰。二是妥善管理自己的情绪，即能调控自己。三是自我激励，它能够使人走出生命中的低潮，重新出发。四是认知他人的情绪，这是与他人正常交往，实现顺利沟通的基础。五是人际关系的管理，即领导和管理能力。

"动之以情，晓之以理"，这是豁达之士史载千年的处事方略，现代的人们，是否还应继续注重情商呢？

1. 情商的作用及表现

情商的水平要根据个人的综合表现进行判断。心理学家们认为，情商水平高的人具有如下的特点：社交能力强，外向而愉快，不易陷入恐惧或伤感，对事业较投入，为人正直，富于同情心，情感生活较丰富但不逾矩，无论是独处还是与许多人在一起时都能怡然自得。

情商的价值是无量的，情商伴随着社会人的一生，是可以通过后天培养与修炼提高的。

科学家发现，大脑控制情绪的部分(边缘系统)受损的人，可以很清晰和符合逻辑地推理和思维，但所做出的决定都非常低级。科学家因此断定，当大脑的思维部分与情感部分相分离时，大脑不能正常工作。人类在做出正常举动时，是综合运用了大脑的两个部分，即情感部分和逻辑部分，一个高情商的人是会综合利用大脑中的各个部位的。一言蔽之，情商的作用就是使人能更充分地发挥智商的作用和效果，情商越高，智商的作用和效果越好。那么，情商高低是如何区分的呢？

高情商：

尊重所有人的人权和人格尊严；不将自己的价值观强加于他人；对自己有清醒的认识，能承受压力；自信而不自满；人际关系良好，和朋友或同事能友好相处；能处理生活中遇到的各方面的问题；认真对待每一件事情。

较高情商：

是负责任的"好"公民；自尊；有独立人格，但在一些情况下易受别人焦虑情绪的感染；比较自信而不自满；有较好的人际关系；能应对大多数的问题，不会有太大的心理压力。

较低情商：

易受他人影响，自己的目标不明确；比低情商者善于原谅，能控制大脑；能应付较轻的焦虑情绪；把自尊建立在他人认同的基础上；缺乏坚定的自我意识；人际关系较差。

低情商：

自我意识差；无确定的目标，也不打算付诸实践；严重依赖他人；处理人际关系能力差；应对焦虑能力差；生活无序；无责任感，爱抱怨。

2. 情商的形成与影响

情商形成于婴幼儿时期，成型于儿童和青少年阶段，它主要是在后天的人际互动中培养起来的。青春期是一个人的黄金时代，因为这是一个人走向成人的一个过渡时期，这个时期的学习和发展任务是非常重要的。但是，中学生由于面临着生理上、心理上的急剧变化，还有学业上的巨大压力，都会出现一些心理失衡和复杂的心理矛盾问题，甚至产生种种不良的后果。据一份 22 个城市的调查报告显示，实际上我国中学生中有各种心理问题者达 15%～20%，其心理问题多表现为亲子矛盾、伙伴关系紧张、厌学和学习困难、考试焦虑等。这些问题的发生大多与学生的自我控制能力有关，多是源于其心中时常涌出的各种非理性情绪。

情商是一种能力，是一种创造，又是一种技巧。既然是技巧就有规律可循，就能掌握，就可以熟能生巧。只要我们多点勇气，多点机智，多点磨炼，多点感情投资，我们也会像"情商高手"一样，营造一个有利于自己生存的宽松环境，建立一个属于自己的交际圈，创造一个更好发挥自己才能的空间。

3.3.2　智商

智商(intelligence quotient，IQ)是智力商数的简称，是表示人智力高低的数量指标，也可以表现为一个人对知识的掌握程度。爱默生说过：智力取消了命运，只要能思考，他就是自主的。智商源于思想的跳跃，来自敏锐的洞察，我们要如同磁场一样，牢牢地吸住它、运用它。

1. 智商的评价标准

智商是智力的数量化，是衡量个体智力发展水平的一种指标。智商原是以智龄的概念为基础的，最初用智龄表示。

智商就是智力商数，智力通常叫智慧，也叫智能，是人们认识客观事物并运用知识解决实际问题的能力。而智力包括多个方面，如观察力、分析判断能力、想象力、记忆力、应变能力、思维能力等。智力的高低通常用智力商数来表示，它是用以标示智力发展水平的指标。

现阶段评价智商的方式有两种，一种是比率智商，即智力年龄÷实足年龄=智力商数。如果某人的智龄与实龄相等，他的智商即为 100，标示其智力为中等。另一种是离差智商，把一个人的测验分数与同龄组正常人的智力平均数之比作为智商。现在大多数智力测验都采用离差智商。智商测验包括十一个项目，有常识、理解、算术、类同、记忆、字词、图像、积木、排列、拼图、符号等测验，完成整个测验大约需要一小时，之后汇总分析，写出测验报告，这也大约需要一个小时。因此，这种测验是比较全面系统的，但花费的时间也比较多。

2. 智商有什么用

智商，具体表现为数字、词汇、记忆、空间、逻辑等能力，某种意义上智商就像电脑的硬件，如 CPU。一个智商高的人在短时间内能够做很复杂的事情，就像奔腾级、迅驰级的 CPU 能够运转 Windows XP 这样的大型软件，而 386、486 只能运转 DOS 之类的小型软件一样。

高智商，能够使人具有很强的接受知识、处理信息的能力及记忆能力。

我们在校学习期间，除了学习知识外，也在做大量的智商训练。例如，学习数学来锻炼数字计算、空间想象、逻辑推理能力，学习语文、英语、历史、地理等来锻炼词汇、记忆能力。而考试就是对人们在这些方面能力的大检阅，由于考试是限时进行的，其对人们短时间记忆、处理复杂信息的能力要求比较高，所以高智商的人在考试时特别有优势。我们都有这样的感受，如果一个人有好的记忆能力，会让大家非常羡慕，因为考试考查的内容有一大部分都是需要牢牢记住的。所以，对于考生来说，记忆力好是高分的基础。如果有了好的记忆能力，好的运算能力和语言能力，再加上你的努力，考出好成绩是没问题的。

对于绝大多数人来说，智商的用处到此为止。为什么这么说呢？因为在实际的社会生活中，高智商的用途是非常有限的，实践中只有极少数的领域需要高智商。例如，棋类运动相对来说需要比较高的智商，但是，这些运动对智商的需要也不是不着边际的。根据华东师范大学心理学系的测试，国内最好的棋手之一常昊的智商是 138，有世界围棋第一人之称的李昌镐的智商是 139，他们的智商都属于优秀水平，一般认为，智商大于 140 的人属于天才。看来，即使最需要动脑筋的棋类运动对于智商的要求也就是够用即可，并非高到离谱。

还有一个领域特别需要高智商，就是科学研究。但是，我们相信这个领域对智商的要求不会高得离谱，起码不会超过棋类运动员所需要的智商。那么，从事科学研究有没有一个智商要求的底线呢？

这个问题好像没有定论，智商的另一个作用就是可以了解自身智力水平的现状，提供自我发展方向和职业定位的参考，我们可以参考一下一些科研工作者的说法。

我国著名的数学家张广厚在小学、中学读书时智力水平并不出众，他说过："搞数学无需太聪明，中等天分就可以，主要是毅力和钻劲。"达尔文也曾这样说过："我之所以能在科学上成功，最重要的就是我对科学的热爱，对长期探索的坚韧，对观察的搜索，加上对事业的勤奋。"近代"控制论"奠基人，大数学家维纳在自传中说，和他幼年同时被称为神童的三四个人，由于不勤奋上进，以及其他条件等多种关系，长大后都无所作为；相反，有些人幼年时表现平凡，但由于后来的勤奋和环境的熏陶，最终成为科技史上的伟人。

也许我们看看世界巨富巴菲特的谈话，会对这个问题有更深的认识。美国《福布斯》杂志最近公布的全球 200 名亿万富翁中，沃伦·巴菲特名列第三。当记者问他："你是如何走到现在这一步，成为比上帝还富有的人的？"巴菲特答道："我怎样走到这一步说起来也很简单，我的成功并非源于高智商，我相信你们听到这一点一定很高兴。我认为最重要的是理性，我总是把智慧和才能看做是发动机的马力，但是输出功率，也就是发动机的工作效率则取决于理性。那么，为什么一些聪明人在做事情的时候却不能获得他们应该得到的结果呢？这涉及习惯、性格和气质等因素，涉及行为是否合乎理性，是不是自己在妨碍自己。就如我说过的，这里每一个人都完全有能力做我所做的任何事情，甚至能做比我多得多的事情。"

从以上材料中，我们不难发现，一定时间内的智商的高低不能决定一个人的成功与否。我们没有必要将成功的获得寄托于提高智商上，除了所谓的天才，普通人的智力水平都相差无几，只有脚踏实地的拼搏和勤奋的努力，才能提高成功的可能性。

3.3.3 逆商

"不经一番寒彻骨，怎得梅花扑鼻香"，"吃得苦中苦，方为人上人"。这些都说明逆境能摧残人的意志，更能成就人的伟绩。

逆商(adversity quotient，AQ)全称为逆境商数，一般被译为挫折商或逆境商，它是指人们面对逆境时的反应方式，即面对挫折、摆脱困境和超越困难的能力。

1. 逆商的表现形式

美国著名学者、白宫知名商业顾问保罗·史托兹教授将逆商划分为四个部分，即控制感、起因和责任归属、影响范围、持续时间。

控制感是指人们对周围环境的信念控制能力。面对逆境或挫折时，控制感弱的人只会逆来顺受，信天由命，他们常说：我无能为力、我能力不及；而控制感强的人则会凭借一己之力能动地改变所处环境，他们会说：虽然很难，但这算什么、一定有办法。

起因和责任归属是指高逆商者往往能够清楚地认识到使自己陷入逆境的起因，并甘愿承担一切责任，能够及时地采取有效行动，痛定思痛，在跌倒处再次爬起。

影响范围是指高逆商者往往能够将在某一范围内陷入逆境所带来的负面影响限制于这

一范围内，并能够将其负面影响程度降至最低。越能够把握逆境的影响范围，就越可以把挫折视为特定事件，越觉得自己有能力处理，不致惊惶失措。

持续时间是指逆境所带来的负面影响既有影响范围问题，又有影响时间问题。逆境将持续多久？造成逆境的起因因素将持续多久？对于这些问题，逆商低的人往往会认为逆境将长时间持续，而这种想法也会导致事实正如他们所想的一样。

2. 逆商的作用

为什么在智力、资本、机遇相同的条件下，有的人能步步高升，有的人却一败涂地呢？归根到底在于他们迎接挑战、克服困难的能力不同，即他们的逆商高低不同。当一个人遇到难以逾越的困难，他所能释放的不是他所拥有的全部能力，而是逆境智商所能刺激的那部分能力。总的来说，逆商可以帮助人们更好地超越烙在人类大脑中原始、不稳定和不开化的反应，逆商决定一个人能否走出逆境，获得成功。

大成功者有大智慧，而这大智慧，常常是他们超越常人无法想象的逆境、历经挫折与磨难才获得的。

让我们看一看松下幸之助挑战逆境、获得成功的故事。

享誉日本的"经营之神"松下电器总裁松下幸之助幼年坎坷，9 岁时便辍学当学徒工，13 岁丧父。他年轻时到一家电器工厂谋职，这家工厂人事主管看着面前的小伙子衣着肮脏，身体又瘦又小，觉得不理想，信口说："我们现在暂时不缺人，你一个月以后再来看看吧。"这本来是个推辞，没想到一个月后松下幸之助真的来了，那位负责人又推托说："有事，过几天再说吧。"隔了几天松下幸之助又来了，如此反复了多次，主管只好直接说出自己的态度："你这样脏今今的是进不了我们工厂的。"于是他立即回去，借钱买了一身整齐的衣服穿上再来面试。负责人看他如此实在，只好说："关于电器方面的知识，你知道得太少了，我们不能要你。"不料两个月后，他再次出现在人事主管面前："我已经学会了不少有关电器方面的知识，您看我哪方面还有差距，我一项项来弥补。"这位人事主管紧盯着态度诚恳的松下幸之助看了半天才说："我干这一行几十年了，还是第一次遇到像你这样来找工作的，我真佩服你的耐心和韧性。"于是松下幸之助这种面对逆境和冷遇不轻言放弃的精神打动了主管，他得到了这份工作，松下幸之助的成功告诉我们：失败不仅是一次挫折，一次逆境，也是一次机会，它使人找到自身的欠缺，不轻言放弃，补上这一课，就成功了。

坚韧的意志是事业成功者必备的个性心理品质，也是保证和维持创新活动的内在力量。意志品质在个体遭遇艰难险阻和重大挫折时，往往表现出重大差异。有坚强意志的人知道，成就一番事业不可能一帆风顺，往往会遇到来自旧的传统观念和习惯势力的种种阻挠，也会遇到各种客观条件的限制等困难；另外，新生事物具有探索性，在创新过程中，难免会遇到挫折和失败，此时，特别需要创新者具有顽强的意志和坚强的毅力，不怕困难，百折不挠。高逆商者不会被挫折、失败或逆境中的困难吓倒，反而微笑着吟咏："冬天来了，春天还会远吗？"而缺乏坚强意志品质的人则很可能悲观失望、半途而废，甚至功亏一篑。

21 世纪是一个快速发展的时代，社会需要的是全面发展的人才，要学会控制调节自己，有较强的心理承受能力，在逆境中要勇于想出办法来，培养自己的责任感、意志力和自信心，使自己成为一个高逆商的人，只有这样才能更好地适应当今社会。

培养坚强的意志品质必须增强四个方面的能力。第一，自觉性，即能够坚持原则，受正确信念和世界观的支配，能够深刻认识行动和动机。第二，果断性，即善于抓住时机、善于辨明是非和真伪、能够应付复杂情境，具备迅速处理挫折的能力。第三，自制力，即能够控制和协调自己的思想感情和行为举止，能够抵御内外因的诱惑和干扰。第四，坚韧性，即坚韧的毅力、顽强的精神，百折不挠地把决定贯彻始终的品质。

自信是坚强的前提，因此，要有坚强的意志品质，首先要培养坚定的自信心。所谓自信，形象地说，就是不论前方的道路是满地鲜花，还是荆棘密布，都深信不疑目标就在前方，坚定地往前走。培养坚定的自信心，要求我们实事求是地对自己进行一个客观的评价，全面地认识和分析自我，尤其要避免自我贬低和自我挫败。

逆境是锻炼坚强意志的熔炉，是造就人才的特殊学校。逆商是人生的大智慧，是打开绚丽生活的钥匙。只有直面逆境，超越逆境，培养高逆商，才能使人生之树的根基健康扎实，才能摘得人生成功的丰硕果实。[①]

3.3.4　创商

目前人们对创新的认识，仅仅在于创新只是发明创造，其实创新包含各个方面，不仅仅是发明创造，它更多地表现在人的创新意识及能力上，用"商"的概念来描述，称其为"创商"。

1. 创商及其表现

创商（creativity quotient，CQ）是创造力商数的简称，它是一个人的能力智商，具体讲就是指一个人的思维能力、开放能力、创新能力和创造能力。

创商的核心理念为OIC，即开放（open）+创新（innovation）+创造（creation）。创商是人的智商的一种深化和外化，是衡量一个人的智商在发现未知问题与解决现实问题中的应用转化程度的标尺，是衡量一个人现实行动能力和成功能力的砝码。

创商有多种表现：

（1）创造性人格，即独立性人格，它是产生创造性思维的前提，具有依附性人格的人是不会有太多创造性的。

（2）创造性意识，即在任何活动中都敢别出心裁，都会冒出另辟蹊径的意识，一个循规蹈矩的人只能模仿不能创造。

（3）创造性思维，即多种思维，包括多维思维、聚焦思维、定向思维、逆向思维等富有创新活动的思维能力。[②]

2. 创商的作用

创新能力包含着多方面的因素，其核心因素是创新思维能力。正如爱因斯坦所说："人是靠大脑解决一切问题的。"创新思维活动是人类创新实践活动的基础和前提，创造性思维活动实际上是创造性思维能力的活动，是创造性思维能力的综合表现，这些能力包括逻辑思维能力、联想和想象能力、直觉和灵感能力等，没有思想上的创新就没有行动的创新。1997年诺贝尔物理学奖获得者朱棣文谈到一个成功者的经验时说："科学的最高目标是要不断发现

---

① 罗媛媛，《逆商——青年通向成功的大智慧》。
② 曹骏，《情商 德商 创商》。

新的东西,因此要想在科学上取得成功,最重要的一点就是要学会用别人不同的思维方式、别人忽略的思维方式来思考问题,也就是说要有一定的创造性。"这就是我们所说的创新思维。创新是当今世界各国在寻求经济社会发展中强调的重要因素,大学生担负着建设祖国的重任,更应该懂得只有创新才能加快国家经济、科技的发展,才能保持我们大国的风范,才能使我国屹立于世界强国之林;同时,也只有不断地提高自己的创商,才能不被社会淘汰。

为了判断创商的高低,下面我们来做个有趣的创商测试。

下面是 30 个问题,如符合你的情况,则在(　　)里打上"√",不符合的则打"×"。

(1)无论领导还是普通同事,老师或同学,你在与其交谈时总能专心倾听。(　　)

(2)完成了上级布置的某项工作,你总有一种兴奋感。(　　)

(3)早上工作第一件事,你首先会回顾昨天,观察环境,制订计划。(　　)

(4)工作繁忙时,如果遇到他人请你帮助,你不会委婉地拒绝他,而是先说明理由,然后约定时间再进行帮助。(　　)

(5)你尊重权威,但从来不迷信他。(　　)

(6)你有时会对某件事情过于热情洋溢。(　　)

(7)无论在哪,倘若发现有益于工作的书籍,你总会购买,并研究它。(　　)

(8)本部门不忙的时候,你经常会去积极主动地协助其他部门工作。(　　)

(9)你很喜欢听到别人对你的工作的反馈意见。(　　)

(10)你经常会凭直觉来判断事情的对与错。(　　)

(11)与工作有关的书籍或影视剧,你总是会很关注。(　　)

(12)你认为,灵感与事情的成功与否是息息相关的。(　　)

(13)遇到领导不认可,你从没想过领导故意难为你,第一反应是自己哪里做错了。(　　)

(14)如果让你重新选择职业,你依然会选择现在的工作。(　　)

(15)你的衣着和办公桌总是很干净。(　　)

(16)在考验面前,你总会保持得很镇定。(　　)

(17)在问题解决过程中找到新发现时,你总会感到十分兴奋。(　　)

(18)你从来没有过看不起其他同行业竞争者的念头。(　　)

(19)对事物的各种原因喜欢寻根问底。(　　)

(20)从事带有创造性的工作时,你经常忘记时间的推移。(　　)

(21)生活中你不只有一项兴趣爱好。(　　)

(22)无论是上班还是下班,你都会井井有条,按部就班地进行工作。(　　)

(23)你总能够经常预测事情的结果,并正确地验证这一结果。(　　)

(24)遇到困难和挫折时,你从不气馁。(　　)

(25)你至少能基本胜任除本部门外,本单位另一个部门的工作。(　　)

(26)你甚至能与单位的最底层员工乃至清洁工打成一片。(　　)

(27)生活中你很喜欢收藏各类物品。(　　)

(28)生活中你自认为有很好的审美感,并能得到大多数人的认可。(　　)

(29)你很乐意为新颖的想法而花费大量时间,并不要求实际的回报。(　　)

(30)你一点也不看重本次测试的结果,只当它是闲暇时的一个娱乐而已。(　　)

测试答案:如果全部问题的答案都是"√",则证明你创造力非凡;如果 25～29 道题的答案是"√"，则证明你创造力很强；如果18~24道题的答案是"√"，则证明你创造力良好；如果 10~17 道题的答案是"√"，则证明你创造力一般；如果低于10道题的答案是"√"，则证明你创造力较差(本测试仅供参考)。

3.3.5　德商

德商(moral quotient，MQ)是指一个人的道德人格品质。德商的内容包括体贴、尊重、容忍、宽容、诚实、负责、平和、忠心、礼貌、幽默等各种美德。

德商是美国学者道格·莱尼克(Doug Lennick)和弗雷德·基尔(Fred Kiel)在他们2005年出版的《德商：提高业绩，加强领导》一书中提出的，他们把"德商"定义为"一种精神、智力上的能力，它决定我们如何将人类普遍适用的一些原则(正直、责任感、同情心和宽恕)运用到我们个人的价值观、目标和行动中去"。

1．德商的评价依据

对德商的评价主要可以从以下七个方面入手。

第一，同情。同情是一个人感受别人情感的唯一途径，是人类相互理解的基础，要主动去帮助自己的伙伴，帮助那些遇到困难的人们，真诚热情地对待别人。

第二，正直。正直是一个人内在的强烈需求，它能帮助我们妥善地处理人际关系中的纠葛，明辨是非；正直使得我们一旦偏离了道德的轨道，就会忐忑不安；正直使我们面对诱惑也能坚决抵制，增强我们抵御那些与善行背道而驰的力量。

第三，节制。节制使得我们在面对自己的欲望时，能够三思而后行，约束自己的冲动，从而使得我们有正确的行动。节制的人有独立思考和行动的能力，可以避免因为匆忙做出选择而导致危险的后果。

第四，尊重。尊重是所有美德的基础，它使得我们在生活中了解到别人的感受、为别人着想，并让我们学会用需要别人对待自己的方式去对待别人，真正做到"己所不欲，勿施于人"。一个尊重别人的人是很少会用暴力、辱骂、仇恨去对待别人的。当尊重融入我们生命的时候，它能让我们更好地感受、体味到人际关系的奥妙，在更加尊重别人的基础上，更加尊重自己。

第五，和善。和善使我们在日常生活中充满涵养，拥有和善品德的人能够更多地考虑别人的感受，体味别人的生活，关心别人的疾苦，这些人通常还很谦虚，不认为别人比自己低一等，差一个级别，不会看不起别人。社会上能够取得成功的必定是那些懂得和气待人的人，因为和善的人不骄傲，不自卑。

第六，宽容。宽容的人在对待与自己不同观点、不同见解的人时，拥有耐心去思考这些差异的来源，而不是简单地认为别人错了。宽容的品德使得人类在面对与自己不同种族、不同性别、不同信仰、不同文化、不同宗教、不同能力的同类时，能够去伪存真，发现共同点，保留差异性，而不会要求所有人都一样。

第七，公正。公正使得我们在人际关系中，光明正大，不偏不倚地对待别人，因此我们会按规则办事，轮流分享，并在做出判断之前听取各方面的意见。公正的人尤其具有同情心，从而增强了我们的美德，保护那些遭受不公平待遇的人。世界是公正的，那些公正对待别人的人，才会被别人公正地对待。

2. 德商的重要性

让我们通过下面的故事来体会德商的重要性。

曾经有位年轻人得到了一个到美国深造的机会，因为机会难得，所以他一大早就来到了领事馆门口等候办理签证，由于出门太早，他没来得及吃早饭，在等待之余他在附近的一个小摊买了豆浆油条作为早点。领事馆工作人员到来时，他很热情地向其问好，可进入办公室还没来得及等他说话，工作人员便对他说："先生，对不起，你请回去吧，现在你还不符合签证条件，明年再来吧。"他很诧异地问工作人员："为什么呢？我各方条件都是符合的呀。"工作人员调出一段录像给他看，是他刚才在领事馆门口吃早饭的一幕，他在吃完早餐后将装早餐的塑料袋随手扔到了路边的花丛中，可这一幕恰好被领事馆的监视器拍下来了，于是他懊悔地回去了。终于过了一年，他再次来到领事馆办签证，这回他干脆连早饭也不吃了，进入办公室和工作人员谈得也很妥帖，这时工作人员电话响了，其很自然地走到一边接电话，这时他习惯地站起瞥了一下工作人员的笔录，可他的这个举动刚好又被工作人员看见了，于是此次的签证又被驳回。最后他放弃了到美国深造的机会，而只是埋怨自己太不幸了。

这位"不幸"的青年能得到去美国深造的机会，证明了他在某些方面是优秀的，而且还具备极高的 IQ、EQ、AQ 等，但是，点滴的小动作，证明了他还不具有自己不在意而签证官却很在乎的公共道德素养，所以，虽然他两次充分准备，却两次都被拒签。可见，MQ 才是获得机会的金钥匙，才能为我们开拓更广阔的空间，创造更多的机会，才能更好地凸显其他"Q"的价值。

巴西著名医学家马丁斯通过研究发现"德商"与心理健康关系密切。一个人若品德端正、心态淡泊、为人正直、心地善良、胸怀坦荡，则会心理平衡，从而有助于身心健康；相反，一个人若有违于社会道德准则，胡作非为，则会产生心情紧张、恐惧等不良心理，这种心态必然有损健康、造成心理障碍。

在现代"德才兼备，全面发展"的人才培养目标中，德是人才素质的灵魂。司马光在《资治通鉴》中指出："才者，德之资也；德者，才之帅也。"他又道："才德全尽谓之'圣人'，才德兼亡谓之'愚人'，德胜才谓之'君子'，才胜德谓之'小人'。凡取人之术，苟不得圣人、君子而与之，与其得小人，不若得愚人。何则？君子挟才以为善，小人挟才以为恶。挟才以为善者，善无不至矣；挟才以为恶者，恶亦无不至矣。"

这段话就是说能力越强越要有道德。作为一名社会主义的大学生，应该知识宽厚、能力强劲、人格高尚。知识宽厚是基础；能力强劲是关键；人格高尚是灵魂。如果只具备较高层次的科技文化知识，而不懂得做人的社会准则和行为规范，缺少德行，人格低下，就不是一个完美的、品德高尚的、全面发展的人，也不是一个合格的大学生。大学生应该积极认识自我、悦纳自我，塑造自尊自信、理性平和、积极向上的社会心态，只有这样才能保证自己拥有高德商，从而拓宽自己的成功之路。

3.3.6　财商

财商(fortune quotient，FQ)是指一个人对财务的智慧，即理财的能力。它是一个人认识金钱并驾驭金钱的能力，财商是一个人在当前经济社会中适应现实的一项能力，与德商、情商等一样是我们不可缺少的一部分。

财商是由美国人罗伯特·清崎和沙伦·莱希特撰文提出的，清崎和莱希特认为，"财商"是由四个方面的专门知识所构成的：第一是会计学，也就是财务知识；第二是投资，即钱生钱的科学；第三是了解市场，它是供给与需求的科学；第四是法律，它可以有效地帮助一个人进入会计、投资和市场领域的企业，并实现爆炸性的增长。同时财商主要包括：① 正确认识金钱及金钱规律的能力；② 正确运用金钱及金钱规律的能力。简单地说，财商就是一个人管理、控制、驾驭金钱的能力。

财商并不在于你能赚多少钱，甚至也不在于你有多少钱，而在于你有多少能力控制这些钱，使之为你带来更多的财富。财商就是一个人在财务方面的智力，即对钱财的理性认识与运用。

财富能带来生活的安定和满足，因此它也是许多人追求幸福感的途径之一。但金钱只是手段，不是目的，因此不必过分强调财商对于一个人的重要性。适度地创造财富，不被金钱所役，乃是人生应有的中庸之道。贫穷并不可耻，有钱亦非罪恶，不忽视理财对于改善生活的作用，就是一种智慧。看淡财富，它会让你淡泊诱惑，幸福一生。

除了前文中列举的诸"商"，在现代的社会中逐渐被重视的还有以下各种"商数"：

(1) 胆商（DQ），胆商是一个人胆量、胆识、胆略的度量，体现了一种冒险精神。胆商高的人能够把握机会，该出手时就出手。无论是什么时代，一个人若没有敢于承担风险的胆略，任何时候都成不了气候。

(2) 心商（MQ），心商就是维持心理健康，调试心理压力，保持良好心理状况和活力的能力。从某种意义上来讲，心商的高低，直接决定了人生过程的苦乐，主宰了人生命运的成败。

(3) 志商（WQ），志商就是意志智商，指一个人的意志品质水平。例如，能为学习和工作具有不怕苦和累的顽强拼搏精神，就是高志商。"志不强者智不达，言不信者行不果"，人生是小志小成，大志大成。

(4) 灵商（SQ），灵商就是对事物本质的灵感、顿悟能力和直觉思维能力。修炼灵商，关键在于不断学习、观察、思考，要敢于大胆的假设，敢于突破传统思维。

(5) 健商（HQ），健商是对个人所具有的健康意识、健康知识和健康能力的反映。幸福的前提是关爱、珍惜自己的生命，并努力地去创造、分享事业、爱情、财富、权力等人生价值。

(6) 玩商（LQ），玩商是描述人们休闲、生活、玩乐能力的指数，是一个人玩乐方面能力的反映。玩商直接提升你对自我生活的控制力，拓展个人价值，使你的人生更健康、更快乐，让你的工作时间和非工作时间的生活方式更多样化。玩不是让你用玩的方法去逃避现实，而是从玩的角度去反思现实生活，发现生活的乐趣和奥妙。

(7) 美商（BQ），美商是美丽商数的简称，并不是指一个人的漂亮程度，而是一个人对自身形象的关注程度，对美学和美感的理解力，甚至包括以个人在社交中对声音、仪态、言行、礼节等一切涉及个人外在形象的因素的控制能力。

各种商数的存在，相互之间都有联系，它们在成功面前扮演着不同的角色，在通向成功的大道上缺一不可。以上介绍了从出生就具有的智商，到后天培养的情商，面对困难、逆境时的逆商，独立生活后面临财富问题时应具有的财商，融入社会，遵守社会道德的德商，具有创新能力的创商等。虽然人们常说"人无完人，金无足赤"，可是面临日益激烈的现代社会竞争，我们必须要全面发展才能获得成功。假如把每种商数比作人生中的一个平面，那么，大学生想拥有完整的人格、全面的发展，就要全面培养各种商数，做一个"立体"的人！

要做一个诸商俱全的"立体人"，就要勇往直前，无论环境有利还是不利，人生幸运还是不幸，都不要停止前行。在逆境面前保持一种生命激情，决不让年龄、性别、身体缺陷、或者任何其他障碍阻挡自己去实现成功愿望的脚步。立体的人具有坚定的信念，这种信念存在于立体人本身，每当他们遭遇困难时，这种信念就会释放一种巨大而神秘的力量去拯救他们。他们坚韧、顽强而有弹性，心中完全没有退缩的概念。对待逆境，立体的人有寻找解决问题的方法，会不断调整自己前进的步伐，找到适合自己成功的道路。

成功是每一个人的梦想，可成功不是从天上掉下来的，而是通过不断地锻炼、积累而获得的。面对众多商数，我们应该何去何从？我们可以通过努力提高各种商数，追求全面、均衡的发展，做一个立体的人，向成功的阶梯大步迈进！

3.4　综合素质的培养

我们所处的时代是一个社会迅猛变化、发展的时代，经济发展势头强劲，科学技术日新月异。随着社会、经济、科技的发展，社会对人才的需求进一步增加，对大学毕业生的素质要求也不断提高。大学生素质水平的高低关系到中华民族的整体素质，关系到党和国家的命运，关系到社会主义事业的顺利进行。而大学时期是大学生由学校人过渡到社会人的重要阶段，这一阶段综合素质的培养对于大学生的职业规划，乃至整个人生都有极其重要的意义。

另外，我们应该看到，社会发展不再仅仅需要掌握单一技能的高精尖人才。目前社会职业千变万化，新职业不断产生，大学毕业后找到专业完全对口的岗位的机会越来越少，职业变动的可能性越来越大，行业特征也不像过去那么鲜明，岗位所需的知识和技能更新周期加速，复合程度提高，社会更需要综合素质高、知识面宽、基础雄厚、具有人格魅力的复合型人才，以应付新的挑战。

3.4.1　大学生综合素质的主要问题

我国大学生从年龄来讲，基本都处在18～24岁这一年龄段内，正值一生中的黄金时期，是人生观形成的重要时期，也是素质提升潜力最大的时期。近年来的调查结果表明，目前大学生的素质状况总体良好。大学生们热爱祖国，关心国内外大事，积极要求进步，崇尚科学，努力实践，都在通过各种渠道不断完善自己。特别指出的是，大学生们智商较高，接受新鲜事物能力强，具有很强的创新意识，所以，大多数学生在专业方面表现出较好的素质，同时，他们也十分重视对综合素质的培养和提高。然而，为了全面促进大学生综合素质的提高，还须对其中存在的一些问题加以分析研究。

合肥工业大学的张炳武和张毅所写的《注重素质培养提高大学生就业综合竞争力》一文中提到，通过对用人单位的调研发现，大部分毕业生有合理的专业知识结构，有较高的思想素质、心理素质和人文社科素质，有较强的事业心、责任感和竞争意识。但有少数毕业生综合素质还不尽如人意，与社会和企业要求的人才素质存在一定差距，这些差距主要表现在以下几个方面。

(1)认知能力不足。大部分毕业生对于自己适合什么样的工作和将来在哪些领域中发展还没有认真地思考过，不能冷静地分析自身所到之处的环境是否与自身的条件相适应，不能用发展的眼光看问题，不能把自身的发展和社会的发展有机地联系在一起，只顾眼前利益，不求将来发展。

(2)实践能力不强。用人单位普遍反映，很多毕业生都具有英语、计算机等级证和各种各样的荣誉证书，有的还是优秀毕业生，学业成绩也都很好，但在实际工作中，动手能力太差，高分低能现象十分明显。

(3)合作沟通能力不够。当今大学生个性更加鲜明，我行我素，做事、说话都不太注意别人的感受，他们往往不懂得社会是一个有机联系的整体，不知道团队合作精神的重要性，自以为是。

(4)交际能力较差。传统的应试教育束缚了大学生交际能力的发展，在实际工作中，这些毕业生往往难以应付日常生活中的各种交际，更不可能灵活处理。

(5)表达能力欠缺。部分毕业生缺乏基本的文字表达能力和口头表达能力，有的甚至不能用语言或文字表达出一件事情的来龙去脉。

(6)控制能力较弱。很多大学生在工作中不能很好地控制自己的各种心理情绪，遇事不沉着，处事不稳重。

此外，部分大学毕业生的职业道德意识不强，缺乏自信，说话不诚实，做事不扎实，作风不踏实，频繁跳槽也是不受用人单位欢迎的原因。

3.4.2　大学对大学生素质形成的作用

随着中国高等教育的发展和社会进步程度的显著提高，大学校园已成为许多青年人生道路上的重要驿站，它是青年学生迈向社会的出口，是大学生实现梦想的加工厂。

大学的教育是坚持以人为本，全面关心人、塑造人、发展人的教育，它关注人的知识与智慧、能力与品德、心理与生理的健康发展，它在青年个体从自然人向社会人本质变化的过程中培育着他们的心智，塑造着他们的人格，影响着他们的成长。大学的教育坚持育人为本，德育为先，教育和引导学生树立中国特色社会主义的理想信念，培养高尚的道德情操。大学是大学生人生观、世界观、价值观教育的主阵地，是传播先进文化、弘扬民族精神、缔造时代精神的热土与家园。

大学阶段是大学生综合素质提升的关键时期，学校按照专业人才培养体系，通过课堂教学、专业实验和实践及社会实践培养学生的科学思维方式、学习能力、专业能力、实践动手能力和创新能力；通过制订培养方案、细化培养过程、搭建锻炼平台、实施效果考核等为大学生综合素质培养提供条件，培养学生的社会适应能力、人际交往能力及抗挫折能力等，帮助大学生树立与市场经济体制、与大众化高等教育相适应的就业创业择业观；通过大学精神和校园文化建设，培养学生的理想信念、道德人格、社会伦理，把"热爱祖国、服务人民、崇尚科学、辛勤劳动、团结互助、诚实守信、遵纪守法、艰苦奋斗"作为培养大学生的人生准则，激发大学生的崇高精神追求，使社会主义荣辱观成为大学生主动的道德实践，成为他们学习、生活的准绳。

大学拥有良好的硬件基础，优秀的师资队伍，科学严格的管理制度和完善的奖励助困激励机制，拓展了大学生与社会各界的广泛联系；学校建有各级学生会组织、各类学生社团组织和志愿者组织，设有丰富的科技、文化、社会实践项目，形成了综合素质教育实践锻炼平台，为大学生的德智体美全面发展，综合素质的提高提供了丰富的教育实践资源，为大学生的成长成才提供了充分的条件。作为当代大学生应该发挥主观能动性，充分利用这些资源和条件，充实自己，迅速成长。

3.4.3　大学中的四个"学会"

当代大学生生活在经济社会高度发展，物质文化需求不断增加，科学技术水平不断进步的21世纪，机遇与挑战并存。提高大学生的综合素质已成为未来社会发展的必然趋势与要求。大学，乃学之大者；人才，乃人之杰也。作为高素质人才的当代大学生，如何在大学阶段，抓住宝贵机遇，利用各类条件，扎实提高自身综合素质，学其"大"者，成为"人杰"，是全社会共同关注的问题。

联合国国际21世纪教育委员会在向联合国教科文组织提交的《教育——财富蕴藏其中》的报告中，提出了大学生要"学会求知"、"学会做事"、"学会共处"、"学会做人"，引起全世界的高度重视，对于大学生如何理解全面发展、提升自身综合素质有着深刻的指导意义。

1.　学会求知

"吾生也有涯，而知也无涯"（《庄子·养生主》），超然庄子，尚有此叹，面对知识的海洋，我们更要学会求知。学会求知指既要学习，还要学会学习；不仅要不断学习，增加知识，还要思考如何学习，迅速接受知识，并加以运用。更为重要的是要学会思考，该学习什么，除了课本知识，还有技术技能、实践经验等。万千世界，学海无涯，我们要学会甄别，取其精华，弃其糟粕，去伪存真，真正把自己锻造成懂学习，肯学习，会学习的人。学会求知要求大学生要做好以下几方面。

(1)自主学习。树立正确的职业理想，找准职业倾向，择己所爱，培养自主学习能力和工程实践的思维与眼光，学会把知识化为能力，变成学习的主人，拥有创造的愿望和乐趣，善于发现自己的不足及乐于探究求新，为获得理想的职业积极做好准备。按照社会与职业发展的要求，优化自身的知识结构，注重交叉融合，培养和提高自己综合素质。

(2)术业有专攻，加强专业知识的学习。只有具备了较高的文化层次，才可称得上是"真材实料"。壳牌石油公司企划主任德格说："唯一持久的竞争优势，或许是具备比你的竞争对手学习得更快的能力。"大学生必须时刻关注本学科的前沿领域和最新成果及其转换情况，充分利用学校图书馆、资料室、信息网络等手段及时充电学习，跟踪科技动向，把握学术前沿，这样才能跟上科学技术发展的步伐，紧贴现实的需要。

(3)重视非专业知识的学习。大学生应该努力扩充知识面，不但要学会本专业的知识，对其他相关学科也要有所关注。大学生要跟上时代的步伐，就必须拓宽自己的知识面，对本专业以外的知识领域也要广泛涉猎，如果只注重本专业，而忽视专业之外的知识，就会成为"井底之蛙"。所以，在平时就应该养成学习公用知识的习惯，多读书，多看报，把公共基础课放到专业课的高度，积极参加相应的社会实践，自我学习社会需要的新型公用知识，多读、多练、多说，有意识地培养社会认可、需要的技能。

(4)择善而从，学会鉴别学习。子曰"三人行，必有我师焉。择其善者而从之，其不善者而改之。"面对众多的知识，面对太多的疑惑，大学生往往会迷失方向，甚至踏上不归路。择善而从，就是要有鉴别地学习。用正确的人生观、世界观、价值观去判断、去甄别，发现真善美，杜绝假恶丑。

(5)勤奋求知,树立终身学习的意识。"泰山不让土壤,故能成其大,河海不择细流,故能就其深。"[①]只有不断学习,不断求知,才能不断增加自己的知识积累,充实自己,成就一番事业。我们面临的时代,是终身学习的时代,学习已经成了人生存的重要需要,为此,我们不仅现在要学习,将来仍然要学习,而且现在的学习要为将来的学习做准备。大学生要树立终身学习、不断学习的思想意识,不断丰富自己,不被时代所抛弃。

由于社会环境、家庭环境、组织环境、个人成长曲线等变化及各种不可预测因素的影响,一个人的职业生涯发展往往不是一帆风顺的。为了更好地把握人生,主动适应各种变化,需要定期评估、反馈、调整、优化自己的职业生涯规划。当自己的知识结构不能满足职业需要时,就应该知道从哪里获得相关知识,常常未雨绸缪、善于把握方向、主动吸收新知识的人,可以使自己保持职业稳定和不断进步,个人核心竞争能力也会优于他人。

2. 学会做事

现实是此岸,理想是彼岸,中间隔着湍急的河流,行动则是架在川上的桥梁。

——克雷洛夫

可见,学会做事才是实现理想的途径。当代大学生应该树立职业规划意识,知道自己想做什么,要做什么,该怎么做,这是一切成功的前提,也是提高综合素质的必备条件。

我们要加强职业需要的能力培养,除了掌握基础知识以外,还要提高实际运用能力,还需具备从事该行业岗位的实际工作能力,还需要职业素质,才能积极投入到社会工作当中。

学会做事要求大学生做好以下几方面。

(1)首先要明确自己要做什么。正确进行自我评估和职业分析,发挥优势,改进不足;在进行职业生涯规划时,要充分了解职业的特性、现状及发展空间,以及职业对求职者的自身素质和能力的要求,选择适合自己的职业,做好职业定位,为今后学习确立目标,形成稳定的学习动机。

(2)锻炼基础知识的应用能力。应用能力素质培养是本科院校学生能力培养过程中重要的内容。为了更好地掌握和正确运用专业知识,学生必须努力学习英语和计算机基础知识;掌握本专业所要求学习学会的知识,并融会贯通;要学会利用网络获取各类有用的知识信息;主动参加各种实验实践教学,认真做好专业大实习和顶岗实习工作等,只有这样才能使自己的应用能力得到提高。

(3)增强科研能力素质培养。在校期间,必须培养自己发现问题、提出问题和解决问题的能力。大学的重要任务之一是科学研究,这不但表现在教师需要进行科学研究,同时,也要培养学生进行科学研究的能力,使其具备开展科技攻关、解决实际问题的能力。学生通过参加大学生科研项目、科技竞赛,或参与教师科研课题研究,锻炼自己的科研能力,进行科研能力素质的培养,为今后在工作中解决实际问题奠定基础。

(4)提高创新意识与开拓精神。江泽民同志曾说:"创新是一个民族进步的灵魂,是国家兴旺发达的不竭动力。"创新是21世纪时代精神最主要的特征之一,可以说,21世纪是一个创新的世纪。创新要求人才不仅具有一般继承性的知识和能力,更要求人才拥有能适应社会

---

① 李斯,《谏逐客书》。

高速发展的创新知识和能力。所以，作为在校学习的大学生，首先，在学习过程中要坚持多问几个为什么，要学会运用逆向思维来思考同一问题，要学会找寻多种解决问题的办法，不能人云亦云，凡事步人后尘。其次，要培养自己的创新能力，更重要的是实践创新，要把理论学习与实践活动结合起来，并在实践中有新的发现。最后，要注重培养思维创新，多安排一些时间来思考，激发自己的创造力。要加强创新意识的培养，在学习中有意识地寻找专业领域中的新发现、新方法、新思维、新技术和新创造，培养学习兴趣、思维能力、个性品质和创新情感，参与丰富的创新活动，为将来成为创新型专业人才奠定基础。

(5)培养敬业精神。许多用人单位指出，刚从学校毕业的大学生在做人方面最令人满意的就是，有一种奋发向上的精神，特别是想实现自己的理想，想马上投入工作的精神，这种精神使事业充满活力。敬业精神是许多用人单位最看重的品质之一。所谓有敬业精神的人就是有成就感、有一定责任心的人，以圆满完成工作来衡量自己，而不用升迁和报酬来衡量自己。敬业精神是一个人全面发挥自己能力的重要条件，一个人即使有很强的能力，但如果没有敬业精神就很难在工作岗位上尽心尽力地发挥自己的能力。有的用人单位认为，现在一些大学生敬业精神比较差，与过去五六十年代甚至 80 年代的大学生相比，今天的大学生缺乏那种爱岗敬业、艰苦奋斗、甘于奉献的精神。

(6)培养业务素质，学会思考。业务素质是大学生的必要素质，是大学生为社会服务，为国家作出贡献的必备本领。社会的特征之一是社会竞争的加剧，而竞争时代的要求就是谁都必须凭真才实学取胜。业务素质主要包含以下几个方面：① 雄厚扎实的学科基础知识和精辟的专业造诣；② 不断进行专业研究、专业应用、专业开拓的兴趣和能力；③ 管理能力；④ 融合能力；⑤ 敬业精神。

学会思考就是要培养自己的思维能力。思维能力对于人的学习、生活、事业的成功非常重要。依靠科学的思维方法，才能总结、概括前人的经验，揭示事物的本质。思维能力是大学生就业要求的必备素质，也是就业能力结构的核心。

3. 学会共处

唯有具备强烈的合作精神的人，才能生存，创造文明。

——泰戈尔

学会共处是指人际活动中能与人沟通、与人合作。人生存的状态，就是以群体的方式实现的，个人的体力、智力有限，而且必须在群体的活动和交往中得到发展。歌德曾说："不管努力的目标是什么，不管他干什么，他单枪匹马总是没有力量的。合群永远是一切善良思想的人的最高需要。"不仅如此，个人在生活中所遇到的困难、危机，也不可能完全靠自己的力量解决，必须得到他人或集体的协助、支持。只有学会共处，学会与人交流沟通，学会融入团队，学会合作才能够创造成功。

学会共处要求大学生做好以下几方面。

(1)学会与人合作，讲求诚信，树立团队合作意识。21 世纪是经济高速发展，信息全球化的时代，大学生必须具备与人沟通交流、团结合作的能力，才能适应这个时代。大学生要通过参加社团活动，素质拓展训练，文艺科技体育等竞赛来消除猜疑、嫉妒，排斥不良心态，以包容、接纳、善待的心态去积极应对，在与人合作的过程中注重诚实守信，注重培养责任心和承担责任的能力，提高自己的合作系数。

（2）培养有效的沟通交流能力，实现双赢。沟通是解决问题的必经之路，找对沟通的时机和切入点将会事半功倍。懂得倾听的人，才会赢得对方的尊敬。沟通时，信心非常重要，只有充满信心，说话才会有理有力。沟通交流，是成功者必备的一项素质。语言表达是沟通的开始，如果没有出色的表达能力，就不可能进行有效的沟通，也就不可能与人进行真正意义上的合作。因此，会不会沟通，取决于你的宽容态度、理性思考和艺术的语言表达。

（3）加强人际交往能力。人际交往能力是人们社会生活的基本能力，能否正确处理、协调好职业生活中人与人的各种关系，不仅影响对环境的适应状况，而且影响着工作效能、心理健康。人际交往是一门很综合的学问，它涉及一个人的性格、受教育程度、礼仪水平、人格气质、理解能力、表达能力、应变能力等，这些都需要我们在日常学习工作生活中去体会。

（4）学会适应社会。虽说大学是小社会，但是学校和社会是存在差距的，刚走出校园的大学生对社会看法过于简单、片面和理想。缺乏工作经历和生活经验，角色转换慢，适应过程长，难以适应社会不同行业企业的要求。这就需要在大学里注重培养自身适应社会、融入社会的能力。积极参加社会实践活动，把理论学习与社会实践相结合，积极培养自我认识能力、自我约束能力、综合运用所学知识解决复杂问题的能力、善于倾听和表达的能力、换位思考的能力、自我缓解压力的能力以及友善互助团结协作的能力。

社会的发展越来越需要人们具备善于与人合作的品质。美国学者朱克曼曾做过一项研究，他发现自1901年诺贝尔奖金颁发以来的75年中，286位获奖者中，2/3的科学家是与人合作而获奖的。他又以25年为一段进行了比较研究，发现与人合作而获奖者，第一个25年为41%，第二个25年上升为65%，第三个25年竟达到79%。这就有力地说明，科技越发展，一个人要取得事业上的成功就越需要具备与人合作共处的良好品质。没有互相关心、支持与合作就很难取得事业上的成功。所以，大学生应该学会共处，提高成功系数。

4. 学会做人

子曰："弟子，入则孝，出则弟，谨而信，泛爱众，而亲仁，行有余力，则以学文。"这句话表达的是儒家传统对人的道德从家庭伦理到社会伦理的转变过程，是告诉我们该怎么做人。其大致的意思是学生在家要孝敬父母；出门要尊敬兄长，敬爱长辈；做事要谨慎认真，守信誉讲信任；为人要广施爱心，爱天下人；要亲近那些有仁义道德的人。做好这些之后，把其余的精力用在做学问上。主题意思还是做事先做人，人品第一，做事从做人开始。

今天，我们依然强调的是先做人后做事，做事如做人，做人要地道（厚道）、要正直、要守信、要谨慎、要有礼貌……

学会做人要求大学生做好以下几方面。

（1）做一个身心健康的人。健康的体魄、良好的身体素质已成为人才竞争的物质资本。人们普遍认为德、才、学、识、体是人才的内在因素，而体是最基本的东西，是成长、成才的物质基础。同时，我们的民族历来重视心理素质，《易经》上讲"自强不息"，也就是讲自尊、自强、自立，可以理解为民族心理或是民族文化的概括。在社会急剧变革的今天，多种思想文化的激荡，多元价值观念的冲突，激烈的竞争，物质生活的悬殊，社会生活和经济生活的不协调等，无不冲击着青年学生的心灵，引起了部分学生认知失调、心理失衡和行为失范。这都不利于青年学生的学习、生活和工作，也不利于其未来求职就业。所以，大学生需要加强心性修养，提高心理素质，要能正确评价自我，胸襟开阔、豁达大度、积极乐观；要能正确对待挫折，克服期望值过高的心理，培养坚韧不拔的毅力；要能克服自卑感，增强自信心，培养心理调试能力，以良好的心理素质去迎接挑战。

(2) 做一个有知识有能力的人。知识是形成素质的基础，高素质人才必然有扎实的专业基础，这里所说的专业基础是全面的，全面的专业基础应是指融自然学科和人文学科于一体的广博的学科基础知识。一个人只有具备了融会贯通的综合知识结构，才能透彻地研究高深学问，这本身就是一种素质。能力是综合素质的表现，素质高必能力强，在一定意义上讲，能力是衡量素质的一项重要指标。一个人的才能与从事的活动的关系表现在，如果人的才能与活动要求相符，并具有较高水平时，从事某种活动就可以得心应手、游刃有余、事半功倍；反之，才疏学浅、能力较差的人，做事就会感到力不从心，事倍功半。能力的提高，离不开知识的吸收，但绝不是知识的堆砌，而在于知识的运用。

(3) 做一个有思想有道德的人。大学生受到了多年的教育，从整体上来讲他们的道德品质素质是比较高的。但是，近些年来西方的消极思想对大学生树立正确的人生观价值观带来了巨大的冲击，享乐主义、拜金主义、利己主义、个人主义侵蚀着青年人的思想机体，这导致了有些大学生在这种思想的冲击下迷失了自我，陷入了泥沼，有的甚至走上了犯罪的道路。进入新世纪，对人才的要求首先应该是一个有思想、有道德的人，是一个品质高尚、人格健全的人，是一个和社会融洽相处并且受社会欢迎的人，是一个对国家、社会、家庭、朋友负责任的人，是一个对社会有所贡献的人。有思想、有道德包括政治素质、事业心和责任感、艰苦奋斗、百折不挠和务实作风等方面：① 较高的政治素质。政治立场鲜明、具有政治远见和洞察力，对社会发展趋势具有敏锐性，对国家宏观政策的预测有把握能力及有一定的政治理论修养。② 事业心和责任感。爱岗敬业、乐于奉献，视工作为事业，孜孜追求，高度负责，全身心投入，能与同事(单位、部门)同甘苦，共患难，荣辱与共。③ 艰苦奋斗、百折不挠和务实作风。这是一个人成就事业应有的秉性和作风，在我们的成长过程中，在我们做成一件事情的过程中，总会遇到很多无法预料的困难，难免有这样那样的曲折和坎坷，这就需要我们始终坚定信念，保持昂扬的斗志，意志顽强，迎着困难坚定不移地朝着既定的奋斗目标努力前行。

(4) 做一个有文化修养的人。文化修养，又叫文化素质，是知识、能力、观念、情感意志等多种因素综合而成的一个人的内在品质，外化为人的人格、气质、修养。文化可以给我们很多直接和间接的人生体验和人生哲理，帮助我们了解世界，认识自己对社会的责任。人文素质不仅仅是文学、历史、哲学、艺术、宗教等知识的堆积，更重要的是培养人的一种历史感、使命感和责任感，它不仅有助于我们在专业领域内更有创造力，还有助于我们在专业理想和生活理想方面打上政治和道德的烙印，帮助我们树立正确的价值观，使我们思想更加成熟，行为更加理性，更加关注人的终极目标，形成正向的奋斗动力。所以，在大学里，学校尤其重视青年大学生人文素质的培养。

在初中、高中等初等教育阶段，我们的学习生活目标都非常单纯，我们接触的环境也非常单纯，而这种单纯，在某种意义上来说，限制了我们的发展，在这样的环境下，希冀大的改变、创造和成长，其实是不现实的。我们只能说，学校的生活可以在某种程度上确保我们的心理年龄与我们的生理年龄并行。但是，其对于我们世界观、人生观及个人性格的培养所起到的积极作用并不明显。

大学阶段，是一个人塑造性格、认识世界和改造自己的最佳阶段，我们真正能有一个平台和空间去了解我们想知道和不想知道的事情。只要你有一个开放的思想，这个世界的信息就会源源不断地来到你的面前，这个时候，我们才真正迎来极速的成长时期。在大学期间，周围的同学说过最多的一个词就是"迷茫"。其实，每一个读过大学的人都曾经历过非常迷茫和不知所措的时期，不知道自己喜欢什么，不知道自己想做什么，不知道自己可以做什么，最可怕的是不知道自己是什么样的人。而现在反观来看，这样的迷茫是不是也可以被称作是一种契机？人们总说，混沌初开，在混沌中最好的一点无疑是没有方向，而这种没有方向的可塑性恰恰是最强的。因为一切都是新的，在混沌中，我们都是一块未经雕琢的璞玉，我们四年要做的事情是什么？就是要将自己打磨成有用之才，而这个目标无疑需要我们在大学期间去看，去听，去了解，去学习，去独立思考。所以说，大学本科阶段，是最美好的可塑性阶段，在这个阶段，我们更应该去塑造好的习惯和性格，因为，这个时候所塑造和培养的一切，是对我们一生的勾勒，良好的习惯塑造是对人一生的投资。所以说，在我们的性格还没有形成，我们的为人处世原则、人生观、世界观还没有完全敲定时，我们所要做的就是不断地思考、请教、搜寻、实践和进步。找一个最好的，最适合我们的成长模型，雕刻出属于我们的精彩。

大学是科学、文化知识的创造基地，也是科学、文化、知识的学习场所。社会发展的节奏在不断加快，要想跟上社会的发展步伐，大学生必须适应社会发展的需要，全面提高自身的素质，只有具有了较高的素质，才能够不被这个竞争激烈的社会所淘汰，时代呼唤新一代的大学生，祖国需要高素质的人才，在新世纪新形势下，不仅要得到知识和技能的教育，而且还应将能力、态度、情感、价值观和行为方式的教育和培养放在重要的地位，使自己具备"八会"，即会做人、会求知、会生存、会创造、会健体、会合作、会选择、会适应，全面提高自身的综合素质和竞争能力，只有努力将自己锻炼成为具备较高综合素质的人才，才能使我们祖国的明天更加美好。

3.4.4 体验，让综合素质得以提升

"想成为什么样的人，就去做什么样的事。大学里，考察一个人的成就绝不只是一纸试卷。所以，学习或许不是最重要的，但是，不学习你会成为最不重要的！"一位即将毕业的大学生如此总结自己对大学的感悟，"大学生不能左右自己的一切，我们不能随遇而安，但是，要随遇而努力，干自己该干的事，做自己想做的人！"

为了训练自身的综合素质，大学给了我们体验的舞台，你可能不能多次体验，但希望你至少用一次体验来证明自己。每完成一次体验在对应的方框里作上一个标记。

□参加一次社团活动。大学校园中，大学生社团是一道亮丽的风景。据统计，60％以上的在校学生属于一个或几个社团，而90％以上的大学生参加过由社团举办的某种活动。从中学时代的固定班级和繁重的学习任务中解脱出来，大学生们可以跨越班级、专业和年级的界限，按照自己的兴趣、特长或需求，自由地组合在一起，建立各种各样的社团。这些社团可以分为理论探究、学术科技、文学艺术、体育健身、志愿服务、社会政治等种类。在社团里，可以认识新朋友，和志同道合的同学交流思想，可以一起读书或打球，可以举办讲座，也可以走出校园，参加社会实践，了解中国现实。在社团里的日子往往是大学期间最难忘的经历，在社团里会学到课堂上学不到的东西，结识到志同道合的好朋友。

□参加一次"志愿者"行动。"志愿服务"是一个国际性口号，涉及环境保护、扶弱助

残、赈济贫困、救灾抢险、社区建设、公益活动等越来越广泛的领域，志愿者身上所洋溢着的自我牺牲的品格、奉献敬业的精神、高度的社会责任感以及对社会进步的执著追求，深受人们的推崇和敬佩。广大青年志愿者奉献给社会的不仅仅是服务，同时也向全社会(乃至国际社会)昭示了"奉献、友爱、互助、进步"的志愿者精神和社会文明和谐的进步水平。参加志愿服务，奉献出自己的时间和劳动，帮助(救助)那些最需要帮助的人，在志愿行动中体会、践行、传承着"奉献、友爱、互助、进步"的志愿者精神，领悟"我参与、我奉献、我快乐"的精神境界，这是志愿者们一段刻骨铭心、难以忘却的青春时光，是人生经历的宝贵财富。而且在志愿者的活动中，同学之间相互帮助，相互鼓励，不仅增强了同学间的凝聚力和同学间的和谐元素，还增强了同学之间的相互了解和相互信任，收获了一份快乐和友谊。

□**参加一次暑期"三下乡"社会实践活动。**暑期"三下乡"社会活动是大学里难得的一次生活和实践体验，为广大同学提供了一次认识社会，深入实践的平台。现在它的实践内容已拓展到社区服务、志愿者行动、社会考察、环境保护宣传、文化教育服务、素质拓展等多个方面。目的是让同学们把自己学到的科技、文化、卫生知识普及到农村，造福社会，了解国情民意，用社会的阅历丰富自己。社会实践客观上给了同学们一次接受现实教育的机会，使其对社会有了一次全新的深度接触，多一份成熟，少一份幻想。同学们在向社会提供服务的同时，使自己所学的理论知识得以运用于实际，锻炼了自己独立工作的能力，培养了吃苦耐劳的精神和克服困难的勇气。

□**做一次学生干部。**在大学里，学生干部是一个特殊的群体。首先，他们是一群学生，他们来自学生，他们首要的任务当然是学习。然而，他们又不是普通的学生，因为他们身上承载了责任与信任。学生干部是学生群体中的先进分子，更是自愿为同学服务的积极分子。要起到带领引导作用、组织管理和助手作用，学生干部是联系老师和同学，社会和同学的桥梁和纽带，目的是为老师解忧，为同学服务。进入大学，你不妨当一次学生干部，不论你是班级干部，还是学生会的主席、团支部书记，在学生干部这个岗位上，你都能体验到管理班级、服务同学、自我约束、自我管理、自我服务的精髓。在服务同学的同时，不断提升自我，促使自己站得更高，看得更远，想得更多，使自己充满责任感与使命感。在发挥作用的同时，锻炼自己组织协调、沟通交流等能力及团队合作意识和大局意识，这对你的综合素质将有很大的提升。

□**谈一次恋爱。**在大学里，如果有可能的话，谈一场恋爱也是很不错的体验。大学里的爱情是美好的，是纯洁的，是神圣的。在拥挤的楼梯，在静谧的图书馆，在清幽的林间小路……不知会在何时，或许就有一份美丽的邂逅，让你们走在一起。相信每位大学生都在期待在大学期间有一段纯洁的爱情。当一个人，有了自己感情依托的另一半，那是走向成熟的开始。从此，你会开始学习爱的表达方式，学习异性的心理特点，学习对异性优点的欣赏，学会在对方的眼中看自己，学会真诚的付出，学会承担责任……你将体会到真正在乎一个人的心理感受。谈一次恋爱，献出你的真情，体验一次真诚的付出，体验一次爱与被爱的感觉，多一层人生的思考与责任。走进恋爱，你开始注重个人仪表和形象，注重礼仪和礼貌，你的情商将得到很好的释放和丰富。有同学说，在大学恋爱，要的不是结果，而是恋爱的过程，在校园中留下你美好的足迹，有一份青春的美好回忆，这才是最重要的。这话不一定完全对，但也不无道理，不论这场恋爱有没有结果，随着时间的推移，爱情带给你的或是美好回忆或是终生幸福。请相信，缘分一定会在某一时间和空间点上走到你身边，轻轻叩响你的心门，悄悄地对你说：hi，我来啦！一定会有一个和你终身相守的人与你牵手走向生命的未来。所以，当爱情到了，你一定要真心把握，好好珍惜，无论结果如何，她都将使你的人生更加厚重！

□**交一个知心朋友（当然越多越好）**。难忘"高山流水"的传说，难忘"管鲍之交"的佳话，"山中石多真玉少，世上人稠知音稀"。大千世界，茫茫人海，知心朋友实难寻觅，难怪古人也有"黄金万两容易得，知己一个也难求"的悲叹！在大学除了读书以外，最重要的是要交朋友，在大学里能交上你一辈子的朋友。为什么这么说？大学四年，同学之间没有任何利益冲突，而且四年之中，大家在一起，彼此知根知底，人品怎么样、个性怎么样、胸怀怎么样、才能怎么样，几乎知己知彼。事实上，进入社会工作以后，通常是心灵相通的大学、高中同学，成为事业上互相帮助的朋友。交到好朋友有两个最重要的前提条件：第一，你自己本身是一个真诚、大方、阳光的人。以诚待人，以责人之心责己，以恕己之心恕人，对别人抱有诚挚、宽容的胸襟，人与人的交往犹如一面镜子，若以诚待人，则人必以诚待之。第二，要追随比你更加优秀的人。张良追随了刘邦，他才能成功。所以，要追随心胸比你博大，志向比你高远，胸怀比你开阔，在某个领域又比你更加优秀的人。去结交乐观的朋友、智慧的朋友、脚踏实地的朋友、幽默风趣的朋友、激励你上进的朋友、提升你能力的朋友、帮你了解自己的朋友、对你说实话的朋友等，这样你就能学到很多东西，提升你的修养和人格魅力，其间也会体验心灵的交流，思想的碰撞。而且，朋友将是以后事业发展的一笔宝贵财富，让友谊之花盛开，事业之树枝繁叶茂！

□**参加一场演讲**。演讲又叫讲演或演说，是指在公众场所，以有声语言为主要手段，以体态语言为辅助手段，针对某个具体问题，鲜明、完整地发表自己的见解和主张，阐明事理或抒发情感，进行宣传鼓动的一种语言交际活动，演讲是一个人学识修养和心理素质的体现。当你站在一个偌大的舞台，面对着数不胜数的观众，你是否还能思如泉涌，还能慷慨陈词？当然，演讲对我们每一个人都是一个极大的挑战，很多人无法做好。可是你能想象当你完成一次完美演讲时的那份激动吗？那可能是任何荣誉都无法比拟的。通过这样一次历练，你的文笔修辞、你的口才、你的心理承受力、你的现场表现力都会得到一次训练和提升。我们知道，演讲训练发音吐字，训练语调、语气、语速、停顿，训练态势语言。它能提高语言的表达技巧，使你说话时情动于衷，感情饱满，能恰当地运用面部表情、眼神、姿态和手势，取得口头表达和表情动作完美和谐的统一，让你的语言具有形象、生动、风趣、幽默等特点。另外，为了作好演讲，得做充分的准备，要从图书、报刊、电影、电视、网络以及本地区的自然、人文、社会中搜集信息和资料。阅读大量的健康有益的书籍，对你的修养学识有较大的帮助，能对你起到净化思想、陶冶情操、感化心灵、改善情感的教育作用。从优秀的文学作品中受到熏陶并在情感体验的潜移默化中促进积极的人生态度和正确价值观的形成；从科技读物中培养爱科学、学科学的情感；从哲理类文章中提高对事物的认识和思辨力；从社科类媒体中培养热爱生活、热爱自然的情感，拓展对风俗、人情、自然风光以及世界各地种种有趣的习俗和许多的风景名胜的了解；从新闻载体中提高对我国与世界的重要政治事件的关注……演讲，在学识上，考察的是一个人对社会学、哲学、文学、经济学、心理学等各方面知识掌握的情况。只有通过广泛地了解资料，才能够在演讲时侃侃而谈，这也是你不怯场的必要条件。演讲有利于锻炼一个人的胆量，有利于一个人语言表达能力的提高，有利于一个人观察问题、分析问题能力的提高，有利于锻炼一个人的交际能力……如果是即兴演讲的话，更可以锻炼一个人的思维反应速度，所以通过演讲你们得到的不仅仅是在学识上的进步，还是心理上的一次升华。

□ **出一次远门**。古语云"行万里路，读万卷书"，这是先人在社会实践的基础上总结出来的经验，至今还有现实意义。"两耳不闻窗外事，一心只读圣贤书"的做法再也不能适应现代社会。人生除了课堂知识，还有更多非课本的东西值得学习、感悟和体验。大学里，没有了繁重的课业压力，没有了沉闷的自习气氛，不妨利用寒暑假，背上行囊，出一次远门，与大自然做一次亲密的接触，给祖国的大好河山一个亲切的问候，见识不同的风土人情，了解更多的人间趣事，这都会给你带来全新的体验和丰富的收获。在过程中去体验路途的奔波，欣赏异地的风景，品味不同的文化，收获一份轻松的心情，一个开阔的视野，一个更丰富的自己！

□ **与领导聊一次天**。大学生，处在由学生向社会人转变的关键点上，在这四年里形成的思想价值观，处事方法，行为习惯等将会决定你一生的高度。正是如此，在这个时期，大学生是最容易陷入迷茫和误区的。据调查数据显示，我国大学生普遍存在心理问题，人生规划、职业目标、自我定位不清晰者大有人在。在这个时候，我们应该做什么呢？如果你有了上述困惑，或者想进一步提升自己，你不妨真诚地和你的领导、老师、学长聊一次天，深谈一次，他们会以过来人的经验，以更深刻的思想和敏锐的眼光，来帮助你、启发你、影响你。或许一次谈话，便能提升你的事业和境界，提高你的认知高度，让你于"望尽天涯路"后，茅塞顿开，走出困境，迈向成功。

□ **做一次勤工俭学（打一次工）**。勤工俭学（也叫"打工"、做兼职）一般是指家庭经济困难的大学生利用业余时间做工赚取报酬，以补学业生活之用。当然，有的同学外出打工或做兼职也不一定是为了挣钱，而是想多积累点社会实践经验，人生体验。不管是由于家庭经济困难而想减轻家庭负担，或是想弥补自己的"财政赤字"，或是想增加人生阅历，勤工俭学都有利于学生较早接触社会、开阔视野、增长知识、培养能力、认识社会，增加自己的人生阅历，锻炼学生的自我挑战意识和意志水平。通过勤工俭学（外出打工或做兼职）接触社会，能较早的认清自己的价值和在社会中的位置，学会忍让和包容，还有无奈地接受。随着经济的发展，市场竞争将日趋激烈，高学历、高文凭不再是毕业后找份好工作的唯一通行证，唯有提高能力、提高素质才是制胜的法宝。参加一次勤工俭学，以积极的态度去了解社会、锻炼能力，为以后建功立业做准备。外出打工（做兼职）还可以让自己认识到赚钱的艰辛，积累自信和经验，强化自立意识，增强自立能力，了解和认识社会，了解用人单位的文化和管理，人际交往和社会适应能力也会得到提升，为以后走进社会奠定基础。勤工俭学（外出打工、做兼职）是我们大学生寻找自己人生价值坐标的一次尝试，不管是否确定了自我的价值方向，寻找本身就是一种价值的外现。在劳动中你们可以真实地体验生活，感受生活的艰辛和乐趣，在真正的打工中会加深对父母的理解，对于家庭观念的感受也会更加深刻！在打工的那些日子中，你的内心会变得更加成熟，你的阅历会更加丰富。当你拿着那一份通过自己劳动而获得的薪水时，你会为自己所取得的成绩感到欣慰和自豪！

□ **参加一场辩论**。在大学里，辩论会绝对是一道亮丽的风景。古有诸葛舌战群儒；今有学子雄辩滔滔。参加一场辩论，你的发散思维能力、应变能力、口头表达能力、文字整理编辑能力、资料搜索分析能力都会得到很好的锻炼。也能够使你更好地剖析问题，学会从多个方面思考，而不只是简单的对与错，可以使你更全面、更透彻地考虑问题。在大家的合作中，还可以增强自身的团队合作意识和集体荣誉感。在掌声与鼓励中，你得到的是肯定和成就感。在与对手的争论中，你学会的是辩证思维，懂得的是礼貌与尊重，增加的是同学间、师生间的感情。总之，认真参加一次辩论，体验那种面红耳赤的争辩，唇枪舌剑的交锋，在一场没有硝烟的战争中，你获得的将是别样的生活感悟。

□ **当一次宿舍长。** 大学里很多的时间，你们都是在宿舍中度过的。宿舍在大学的日常生活中是一个极其重要的场所。因此，当一次宿舍长看似微不足道，实际上很有意义。宿舍学习、团结、干净、文明氛围的营造，是一个极其考验人的文化素养和组织活动能力的事情。一个寝室是否形成了"自律、俭约、文明、尚学、和谐"的氛围，是对宿舍长能力的最佳评判。所以，做一次宿舍长的经历对于一个大学生来说是一个不可或缺的经历啊。在当宿舍长的过程中，你会体会到"一家之长"的不易，你会收获一份无法分割的友谊，你会感受到同学们的真诚关心和帮助。同宿四年，交往一生！

□ **参加一次运动会。** 大学校园一年一度的运动会是大学生的体育盛宴。全校的运动健儿本着"友谊第一、比赛第二"的体育比赛精神，在赛场上顽强拼搏，他们用热血与汗水，书写着壮丽的篇章，实现"更高，更快，更强"的目标，这是耐力与意志的检验，是自我价值与个人特长的展现，更是为集体荣誉的拼搏！看台上的激情呐喊，赛场上的英姿飒爽，鲜花和掌声，泪水与欢笑，构成了一幅绝美的画面。在大学里，无论你是做激情澎湃的观众，还是众人瞩目的运动员，你都要去体验一下运动会带给你的青春激情与活力。你可以组织大家训练，你可以带领大家加油，你可以参加仪仗队，你也可以去当裁判员。即便你没有体育天分，也可以当个后勤总管或拉拉队员，总之，要为集体荣誉去呐喊、去助威！你参与，你快乐！相信这样的体验，在你年老时，仍是一段甜美的回忆！

□ **参加一次演出。** 当你站在舞台上让大家听到你动听的歌声时，当你站在舞台上让大家欣赏到你优美的舞姿时，你是否会激动不已？参加一次演出，我们获得的东西要比平时训练时多。首先，这是一次在大家面前展现自己的机会，所以当你站在台上时肯定会小心翼翼的表演，技术的娴熟不是一朝一夕可以成就的，因此你必须要在赛前积极地训练，这是一次提升自己才能的绝好时机。其次，当你站在台上时，不会紧张吗？这正好是一次磨炼自己的机会，通过这一次的历练你遇事不会再那么紧张，可以勇敢地表现自己。最后，当你以完美的结局结束表演时，收到大家热烈的掌声，你会有一种成就感，这是你以后做其他事情的动力和信心，这一次经历可能会改变你的一生。演出的节目还有很多，如朗诵、对白、小品、话剧、双簧、乐器……当你自己有某方面的才能时，不要把它隐藏，一定要勇于表现出来，让每一个人都看到你闪光的一面。

□ **培养一项爱好。** 在大学中除了大量学习专业知识之外，我们还应该有自己的爱好。爱好不仅仅是一种陶冶情操的方式，更多的是表现你对生活热爱的程度！很多的成功人士或者是科学家，他们都有着自己的爱好！因此，大学生也应该有自己的爱好。大学是一个多元文化交融的殿堂，她不仅仅孕育着未来的工程师、文学家、艺术家、科学家……而更多的是孕育着懂得感受和享受生活的有为青年。所以，在大学中每一个学生都应该有一项属于自己的爱好，如你还没有那就赶紧培养一项你的爱好吧。加入到俱乐部活动中，那样，你的朋友圈子会越来越大，你会变得更加热爱学习和生活。加入到培养一项爱好的活动中，你将多一种提升生活品质的方式，你的生活会变得更加充实和有趣。同学们，培养一项爱好吧，它也许会成为你终身的伴侣！

□ **拿一次奖学金。** 大学里，曾流传"没有挂过科的大学是不完整的"，也曾流传"必修课选逃，选修课必逃"，这些言论无论多么受推崇，可如果在大学四年中没有获得过奖学金或其他荣誉，不能不说是一种遗憾！大学里学习或许不是最重要的，但是不学习，会使你成为最不重要的。无论如何，大学里的奖学金是一种荣誉，也是对自己努力的肯定。在学校的各类优秀个人评奖中，是否获得过奖学金是必备条件之一，也就是说，不管你其他方面如何出众，如果学习不好，至少你不是全面发展的。将来走出校门，走向社会，学习成绩也是对你的智力、学习能力的一种考量。所以，大学里不要留下遗憾，先不要去无意义地讨论大学里的学习有用没用。至少，你学习了，你就会总结出自己的学习方法和思路，这将是你受用不尽的财富！

□**参加一次专业竞赛或科技竞赛。**当你从什么知识都不懂，却一跃在科技大赛中获奖的过程中，你会是什么感受？参加一次科技竞赛让我们获得的知识储备难以估量，也让我们的心理素质在潜移默化中得到提升。参加竞赛，你要了解这个大赛的规程以及历史，当你开始着手做比赛项目的时候，你要了解搜集各个方面的知识，如电路与仪器方面、市场调查方面、团队建设与管理方面、论文写作方面等，这些都要通过自己上网，去图书馆、书城完成，这些过程的体验和知识的丰富是我们自己都无法估计的。通过这次竞赛你学会的是如何管理一个小团队，如何与团队成员团结互助，如何与不同性格的人沟通，如何组织语言，如何调节团队成员之间的矛盾？这当中，还培养了你们的耐心，让你们以后无论做多么琐碎的事情都能够踏踏实实地完成。参加一次科技竞赛更是你能力和素质的展现，也为你以后的事业打下坚实的基础。所以，我们希望同学们大一刚进大学，就要全面关注大学生科技竞赛，了解与你专业相关的科技竞赛项目，时刻准备，即便自认为什么都不懂，也不要害怕，要勇敢地把握住机会，利用平台锻炼自己的才能。

□**玩一次通宵。**玩一通宵不管从生理上还是心理上，对人的健康都是有害的。然而，一些大学生始终对其钟爱有加，大概这其中的苦乐只有他们自己知道吧。大学就是这么一个让人体验的地方。你不妨抽个时间，去通宵一次。你可以选择通宵自习、通宵网游、通宵聊天、通宵 K 歌、通宵电影……通宵一次，为平淡的生活增添一点另类感受，或许是释放压力的一个不错的选择。习惯了正统的早起早睡，一次别样的体验，会给你增加很多认知和乐趣！或许你会发现夜晚会是那么静那么美，蟋蟀的叫声那么洪亮那么清脆，或许你会觉得别人钟情的通宵对你是那么的累，或许你再也不会玩通宵。这样的体验是生活的一种调剂，在各种各样的体验中，一个人的人格才会健全，一个人的素质才能综合发展。通宵不是一种长期的状态，只能是生活中的快餐体验，希望你在其中找到自己的乐趣和积极的体验感受！

……

不同的生活，不同的体验，每一次体验对你而言都会是一次感悟和提升！

2004 年，时任微软公司全球副总裁李开复先生在写给中国大学生的第二封信中重申大学生个人素质的10项要求，以及成功学大师拿破仑·希尔经过数十年研究，归纳出的相当有价值的17 条黄金定律，涵盖了人类取得成功的所有主观因素，而这些要求和主观因素都必须在实践和体验中才能获得。

拿破仑·希尔是位在世界范围内有着重要影响的成功学大师，他令人奋发向上的思想早已成为各位成功人士永不停息的原动力。"未来不可以预测，但可以创造！"大学生应及早树立成功的信念，提升自身的综合素质，这必将促使你向更高、更辉煌的人生目标迈进。

扩展阅读一：《李开复给中国大学生的第二封信》（节选）

1. 诚信和正直

一个人的人品如何直接决定了这个人对于社会的价值。而在与人品相关的各种因素之中，诚信又是最为重要的一点。当一个公司这么重视诚信，员工一定更值得信赖。因此，公司对员工也能够完全信任，让他们发挥自己的才能。正因为如此得到公司的信任，微软的员工对公司才有更强的责任心和更高的工作热情。

2. 培养主动意识

许多中国人并不善于推销和宣传自己，但是，要想在现代企业中获得成功，就必须努力培养自己的主动意识：在工作中要勇于承担责任，主动为自己设定工作目标，并不断改进方式和方法；此外，还应当培养推销自己的能力，在领导或同事面前要善于表现自己的优点，有了研究成果或技术创新之后要通过演讲、展示、交流、论文等方式和同事或同行分享，在工作中犯了错误也要勇于承认。只有积极主动的人才能在瞬息万变的竞争环境中获得成功，只有善于展示自己的人才能在工作中获得真正的机会。

3. 客观、直接的交流和沟通

开诚布公的交流和沟通是团队合作中最重要的环节。人与人之间遮遮掩掩、言不由衷甚至挑拨是非的做法都会严重破坏团队中的工作氛围，阻碍团队成员间的正常交流，并最终导致项目或企业经营失败。

从一名大学生到一名程序员，再到一位管理者，在软件人才的成长历程中，学习是永无止境的。在大学期间，我们要打好基础，培养自己各方面的素质和能力；工作以后，我们应当努力在实际工作中学习新的技术并积累相关经验；即使走上了管理岗位，我们也应当不断学习，不断提高自己。软件产业本身就是一个每天都会有新技术、新概念诞生，充满了活力和创造力的产业。作为软件产业的从业人员，如果只知道闭门造车、抱残守缺，我们就必然会落伍，必然会被市场淘汰。

4. 与自己竞争，打好基础

许多中国学生喜欢与别人竞争，但这种竞争更多地表现为一种"零和游戏"，无法使自己和他人得到真正的提高。我建议大家最好能不断和自己竞争——不要总想着胜过别人，而要努力超越自我，不断在自身的水平上取得进步。

在学习的过程中，打好基础最为重要。从软件产业对人才的需求来看，我们必须学好数学和英语这两门基础学科。数学是所有工程科学的基础，无论是软件产品的开发，还是软件技术的研究，都要大量使用数学方法和数学原理。英文则是软件行业中的国际语言，要想了解国际上软件技术的发展趋势，掌握最新的研究成果，或是与国外同行进行技术交流，就必须掌握英文的听、说、读、写，能够在工作中熟练使用英文来解决问题。

5. 情商和领导能力

同学们都希望增进自己的领导能力（leadership skills）。从我的经验和一些最近的研究结果看来，领导能力中最重要的是所谓的"情商"（EQ）。

智商（IQ）反映人的智慧水平，情商则反映了人在情感、情绪方面的自控和协调能力。在高新技术企业中，大家都知道智慧的重要，但是情商的重要性甚至超过了智商，情商主要是指那些与认识自我、控制情绪、激励自己以及处理人际关系等相关的个人能力。在情商所描述的各项能力因素中，自觉、同理心、自律和人际关系是四种对现代人的事业成败起决定性作用的关键因素。智商是先天赋予的，但是情商是可以培养的。多花工夫理解和应用这四种情商的关键因素。除此之外，因为情商不是自己能看清楚的，我建议可多理解别人对你的看法、多吸取别人(尤其是情商高的人)的意见。

6. 自觉

中国人常说，人贵有自知之明。这实际上是说，社会生活中的每个人都应当对自己的素质、潜能、特长、缺陷、经验等各种基本能力有一个清醒的认识，对自己在社会工作生活中可能扮演的角色有一个明确的定位。心理学上把这种有自知之明的能力称为"自觉"，这通常包括察觉自己的情绪对言行的影响，了解并正确评估自己的资质、能力与局限，相信自己的价值和能力等几个方面。

7. 同理心

同理心(empathy)是一个比较抽象的心理学概念，但解释起来非常简单：同理心指的是人们常说的设身处地、将心比心的做法。也就是说，在发生冲突或误解的时候，当事人如果能把自己放在对方的处境中想一想，也许就可以更容易地了解对方的初衷，消除误解。我们在生活中常说"人同此心，心同此理"，就是这个道理。

8. 从优秀到卓越

一位企业的领导者在成功的基础上，要想进一步提高自己，使自己的企业保持持续增长，使自己的个人能力从优秀向卓越迈进，就必须努力培养自己在"谦虚"、"执著"和"勇气"这三个方面的品质。谦虚使人进步。执著是指我们坚持正确的方向，矢志不移的决心和意志。成功者需要有足够的勇气来面对挑战。

9. 自律

自律(self-regulation)指的是自我控制和自我调整的能力。这包括：自我控制不安定的情绪或冲动，在压力面前保持清晰的头脑；以诚实赢得信任，并且随时都清晰地理解自己的行为将影响他人。自律必须建立在诚信的基础上。只有在赢得他人信任的基础上，严于律己、宽以待人，才能真正获得他人的尊重和赞许。

10. 人际关系

人际关系包括在社会交往中的影响力、倾听与沟通的能力，处理冲突的能力、建立关系、合作与协调的能力，说服与影响的能力等。任何工作都需要我们具备处理人际关系、展示自己、影响他人的能力。

扩展阅读二：优秀大学生的品质[①]

优秀的大学生拥有一些共同的品质。学习态度与核心价值是其中的关键。他们的学习方法和策略也许有所不同，但最终都会超越平凡，达到成功。拥有优秀大学生的品质，会让你独一无二，出类拔萃。

以下列出的就是优秀大学生的一些品质。记住，这并不完整，只是给你提供一些大致的方向。在阅读这些品质时，记住时时自我审视。如果你已经表现出了某项品质，就在旁边的小框里打钩。如果你很想积极行动，获得某一项品质，那么就在旁边的小框里做个其他的记号，比如画上一个感叹号。这并非考试。只不过是对你已经取得的成果进行肯定，并开始思考未来变得更优秀的可能性。

---

① [美]戴夫·埃利斯，《优秀大学生成长手册》，第 2～5 页。

□**勤学好问**。优秀的大学生对什么都很好奇。通过提问，世间最乏味的事情在他那儿也变得有意思了。当他在生物课上觉得无聊时，他会对自己说："每次听这个老师讲课我都觉得无聊，这是为什么呢？或许是因为他总让我想起家里那个絮絮叨叨的叔叔。他好像还真有点像我叔叔。"真是太神奇了！原来无聊也可以变得有聊。然后他就问自己："尽管这门课无聊，但我该怎么样从中得到价值呢？"于是他找到了答案。

□**能集中精力**。一个两岁的小孩子在玩耍时，你可以注意下他的眼睛。他那两只大眼睛炯炯有神，充满好奇地专注地看着他眼前的事物。优秀的大学生也能像小孩那样集中精力。世界对一个小孩来说总是新的。优秀的大学生能够集中精力，因此，世界对他来说也是新的。

□**乐于改变**。未知并不能让优秀的大学生感到恐惧，实际上，他欢迎未知，包括对自己的未知。我们对自己都有一些认识，这些认识可以很有用，但有些也可能阻碍我们的学习和成长。优秀的学生乐于接受环境和自己的改变。

□**善于处理信息**。优秀的大学生能够在大量信息中找到相互之间的关联。他可以把信息玩弄于手掌之中，根据大小、色彩、功能、时效性和其他类别对信息进行组织分类。

□**掌握一定的技能**。掌握一定技能是成为优秀大学生的关键。例如，他学数学公式时，会反复练习，直到把公式深深地印在脑子里。他还善于融会贯通，举一反三。

□**幸福快乐**。优秀的大学生常常面带微笑，因为他觉得世界是美好的，能活在这个世界上就是幸福的。

□**遇事三思**。优秀的大学生有看法，有立场，但他能够适时地将这些立场放置一边。他明白自己应该三思而后行。他可以压抑内心冲动的声音，耐心倾听反对的意见。他不会让自己最初的判断成为学习的阻碍。在讨论中，他不会采取"要让我相信，你必须证明给我看"的态度，而是扪心自问，"如果这是真的，那会怎样？"接着他就会去找种种可能性。

□**充满活力**。留意那些走路步伐轻盈的学生，那些在课堂上积极活跃的学生。他们阅读时很少采用懒散的姿势，而是会端正地坐在椅子的边缘，而娱乐的时候他们也会非常地忘我。他们就是优秀的大学生。

□**健康向上**。健康的身体对优秀的大学生来说是很重要的，但这并不意味着完全不生病，而是指他重视自己的身体，善待自己的身体。同时，他也非常注意自己的心理健康。

□**正确认识自己**。优秀的大学生敢于评价自己和自己的行为。他通常会坦率地说出自己的优势和不足。

□**责任心强**。优秀的大学生很清楚承担责任和推卸责任之间的区别。他愿意对自己生活中的一切事情负责——即使是大多数人会把责任归咎于他人。

□**敢于冒险**。优秀的大学生常常会尝试自己没把握的事。课堂讨论时，他大胆表达自己的观点，即使会引起哄堂大笑。他会给自己选择很难的学期论文题目，他喜欢挑战很有难度的课程。

□**博采广览**。优秀的大学生总是对周围的一切都很感兴趣。在课堂上，他全情投入，充分表达。在教室外，他积极寻求深入学习的方法，比如加入学习小组、参加校园活动、加入学生社团或参与团队合作的项目等。通过这些经历，他积累了各个领域的经验，储备了各种各样广泛的知识，并将其运用到自己的专业当中。

□**乐于接受矛盾**。悖论一词源自希腊文"paradox"，"para"是"超越"的意思，"doxen"是指"观点"，因此"paradox"的意思就是超越观点，更准确地说，就是一种看似矛盾或者荒唐其实却有一定道理的观点。

例如，一个优秀的大学生决定要好好理财，实现一定的经济目标，但同时她又能让自己超然于钱财之上，知道自己的价值和拥有的金钱的多少是无关的。这位学生能意识到大脑的这种局限性，能接受这种悖论。

□**勇敢**。优秀的大学生敢于承认并应对自己的恐惧。例如，一次充满挑战的考试在他看来也是一次学会应对焦虑、紧张和压力的机会。他不回避恐惧，而是直面恐惧。

□**自我引导。** 优秀大学生的学习动力并不是来自他人的奖励或者惩罚，而是来自自我。

□**把握当下。** 优秀的大学生能够真正地把握当下，他可以对每一分每一秒都怀有新鲜感，自然而然地去感知世界的神奇。

□**正确看待分数。** 优秀的大学生不会为分数的高低感到沾沾自喜或沮丧难过。他明白，分数有时确实很重要，但分数并不是他学习的唯一目的。他不会用得到的分数来衡量自己作为一个人的价值。

□**懂得"高科技"。** 一个优秀大学生对于"高科技"的定义是，任何能够用来达到目的的工具。从这个观点出发，电脑就成为辅助更深入学习的工具，能够提高生产力，并让工作更有成效。着手完成一项任务时，优秀的大学生会迅速选择最先进和最有效的硬件和软件。他很有效率地搜索信息，对各种数据和资料进行批判性思考，并利用高科技创建网上社区。如果对某项技术比较生疏，他不会慌张忙乱，而是积极地去学习这门新技术，并寻找合适的方法。他也知道什么时候该"下线"，全心全意地投入到日常生活中的朋友相聚、家人相聚、同学活动、师生交流和同事联谊中去。

□**直觉敏锐。** 优秀大学生有一种不能用逻辑来解释的内心感应，而且他知道该怎样相信自己的直觉，他也会注意去培养自己的直觉。

□**有创造力。** 在别人看来毫无价值的细枝末节，优秀的大学生却能从中看到创造的机会。他能把各个学科的知识以一种全新的方式整合起来。优秀的大学生在生活的各个方面都具有很强的创造力。

□**愿意吃苦。** 优秀的大学生不会把追求安逸放在首位。若一个目标的实现必须经历一个艰难的过程，他也乐于接受。他能忍受艰难困苦，毫不惧怕。

□**乐观积极。** 优秀的大学生认为所有挫折都是暂时的，独立的。他明白自己可以选择任何态度来面对任何情况。

□**开朗爱笑。** 优秀的大学生风趣幽默，有他在的时候就有笑声。接受教育是昂贵的投资，你要认真对待这个问题，但也没必要因此就不苟言笑。优秀的大学生会庆祝学习，而最好的庆祝方式便是时不时地笑一笑。

□**求知若渴。** 人类对知识有一种与生俱来的渴求。但有些人的这种渴求会慢慢消失，而优秀的大学生对知识永远是如饥似渴，愿意为了学习而学习。

□**踏实肯干。** 一旦有了目标，优秀的大学生就会愿意无怨无悔地付出辛劳和汗水。他明白，成功等于百分之九十九的汗水加上百分之一的天赋。优秀的大学生干起活来会像一个玩得正欢的疯孩子，怎么也不愿意停下来。

□**谦虚友善。** 优秀的大学生看重知识的获取，对知识永远充满热情。同时他也懂得欣赏他人，知识双赢、合作和友爱的重要性，因此他总是很受欢迎。

扩展阅读三：俞敏洪·走进大学，只是一次生命真正的开始[①]

以下是新东方教育科技集团董事长兼首席执行官俞敏洪，在新东方"相信未来——中国大学新生学习规划公益巡讲"首场讲座中，以"走进大学，只是一次生命真正的开始"为题，在北京圆明园遗址公园南门广场为来自北京大学、清华大学、北京科技大学、中央民族大学、首都师范大学等首都 51 所高校的近万名大学新生作的关于学习、成长的精彩讲座内容。以下为俞敏洪演讲全文：

亲爱的来自北京各个高校的同学们：

大家下午好！

---

① http://www.lz13.cn/lizhiyanjiang/4633.html.

非常感谢大家来到这么一个特殊的地方，也感谢大家在下午顶着非常晒的太阳，来这儿听我跟大家聊大学生活。

请问我们现在坐的地方的背后是什么？圆明园。可以说中国的近代史就是由圆明园的废墟开始的历史。圆明园是哪一年被烧掉的？大家都知道1860年英法联军。为什么远离万里之外的英国和法国跑到我们中国这个首都之地把圆明园给烧掉？最根本的原因是什么？是因为圆明园里面有好东西吗？是因为圆明园没人保护吗？还是因为圆明园中国人民当时没有能力保护？很明显的是没有能力保护。谁都知道，中国近100多年的发展史是一部耻辱的历史。近30年中国改革开放的历史，是一部从耻辱中间不断地站起来的历史。

今天的中国在世界上已经有了一定的地位。20年前我申请到美国去的时候，不断地被拒签，今天我们想要去美国或者西方其他国家基本上可以拿到签证，这一点表明了我们变得不断强大。但是，站在这个地方，我们可以清楚地知道，一个国家如果很贫弱的话就会受到欺负。这是为什么邓小平总结了一句话，非常简单的一句话，叫做"发展是硬道理"。今天的中国有了一定的地位，但是依然不够强大。我们所说的强大，不是说要能够战胜所有的国家，不是要要打到英国大英博物馆或者打到法国的卢浮宫，去把东西抢回来。我们所说的强大，是从经济、政治、文化到精神的强大。

我们在座的每个人一辈子的历史，它可以是光荣的，也可以是耻辱的；它可以是失败的，也可以是成功的。你想变得成功，你想变得光荣，不在于外在的任何条件，而在于你自身。不在于说你本身现在是什么地位，而在于一辈子你到底具备什么样的梦想。我们很多同学在一路奋斗以后，走进了北京的大学。在座的有来自北大、清华这样的名牌学校，也有像吉利大学这样的民办学校。似乎我们进入大学的门槛和分数是不一样的，但是同学们请记住，这只是你人生的一个起点。在过去从小学到中学毕业的12年的历史，我们经历了艰苦卓绝的奋斗。因为如果我们不努力、不奋斗，就不可能走进大学。但是，走进大学，只是一次生命真正的开始。

我们大家都知道，只要你保证身体健康就能活很多年。假如我们能活到100岁，那你还有80年的事要做。很多同学说，我现在已经比别的同学差得很远，我未来到底怎么样才能改善？我有一句话，人最重要的是志向，是内心的渴望，而不是外在的条件。从外在条件来说，我们人一辈子，从出生的那一天开始就是不平等的，生而不平等，这是一个事实。你出生在农民家里和出生在官宦家里的条件是不一样的，能得到的资源也是不一样的。但是，我们人的一辈子的奋斗过程，就是不断地去使自己有能力获取更大的资源、实现更大的梦想，并且回过头来把这种资源贡献给社会的过程。所以，当有人问我说，俞老师，我这辈子还能追上别人吗？像你这样的成就或者像你做的事情，我未来还可以做到吗？我可以肯定地告诉你：只要我能做到，你就能做到；只要李开复能做到，你就能做到；只要马云能做到，你就能做到。因为我们这些人的起点并不比你更高，某种意义上说，甚至应该比你更低。人生一辈子不是百米赛跑，如果百米赛跑早跑一秒钟或者晚跑一秒钟，你可能就会晚到一秒钟或者早到一秒钟。人生走的是无穷无尽的马拉松，马拉松不需要去计较你的起点是落后了还是站在第一名，马拉松计较的是你到底能够走多远，到底能够坚持走多久。如果说你能坚持走出足够的距离，哪怕你放慢一点儿速度，只要前进的方向是清晰的，未来你就能走出别人所没有走出来的距离，你就能看到别人没有看到的风景。我只是希望我们在座的所有同学们，不要像圆明园一样，最后自己被倒成一片废墟，而自己的生命回顾起来也是一片废墟。我们希望的是，现在趁着我们还很年轻，趁着我们还有理想，趁着我们还有激情，就应该让生命进一步地前行，让生命进一步地发出光彩和热。

同学们，我们现在站在了新的起点上，就是我们的大学生活。我刚才说过，如果我们大学生活要往前走的话，我们不需要太关注过去，不需要关注现在所在的大学是好还是坏，不需要关注家庭出身是农民还是工人，不需要关注长相是好看还是难看，甚至未来不需要关注你到底能够到国外去读书还是留在国内读书，因为所有这一切都是外在的东西。外在的东西尽管在一定阶段对我们来说是很重要的，但是从长远的一辈子来说，对我们来说是不重要的。

以大学为例，我们进了北大(北京大学)或者清华(清华大学)这样的大学固然好，但并不是每一个走进北大的学生就必然成功。我看到了很多北大的学生，进了北大就不学习了；看到很多北大的学生，由于学习压力非常重，心理很有问题；也看到了一些北大的学生，在大学毕业以后无所事事。当然，我想清华等这样的学校也有这样的情况。但是我看到很多二本三本的学生，他们在经过了自己全力以赴的努力以后，研究生就考上了北大、清华或者是进入了世界名牌大学。

我认识的一个朋友，中专毕业以后，经过了一段时间的工作，他发现中专学历远远不够。他之所以上中专，不是因为他笨，而是因为他的家庭条件实在太差。在当时那个年代，应该是接近 30 年以前，上中专一般都是师范学院，而师范学院是不需要交任何费用的，所以他只能选择中专。工作以后，发现这是远远不够的。后来就开始努力自学，上了大专。考上以后，他觉得大专还是不够。现在一般来说要学到本科才能考研究生，但那时只要是大专毕业了就可以考研究生。所以，大专毕业之后，他下定决心要考研究生，而且要考就考最好的学校。所以，最后目标锁定在北大。他辞掉了工作，在北大外面租了一间房子，努力自学了三年，最后终于考上了北京大学政治系的研究生。北大毕业以后，成了公务员，进入了北京非常好的一个中央单位工作。在中央单位工作的时候，觉得自己一杯开水、一张报纸这样的日子不是自己想要奋斗的目标，所以业余时间就来新东方学托福、学 GRE，目标是要到世界名牌大学读书。在新东方学了差不多两年，把这两门考试考过去了，最后通过努力，进入了哈佛大学肯尼迪政治学院。毕业以后，在国外工作了一段时间，刚好遇到中国政府希望到国外招聘一些在国外毕业后想回到中国工作的机会。回来以后，很快进入了中国的厅局级管理干部的行列。由于他的志向，由于他的努力，由于他中西方文化结合的背景，所以很快变成了中国的比较重要的管理干部之一。

有无数的中专生就是以中专结束了自己的一辈子。但是我们可以看到，有一个中专生可以奋斗到哈佛大学的毕业生，这就是一路奋斗的历程。我们常常说，名牌大学的人好像有一些更加硬性的条件，但我刚才也说过了，并不是每一个名牌大学的人都能成功。

我跟马云有很多相似之处。马云高考考了三年，我也考了三年；马云考的是英语专业，我也考的是英语专业；三年以后，我考上了北京大学，他考上了杭州师范学院。大家都知道，这是一所大家没听说过的学校。如果你现在曾经听说过这个学校，一定是因为先听说了马云，才听说了这所学校。我跟马云到今天为止还有很多相似之处，我们两个人都可以用英文做报告，我们两个人到今天为止依然保持着自己的学士学位。也就是说，我们的最高学历是学士。但是大家可以看到，学校和学位不能阻挡一个人的成长。我曾经认为我比马云要做得更好一点儿，因为我毕竟是北大的。但是，大家都知道，马云一个人做出了我 10 个人可能都做不出的事情。我做了近 20 年只做出一个新东方，马云真正的创业(阿里巴巴)是 1999 年开始的，也就是比我做得还要晚。但是他现在除了阿里巴巴以外，有支付宝、有淘宝网。如果支付宝和淘宝网再上市的话，这两个公司的市值将是上百亿美金左右。

所以大家可以看到，一个人的成功跟你所上的学校没有必然的联系，跟你内心的冲动有关系，跟你内心的渴望有关系。我常常说，一个人可以过贫困的生活，一个人可以过孤独的生活，但是一个人不能过内心没有火焰的生活，一个人不能过内心没有渴望和向往的生活。我说的这些渴望和向往，不是指你每天渴望吃一顿饭，不是说你每天渴望喝两瓶啤酒，不是说渴望每天要交几个女朋友或者男朋友，尽管你可以有这些渴望，但是所有这些渴望应该放在你更大的渴望之上。这份渴望，就是渴望自己能够变得伟大，渴望自己能够变成成功，渴望自己能够变得有影响力，渴望自己能够养活自己、养活家庭，渴望自己为这个社会作贡献。这种渴望是你走向未来的强大动力。

一个人就像一种植物一样，如果内心没有长大的种子，你永远长不大。这是我在中央电视台说过的著名的树和草的比喻。如果你内心只是草的种子，你就是草；如果你内心是树的种子，你必然会长成树。在人的心里，树的种子和草的种子是可以变换的，不像自然界，让松树的种子变成杨树是不太容易的，让草的种子变成松树也是不可能的。但是，人是可变的，人的改变往往是一瞬间的事情。只要你内心想要把自己变得崇高、变得伟大，你就能改变。所以，首先我们要求在座的同学都要做到一点，就是要有一个渴望自己成长的种子。

人的成长有两种：一种叫做自然成长；另一种叫做心灵的成长。我们在座的所有同学都可以自然地成长。你完全可以预料到你18岁到30岁会是怎么样，30岁到40岁怎么样，到50岁怎么样。现在如果经过电脑的精确计算，你能够精确地看到90岁长成什么样。我曾经输入过我的头像，发现90岁是一个干瘪的、头发花白、满脸皱纹的，但充满智慧的老头形象。我相信我这个人可能一辈子什么都会丢掉，但是有一点肯定不会丢，就是我对生活的渴望和对自己创造的渴望。在我的生命中，杨振宁教授一直是我学习榜样。杨振宁教授今年已接近90岁的生命，还在不断地到处做演讲，指导年轻的科学家。人是一种可以不断地燃烧，可以源源不断地发现自己的能量，可以不断地产生燃气的这样一种动物。你只要想烧，永远是烧不完的。大家有没有发现一个现象：只有懒惰的人身体才会不好，而勤奋、有理想的人往往身体会不断地好起来。像年纪大的人中间，那些勤劳的人往往很少得老年痴呆症，而那些不需要干活的人常常会得老年痴呆症。为什么？他不再行动，不再动脑子。从这个意义上来说，人像动物一样，是要干活的。任何一个动物，如果失去了捕食的能力，就会被饿死。所以，你可以看到在非洲草原上被活活饿死的狮子。为什么？因为它失去了捕食能力。

我们可以预料自己活多少岁，甚至可以预料我们的长相是什么样的。但是，请在座的同学想一想，你能预料你30岁能获得什么成就吗？你能预料你40岁获得什么成就吗？你能预料你80岁获得什么成就吗？你预料不到。人只有这一点没法预料，你永远没法预料你的潜力。但是，你的潜力在什么地方？在你的心里面。我从来没有预料到今天我所做的一切事情是我能够做出来的。今天我能做出一点儿事情来，是因为我对生命有一种内在的渴望和向往。

我的家在长江边上，从小坐在长江边看着太阳从东方升起，从西方落下，看着船来船往，我就产生了一种渴望。这种渴望后来我总结了一句话，叫做穿越地平线走向未来的渴望，就是走向远方。生命中有榜样也是非常重要的，在我的生命中有一个家乡的榜样，他的家就在我的隔壁，这个人的名字大家都知道，叫徐霞客。我们从小就听徐霞客的故事，给我带来的一种感觉，如果说一个榜样离你很远，你可能会把他当作神。比如说，我让你把丘吉尔、毛泽东、秦始皇、刘邦、曹雪芹、鲁迅当作榜样，你觉得他们离你很远。但是，如果就住在鲁迅的三味书屋边上长大的，你就可能觉得鲁迅离你很近。所以，我从小就有这样一个感觉：如果徐霞客在400多年前就能够走遍中国的山山水水，把自己走成一个伟大的人物，那为什么我不能？所以，榜样的力量是无穷的。我从小有一个一般农村的孩子不会产生的眼界，就是我希望自己能够走遍中国的山山水水。

人最大的痛苦是什么？就是你有了一个更加容易的选择，往往就会往更加容易的选择上去走。更加容易的选择往往导致你降低自己的人生目标和标准。当初如果有农民工的话，我就不会那么辛苦地去考大学，因为考大学肯定比当农民工更加难。但是，当你发现一个更加难的事情通过自己的努力也能达到，更加难的目标就值得你去努力。

人要有一个向往。我当时的这种向往就是希望自己能够走出去。这样的向往，使我最后能够走进北大。我连续三年高考。第一年高考，英语考了33分，连中专都没有录取；第二年英语考了55分，也是连中专都没录取；由于第三年的努力，我很多门课都考到了90多分，其中最突出的一门成绩(除了英语)就是地理，地理当时满分 100 分，我考了 97 分，如果没有徐霞客这么伟大的地理学家的影子，我不会对地理如此感兴趣。到今天为止，中国的前几百个城市在什么地方，只要把城市名称说出来，我就可以在地图上几乎毫无悬念地标注出来。确实，一个梦想可以催生你的一片生命。我已经充分意识到，现在走遍中国是不够的，必须走遍世界。因为这个世界上有太多的精彩等待你去探索，有太多的地方等待你去寻找。也是因为出于这样的目标，在新东方在中国上市还是美国上市的时候，我毫不犹豫地选择了新东方必须到美国去上市，不是说因为我喜欢美国，而是因为我知道，走向了美国纽约证券交易所，新东方就走向了世界，它就会把新东方带向一个世界的平台。

同学们，你的未来的潜力是无限的。你不要想你现在到底有没有能力。我有一句话，叫做不要用你的现在去判断你的未来，因为你的未来不可判断，你要去努力。我常常听到同学说，俞老师，人是有命运的。他的命就好，没有办法。生在有钱人家里，什么资源都有，大学一毕业的时候就给大把的钱创业，而且天资聪明，一创业就成功。你说我们这些人怎么比？确实是，表面上看是没法比的，短时间也是没法比的。但是，从长时间来说，一个人拥有的资源并不能决定他一辈子必然成功。我们假想有一些人一辈子就可以躺在这个资源上睡大觉，但我们看到更多的是不拥有资源的人，最后走向了拥有资源的道路。像我刚才说的马云，一个普通工人家庭的孩子，他的父亲是拉三轮车的；就像我，普通农民家庭的孩子，我的父母是不认字的。但是今天，毫不夸张地说，我们拥有了一部分中国的社会资源和企业资源。当然，我们尽可能利用这个资源为更多的人服务。

我们刚才讲到一个人的社会资源问题时常常讲到命运，有同学说命运是定的。命运会不会定？有一部分是定的。我刚才说了，你出生在什么样的家庭，长成什么样子，这些是定的。除此之外，其他的是可变的。所以，大家要充分地关注可变的命运，而不是关注定下来的命运。什么叫可变的？我们把人的运气分成两种运气：一种叫偶然的，一种叫必然的。一个人如果寻求偶然的运气，生命常常就会比较悲惨；但一个人寻求必然的运气，生命常常会显得比较光辉灿烂。什么叫偶然的运气？守株待兔这个故事大家都知道了，农民看到一只兔子撞到树桩上，他很高兴地捡起来，他推断的结果是每天都应该有一个兔子撞到这个树桩上。所以从此他不干活了，就等着兔子来撞。等了一辈子，树桩烂了，头发等白了，但是兔子依然没来。他把偶然的运气，当成了必然的运气。什么是必然的运气？如果农夫推断这个地方有动物，就积极把自己变成一个猎人，他可能一辈子不一定只打到兔子，也有可能是打到老虎。大家知道主动出击和被动生存有天壤之别。一个人也许吃苦的命不能改变，但是命的层次可以改变。我怎么后来会站到这个地方？是因为通过自己一辈子的努力，一次一次的失败不罢休，一次一次挫折不罢休。

我常常喜欢讲两个故事，人的心的变化带来命的变化。有一个人考状元，路上碰到一个老和尚，问他要干什么，他说考状元。老和尚看了一下他的面相，说你不要去考了，你一辈子都不会有状元的命，你还是老老实实回去吧。但已经走到半道了，他不甘心，就继续往前走。走到一条河边上，突然发现有一个人落水，他就跳到河里救这个人，衣服湿了，他没办法就又跑回到庙里。老和尚这时候见到他说，奇怪了，你出去了两个小时再回来，你的命变了。你好像脸上已经有了考上状元的脸色了。因为这个人心生了善念。原来这个人很自私，这次一瞬间生了善心，把人救起来了，所以命就改变了。这好像是一个编出来的故事，但是我很相信，原因是什么？原因是你的心变了，你的世界就会改变，所以你的命运改变了。我觉得努力加勤奋和正确的志向和目标，是我们走向未来的唯一道路。

大学期间到底应该做一些什么事情？第一个事情就是要认真学习。在大学的认真学习跟中学认真学习是不一样的，大学是扩展自己的眼光、扩展自己人生的学习。我说的学习就是要重视大学的专业知识，我在北大不学好英语，哪有可能我做今天的新东方，所以专业知识是非常重要的。专业如果不喜欢，要学一个你喜欢的专业。你喜欢的专业是不是真喜欢，要经过反复琢磨。美国大学前两年不让你选专业，是让你用两年时间广泛地培养兴趣。朋友们记住了，如果你一辈子在做自己不喜欢的专业，这是可悲的事情。所以，一定要寻找自己喜欢的专业。如果专业换不了，就找第二个专业学；如果大学允许你换专业，你要想清楚了再换。把最重要的知识学好，你可以在大学的时候争取学两个专业。

我们在大学做过调研，换过专业的同学应该百分之百地喜欢自己的专业，这应该是一个正常的推论。但是，有些同学换过了专业还是不喜欢自己选择的专业，表明有些同学换专业是一个鲁莽的行为没有经过认真的思考。除了专业以外，业余时间还要读大量的书籍，每两天左右就应该读一本书。我在大学的时候读了差不多800本书，我能读完，你就能读完。有的同学说，读过书忘了怎么办？你要记住，读过了忘了和没有读过是两个概念。你看周围的同学读了书，这些书你没读过，你心里马上产生害怕的感觉。所以读书不光是为了智慧，读书不光是为了知识的扩展，读书还有奠定自信的基础。如果我没有在北大建立起读书的自信，我就没有自信出来干新东方。所以读书是奠定自信的基础。

在大学要做的第二件事情就是要把中学的活动拓展过来。人生最重要的是占先机，在大学时候能够参加各种各样的活动是非常重要的，我发现在大学活跃的同学比不活跃的同学未来的发展是有很大差别的。大家在大学里要多交朋友，请朋友们记住，当你跟更厉害的人打交道的时候你进步才快。我从王强老师那儿学到了读书，他一进大学就把自己的生活费一分为二，一半买书、一半当生活费，所以他每个月都要买很多书。我跟他学，他买什么书我就买什么书。大家记住了，在大学交朋友要尽可能交好的。

在大学的另外一件事情就是要照顾所有同学的情绪，尽可能为其他同学服务。我们在大学中发现两种同学：一种同学只关注自己的成绩、自己的利益、自己如何在竞争中取胜，不关注别人的。这种心态养成以后，一般在社会上会被打得落花流水，因为这个社会上不会接纳只为自己争取利益的人。所以，在大学的时候要学会关注别人，把好事尽可能地留给别人，坏事尽可能地留给自己，这样你得到同学的信任，将来你有事情的时候，就会有人来帮你。我在大学的时候，坚持4年打水、宿舍扫地。我在做新东方的时候找大学同学帮忙，他们都愿意帮我。因为他们觉得我在大学是一个不错的人，是一个愿意帮助人的人，所以，这样就形成了一个大学同学的团队一起干新东方。我今天的交往圈已经非常非常广泛了，但是我最好的朋友依然是大学的同学。

在大学，我们要做的另外一个事情就是尽可能地在感情上有所收获。我说的不仅仅是友情，还有男女之间的感情。在大学如果有机会能够谈一次恋爱，那也是非常好的收获。我在大学就没有女孩子跟我谈，你们如果有这样的机会，还是要抓住机会的。当然，不是为了谈恋爱而谈恋爱。一定要真正的、刻骨铭心地爱上对方，这样才能谈。因为，只有真诚才能真正的感受，才能带来真正的成长。如果真的彼此相爱，要爱得一心一意。我说的一心一意不是在大学只能谈一次恋爱，而是谈的时候只能谈一个。因为一个真正有归属的感情是在一段时间内心无旁骛地、深深地爱着另外一个人的感觉。如果你真正爱上了，你也要爱得大度。我说的大度，不是让你把男朋友或者女朋友送给别人，而是在大学里面人才济济，今天爱上你，明天有可能爱上了别人。有的时候爱情会出现比较特殊的现象，在大学的时候我们班就发生过这样的事情，两个男学生是哥们，其中有一个男生有一个女朋友，大家一起玩儿，结果玩着玩着另外那两个人玩到一起去了，把这个男生搁到一边去。大家知道，爱情最幸福的是两个人同时相爱或者是两个人同时不爱了。爱情最痛苦的是什么？你还深深地爱着对方，对方已经不爱你了，而你爱对方的心怎么也放不下来。去年，某大学里有两个人谈恋爱，后来这个女生不爱这个男生了，这个男生还深深爱着这个女生。这个男生怎么也过不了这关，最后男生跑到女生宿舍里，把女生从窗户推下去，然后自己也跳下去了。这是一个悲惨的爱情故事，但又是一个卑鄙的爱情故事。这个卑鄙在于这个男生的卑鄙，如果你真心爱着对方的话，就必须一路祝福他们，让他们走好，而不是去伤害他们。所以，如果说当我发现这两个人谈了恋爱的话，那我一定祝福他们，让他们一路走好吧，直到走到离婚为止。你不能说把自己的生命跟别人的生命同时消灭掉，我们在座的同学，一定会碰到这样的爱情和痛苦，也一定要用大度的方式去解决这种痛苦。

如果在大学里面没人爱你怎么办？也就是说，大学不一定每个人都要谈恋爱，也不一定每个人有机会谈恋爱。就算你想谈，但没有任何人跟你谈恋爱。我的第一次恋爱也是最后一次恋爱，是我在大学毕业两年以后 25 岁的时候，在北大的校园里找到我的女朋友，后来变成了我的老婆、我孩子的妈妈。也就是说，同学们记住了，即使是迟到的爱情，那也是真正的爱情。如果说今天没有爱情，你就等待。就像今天你没有成功，你就等待。在等待中去寻找，在等待中去努力，在等待中去相信自己未来总有一天，你能够走向成功，走向辉煌。今天咱们的题目就叫做"相信未来"。"相信未来"是中国著名诗人食指写的一首诗。请同学们一定相信，不管今天你的环境如何，不管今天你身处何地，只要你心中真正有生命热情，只要你相信你的未来总有一天会变得更加美好，只要你相信努力和奋斗的力量，你一定会有美好的未来。

谢谢大家！

扩展阅读四：CDIO 能力培养大纲（CDIO syllabus）

CDIO 工程教育模式是近年来国际工程教育改革的最新成果。CDIO 代表构思（conceive）、设计（design）、实现（implement）和运作（operate），它以产品研发到产品运行的生命周期为载体，让学生以主动的、实践的、课程之间有机联系的方式学习工程。CDIO 培养大纲将工程毕业生的能力分为工程基础知识、个人能力、人际团队能力和工程系统能力四个层面，大纲要求以综合的培养方式使学生在这四个层面达到预定目标。

1. 技术知识和推理

技术知识和推理主要包括：
① 基础科学知识；② 核心工程基础知识；③ 高级工程基础知识。

2. 个人职业技能和职业道德

个人职业技能和职业道德主要包括：
① 工程推理和解决问题：认识和系统表述问题；建立模型；判断和定性分析；带不确定性因素分析；解决方法和建议。
② 实验中探寻知识：建立假设；查询相关书刊或者电子文献；实验探索；假设检验与论证。
③ 系统思维：整体思维；系统内的紧急性和互交性；确定优先级和焦点；决断时权衡、判断和平衡。
④ 个人技能和态度：主动和愿意冒险；执著与变通；创造性思维；批评性思维；自省个人的知识、技能、态度；求知欲和终生学习；时间和资源的管理。
⑤ 职业技能和道德：职业道德、正直、责任感和负责任；职业行为；主动规划个人职业；与世界工程发展保持同步。

3. 人际交往技能、团队协作和交流

人际交往技能、团队协作和交流主要是指：
① 团队精神：组建高效团队；团队工作运行；团队成长和演变；领导能力；技术协作。
② 交流：交流战略；交流结构；写作交流；电子和多媒体交流；图表交流；口头表达和人际交流。
③ 外语交流：英语；其他欧洲语言；其他外语。

4. 企业和社会的构思、设计、实施和运行(CDIO)系统

企业和社会的构思、设计、实施和运行系统主要是指:

① 外部和社会环境:工程师的角色和责任;工程对社会的影响;社会对工程的规范;历史和文化环境;现时的焦点和价值观;发展全球观。

② 企业及商业环境:认识不同的企业文化;企业策略,目标和计划;技术创业;成功地在一个团队中工作。

③ 构思与工程系统:设立系统目标和要求;定义功能、概念和体系结构;系统建模并确保目标可能达成;项目发展的管理。

④ 设计:设计过程;设计过程分期与方法;设计中对知识的利用;本学科专业设计;跨学科专业设计;多体综合设计。

⑤ 实施:设计实施的过程;硬件制造过程;软件实现过程;硬件、软件的结合;测试、验证、认证以及取得证书;实施过程管理。

⑥ 运行:设计和优化操作;培训及操作;支持系统的生命周期;系统改进和演变;弃置处理与产品报废问题;运行管理。

扩展阅读五:中国本科大学毕业生 35 项基本能力需求排名[①]

排 序	基 本 能 力	工作要求达到的水平/%	离校时掌握的能力水平/%
1	积极学习	49	43
2	学习方法	46	40
3	有效的口头沟通	46	39
4	积极聆听	44	38
5	理解他人	44	40
6	协调安排	42	37
7	理解性阅读	41	40
8	疑难排解	41	34
9	服务他人	40	36
10	时间管理	39	34
11	说服他人	39	31
12	批判性思维	38	33
13	判断和决策	38	32
14	科学分析	38	34
15	解决复杂的问题	38	32
16	针对性写作	37	33
17	系统分析	37	31
18	新产品构思	36	30
19	绩效监督	36	31
20	技术设计	36	30
21	系统评估	35	29
22	设备选择	35	31

[①] 数据来源:麦可思(MyCOS)——中国大学毕业生求职与工作能力调查(http://www.mycos.com.cn)。

续表

排　序	基 本 能 力	工作要求达到的水平/%	离校时掌握的能力水平/%
23	质量控制分析	35	29
24	人力资源管理	34	29
25	操作和控制	33	29
26	谈判技能	33	27
27	操作监控	32	28
28	财务管理	32	28
29	指导他人	32	29
30	设备维护	32	27
31	物资管理	31	27
32	数学解法	30	30
33	维修机器和系统	29	26
34	电脑编程	29	26
35	安装能力	29	25

学习笔记：

问题思考：

1. 分析自己在 EQ 情商、AQ 逆商、CQ 创商上的优势和不足，并制订自己的提高练习计划。
2. 结合自己的职业目标，分析自己还缺乏什么素质？思考如何锻炼培养这些素质。

参考文献：

陈庆良，等．1995．大学生心理学．贵阳：贵州教育出版社

成牧．1991．心理素质决定成败．北京：海潮出版社

程小军．2006．名人名言．呼和浩特：内蒙古人民出版社

程轶宏，汪小飞．2009．论应用型本科大学生综合素质培养．科技信息，23

刘玉琢，齐乐．2008．培养大学生综合素质，提高就业竞争力．科技信息，34

麦可思——中国大学生毕业生求职与就业研究课题组．2009．决战大学生就业．北京：清华大学出版社

宋剑涛，等．2008．大学生职业规划与就业指导．成都：西南财经大学出版社

魏伟华．2009．理工科大学生综合素质培养探索．盐城工学院学报(社会科学版)，4

徐献红．2009．知识经济背景下的大学生人文素养浅析．世纪桥，17

张强，等．2008．大学生全程就业指导．成都：电子科技大学出版社

第4章　"以终为始"与大学生活

【案例】 孙正义：规划与行动是实现伟大目标的基石

《信仰：孙正义传》这样记录孙正义：身材不足一米六，却被称为"电子时代大帝"；或许他的名气比不上比尔·盖茨，甚或雅虎的杨致远，但他自称，在互联网经济中拿下的份额，自己却超过了上述二人；他拥有亿万身价，财富位居世界前列，却依然雄心勃勃，想拿下整个世界！

孙正义，这个电子时代的传奇巨富出生卑微，却凭借兴趣、思维、专注、理性和坚韧，一步步实现着自己的人生规划。

小时候的孙正义对日本当地的商人 Den Fujita 把麦当劳成功变成为一个老少都爱的连锁大餐馆的事迹非常崇拜。

1973 年，孙正义 16 岁时，他到了美国加州大学伯克利分校学习英文。他对美国那里的一切都非常好奇，感兴趣。1975 年，他转到社区大学上学，两年后就转入加州大学伯克利分校学习经济。在上学期间，他每天花 5 分钟时间，考虑新发明的事。19 岁那年，他发明了一款袖珍翻译器，于是他雇了一个教授制造出翻译器样机，然后申请了专利，以 100 万美元的价格，把翻译器卖给了 Sharp 公司。至今 Sharp 公司仍把翻译器的技术应用在其 Wizard 个人电子管理器中。

孙正义这样规划他的 50 年人生蓝图：

30 岁以前，要成就自己的事业，光宗耀祖。

40 岁以前，要拥有至少 1000 亿日元的资产。

50 岁之前，要作出一番惊天动地的伟业。

60 岁之前，事业成功。

70 岁之前，把事业交给下一任接班人。

1980 年从伯克利分校毕业后，就回到了日本，继续修改他的计划。不久，他就决定从事软件批发行业。23 岁，他创立了软件银行公司。他公司的软件推销业绩，全日本第一。24 岁（1982 年 5 月）正义创办两本杂志 *Oh! PC* 和 *Oh! MZ*。两个月后，退货堆积如山，远远超过正义的想象。一本杂志的印刷量为 5 万本，可是其中有 4 万多本的杂志积存在仓库里卖不出去。退货率高达 85%，堆积如山的杂志被裁成了纸片。26 岁（1984 年）在桥本五郎的帮助下，孙正义创办了购物指南杂志——*TAG*，但百试无方，最终因销量不佳关门，这半年间共亏损了 6 亿日元，处理善后事务花了 4 亿日元，合起来就是 10 亿日元的债务。1994 年，他是软件银行公司上市，筹集到 1.4 亿美元。从此，软银集团开始大步腾飞。孙正义的经验理念和企业运作的魄力非常人所有。在 1995 年，他看准了网络产业，决定在此方面做巨大的投资。当时，他选中了雅虎公司，给雅虎公司第一笔投资就是 200 万美元。不久，他和雅虎公司的创办人杨致远一起吃饭，表示要再投资给雅虎，要再投 1

亿多美元，换取雅虎公司 33%的股份。杨致远听了孙正义的提议，认为孙正义是疯啦，连他自己都不知道雅虎公司的未来如何，怎么敢给一个刚刚起步的新公司这么多钱。可孙正义在 1996 年 3 月真的投给雅虎公司 1 亿多美元，以后又陆续投入许多资金，一共是 3.55 亿万美元。雅虎公司有了资金，如虎添翼，一下成为世界头号网络公司。孙正义先生的软件银行集团公司是雅虎的最大股东，投下的资金已换来今天的收获，软银集团公司在所拥有的雅虎公司股份市值为 84 亿美元(1999 年 7 月)。(1999 年 10 月)投入阿里巴巴2000 万美元，之后为帮助阿里巴巴收购雅虎中国，主动退股，套现 3.5 亿美元。43 岁(至 2000年)软体银行拥有遍及美国、欧洲重要的合资或独资企业为：美国企业 300 多家，日本企业 300 多家，下辖关系事业、创投资金和策略联盟等一切资产，总共 400 亿美元，跻身日本前十大会社。

孙正义经营的风格和投资眼光更是别具一格。他做事干脆利落，一旦做了决定，立即去做。软件银行集团在购买 Comdex 和 Ziff-Davis 两公司后，经过得法的运作，很快就有了真正的盈收。eTrade 公司总裁 Cotsakos 先生向软银集团求助 4 亿美元的投资，他权衡之后，一个电话，就汇去了 4 亿美元，而且不加任何条件。后来，Cotsakos 先生公司一再坚持下，他才答应担任该公司的董事。这笔投资在一年后的回报为 24 亿美元。他理财和用钱都有独到之处。他真的是能挣钱，也会花钱。他用很少的资金，筹集到更多的资金。他用 30 亿美元来购买美国的产业，这笔资金是他的资产的两倍，使他处于负债的境地，但他沉着运作资金，成功地购买了 Comdex 和 Ziff-Davis 两家公司。他的公司成功了，他自己也成了世界巨富，个人资产已达 64 亿美元。

孙正义最过人之处，是他的思维理念。他能从眼前的生意中，看到未来生意方向和发展前景。他看未来不是十年、二十年，而是一看就是上百年。现在他制订一个 300 年企业计划。如此眼光，真是无人可比。他的这个 300 年计划，将使软银集团公司的网络产业帝国更加强大，更具有实力。

有人说人生如戏，或许可以理解为我们每个人都是自己人生这一出"戏"的导演或演员，然而生活却不同于表演，因为生活往往是现场直播，不容许你彩排、重演。

在大学，人的世界观得以不断完善，而且趋于定型和成熟；一个人的心智不仅得以更好地开发，而且得以整合和锤炼；一个人的理想不仅得以铸造，而且得以充实和升华；一个人的生活方式不仅得以进步，而且得以影响其气质性情。当我们慢慢意识到这些变化以后，如果能意识到自己的人生规划或者职业规划在其中发挥了很大的作用，也许我们会减少许多人生遗憾！

不是每一个人的大学都精彩。相反，有很多同学的大学生活总有一段或长或短，不知所措的迷茫。一位名叫"秦凯莉66"的网友这样总结她的大二："我现在每天三点一线的生活，教室——食堂——寝室，而干得最多的事情是吃饭——上网——睡觉"。进入大学时，每一个学子都怀揣着美丽的梦想。4 年后，有的人实现了自己的梦想，有的人依然空空如也。究其由来和过程，人生就如寻梦。寻梦，亦如登山，山脚与山顶之间，或缓或急的石阶，只有一步一步虔诚走来，才能最终到达山顶，实现最初的梦想。这一步步石梯就如同人生，好的开始是成功的一半，那么如何攀登人生之山，如何走这条"登山之路"，才能缩短"登山时间"，到达美丽的人生顶峰呢？

4.1 规划转变为行动的秘诀——以终为始

人们常说，说起容易做起难。在生活中，你会发现几乎每个人都有自己的人生梦想，但是，沿着梦想指引奋力笃行的人，会随着时间的流逝不断减少。很多很多的人，在规划和行动之间过久徘徊，眼看着时光从自己的手里溜走，最终未能将梦想照进现实。现在，你不妨尝试一种名叫"Begin with the end in mind（以终为始）"的方法——即"明确的目标 + 将目标倒算到今天"，你会发现，它能够有效衔接行动与规划。

踏进大学校门的莘莘学子开始追逐自己理想的时候，他们脑海中有一幅对未来生活的美好蓝图，仿佛看见了自己未来的模样，梦想着自己美好的一切，憧憬着未来绚丽的生活。当新奇、激动、兴奋之后，问题来了，如何度过四年的大学生活，如何在将来的工作中脱颖而出，成为许多大学新生刚入校就开始考虑和探讨的话题。

芸芸众生，谁都渴望成功，然而成功并不是唾手可得的。《论语·卫灵公》中，说道："工欲善其事，必先利其器。"如果一个人希望获得学业、事业和人生的成功，就必须有明确的目标、科学的规划和不懈的努力，才可能到达胜利的彼岸。

如果说"万事俱备，只欠东风"，那么这个"东风"就是去实施！在这期间，唯一还没有做到的就是将一切规划、计划、筹划，用之于事，付之于实践。只有将所有的一切转变为行动，那么梦想才有可能变为现实。

然而，一个好的规划，如何转变为每日、每周、每月、每学期、每年的行动呢？如何将一个远大的理想转变为科学可行的规划，并落实到具体的行动中呢？解决这个问题的最好的方法就是本章所介绍的"以终为始，从现在开始！"

4.1.1 什么是以终为始

Begin with the end in mind（以终为始），应该成为每一个大学生的基本素质之一。任何一个人在做任何一件事情的时候都应该先认真思考，我做这件事情的目的是什么？然后，再根据这个目标倒推为了完成这个目标，自己应该做哪些工作或任务。这样，做任何一件事情都围绕着自己的目标来进行，才能有目标、有效率地安排自己的学习和生活，为实现自己的人生目标奠定坚实的基础。

1. 认识以终为始

以终为始应该成为每一个大学生掌握的基本方法，用来指导自己完美地度过大学生活。什么是以终为始呢？我们可以从下面的这个故事中得到启示。

Visualize 是一个美国小伙子，梦想成为一个成功的音乐人。下面是 Visualize 的故事：

1976 年的冬天，当时我十九岁，在休斯顿太空总署的太空梭实验室里工作，同时也在总署旁边的休斯顿大学主修电脑。纵然忙于学校、睡眠与工作之间，这几乎占据了我一天 24 小时的全部时间，但只要有多余的一分钟，我总是会把所有的精力放在我的音乐创作上。

我知道写歌词不是我的专长，所以在这段日子里，我四处寻找一位善写歌词的搭档，与我一起合作创作。我认识了一位朋友，她的名字叫凡内芮（Valerie Johnson）。

在一个星期六，凡内芮和我的一次谈话，彻底改变了我的生活和人生。

一个星期六，凡内芮热情地邀请我到她家的牧场烤肉。她的家族是德州有名的石油大亨，拥有庞大的牧场。她的家庭虽然极为富有，但她的穿着、所开的车、与她虔诚待人的态度，更让我加倍地打从心底佩服她。

凡内芮知道我对音乐的执著。然而，面对那遥远的音乐界及整个美国陌生的唱片市场，我一点具体的方法都没有。此时，我们两个人坐在德州的乡下，我们不知道下一步该如何走。突然间，她冒出了一句话：

"Visualize，What you are doing in 5 years？"（想象你五年后在做什么？）

我愣了一下。

她转过身来，手指着我说："嘿！告诉我，你心目中最希望五年后的你在做什么，你那个时候的生活是一个什么样子？"我还来不及回答，她又抢着说："别急，你先仔细想想，完全想好，确定后再说出来。"

我沉思了几分钟，开始告诉她："第一，五年后，我希望能有一张唱片在市场上，而这张唱片很受欢迎，可以得到许多人的肯定。第二，我住在一个有很多很多音乐的地方，能天天与一些世界一流的乐师一起工作。"

凡内芮说："你确定了吗？"

我慢慢稳稳地回答，而且拉了一个很长的 Yessssssss！

凡内芮接着说："好，既然你确定了，我们就把这个目标倒算回来。如果第五年，你有一张唱片在市场上，那么你的第四年一定是要跟一家唱片公司签上合约。"

"那么你的第三年一定是要有一个完整的作品，可以拿给很多很多的唱片公司听，对不对？"

"那么你的第二年，一定要有很棒的作品开始录音了。"

"那么你的第一年，就一定要把你所有要准备录音的作品全部编曲，排练就位准备好。"

"那么你的第六个月，就是要把那些没有完成的作品修饰好，然后让你自己可以逐一筛选。"

"那么你的第一个月就是要把目前这几首曲子完工。"

"那么你的第一个礼拜就是要先列出一整个清单，排出哪些曲子需要修改，哪些需要完工。"

"好了，我们现在不就已经知道你下个星期一要做什么了吗？"凡内芮笑笑说。

"喔，对了。你还说你五年后，要生活在一个有很多音乐的地方，然后与许多一流的乐师一起忙着工作，对吗？"她急忙地补充说。"如果，你的第五年已经在与这些人一起工作，那么你的第四年照道理应该有你自己的一个工作室或录音室。那么你的第三年，可能是先跟这个圈子里的人在一起工作。那么你的第二年，应该不是住在德州，而是已经住在纽约或是洛杉矶了。"

次年(1977 年)，我辞掉了令许多人美慕的太空总署的工作，离开了休斯顿，搬到洛杉矶。

说也奇怪：不敢说是恰好五年，但大约可说是第六年。1983 年，我的唱片在亚洲开始销售，我一天24小时几乎全都忙着与一些顶尖的音乐高手，日出日落地一起工作。

就是这样，在一个星期六，凡内芮和我的那一次谈话，帮助我实现了自己的人生理想。[①]

上面的故事，给我们的启迪是什么呢？

一个人必须要有一个明确的可行的目标。例如，故事中的 Visualize 的目标是："第一，五年后，我希望能有一张唱片在市场上，而这张唱片很受欢迎，可以得到许多人的肯定。第二，我住在一个有很多很多音乐的地方，能天天与一些世界一流的乐师一起工作。"

---

① 李恕权，《挑战你的信仰》，想象五年后的你。

然后，也是最关键的是，"好，既然你确定了，我们就把这个目标倒算回来。"

什么是以终为始？

以终为始 ＝ 明确的目标 ＋ 将目标倒算到今天。

明确的目标 ＝ 自己的明确可行的人生目标。

将目标倒算到今天 ＝ 规划从现在到实现自己人生目标期间的每天、每周、每月、每年的工作。

以终为始就这么简单！

我们再回味一下上面的故事，在这个故事中，Visualize 有一个五年后的目标，然后凡内芮帮助 Visualize 将这个目标进行了倒算：

第五年，有一张唱片在市场上。

第四年，跟一家唱片公司签合约。

第三年，有一个完整的作品，拿给很多很多的唱片公司听。

第二年，有很棒的作品开始录音。

第一年，把所有要准备录音的作品全部编曲，排练就位准备好。

第六个月，把没有完成的作品修饰好，然后逐一筛选。

第一个月，把目前这几首曲子完工。

第一周，列出一个清单，排出哪些曲子需要修改，哪些需要完工。

下个星期一，要做什么？

从上面的列表可以看到。如果 Visualize 知道下周一要做什么。那么下周一做的事情和五年后的目标就是一致的，就是通向那个宏伟目标的坚实的一小步。

需要注意的是，哪怕是一小步，却也是瞄准自己五年后目标的坚实的一小步。

每当你在最困惑的时候，你要静下来问你自己：五年后你最希望看到自己在做什么？

如果你自己都不知道这个答案，你又如何要求别人为你做选择或开路呢？别忘了，在生命中"选择"的权利是紧握在我们自己手中的。

如果你经常对自己的生命问"为什么会这样？为什么会那样？"，你不妨试着问一下自己，你是否"清清楚楚"地知道你自己要的是什么？

如果你连自己要的是什么都不知道，那么谁又能帮你安排呢？

而在你旁边的人，再怎么热心地为你敲锣打鼓，最多只是给一些安慰和鼓励。因为连你自己都还没有清楚地告诉他，你要的是什么？那么你又岂能抱怨自己没有一盏指路的明灯呢？

以终为始，实际上是给我们提供了一种根据目标来制订行动计划的方法。根据目标来制订行动计划，是人生中最重要的技能之一。这种方法的适用面非常广泛。例如，做衣服，要先设计款式；上台演讲，应先预备演讲稿；外出旅行，要先决定目的地与路线。明白这个道理，把事前计划看得与目标本身同样重要，你就会逐渐养成以终为始的习惯。

任何事情都不是一蹴而就的。任何人要获得成功，都必须要走过从现在到目标之间长长的距离。这一段距离，有时候会很长，很长。关键是如何通过每一天的努力，走过这段距离，从而实现自己的目标。

人生目标的实现，在很多时候，就像荡秋千。

荡秋千原理之一，秋千所荡到的高度与每一次的加力是分不开的，任何一次的偷懒都会降低你高度，所以动作虽然简单却依然要一丝不苟地完成，这是其原理之一。这个原理对我们大学生的启迪就是，大学是人生的一个重要阶段，每一个同学都要认真地度过这个重要的人生阶段。大学学习和生活的结果，将会影响到同学们未来的工作和生活，甚至影响你的一生。

荡秋千原理之二，后一次所达到的高度与前一次是分不开的，是环环相扣的，一丝不苟地完成每一次动作可以达到分散几次完成时望尘莫及的效果。这个原理告诉我们，当我们羡慕许多成功人士获得辉煌成就的时候，也要看到其实他们在大学阶段，就已经开始了对自己人生的深入思考、科学规划和分步实施。所以，认真地度过大学这宝贵的四年，是帮助我们以后获得人生成就的一个重要的阶段工作。

荡秋千原理之三，秋千荡得越高所得到的空间就越大，所拥有的机会就越多。大学是一个宝贵的提高阶段，在这个阶段，一起努力的学习，拥有的知识越多，拓展的视野越开阔，积累的经验越丰富，获得的积累越深厚，对于以后的工作和事业就越有帮助。

荡秋千原理之四，秋千会从高处滑落到低谷，就像人生中一些不可回避的事情，或许是个错误，每一次你都要鼓起勇气从最低处坚定地走出来，没有一次次的低谷，换不来更高处的清风扑面。人生是不平静的。人的一辈子，一定会经历很多的挫折。能够面对挫折，并且战胜挫折，从而再次获得成功的能力，对一个人而言是非常重要的。这种能力不是与生俱来的，而是锻炼出来的。因此，每一个同学在大学期间，如果能够经历一两次有意义的挫折，并且学会从挫折中吸取经验和教训，经历挫折而不气馁，那么就能锻炼自己战胜挫折的勇气和信心，提高自己抗挫折的能力。这种锻炼对于每一个人，在未来战胜可能经历的更大挫折，具有深远的意义。

荡秋千原理之五，每一次荡起来，都会在心中定下一个将要达到的高度作为目标，达到梦想的高度，你会更开心。大学是人生起飞的一个平台。在这个平台上，如果我们能够充分地舒展自己的理想，确定自己的人生目标，并且开始实施，那么大学就将成为我们起飞的平台，托起我们未来的辉煌。

可见，要获得成功，首先要确定目标。有了目标，还要测量自己和目标之间距离。不能把目标定的太远大。太远大的目标，可能会沦落到不切实际的陷阱中，从而导致没有实现的可能性。

一旦有了一个切实可行的目标，那么最重要的就是从目标开始分解倒推到现在的状态，看自己为达到目标需要补充什么，需要改进什么。一步一步地落实，一步一步地前进。

以终为始，亦如黑夜里大海航舟。它需要航海灯在远处照耀，为它指引方向，这样它才能一点一点地靠近目标，到达人生的每一个目的地。除了航海灯，航海员还要有充分的辨别能力，因为他要确定那是不是正确的灯塔。具备了灯塔和辨别力，你还得有汪国真①的勇气：我不去想能否成功，既然选择了远方，便只顾风雨兼程；我不去想能否赢得爱情，既然钟情于玫瑰，就勇敢地吐露真诚；我不去想身后会不会袭来寒风冷雨，既然目标是地平线，留给世界的只能是背影；我不去想未来是平坦还是泥泞，只要热爱生命，一切，都在预料之中。

正如前文所言，以终为始的基本意思就是：任何一个人在做任何一件事情的时候都应该先认真思考，我做这件事情的目的是什么。然后，再根据这个目标倒推为了完成这个目标，自己应该做哪些工作或任务。这样，做任何一件事情都是围绕着自己的目标来进行的，这样才能有目标，有效率地安排自己的学习和生活，为实现自己的人生目标奠定坚实的基础。

以终为始的方法可用于指导人生的努力方向和步骤，可以给人以实现人生目的的勇气和方

---

① 汪国真：当代著名诗人，代表作《热爱生命》、《年轻的潮》等。

法。使用以终为始的方法，可以让一个人的一举一动，一切价值标准，都以人生的最终目标为愿景，每一天都要朝此迈进，不敢丝毫懈怠，步骤清晰，工作坚实，人生也因此变得更有意义。

正确地理解以终为始，首先要正确地理解什么是"终"。终应该理解为人生的阶段目标，而不能理解为人生的终点。人生可能分成很多个阶段，大学阶段就是人生的一种重要的阶段。其他重要的阶段还有工作阶段、婚姻和家庭阶段、为人父母的阶段、人生的辉煌阶段、退休阶段等。

每一个阶段，人生都应有一个阶段目标，这个阶段目标就是一个"终"。当然，因为人生有很多的阶段，阶段目标也自然有很多个。人生所有的阶段目标汇总起来，也就是一个人的人生轨迹。

对于人生的阶段目标的制订，要防止走弯路。所谓走弯路，就是非常努力地去做一件事情，但是这件事情本身却是没有价值的，或者成功的可能性很小，甚至是不可能成功的，最极端的甚至这件事情是不能做的事情。当一个人的目标错误的时候，无论错误的原因是这个目标不现实、不清晰，还是其他的原因，那么无论这个人如何努力，他的努力终究会毫无收获。

防止走弯路，也就是说着手做任何一件事前，先认清方向。这样不但可对目前所处的状况了解得更透彻，在追求目标的过程中，也不致误入歧途，白费工夫。

人生旅途，岔路很多，一不小心就会走冤枉路。许多人拼命埋头苦干，却不知所为何来，到头来仍然发现追求成功的阶梯搭错了墙，却为时已晚。因此，有的人也许一生很忙碌，却不见得有意义。

因此，对于以终为始而言，第一重要的是确定一个正确的"终"，防止走弯路。对于大学生而言，确定正确的"终"，最重要的就是做好人生规划、职业规划和学业规划。只要科学地做好了这三点规划，就可以获得一个科学的人生、职业、学业的目标。

在做好人生规划、职业规划和学业规划的时候，还需要强调的是，对于大学生而言，在确定自己的"终"的时候，需要注意目标的阶段性，也就是目标不能太大。对于同学而言，大学只有四年的时间，在这个宝贵的四年时间中，如果科学地规划，合理地使用时间，可以完成很多目标。但是，毕竟只有四年的时间，所以自己的目标——"终"，要符合自己的基本情况和时间条件，防止出现不切实际的目标。

作为以终为始的第一原则，确定一个合理的"终"是至关重要的。如果把人生当成修建一座高楼，那么在拿起工具建造之前，必须先有详尽的设计图；而绘出设计图之前，须先在脑海中构思每一个细节。有了设计图，然后要有施工计划，这样按部就班，才能完成建筑。假使设计稍有缺失，弥补起来，可能就事倍功半。设计蓝图代表愿景，整个建筑过程均以它为准绳，因此要事先追求尽善尽美，以免亡羊补牢。

以终为始，就是在一件事情开始之前要有一个我们想要达到的目标，任何事物都是两次创造而成的，一次是在脑袋里面构思，这是智力上的第一次创造，然后付诸实践，这是体力上的第二次创造。磨刀不误砍柴工，我们的目标是什么，我们希望他人怎样来评价自己，希望他人能回忆起自己的哪些贡献和成就，一开始就想清楚，然后再出发也不迟。这是以终为始的第一个原则基础。

以终为始的第二个原则基础是自我领导。彼得·德鲁克说：管理是正确地做事，领导则是做正确的事。对于二者的区别，我喜欢引用更多的文章中的原话，因为我觉得它们简单而耐人寻味。"管理是有效地顺着成功的梯子往上爬，领导则判断这个梯子是否搭在正确的墙上";"领导是第一次的创造，必须先于管理，管理是第二次的创造。"这其实就是在不停地告诉我们，一定要在旅途开始之前确立最终的目标，在旅途当中，提醒自己，不要被沿途的风景带入歧途。这样我们才能事半功倍，更快地达到目标。

最后，以终为始是一种科学的方法，但是要成功应用以终为始，还必须有坚强的自我约束能力和良好的习惯。再好的规划，或者再科学的计划，最终都离不开自己去实施。如果一切都停留在纸面或者心里，而没有坚强的毅力和不懈的努力去实施，那么任何科学的方法都是得不到贯彻的，也就无法对同学们的人生产生积极的作用。

2. 以终为始的基本原则

从上面可以看到，以终为始的几个原则是：

(1)明确和可行的目标，即"终"(SD)。

(2)明确自己的现状，即"现"(S0)。

(3)在"现"和"终"之间画一条直线 L。

(4)在 L 上，从 SD 到 S0，分解出来多个阶段目标 Sn。越靠近 S0，Sn 应该越密集；越靠近 SD，Sn 可以越稀疏。但是，每一个 Sn 都应该是明确和可行的。

(5)直到分解到明天的 Sn，如图4-1所示。

图 4-1 以终为始阶段目标分解方法示意图

对于上面介绍的"以终为始"的方法，同学们在实践的时候可能存在以下问题。

第一，无法分解得到 Sn。解决方法：思考 SD 是否太虚无缥缈？

在这里要说的是，在 SD 的稀疏并不是真正的稀疏，随着 S0 的逐步靠近，SD 就会变成下一个明天。那从现在 S0 来看，应该怎样来明确自己的立足点？这是现阶段最重要的问题，这不仅仅关系到近期目标的实现，也会使长远目标变得更加渺茫。现在可以以下面一个对时间要求的例子来类比目标规划。这不但对目标规划有好处，而且也是明确目标规划的第一步。

(1)步骤可执行化。要从中得到的是每个阶段的经历及经验。因此，最好是每天都能记录总结一下自己当天的收获，一段时间再总结一下。这将是人生一笔不可忽视的财富，将会使大家在以后的人生旅途中受益匪浅。

(2)有一个明确的计划表。这就是要将任务详细地分配到每天。其实，大家都明白，胖子不是一口就吃成的，而蜗牛要爬上金字塔，也不是一朝一夕的事情，像雄鹰那样一下子飞上金字塔的，毕竟是少数。

第二，计划执行过程中遇到阻碍，该怎么解决？

俗话说"计划赶不上变化"，就算计划得再仔细，再完美，外界环境的各种因素或多或少都会影响到计划的实行。而且有些影响是不可修复的，可以用两个英语单词来形容将会遇到的状况 destroy 和 damage，前者造成的影响是不可修复的，后者则是在一定努力下能够修复的，这样就扰乱了全盘的计划。那该怎样应对这样的突变？只有一个方法，即重新调整规划，也许是要回到原点重新开始，但不能灰心放弃。没有经过失败的人不算成功的人，要有勇气经受过程中的一切考验，为了梦想继续努力！

第三，面对非议，面对自己不熟悉的东西。

作为一个有大志的人，不能乱了自己的阵脚。匪议是在所难免的，在进行规划之时就应该想到之后要面临的绝大部分难题，要有"兵来将挡，水来土掩"的气势，"见招拆招"才会迎来自己的曙光。

那这些过程中，总会不可避免地接触到自己不熟悉的东西。这个问题需要聪明地对待，自己不会的并不代表别人也不会，要不耻下问，或者是知人善用，不论是作为一个执行者，还是管理者，这都是很重要的。路漫漫其修远兮，还有更多的问题要去解决，要怀着一颗积极乐观的心去拥抱那些问题，那些值得人生去冒一次险的问题。就算是错误，人生总要有些东西，值得去尝试一回，况且这是我们的追求。

那我们来仔细想想针对以上五个原则，现在能做些什么？

第一，确定明确和可行的"终"SD。

这一点的关键就是不能模糊化，例如，我们小时候的梦想是成为科学家，那究竟是什么样的科学家？物理、化学、生物，或者其他方面的。我们想成为政治家？那你是想成为一名单位领导，还是国家领导人，又或者其他。还有些很模糊的目标，因为太模糊了，连自己都不知道自己想成为怎样的人，那岂不是很悲哀，这个 SD 还有什么实质性的意义。所以，明确"终"SD 的"明确"在整个原则中占了主导作用。

"终"的可行性（feasibility）指通过过程实施目标能否在所要求的时间范围内获得成功。这就是理论联系实际的问题了，不能定一个太高的目标，自己根本就实现不了；也不能定一个太低的目标，白白浪费了自身可利用的资源；再者，更不能明确一些太"天方夜谭"的东西。说得简单一点，就是制订符合自身实际的目标。

第二，明确自己的"现"S0。

在学习这本书的同时，大家能够学到一个很有用的词汇"SWOT"，虽然对于 SWOT 的说明是安排在下一节，但在此我先给大家介绍一些它的概念。SWOT 是四个英文单词的第一个字母的组合，即优势（strength）、劣势（weakness）、机会（opportunity）、威胁（threat），大家一看便知道，SWOT 分析就是把人的现状用四个要素（优势、劣势、机会、威胁）来描述，逐一加以分析，帮助你弄清楚自己的现状"S0"。在做完自己现状的 SWOT 分析以后，最好能给自己周围的老师、同学、朋友或者专业的人士看看，听取他们的意见，SWOT 的现状和最终目标做好了，离成功就近了一大步。

第三，在"现"和"终"之间画一条直线 L。

在 SD 和 S0 都确定好了之后，那么要做的事情是把 SD 和 S0 联系起来。

假如不去找条"绳索"把 SD 和 S0 联系起来，则一切都变得毫无意义。就算时光如水，岁月如梭，也不能从今天直接过渡到若干年后的目标。所以，这条"绳索"也就是直线 L，把问题更加实际化了。也就是说，人要一步一个脚印，沿着既定的目标，才能走出自己的精彩。

在每段长的时期都要确定自己的短期目标，那样更加能接近自己的长期目标，这样的工程虽然很巨大，但是只要愿意去做，只要愿意去分解，大工程变成了小计划，然后各个击破，这样的成就感是许多东西都不能比拟的。

可见，L 这条"绳索"不能没有，没了它，一切都成了无稽之谈。所以，在计划中，L也有着举足轻重的作用。

第四，在 L 上，从 SD 到 S0，分解出来多个阶段目标 Sn。越靠近 S0，Sn 应该越密集。越靠近 SD，Sn 可以越稀疏。但是，每一个 Sn 都应该是明确和可行的。

这里又回到那个老问题，每一个 Sn 的明确和可执行。这个问题可以参考第一点。而 L 的疏密程度使我很自然地想到那句话"万事开头难"。的确，开始的时候异常辛苦。因此，每一步应该怎样走都应该提早做好计划，在既定的轨道上行走一段时间，跟上自己的脚步之后，三思而后行，想想自己接下来的路该怎样走，那才是聪明人应有的处事方式。开始 Sn 的密集是有一定道理的，那为什么后来越来越稀疏？

这也是一个不得不考虑的问题，有人在想，如果后面能和前面计划得一样密集，那么是不是成功得更快呢？答案当然是否定的。在不同的时间里，在不同的环境下，许多事情都在改变，人不能按着很早前就计划好的步骤来实行，那样会跟不上时代的节拍。社会随时都在变化，许多东西都在不断地更新，或者不断地被淘汰。越来越稀疏的计划是一个大范围的长期目标，随着时间的推进，当稀疏的部分变得密集时，我相信，一个随时更新、一个与时俱进的计划是最好的计划。

第五，直到分解到明天的 Sn。

"千里之行，始于足下"，一切都应该从今天做起。那么今天，你在计划的时候，首先就应该想到第一步要干什么，不能拖拖拉拉的等到后天，或者再过一段时间才实行。大家好好想想，"明日复明日，明日何其多"，还有多少个明天经得起你挥霍。

所以，把 L 分解到明天的 Sn，这是十分必要的。

对于大学生而言，在大学这个 L 期间，可以采取的实现每一个阶段性目标的方法包括：

（1）自主学习。大学的学习特点是非常强调自己对学习的安排。在大学中，可以使用自学、选修、第二专业、进一步深造等方式来拓展自己的知识。

（2）实践锻炼。大学的学习生活，不仅仅是学习，还包括各种学习、工作和社会实践，这些实践，对提高自己的实际工作能力也非常重要。因此，要善于利用实践来提高自己的实际工作能力。

练习：举一个"以终为始"的例子。

如果希望在 2 年内成为"羽毛球高手"，如何应用"以终为始"来完成这个目标？

第二年，目标：_____。

第一年，目标：_____。

第六个月，目标：_____。

第三个月，目标：_____。

第一个月，目标：_____。

第二周，目标：_____。

第一周，目标：_____。

明天，目标：_____。

4.1.2 以终为始对大学生活的指导

以终为始的方法非常适用于同学们确定大学的努力方向和步骤，可以给同学以实现人生目的的勇气和方法。使用以终为始的方法，同学的一举一动，一切价值标准，都将以人生的最终目标为指导，每一天都要朝此迈进，不会有丝毫违背，生活和工作也将变得目标明确，步骤清晰，工作坚实，人生也因此变得有意义。

因此，在大学生活和学习中，每一个同学都要给自己实施一次"以终为始"。

大学的整个过程，应该是这样的：

(1)深刻地认识自己，包括自己的性格、能力等方面。

(2)认识社会、认识专业、认识大学。

(3)确定自己的目标，也就是确定自己的"终"。

(4)根据目标，科学地开展规划：人生规划、职业规划、学业规划。

(5)使用以终为始的方法，将自己的目标倒算为每天、每周、每月、每学期、每年的行动计划。

(6)立刻开始行动，鼓励自己、督促自己，按照自己的计划行动，向着心中的目标和理想，认真度过大学生活的每一天。

(7)评估自己"以终为始"计划的实施效果，必要的时候，重新修订自己的规划，重新按照以终为始的方法，制订自己的行动计划。

大学是青年人走向社会的一段最重要的过渡阶段。在上述的"以终为始"的描述中，就是一个最好的 L。如果很好地应用这一段 L，可以让自己的人生获得很大的提高。

第一，对于每一个大学生而言，在进入到大学期间，最重要的是需要一个明确的大学 SD，即阶段目标。

第二，要善于分析和认识自己，每一个同学要知道自己的 S0，了解自己的现状(如何了解自己的 S0，这一点可以使用本章介绍的 SWOT 分析方法)。

第三，分析 SD 和 S0 之间的差距，确定自己的阶段工作目标。从 S0 开始，瞄准整个大学的阶段(L)，使自己能够达到 SD。

大一新生入学以后，生活环境、学习方式、教学方式、人际关系等诸方面与中学相比都发生了显著的变化。从中学到大学的转变，就如同初到海边，大海是那么的诗情画意，却又那么的波澜壮阔。可是当你第一次扑向向往已久的浩瀚大海时，收到的却往往是又咸又涩的海浪拍打。

高三时，很多老师会这样对辛苦备考的同学说，高中是地狱般的生活，所有老师对你们的苛刻要求，都是为了你们能通过那个狭窄的高考独木桥，顺利地到达对岸。只要你们努力学习，迎接你们的是天堂般的大学生活。

初入大学，很多同学却发现这里好像并不是在梦中苦苦追求的理想乐园。当兴奋、好奇和忐忑的心情平静以后，困惑、孤独和迷茫的情绪却已笼罩在你的心头，由于某些同学没能调节好心态，不能适应这种突然的变化，因此影响了自己的学习和生活，更有甚者，为此付出了沉重的代价。

一部分同学，经过四年大学生涯的历练，成长为精英人才(至少在同龄人中)。而一部分同学，却荒废了四年时间毫无所知。拥有优秀的智力，身处同样的环境，接受同样的教育，怎么会有如此大的差距呢？

为什么高中那么艰苦的情况，你可以把语数外学得如此精通？

为什么大学如此优越的环境，你却会把专业课挂得那么轻松？

如果仔细分析，就会发现大学里学业优秀与否，和智力都没有太大关系。不要再抱怨：我就是笨，学不会。

在高中那么艰苦的情况下，你都愿意坚韧不拔地努力学习，不舍得浪费一丁点儿时间，只是因为你有一个雷打不动的目标——考上一所好的大学。信念有着不可估量的巨大力量，它让你坚持了下来。最终，你的坚持使你脱颖而出，你的努力得到了等价的回报——大学录取通知书。

当你拿到录取通知书，你的智力得到肯定的同时，你的努力得到了回报，幸运并安全地通过了高考这座独木桥。"我是胜利者，我的人生这样就够了！"殊不知当你沾沾自喜地以为到达终点的时候，你却站在了另一段人生的起点上。

当你站在大学校园里，如果你还是这样一厢情愿地回味着自己过去的辉煌，而没有及时地看清现状，为自己确立一个目标、一个信念，那么你得到的将是，把四年最好的学习时光荒废殆尽，最终一无所获。

毫无疑问，你是同龄人中的佼佼者，在高考的那场比赛中，你胜出了。可是，当佼佼者集中在一起时，你又有什么条件和优势成为佼佼者当中的精英呢？如果你还没有为自己确立一个新的信念和使命的觉悟，那你必将被淘汰，就像在高考中你淘汰别人一样残酷。

所以，大学一年级的学生应该充分认识大学生活的新特点，在适应转变上下工夫，切实担负起大学生的角色责任，尽快地完成从中学到大学的转变。大学新生应尽快确立新的奋斗目标，以使自己有一个明确的前进方向。如同有些人所说的那样，人生活在信念之中，之前的信念实现了，或泯灭了，就应该树立新的信念和使命。一个人，如果没有信念和使命，那他就是在碌碌无为地虚度时间。

4.2 成功的翅膀——人才定律和自身的 SWOT 分析

一个人是不是人才，要看他(她)是否具备足够的知识、素质和能力。如果你信奉人才黄金四定律，你就会发现，你要么就是人才，要么正在成才的路上。对于正在成才路上的人们来说，找到适合自己并且能够达成的目标至为重要，本节为你介绍了一种通用并且易于操作的方法——SWOT 分析法。

英国最古老的建筑物威斯敏斯特教堂旁边，矗立着一块墓碑，上面刻着一段非常著名的话：当我年轻的时候，我梦想改变这个世界；当我成熟以后，我发现我不能改变这个世界，我将目光缩短了些，决定只改变我的国家；当我进入暮年以后，我发现我不能够改变我们的国家，我的最后愿望仅仅是改变一下自己的家庭，但是，这也不可能。当我现在躺在床上，行将就木时，我突然意识到：如果一开始我仅仅去改变自己，然后，我可能改变我的家庭；在家人的帮助和鼓励下，我可能为国家做些事情；然后，谁知道呢？我甚至可能改变这个世界。

从这段话不难悟出一个道理：一段完美理想的人生，无非是自始至终地改变自己，以不偏离自己的人生预定轨道。其实，你今天站在哪里并不重要，但是你下一步迈向哪里却很重要。成功，在一开始仅仅是一种选择，你选择什么样的人生规划，就会有什么样的人生，正如"生活，其实是一面镜子。你笑它就笑，你哭它就哭。"

人生规划使一个人的选择有的放矢，而人才定律和自身 SWOT 分析可以避免盲目选择，避免因为不适合自己的选择而带来心理上的失衡。所以在给自己做规划前，不妨先了解一下：什么样的人算是人才，人才的万能黄金定律是什么，利用自身的 SWOT 分析，明确我自己离人才的差距有多远，我怎么去克服这些差距，了解一下自己的人生追求和人生定位。

当你做出一个选择的时候，一定要明白自己想做些什么，然后再以人才定律和自身的

SWOT分析为指导，对选择的客体做深入细致地了解。一个人是否能够成功，关键在于是否能够最大限度地发挥自己的优势和潜能。

诚然，成功可以借鉴，但是不能复制。每个人的成功都与自身因素有关，利用SWOT分析清楚明了地认识自己是迈向成功的第一步。靠近自己的梦想不仅与自己的性格、爱好、成长经历、后天教育、努力程度等有关，偶尔还是需要机会的垂青。因此，年轻人对自己的人生进行规划的时候，不要一味地照搬别人的成功模式，而是要从自己的客观条件出发，分析自己的性格特点，加强自身锻炼，制订出切合自己实际的人生规划。

其实，人好比是行驶在大海上的一条帆船；人才定律，就是那船上的风帆；而自身的SWOT分析就如船体。帆船能在海上行驶多远多久以及能否到达目的地，不仅要取决于帆的方向，还要看船能负重多少。没有帆就没有方向；负重小，很可能一个浪花扑来，船就会沉没海底。

4.2.1 你的规划能实现吗——人才定律

1. 什么是人才

全国人大代表、武汉大学美学教授彭富春认为："有法律意识，有道德，有健康的心理、健全的人格，智力发达，有责任感等，非常重要。人才大致可分党政干部人才、管理人才、科技人才三类。过分强调专业素质或领导能力，重'智'而轻'德'，形成了不好的人才导向。'德'包括道德和政治，高素质人才应德智兼备。"

韦尔奇筛选人才的定律是 4E+1P：Energy（能量）、Energize（活力）、Edge（决断力）、Executive（执行力）、Passion（激情）。

古往今来，对人才的定义，从来没有像"一加一等于二"这样绝对的答案。仁者见仁，智者见智。

我们认为新时代的人才应该是这样的：具有个人的科学和技术知识、终身学习能力、交流和团队工作能力，以及在社会和企业环境下构建产品、过程和系统的能力。

根据以上的要求，成为人才需要具备如下四种素质：

(1)技术知识和推理；

(2)个人能力、职业能力和素质；

(3)人际交往能力；

(4)在企业和社会环境下构思、设计、实现、运行系统的素质。

为培养这样的素质，我们就需要人才的四大黄金定律。胡锦涛总书记在2006年两院院士大会上指出："建设创新型国家，关键在人才，尤其在创新型科技人才。没有一支宏大的创新型科技人才队伍作支撑，要实现建设创新型国家的目标是不可能的。"大力培养造就一批杰出科学家和科技人才群体，建设一支宏大的创新型人才队伍，大幅度提高国家的自主创新能力，是我们当前面临的一项十分紧迫的战略任务。

从上面一段话，我们不难看出，人才之于中国，犹如粮食之于民济。而人才的四大黄金定律则支配着人才的走向，决定了培养出来的是什么类型的人才。其存在的意义就不言而喻了。

2. 人才的四大黄金定律

每个人都有其可以闪亮的才能，如果你回答没有，那么不是真的没有，只是暂时没发现而已。

所以现在就丢下所有的自卑，跟我来思考。你会发现，你将成为一个有用的人才。

人才的四大黄金定律：

(1)一切能力都是可以训练出来的(不要认为成功高不可攀)；

(2)时间可以证明一切(用时间和刻苦来取得成功)；

(3)正确做事，不如做正确的事(确定最合适的努力方向)；

(4)努力是一种品格，优秀是一种习惯。

1)具体说来，一切能力都是可以训练出来的

前面我们说了一定要坚信"天生我材必有用"，但是我可没有告诉你，不需要任何努力，只要坚信就足够了。如果你天天都对自己说："天生我材必有用！"却不作任何实际的努力，你最终就只会成为一个自命清高、不学无术的家伙。

有一些人确实具备一些天生的才能，但是，如果后天没有加以锻炼，那么才能就会慢慢地磨灭掉。最后变成一个平庸的人，就好像仲咏同学。

仲咏同学三岁就会做诗，将其诗拿去给村子里的秀才举人看，他们都大加褒奖："文理皆有可观之处。"但是从那以后，仲咏的父亲就成天拉着他到东家卖弄，去西家张扬，弄得仲咏飘飘然，不再继续学习。到七八岁的时候，大家对他的评价是："不如先时之作"。可是他们父子都不吸取教训，等仲咏到十六岁的时候，其获得的评价就是："泯然众人矣"。

而有一些人出生的时候不是很聪颖，但是经过后天的努力，照样能成为某一领域的大家，正所谓"小时不了，大时了了"！

1879 年 3 月 14 日，爱因斯坦降生在德国的一个叫乌尔姆的小城。父母对他寄托了全部的期冀。可没过多久，父母就开始失望了：人家的孩子都开始学说话了，已经三岁的爱因斯坦才"咿呀"学语。后来，比爱因斯坦小两岁的妹妹已经能和邻居交谈了，爱因斯坦说起话来却还是支支吾吾，前言不搭后语……

看着举止迟钝的爱因斯坦，父母开始忧虑。直到 10 岁时，父母才把他送去上学。可是，在学校里，爱因斯坦受到了老师和同学的嘲笑，大家都称他为"笨家伙"。学校要求学生上下课都按军事口令进行，由于爱因斯坦的反应迟钝，经常被老师呵斥、罚站。有的老师甚至指着他的鼻子骂："这鬼东西真笨，什么课程也跟不上！"

一次工艺课上，老师从学生的作品中挑出一张做得很不像样的木凳对大家说："我想，世界上也许不会有比这更糟糕的凳子了！"在哄堂大笑中，爱因斯坦红着脸站起来说："我想，这种凳子是有的！"说着，他从课桌里拿出两个更不像样的凳子，说："这是我前两次做的，交给您的是第三次做的，虽然还不行，却比这两个强多了！"一口气讲了这么多话，爱因斯坦自己也感到吃惊。老师更是目瞪口呆，坐在那里不知说什么好。

自此开始，他便一发不可收拾！

1905 年 5 月，爱因斯坦完成论文《论动体的电动力学》，独立而完整地提出狭义相对性原理，开创物理学的新纪元。

1912 年，提出"光化当量"定律。

1915 年 11 月，提出广义相对论引力方程的完整形式，并且成功地解释了水星近日点运动。

1916 年 3 月，完成总结性论文《广义相对论的基础》。5 月提出宇宙空间有限无界的假说。8 月完成《关于辐射的量子理论》，总结量子论的发展，提出受激辐射理论。

在短短的时间里，爱因斯坦做出了如此巨大的成就。当年被人们称为"笨蛋"、"笨东西"，认为无法成才的爱因斯坦，终于成了全世界公认的、当代最杰出的聪明人物。[①]

由"丑小鸭"变为"白天鹅"，这说明了什么呢？

我想，爱因斯坦的话是最好的答案。当许多年轻人缠住他，要他说出成功的秘诀时，他信笔写下了一个公式：$A = X + Y + Z$，并解释道："A 表示成功，X 表示勤奋，Y 表示正确的方法，那么 Z 呢，则表示务必少说空话。"许多年来，爱因斯坦的这个神奇的成功等式一直被人们传颂着。

从爱因斯坦的奋斗历程中，我们不难看出，正是勤奋、正确的方法和少说空话使爱因斯坦由笨头笨脑变为科学巨人。

虽然出生的时候每个人的起点不一样，有大的差距，也有小的差距。这不是我们能决定的，但差距的变大或者变小则在于个人的付出！

活到老，学到老。人通过后天不断地学习，不断地积累，不断地反思，就会不断地进步，不断地提高，不断地完善！这也隐含了后天努力的重要性，决定了你的成功与否！

盖文王拘而演周易；仲尼厄而作春秋；屈原放逐，乃赋离骚；左丘失明，厥有国语；孙子膑脚，兵法修列；不韦迁蜀，世传吕览；韩非囚秦，说难孤愤；诗三百篇，大抵圣人发愤之所作也。

——司马迁《报任安书》

当年为了高考，把这段文章背得很流畅。可是又有几人认认真真把这段话联系到自己的人生，仔细思考？总而言之，不管先天条件如何、不管是顺境还是逆境，只要你肯努力，我们有理由相信，一切能力都是可以训练出来的。也许你就是下一个爱因斯坦。

因此，暂时的落后，并不意味着你永远落后。人的一生是漫长的，由很多阶段组成，可能你在某一阶段比较差，但经过你坚持不懈的学习努力，你在下一阶段就可能会变成优秀的人。这些完全取决于你自己！

大家不要妄自菲薄，要相信自己。要坚信一切能力都是可以训练出来的！

2)时间证明一切

当我们感到自己坚持不住时，一定要给自己打气，默想这句话："沉住气，再坚持一会儿。"

魏征在《谏太宗十思疏》中说："善始者实繁，克终者盖寡。"讲的就是这个道理。在一件事开始的时候，很多人都会全身心地去做，并且憧憬着美好的结果。但是很多事都不可能立刻取得成效，也许要等到一个星期后、一个月后，甚至十几年后才会看到效果。当一件事做了很长时间都没有成功的迹象，很多人就会想：唉，放弃算了，反正也不会有好结果。

没有人一生下来就什么都会，那些成功的人，有哪个不是经过坚持不懈的努力，才拥有超于常人的能力。司马光就是其中之一。

司马光是个贪玩贪睡的孩子，为此他没少受先生的责罚和同伴的嘲笑。在先生的谆谆教诲下，他决心改掉贪睡的坏毛病，认真跟着先生学习。为了早早起床，他睡觉前喝了满满一肚子水，结果早上没有被憋醒，却尿了床，于是聪明的司马光用圆木头作了一个警枕，早上一翻身，头滑落在床板上，自然惊醒，从此他天天早早地起床读书，坚持不懈，终于成为一个学识渊博的大文豪。

---

① http://zhidaocommit.baidu.com/question/75775970.html.

当过了一开始的新奇感之后，并且屡遭失败的时候，很多人选择的是放弃。所以，当我们因失败而打算退却的时候，必须清醒地意识到我们离目的地还有最艰难的一段路没走。这一段路，也许只有几步之距，但要想走过去，非咬牙坚持不可。坚信"时间可以证明一切"，非顽强者不可到达。

我们来看看，美国石油大王哈默是怎么取得成功的。

美国石油大王哈默有一个怪癖，专爱收购别人认为找不到石油的废井。

有一家叫德士古的石油公司，曾在旧金山以东的河谷里寻找过天然气，钻头一直钻到了5600英尺，仍然见不到天然气的踪影。德士古石油公司认为耗资太多，如果再深钻下去也可能徒劳无功、难以自拔。便匆匆鸣锣收兵，并宣判了此井的"死刑"。

哈默得知这一消息后，不禁欣喜若狂。立即组织有关专家进行实地考察，经过大量的数据分析，哈默在这口被判"死刑"的废井上又架起了钻机。

结果，在原有的基础上再钻井3000英尺，天然气终于喷了出来。

后来，哈默又听说举世闻名的埃索石油公司和壳牌石油公司，在非洲的利比亚由于探油未成功而扔下不少废井。他便带领大队人马开往非洲，租借了这些被别人抛弃的土地。

很快，他在那些废井中找出了9口自喷油井。

就这样，哈默领导的西方石油公司经过多年的努力，发展成一个业务遍及世界各大洲进行多种经营的跨国公司，哈默本人也成为享誉全球的石油王子。[①]

哈默的成功告诉人们，寻找成功，就像挖掘石油一样。有时，成功就深埋在你的脚下，既看你想不想挖掘它，更看你挖掘得深不深。寻找成功，需要有一份坚持下去不达目的誓不罢休的决心和耐心。

所有的失败，都源于自己对初衷的违背，在半路放弃努力或疏忽大意。如果能做到始终如一，坚持时间能证明一切，便会时来运转，好运降临。

在美国有一个大学篮球教练，听说是全世界最顶尖的篮球教练。任何的球队输球，只要他去那里一季到两季就可以反败为胜，甚至可以打入全美大学的总冠军赛，或是夺得大学的总冠军。

有一个学校的篮球队很烂，每年都会输球，所以那里的学生一到冬季的时候看到篮球场就想要躲掉（美国冬季是打篮球的季节），因为他们球队实在是太差劲了。于是这个学校的董事会一致决定，要把全世界最棒的篮球教练请过来。

教练到的时候，此大学篮球队已经连续输了十场比赛。这个教练跟他们讲，过去不等于未来，没有失败，只有暂时停止成功。

他讲了很多道理和故事激励球员。这些学生说："你讲得有道理。"于是这个教练开始凝聚这个团队的向心力，第十一场比赛之前，教练就说："各位，你们有没有信心？"他们说："有！""我们这次会不会成功？""会！""这次会不会赢球？""会！"

第十一场比赛中场时间回到休息室，那个球队落后30分。天呐，球员都快哭出来了。这个教练就开始问了："在座各位，请问你们觉得自己会输球吗？"他们嘴巴讲"不会"，但心里头已经说："铁定会，一定会死的，教练。"

结果这个教练果然懂得激励学。他说："在座各位，假如今天篮球之神迈克·乔丹连续输了十场比赛，第十一场比赛中场落后30分，你们觉得迈克·乔丹会不会放弃？"球员一致

---

① http://hi.baidu.com/zwei725/blog/item/fedd7Bceee253a3bb700c855.html.

回答："不会。""你们觉得拳王阿里当钟声还没有响起来，虽然处于落后的状态，拳王阿里会不会放弃？""不会！"

"你们觉得发明电灯的爱迪生当他还没有发明出灯之前，请问各位，爱迪生会不会放弃？""不会！"他们的回答全部都是：不会不会不会……

"请问你米勒会不会放弃？"

全场傻眼，有人就举手："报告教练，谁是米勒，怎么连听都没有听过？"

教练说："这个问题问得非常好，"他说，"米勒在比赛之前就放弃了，所以，你就没有听过他的名字。"

下半场开始，球员在教练的鼓舞下，士气大增。虽然最终还是没有赢得比赛，但是比分差距很小。此后球队在这个教练的带领下，开始走入强者行列，不再输球。[①]

生命的奖赏远在旅途终点，而非起点附近。我不知道要走多少步才能达到目标，踏上第一千步的时候，仍然可能遭到失败。但成功就藏在拐角后面，除非拐了弯，否则永远不知道还有多远。

再前进一步，如果没有用，那就再向前一步。事实上，每次进步一点点并不太难。

老子说："民之从事，常于几成而败之。慎终如始，则无败事。"意思就是，人们所从事的事业，往往是在快要成功的时候失败的。假使在工作快结束时还能像开始时那样慎重，就不会有失败的事情发生。

从今往后，每天的奋斗就像对参天大树的一次砍击。我承认头几刀可能了无痕迹。每一击看似微不足道，然而，累积起来，巨树终会倒下。这恰如我们今天的努力和坚持。

就像冲洗高山的雨滴，吞噬猛虎的蚂蚁，照亮大地的星辰，建起金字塔的奴隶，我们也要一砖一瓦地建造起自己的城堡，因为我们深知水滴石穿的道理，只要持之以恒，什么都可以做到。

坚持不懈，时间会证明一切，直到成功。

3) 正确地做事和做正确的事

关于生活，有句话说得很深刻："人生最痛苦的，不是你得不到，所以你痛苦，而是你付出了无穷的代价得到了，却不过如此，所以你痛苦；人生最痛苦的，不是你付出了多少代价得到了，却不过如此，所以你痛苦，而是你轻易地放弃了，原来它在你的生命中是那么重要，所以你痛苦！"然而，为什么会有这样的遗憾呢？

这里，先回答一个问题。你是否会经常发生这样的情况：自己每天就像一个上满发条的时钟——只知道机械地转，却不知为何而转？结果一学期过去了，你根本不知道自己在干什么，又从大学得到了什么。那么，你就该考虑一下，"正确地做事与做正确的事"的区别，你到底该怎么做。

在这里讲一个小故事：

英国某报曾经举办过一项有奖征答活动，题目是：在一个充气不足的热气球上，载着三位关系世界命运的科学家。第一位是环保专家，他可以拯救人类因环境污染而面临的厄运；第二位是核子专家，他有能力防止全球核战争使地球免于遭受灭亡绝境；第三位是粮食专家，能在不毛之地种植农作物使数千万人脱离饥荒。此时热气球即将坠毁，必须丢一个人以减轻

---

① 《创业成功的36条铁律》。

载重，使其余的两个人得以存活，请问该丢下哪一位科学家？问题刊出之后，因为奖金数额庞大，信件如雪片飞来。大家都极尽所能地阐述他们的见解。

最后结果揭晓，巨额奖金的得主是一个小男孩。他的答案是丢出去最胖的那个。当人们在讨论应该丢掉哪位科学家时，大家都有自己的理由，而且都认为自己是正确的。然而气球即将坠毁，最急需解决的是如何减轻气球的重量，因此我们最该做的事是扔下去最胖的，只有在确保气球不会坠落的情况下，讨论其他才有意义。小男孩的答案正是遵循了正确的解决方向，我们说，他"做了正确的事"。[①]

除了"做正确的事"，还有一个重要的问题是如何做事，也就是我们所说的"正确地做事"。"做正确的事"与"正确地做事"是我们达到最终目标所必须面对的两个问题。对于大学生来说，"做正确的事"就是要确定好自身定位、短期计划目标和长期计划目标。简单地说，就是要明确正确的前进方向。"正确地做事"就是要在正确的方向和目标的指引下，通过有效的日常管理来提高效率，也就是加快前进的速度。例如，上面说"最胖"，"最胖"只是一个执行方向，如何执行？小男孩说"最胖"的正确意思应该是"体重最大"。

这里有一个动物园的笑话：

管理员发现袋鼠从笼子里跑出来了，于是开会讨论决定将笼子由10m加高到20m。第二天他们发现袋鼠还是跑到外面来，又将高度加到30m。没想到隔天居然又看到袋鼠全部跑到外面，于是管理员一不做二不休将笼子的高度加到100m。

一天，一只长颈鹿和袋鼠们闲聊，"你们看，这些人会不会再继续加高你们的笼子？"长颈鹿问。"很难说啊，"一只袋鼠说："如果他们再继续忘记关门的话！"

管理员们的确在根据所发生的状况进行对策处理，而且做得很及时。可是我们可以看出，不到位的、在错误方向上的努力并不能够根本地解决任何问题。从这个故事中我们看出，如果你在"正确地做事"之前，没有"做正确的事"，那么你的努力都将是空谈。也许你觉得努力就应该有回报，可是如果你的目标都是不适合你的，那么即使你的计划多么的周密、抑或是正确，却都是在浪费时间。对于大学生来说，做正确的事首先要基于对自身和外界相互影响的正确评估，即 SWOT 分析，来确定一个真正适合自己的目标。

同时，我相信在努力的过程中，不可能是一帆风顺的，当你发现你的目标不适合或者偏离了你的愿望时。那么，希望你能及时调整。我们说，有了这个前提，努力才是有意义的，否则一切都无从谈起。

在确定了何为"做正确的事"，还必须制订计划，提高效率，"正确地做事"（或者说如何把正确的事情做得更好、更高效）。

开车就是一个我们最常见的例子，上下班高峰期选择哪条路就是要做正确的事。当我们选好路径之后，怎么把车开好，就是正确地做事。把车子开动不等于把车子开好，开好包括安全、快捷、舒适和省油等各种"好"的指标，并且因人而异。这就要求油门要加得畅顺、刹车要踩得柔和、方向要转得轻巧……总之，如果不是赛车，车子开得好不好由坐车的人说了算。

"做正确的事"说的是你的大学目标、你的人生目标，正确的标准来自个人的性格、来自环境、来自外界社会的不断变化。

---

① http://oxford.icxo.com//htmlnews/2009/08/12/1400867.html.

"正确地做事"说的是实现目标的缜密计划，正确的标准也来自个人和环境，来自于你的个人能力和你的愿景。

4) 努力是一种品格，优秀是一种习惯

小学课堂上，老师问：同学们，你们长大以后要做什么样的人？孩子们的答案无非是科学家、解放军、企业家等。

但不管怎样，作为一个人的人生志向，我以为做什么并不重要，最重要的是从小要立志做一个努力的人。

树雄心壮志易，为理想努力难，人生自古就如此。只要我们没有灰心失望，就一定能够用意志品格支撑着我们走过坎坷的岁月。当许多人以为我们已不行、快不行的时候，我们仍努力着从地上爬起来，我们该坚信人生就像马拉多纳踢球，往往是在快要倒下去的时候以"进球"获得生机的。

有人说，"努力"与"拥有"是人生一左一右的两道风景。但我以为，人生最美最不能或缺的风景应该是努力。努力是人生的一种精神状态，是对生命的一种赤子之情。努力是拥有之母，拥有是努力之子。一心努力可谓条条大路通罗马，只想获取可谓道路逼仄，天地窄小。所以，与其规定自己一定要成为一个什么样的人物，获得什么东西，不如磨炼自己做一个努力的人。志向再高，没有努力，志向终难坚守；相反，即使没有远大目标，只要努力，终会找到奋斗的方向。做一个努力的人，可以说是人生最切实际的目标，也是人生最高的境界。

许多人会因为给自己定的目标太高太功利，因为难以成功而变得灰头土脸，最终灰心失望。究其原因，往往就是因为太关注拥有，而忽略做一个努力的人。对于今天的学子们，如果只关注自己将来该做个什么样的人物，而不把意志品质作为一个做人的目标来培养，最终只能会使自己成为一个狭隘、自私、脆弱和境界不高的人。

美国赫赫有名的钢铁大王安德鲁·卡耐基就是一个能充分发挥自己创造机会的楷模。他12岁时由苏格兰移居美国，先在一家纺织厂当工人。当时，他的目标是决心"做全工厂最出色的工人"。因为他经常这样想，也是这样做的，经过坚持不懈的努力，他终于成为整个工厂最优秀的工人。后来命运又安排他当邮递员，他想的是怎样"做全美最杰出的邮递员"。结果他的这一目标也实现了。他的一生总是根据自己所处的环境和地位塑造最佳的自己，他的座右铭就是"做一个最好的自己"。

做一个最好的自己，付出最大的努力，不一定非要当什么"家"，也不一定非要出什么"名"，更不要与别人比高低。就像人的手指，有大有小，有长有短，它们各有各的用场，各有各的美丽，你能说大拇指就比小拇指好？决定成功的，既不是你物质财富的多少，也不是你身份的贵贱，关键是看你是否拥有实现自己理想的强烈愿望，看你身上的潜力能否得到充分的发挥。人们熟知的一些英雄模范人物，就是在最平凡的岗位上，充分发挥人的创造机能，在前进的道路上不犹豫不观望，真正做好自己身边的每一件事，创造了最好的自己。

成功来源于良好的习惯。如果一个人始终保持好的习惯，那他距离成功就不远了。成就事业需要我们养成许多好的习惯，如刻苦学习、独立思考、开拓创新、勤奋敬业、勤俭节约、艰苦朴素、遵纪守法、道德高尚等。

培养和保持一种好习惯，谈何容易，它需要通过艰苦的磨炼，甚至脱胎换骨的改造。

美国人布芬年轻的时候，生性懒惰，整天只知道吃喝玩乐。人们认为这个人因为生活在富裕之家，养成了浪荡公子的习性，一辈子只能碌碌无为了。面对人们的指责，布芬决心痛改前非，立志在科学研究领域做出一番事业。人们对他的志向只是付之一笑。

为了实现自己的人生目标，布芬决心首先改掉爱睡懒觉的毛病。为了使自己早起，他要求佣人在每天早上六点以前叫醒他，并必须保证让他准时起床。只要任务完成得好，佣人就可以额外地获得一笔小费。

但是，当佣人叫醒他的时候，他却装病不起来，还生气地骂佣人打搅了他的睡觉。当他起床后发现已经上午十一点了，他又大发雷霆，训斥佣人没有及时把他弄起来。这样一来，佣人决意拉下脸来，强迫他起床。

一次，布芬赖在床上，无论如何也不肯起来。佣人立即端来一盆凉水泼进了他的被窝，这一办法立刻见效，并且屡试不爽。在佣人的督促下，布芬终于养成了早起的好习惯。从此，他每天从早上九点工作到午后两点，又从下午五点工作到晚上九点，日复一日，年复一年，四十年来从未间断过。后来，他完成了巨著《自然史的变迁》，成为一名享誉国内外的作家。[①]

一个良好习惯的养成，将使一个人终生受益。在好习惯的滋养下，一个人可以由脆弱变得坚强，由颓废变得振奋，由失落无望变得充满希望，最后，一步步走向成功。

每到节日的时候，朋友之间总是喜欢互送祝语，"祝您心想事成！"其实那只是一个良好的祝愿而已，实际上世界上哪有心想事成的美事啊。要是有那种美事，谁都不去拼搏奋斗了，坐在那儿想就行了呗。所以，要想事成，必须通过艰苦的努力养成各种好的习惯。

一个人养成好习惯的过程，同时也是改掉不良习惯的过程。不能改掉不良习惯，优良习惯也养不成。例如，我们在养成好习惯的同时，必须改掉懒惰、依赖、散漫、马虎、自私等不良习惯。而且改掉不良习惯是一项经常性的任务，必须时刻警惕不良习惯冒头。因为不良习惯不是改过一次就永远不再回来了，它就像一个邪恶的幽灵，时时刻刻窥测时机准备返回你的大脑，妄图主宰你的一言一行。

一个人要改变不良习惯是很难的。例如，让一个烟瘾很大的人戒烟，就等于给他上刑一样，他会感到抓心一样难受。一个人要想改变不良习惯，必须从思想上给他施加一定的压力和动力。要让一个不喜欢学习的人每天去学习，他会觉得很不舒服。但是到了快要考试的时候，他就有了压力，考试不及格怎么办？如果考得好的话可以拿奖学金，对以后找工作就业都有好处，面对恐惧和诱惑的双重影响，他就会逼着自己改变不良习惯，因为他思想上有了动力。

养成良好的习惯，要先树立远大的人生目标，只有树立了远大的人生目标，才会产生养成良好习惯的动力。例如，一个人的人生目标是想当个科学家，那么他为了实现自己的人生目标，就会养成善于学习，勤于思考，甘于寂寞，奋力拼搏的好习惯。如果一个人的人生目标就是想过一种安逸舒适的生活，那他就会养成懒惰，无所事事，游手好闲的坏习惯。可以说，正确的人生目标会促使你养成良好的生活习惯，不正确的人生目标会导致你养成不良的生活习惯。所以说，我们要实现远大的人生目标，实现人生美好的理想，就必须养成良好的生活习惯。

一个好习惯的养成过程是痛苦的。但好习惯一旦养成，将是我们终生的财富，受用无穷。因此，短暂的痛苦又算得了什么呢？根据西方人文科学家的研究，一个习惯的养成平均需要

---

① http://hi.baidu.com//zyk ui 2009/blog/item/deo2dcababfa12fo1f17a257. html.

二十一天左右，只要我们认真地去做，就等于我们吃了二十一天的苦，却得到了一辈子的甜，这是一个很有价值的事情。

天行健，君子以自强不息！其实每个人都有一种与生俱来的禀性，那就是优秀。我们可能不知道自己拥有那一种最原始的天赋，但是我们无法否认它的存在，只有不断地去发掘，才能让优秀再次成为我们的习惯。

《道德经》上说过："人之初，性本善。"其实这里的善就是一种优秀，而这种优秀自然就是人最初的一种习惯，只是在后来的生存过程中逐渐变得不明显，而那些庸人就不断地在那些不再优秀的际遇中平凡的活着。只有不断地去发掘人的本性——善，直到让其成为一种习惯，才能不断地在优秀中创造出优秀的结果。

道德本身也是一种对优秀的要求。道德要求人们在日常生活中做到优秀，可是我们并不是每时每刻都能做到，这是因为我们已经在生活的迫使下迷失了原有的本性。而要做到每时每刻都自然而然的优秀，就需要我们不断地修养自己，使这种优秀再次回到我们身边。只有这样在我们每时每刻的行为中才会流露出一种优秀的气质。这就如，一个人的人生成功，靠的是这个人优秀的人格魅力；一个人事业的成功，靠的是这个人对事业的孜孜不倦的追求和精益求精的工作习惯。

然而优秀并不是说说就可以的，而是需要不断的努力才可以达到。亚里士多德曾经说过："我们每一个人都是由自己一再重复的行为所铸造成的。因而优秀不是一种行为，而是一种习惯。"这后一句话的意思是说，"优秀"并不是用来描述人们行为而是用来描述人们习惯的词。只有在不断的要求中，我们才会将优秀不自觉地养成一种习惯。

我们必须先要明确自己存在的价值和意义，而不可以整天浑浑噩噩的茫然不知所以然。每个人都是一定的社会关系的总和，我们不可以总是生活在以自己为中心的圈子中，我们必须要知道，自己不应该只是为了自己而生存，总该有一点可以留给别人的东西。

所有这些如果只是在某种外界的要求下才会成为我们的举动，那还不是一种习惯，而只是我们被迫地接受了他人制定的规范。如果你所做的事情与自己的利益无碍，大概还可以坦然地接受，可是当其与自己的利益发生了冲突呢？这就是习惯中的优秀和那种一般的优秀或者根本就不是优秀的假象的差别，因为毕竟道德的要求是外加的强制力量，而不管外加强制力量有多大，总会有被突破的时候。而当我们把这种优秀养成我们内在的习惯，那就不需要在遇到问题时还要反复地思考，因为那时候我们的选择会简化成为一种习惯，这大概才可以算做严格意义上的优秀。但是我们在一开始的时候不会有多么高的修养，还是需要有外界的限制，在这些规范的指引下培养自己的习惯。

其实如前面说的优秀看似不可琢磨，不好把握。但一个人是否优秀，一个人事业能否取得成功，是能从他的生活点滴中看出来的，是能从他的一言一行中预测出来的。心理学研究发现，一个人每天的行为，思想甚至情绪方式中有大于80％是由习惯决定的。所以要成为一个优秀的人，就应该让优秀成为一种习惯，就应该对自己要求严格，甚至是苛刻，树立高标准、严要求，一个不想优秀的人是没有出息的人。

另外，我们最容易把优秀只是放在大事业上，或许会有部分人对日常生活的举动毫不在意，其实不然。每个人的习惯只是在平时的举动中才会更清晰地表露出来，是丝毫不容隐藏的，所以我们要提高自己的修养，要使自己变得优秀也最好从平时的一点一滴入手，做一个彻头彻尾的改变。

优秀是一种习惯，在今天不妨这样解读：优秀是一种习惯的结果，有了优秀这种习惯的人就一定是优秀的。我们要把优秀作为习惯来培养，只要是优秀的，我们就要持续地长期地去坚持；只要是优秀的，我们就要不间断地重复地去坚持；只要是优秀的，我们就要从无到有的累积性地坚持；使优秀不自觉地无意识地成为习惯，积久成性，成为我们的后天之性。在潜移默化之中，我们就成为优秀的人了。

优秀不光是对能力的要求，更是对毅力的考验。因为，优秀并不是某一次的行为或举动，而是一个长期的过程。不管是要修炼出的优秀还是在平常的生活中挥洒出一种优秀的气质，都不是一朝一夕的成果。需要我们长久地坚持下去，使每一次的行动和语言做到言由心生，并且用自己最直接的感觉去指导自己的行动，然后可以在其中获知优秀的本原。这样我们就可以在不知不觉间获得优秀这种习惯，并且在不知不觉间挥洒出那一种优秀的气质。让优秀成为一种习惯就是说让自己在每时每刻都是优秀的，不会在任何的情况下由于某些外部的原因而丧失优秀，而那些也都是很自然地表露在每个人的面前，且不需要任何的伪饰。既然这样，那么让我们每时每刻都要保持一颗向上之心，让优秀作为一种习惯重回我们每个人的身边！

4.2.2 人生导航——自身 SWOT 分析

在古希腊的德尔斐神庙中，赫然写着这样的大字："认识你自己。"西方古代充满神秘色彩的哲学家苏格拉底一直在思索"我是谁"这个问题，我国古代思想家老子也说过"知人者智，自知者明"，对每个人来说，清晰地认识自己是一个重大的人生课题。大学阶段，正是形成自我观念的关键时期，是我们认识自我，了解自我和发展自我的黄金时代。

只有清晰明了地认识自我，才能在实现理想的道路上畅通无阻。正所谓，只有"知己知彼"，才能"百战不殆"。

1. SWOT 分析法的含义

4.2.1 节介绍了人才的四大黄金定律，我们知道只要努力，任何事情都是可以做到的。可是如何才能找到最适合自己的奋斗目标呢？这需要一种通用的方法，来找到适合自己并且能够达到的目标。在这里，本节介绍了 SWOT 分析法，这是一种通用并且易于操作的方法。

SWOT 分析法(也称 TOWS 分析法、道斯矩阵)即态势分析法，20 世纪 80 年代初期，由美国旧金山大学的管理学教授韦里克提出，经常被用于企业战略制订、竞争对手分析等场合。

SWOT 分析法原是一种企业内部常用的分析方法，即根据企业自身的既定内在条件进行分析，找出企业的优势、劣势及核心竞争力之所在。现在也常常把它应用于一个人或一个组织的核心竞争力的分析中。

SWOT 分析是一种功能强大的分析工具，是检查你的技能、能力、职业、喜好和职业机会的有用工具。通过它，你会很容易知道自己的个人优点和弱点在哪里，并且会仔细地评估出自己所感兴趣的不同职业道路的机会和威胁所在。

S、W 是内部因素，O、T 是外部因素。按照竞争战略的完整概念，战略应是一个人(或组织)"能够做的"(个体或组织的强项和弱项)和"可能做的"(环境的机会和威胁)之间的有机组合。

　　上述阐述的 SWOT 分析，同样也可以应用于同学的个人认识和自我分析。对于每一位同学而言，也会存在着人生道路的优势、劣势、机会、威胁。

　　下面是一位大学同学的个人 SWOT 分析的例子[①]，如图4-2所示。

```
姓名：×××　　工作意向：到移动运营商工作
毕业学校：某大学研究生(本科)　专业：本科/通信工程
生日：1982/03　性别：男　出生地：北京　星座：牧羊座
背景概述：专业成绩优秀，外语出众，有工作经验
学习成绩：85
外语成绩：CET-4：90.5, CET-6：85，TOEFL：660+5.5, GRE：700+800+6
学生工作：2000～2004 年：男篮主力
　　　　　2000～2002 年：小班体委
　　　　　2000～2003 年：多门课课代表
实习兼职：担任职责和参与项目
　　　　　2003.11～2004.6　IBM 认证培训中心 AIX 系统培训
　　　　　2003.07～2003.11　CCTV 灯光助理
　　　　　2001.08～2001.09　某交通中队　电脑、局域网维护
重大奖励：
　　　　　2001 年校三等奖学金，文体积极分子奖，校运会田径金牌
　　　　　2002 年校三等奖学金，文体积极分子奖，校运会田径金牌
　　　　　2004 年新东方学校优秀学员奖，托福高分奖，GRE 高分奖，GRE 单项写作高分奖(GRE 作文满分)
```

图 4-2　某同学的个人信息

　　当然分析也分很多种，表4-1、表4-2、表4-3将对该同学大学生活中所一直遵循的主线进行分析。

表 4-1　某同学 SWOT 分析表

S	W	O	T
S1：专业背景好 S2：英语能力突出，在同龄人中出众 S3：比较会与成年人打交道，语言表达能力优秀 S4：身体好，精力旺盛 S5：做一件事就一定要做好的习惯	W1：一些基础课和文科课成绩一般 W2：性格中有暴躁的倾向	O1：国家对外开放的节奏加快 O2：我国经济发展迅速，企业对人才的需求增大 O3：TOEFL，GRE 学习考试	T1：IBM 实习中，先要学习很多东西，并且还要有几次上岗前的评测，并且上岗面对的是二三十个工程师组成的班级，压力很大 T2：GRE 和托福考试要拿高分都很难 T3：同时做好几件事，时间安排有些冲突

表 4-2　某同学机遇-优势/机遇-劣势分析表

机遇－优势：OS	机遇－劣势：OW
O2/S1：继续努力学习英语，保持自己的优势，把自己培养成为能够满足时代需要的复合型人才 O2/S2：抓住机会运用自己的专业优势。例如，偶然听说 IBM 招聘实习，便努力抓住了这一机会，为自己的履历上写上了浓墨重彩的一笔 O3/S3：GRE 考试的准备是很累人的，但还是决定报考，通过考试来促进学习	O2/W1：努力培养其他方面的优势，使之盖过一些基础课成绩不好的劣势 O1、O2/W2：多和别人打交道，在实际的沟通中纠正这一性格弱点

　　通过对该同学在整个大学期间的案例分析，我们可以做一个比较，作为一个新生，应该

---

① http://www.docin.com/p-707292.html.

怎样来分析自己,朝着既定的目标前进。一个新生应该怎样来分析自己呢?我们可以依葫芦画瓢,按部就班地依次剖析自己。

表 4-3 某同学挑战-优势/挑战-劣势分析表

挑战-优势:TS	挑战-劣势:TW
T1/S1、S2、S3、S4:发挥自己的专业优势和沟通能力,出色地完成任务,对自己的心理素质也是个极好的锻炼 T2/S2、S4、S5:专门花两个月的时间分析题库,进行魔鬼式训练。同时坚持进行体育锻炼,最后取得了不错的成绩 T3/S5:研究如何科学高效地管理时间	T1/W2:提高自身修养,冷静面对压力 T3/W2:科学的时间管理给了我很大帮助

通过上面的分析,我们可以看到:

这个同学首先列出了自己的优势、劣势、机会、威胁,每一个部分都给出了最关键的几点,如这个同学的优势如表4-4所示,劣势如表4-5所示。

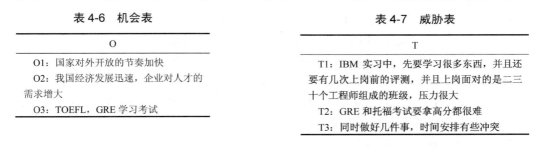

表 4-4 优势表

S
S1:专业背景好
S2:英语能力突出,在同龄人中出众
S3:比较会与成年人打交道,语言表达能力优秀
S4:身体好,精力旺盛
S5:做一件事就一定要做好的习惯

表 4-5 劣势表

W
W1:一些基础课和文科课成绩一般
W2:性格中有暴躁的倾向

分析完自身内部因素的优势和劣势后,接下来就需要分析个人的外部因素,即机会和威胁,如这个同学个人的机会如表4-6所示。外界给这个同学实现自己理想的威胁如表4-7所示。

表 4-6 机会表

O
O1:国家对外开放的节奏加快
O2:我国经济发展迅速,企业对人才的需求增大
O3:TOEFL,GRE 学习考试

表 4-7 威胁表

T
T1:IBM 实习中,先要学习很多东西,并且还要有几次上岗前的评测,并且上岗面对的是二三十个工程师组成的班级,压力很大
T2:GRE 和托福考试要拿高分都很难
T3:同时做好几件事,时间安排有些冲突

当完成内部因素优势和劣势,以及外部因素机会和威胁的分析后,根据 SWOT 分析的方法,这个同学应该明白自己未来的学习和生活的重点,也就是自己的大学生活战略,应该是"能够做的"(个体的强项和弱项)和"可能做的"(环境的机会和威胁)二者的有机组合。

例如,上述同学的学习战略应该如下。

机遇+优势:OS

这是一个同学最应该强化的个体优势,同时也要抓住外界的优势,利用机遇将自己的优势转化为成功。

机遇+劣势:OW

这一点对同学而言,是外界有机遇,但是因为个人的原因,在这个方面还存在劣势,也就是和其他个体相比,本身没有优势可言。对于这种情况,必须正确地认识这个机遇,如果希望抓住这个机遇,就必须正视自己的劣势,并且采取切实可行的方法来弥补劣势,从劣势转化为优势，提高自己的竞争力，更好地把握住外界的机遇。例如，这个同学在自己的SWOT分析中看到，自己的劣势是文科类功课成绩不好，另外与人打交道的时候，脾气不太好。因此，这个同学给自己确定的战略如下。

O2/W1：努力培养其他方面的优势，使之盖过一些基础课成绩不好的劣势。

O1、O2/W2：多和别人打交道，在实际的沟通中纠正这一性格弱点。

上述做法，就是典型的修正劣势的方法。

挑战+优势：TS

这位同学在SWOT分析中，看到外界的挑战如下。

T1：先要学习很多东西，并且还要有几次上岗前的评测，并且上岗面对的是二三十个工程师组成的班级，压力很大。

T2：GRE和托福考试要拿高分都很难。

T3：同时做好几件事，时间安排有些冲突。

针对这些挑战，这位同学结合自己的优势，确定的战略如下。

T1/S1、S2、S3、S4：发挥自己的专业优势和沟通能力，出色地完成任务，对自己的心理素质也是个极好的锻炼。

T2/S2、S4、S5：专门花两个月的时间分析题库，进行魔鬼式训练。同时坚持进行体育锻炼，最后取得了不错的成绩。

T3/S5：研究如何科学高效地管理时间。

可以看到，上述战略，都是利用自己的优势，针对外界的挑战给出的针对性的解决方案，而且具有很强的针对性。

挑战+劣势：TW

对于挑战+劣势而言，是一个人最大的困难。针对这个部分，需要冷静思考，找出问题的关键点，然后重点改进，才能避免在关键问题上出现错误。

根据上面的SWOT分析，我们可以看到，任何一个同学在大学里面的战略，都应该是根据自身的情况和外界的情况来共同分析制定的，这个制定的方法就是SWOT分析。

对上面的SWOT分析，还需要重点说明的是，对于这个同学分析的自己的劣势如下。

W1：一些基础课和文科课成绩一般。

W2：性格中有暴躁的倾向。

在SWOT分析中，重点是针对机遇+劣势和挑战+劣势来进行分析的。如果一个同学自身有劣势，那么要重点分析机遇+劣势和挑战+劣势这两点。在一定程度上可以这么认为，机遇+劣势是在自己的成功道路上遇到的困难，必须加以克服，才能让自己有更大的获得成功的可能性。而挑战+劣势可以理解为是自己的最大不足和威胁。因为挑战+劣势代表外界有挑战，但是自身条件不足，这是对一个人成功的最大威胁，需要给予高度重视，这样才能化解自己的最大困难，防止自己在人生道路上遇到严重的困难。

因为每一个同学是不同的，因此每个人的SWOT分析的结果也是不同的。当我们对自己的优势和劣势，以及对外界的机遇和挑战有一个清楚的认识后，我们就可以科学地使用SWOT分析方法，去安排好我们的学习和生活重点，从而使自己的大学生活有的放矢，可以基于自己的优点，充分去抓住机遇，发挥自己的价值；可以充分利用自己的优点，去迎接外界的挑战，增强自己战胜困难的信心。也可以根据外界的机遇，分析自己的不足，从而改进不足，抓住机遇；还可以看到自己的不足，以及外界的威胁，从而从根本上弥补自己的不足，以提高自己的竞争力。

2. 给自己做 SWOT 分析

SWOT 分析法是一种自我诊断的方法，它是一种能够较客观而准确地分析和研究一个人或者一个单位现实情况的方法。利用 SWOT 分析法可以从中找出对自己有利的、值得发扬的因素，以及对自己不利的、需要去克服的因素，发现存在的问题，找出解决的办法，并明确以后的发展方向。

根据这个分析，可以将问题按轻重缓急分类，明确哪些是目前急需解决的问题，哪些是可以稍微拖后一点儿的事情，哪些属于战略目标上的障碍，哪些属于战术上的问题。这样具有针对性，有利于一个人或者一个管理者在自身的发展上做出较正确的决策和规划。

世上没有完全相同的树叶，每一个人都是独特的个体，有着自己的需要、愿望和价值观，也有着自身的优点。若是我们违背自己的本质，不尊重自己的独特性，不真正了解自己，那么不论怎样努力，也永远和成功无缘。

你的本质和你的成功是分不开的。许多人牺牲了自己的本质，去做那些自己不愿意做的事情，这就是他们不能成功的原因。该做老师的人做了企业家，该做企业家的人却跑去做了老师；该做管理员的而跑去做了推销员，做管理员的却是那些该做律师的人；该做律师的去做了医生；该当医生的却自己创业做老板。这种选错行业的人太多了，这些人注定要失败，因为他们没有选择成功的生活。

假如你不清楚自己的本质，不明白前面的机遇与挑战，那么就很可能做出完全和你的需要相反的选择。

要想品尝成功的滋味，不但要清楚自己的需要，还得深信自己绝对有权利满足自己的需要。你必须做对自己真正有意义的事情。否则，你只会变成别人的雇用者和奴隶。

因此为自己做一个 SWOT 分析是十分必要的，表 4-1～表 4-7 会有一定的帮助。

3. 人生和职业规划对 SWOT 的修正

SWOT 分析如同最近的选秀节目席卷而来，想忽略都没办法，并且已广被应用在许多领域中，如学校的自我分析、个人能力的自我分析等方面。

现在，我们来回答上一小节中提出的问题，即我们在对自身的职业发展问题进行 SWOT 分析时，应该怎么去做呢？归纳起来有以下五个步骤。

第一步，评价自己的优点和缺点。

每个人都有自己独特的技能、天赋和能力。在当今分工非常细的环境里，每个人都只擅长于某一领域，而不是样样精通。

例如，有些人不喜欢整天坐在办公室里，而有些人则一想到不得不与陌生人打交道，心里就发麻，惴惴不安。

请做个列表，列出你自己喜欢做的事情和你的长处。同样，通过列表，你可以找出自己不是很喜欢做的事情和你的弱势。找出你的短处与发现你的长处同等重要，因为你可以基于自己的长处和短处，作出两种选择：或是努力去改正错误，提高你的技能；或是放弃那些对你不擅长的技能有要求的学习。

列出你认为自己所具备的很重要的优势和对你的学习选择产生影响的劣势,最后再标出那些你认为对你很重要的优劣势。

第二步,找出外界的机会和潜在威胁。

我们知道,不同的专业都面临有不同的外部机会和威胁,找出这些外界因素将会帮助你成功地找到一个适合自己的目标,对你在大学的学习是非常重要的,因为这些机会和威胁会影响你的大学发展和职业发展。

如果某种专业处于一个常受到外界不利因素影响的状态,很自然,这个专业方向能提供的职业机会将是很少的,而且很有可能会没有发展的机会。相反,充满了许多积极的外界因素的专业方向将为我们大学生提供广阔的职业前景。

请列出你感兴趣的一两个专业方向,然后认真地评估这些专业方向所面临的机会和威胁。

第三步,用表格方式列出今后 6 个月内你的学习目标。

仔细地对自己做一个SWOT分析评估,列出你 6 个月内最想实现的4~5个学习目标。这些目标可以包括,你想获得多少知识,你想了解哪一种专业方向,你英语要达到什么水平,或者你希望自己拿哪个级别的奖学金。并且请时刻记住,你必须竭尽所能地发挥出自己的优势,使之与专业提供的有利条件完美匹配。

第四步,用表格方式列出一份今后 1~2 年的学习行动计划。

拟出一份实现上述第三步列出的每一目标的行动计划,并且详细地说明为了实现每一目标,你要做的每一件事,何时完成这些事。如果你觉得你需要一些外界帮助,请说明你需要何种帮助和你如何获取这种帮助。

例如,你的个人 SWOT 分析可能表明,为了达到你理想中的英语水平,你需要学习更多的英语课程,需要拿出更多的时间学习英语。那么,你的学习行动计划应说明要参加哪些课程、什么水平的课程及何时学习这些课程等。拟定的详尽行动计划将帮助你做决策,就像外出旅游前事先制订的计划将成为你的行动指南一样。

第五步,寻求专业帮助。

分析出自己学习发展及行为习惯中的缺点并不难,但要去以合适的方法改变它们却很难。

相信你的朋友、老师都可以给你一定的帮助,特别是很多时候借助专业老师的咨询力量会让你走捷径。外力的协助和监督也会让你取得更好的效果。

下面我们来看一个例子,一个 90 后计算机专业大学生的 SWOT 分析。[①]

我的竞争优势(strength)

根据 MBTI 性格分类法,我是属于 ISTJ(内向、感觉、思考、判断)这一类型的人。我的竞争优势有:具备充足的精力,在校学习期间养成了良好的学习作息习惯,曾被授予"十佳青年"的称号;心态稳定,平和乐观,有冲劲闯劲,面对学习生活上的困难能够及时寻求老师、家长、朋友的帮助;有毅力,学习能力较强,在校期间多次以专业成绩第一获得校级奖学金;有团队意识、创新能力,曾参加各大校内外学科竞赛并获得好成绩;思维活跃,逻辑性强,能够充分利用所学知识完成相关任务;专业知识扎实、动手能力强,对于计算机专业的软硬件知识均有一定的了解和应用,特别是在硬件方面有很多实际动手经验;有非常强的

---

① 选自成都信息工程学院计算机专业 2010 级某同学个人 SWOT 分析,有修改。

责任意识，让别人可以充分地信任自己；工作学习效率较高，能够将工作自始至终贯彻到底；待人积极热忱，在校期间经常参与志愿者活动。

除了性格上的优势以外，作为 90 后，我们有着自己独特的环境和时代优势。生活在 21 世纪的我们拥有优越的社会生存环境、良好的教育、先进的设备和技术，而我们的计算机行业也在欣欣向荣地发展着，由于行业更新换代速度很快，正处于高端人才紧缺的时候，正需要我们这代年轻人的积极加入。所以，只要我们足够优秀，很容易融入计算机行业当中。

我的竞争劣势(weakness)

由于性格内向，不善于人际交往，我的人际关系网不够广泛，不利于信息的沟通；计算机行业对英语能力要求很高，我的英语能力还有待提高；做事有时过于追求完美，对不感兴趣的事情缺乏尝试的勇气；对于自身偏爱的事情常常投入大量的精力，以致影响到其他事情的进行；不够果断，在做决策时，往往考虑过多的因素，影响决策的及时性；由于阅历有限，有时难以看到问题的整体性以及行为的长远影响，会因为近期目标而忽略长远目标；感情不够细腻，对于自己的决定将会对别人造成什么样的影响缺乏敏感；不太愿意尝试、接受新的和未经考验的观点和想法，要见到实际应用后的结果才肯接受新观点；不能理解与自己的想法不同的要求，有时考虑问题会很死板。

性格的劣势是自身本性决定的，而外部环境所造成的劣势也有很多。首先，随着计算机行业日新月异的发展，技术的不断更新与进步，对于 IT 业的从业人员要求也越来越高，出校门时，自己已经具备的知识已经跟不上技术的更新步伐，需要时刻再学习。其次，自身环境对于自己的限制较多，如家庭等因素。最后，IT 业近些年竞争十分激烈，自己的能力在某些程度上不如别人，缺乏核心竞争力。

面对这么多的劣势，我应当扬长避短，选择一份能够发挥自身优势的工作，尽量避免自己的劣势并改正。有些劣势是性格本身决定的，可能已经定型，那么我就应该准确定位自己，开辟一个可以展现自己优势的舞台。

我的竞争机会(opportunity)

就计算机行业这个大环境来说，提供给我的机会还是很多的。随着行业的发展，科技类公司越来越多，就业机会增多；毕业时，学校提供广泛的就业机会，毕业生与企业的接触面广，学校还为学生提供很多的实习机会；学校在社会及企业中的口碑越来越好，学生综合能力得到认可；学校的培养模式和培养理念在不断进步，校企合作的培养模式让我有了更多的动手实践机会，参与了很多项目的开发，项目开发经验丰富；所学专业计算机专业的就业面很广，可以从事很多相关工作，如程序开发、软件测试等，可选择面很多；随着信息技术的发展，行业更新速度很快，而我们 90 后接受新鲜事物的途径和能力更强，我们有着最新的思维方式，把握着最新的信息因素，我们的出现必将为 IT 业注入新鲜的活力；我们年轻气盛，精力旺盛，学习能力强，能很快适应行业的工作特点。

我的竞争威胁(threat)

在一个充满竞争的大环境下必然存在着很多的威胁。

首先，计算机行业作为近些年的热门专业，毕业生人数逐年增加，IT 专业的人才越来越多，天外有天，人外有人，竞争让自己觉得威胁压力很大；计算机专业的应用性过于广泛，要面对与多种类型的上岗者竞争。

其次，大型 IT 企业门槛较高，对于刚毕业的缺乏实际工作经历的大学生来说，面对层层阻碍，想要杀出重围，是要花费很多工夫的。

最后，计算机专业本来对于英语能力的要求就比较高，外企更是如此，英语能力对于我是一个较大的威胁。

我的发展战略（strategy）

从以上的分析可以看出，即将毕业的我在很大程度上是处于劣势的。因此，必须根据实际制订自己的发展战略。这样才能发挥自身的优势，正视自身的劣势，及时抓住机遇，有效规避风险，从而更好地适应环境的变化以实现可持续发展。

第一，突出自身的专长，打造自己与众不同之处。在与别人竞争时，展示自己与众不同之处是立足之本。别人能做到的我也能做得很好，别人不能做到的，我依然能够做得很出色，这就是我竞争的有力武器。强化自己的优势，突出特点，将会让别人对自己刮目相看。我希望自己能够做一名全面发展的多面能手，既能设计、实现，又能测试、管理，将自己打造成为一个复合型的 IT 人才。

第二，从基层做起，多多锻炼，慢慢积累经验。项目经验对于搞技术的人来说是至关重要的。因此，在刚刚进入 IT 领域的时候，我会做好心理准备，从基层做起，多多锻炼自己，慢慢积累经验，这一点是必须的过程。这一过程中，应当应用自身专业的特点、自身的特长，充分将自己的专业知识与实际项目运用结合起来，同时要学会公司的项目操作流程，以及其他的能力需求，并尽快和其他员工形成关系网，相互交流学习，尽快融入团队。

第三，我的短期目标是通过相互交流学习，融入企业文化，熟悉职业特征。与上下级保持良好的沟通联系，适应企业及职位的工作节奏与方式，对于自身的优势要根据职业的需求进行调整和融合，遇事多向有经验的同事请教，将不足之处及时改正，将企业所需作为自身初步必须完成的任务与锻炼目标，让企业看到一个不断进步的自己，从进入企业的第一天起，就开始累积人生的第一桶经验。

第四，我的长期目标是不断地完善自身的技能，将自己的能力发挥在有限的领域中，求精求专，一种是专技术，一种是专管理。因为 IT 行业的更新淘汰速度很快，一直做技术人的精力也跟不上，所以在技术做精做专了以后，要考虑向管理发展，通过自己的技术经验与能力，在更高层发挥管理或决策的能力。总之，要不断充实自己，耐心等待企业内部或外部的机会，学会推销自己，树立自己的品牌形象。

面对残酷的竞争和强烈的冲击，面对难得的机遇，我将与自身的实际现状结合，制订自己的发展战略，突出自己的个性特点，这样才会有立足之地、生存之本。

4.3 以终为始实现人生规划与理想

从地球上看夜空，有很多星星都亲密无间地聚在一起，可是事实上它们的距离是那么的遥远，远得成为无法逾越的沟壑。就像我们在此岸望彼岸的梦想一样，始终无法触及，可是只要方法得当，只要我们足够虔诚，那么总有鹊桥高挂的一天。下面我将告诉你将梦想变为现实的锦囊妙计。

4.3.1 以终为始，让梦想成真

坚持以终为始的方法，让梦想成真的步骤是：

(1)要有远大的理想和目标；

(2)制订科学的规划；

(3)运用以终为始的方法，制订行动计划；

(4)刻苦努力，执行计划。

大学是人生的关键阶段，在这个阶段里，所有大学生都应当认真把握每一个"第一次"，让它们成为未来人生道路的基石；在这个阶段里，所有大学生也要珍惜每一个"最后一次"，不要让自己在不远的将来追悔莫及。

——李开复

带着李老师的话和图4-3来分析分析我们的大学四年。

大学是人生的一个重要的阶段。在这个阶段，每一个同学都需要认真地对自己的人生进行科学规划，并充分考虑个人、教育、社会三方面的因素，应用自身的 SWOT 分析和人生规划、职业规划工具，设定自己的人生目标和职业目标，并应用以终为始的方法，将达成目标的过程分解到每一天、每一周、每一月、每一学期、每一年的行动中去。

图 4-3 是人生规划的模式图，从图中可以看到，职业目标和人生目标的设定，与个人、社会、教育三方面的因素都是相关的。在设定职业目标和人生目标的时候，还需要充分考虑自身的 SWOT 分析，做到根据自身的特点来选择适合自身发展的道路。

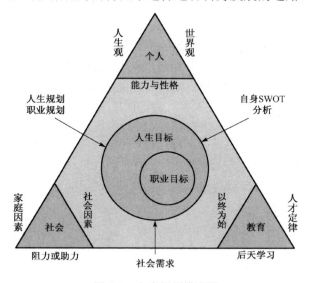

图 4-3 人生规划模式图

4.3.2 范例：以终为始规划大学生活

大学的光阴是宝贵的。许多同学，在毕业的时候，心中无限地感慨：四年前跨进大学校门，心中充满了理想。四年后走出学校，才发现留下了许多遗憾。大学里要做的事很多，如何度过大学时光才是最有意义的呢？

对于这个问题，可以参考如下的方法：

1. 剖析自己，订立目标

大学是人生最重要的一个阶段。进入大学后，一个重要的变化就是：每一个同学的学习和生活，都是由自己来决定的，包括每一个同学的未来。虽然你和每一个同学都进入了大学，但是在未来中，每一个同学的道路都是各不相同的。在未来走什么样的道路，是每一个同学应该认真思考的问题。

如何决定自己未来的道路呢？这个决定不能是轻率的，也不能是人云亦云的。未来道路的决定过程，就是自己人生规划和职业规划的过程。在这个过程中，要充分地利用 SWOT 方法，对自己进行深刻的分析，然后根据个人、教育、社会三方面的因素，对自己的未来进行一个良好的规划。

目标有大有小，有远有近。对于同学而言，至少应该思考自己整个大学的学习目标和未来的职业目标，并在此基础上慎重地去思考自己的人生目标。

2. 以终为始，持续努力

当确定了自己的学习目标和职业目标后，需要的就是利用以终为始的方法，来科学地计划自己的大学生活，将达成目标的努力过程，分解到每一天、每一周、每一月、每一学期、每一年。通过自己每天、每周、每月、每学期、每年的持续努力，经过一个个感觉不到的微小的进步，度过每一个普通，但却是坚定地迈向目标的一天，成功就终会到来。

以终为始，持续努力是获得成功的有效方法，也是成功的保证。在以终为始，持续努力中，最困难的是持续努力。

其实，成功并不困难，成功来自于平常点点滴滴的努力。一年 365 天的持续努力，就是成功的法宝。如果生命中伟大的奇迹没有到来，就请我们去思考一下，是否每一天平凡的努力还不够。如果坚持努力了，请相信自己吧，奇迹终究会到来的。

3. 了解职业情况，提高工作能力

在深刻剖析自己，确定了人生目标，特别是职业目标后，应该充分地理解职业情况，了解自己职业对能力和素质的要求，从而在大学中有针对性地去学习，充分地发挥自己的特长，针对自己的不足进行提高，将自己培养成为一个合格人才。

4. 关注环境影响，锁定远大目标

大学是一个广阔的空间。对于每一个同学而言，上大学，并不仅仅意味着"精通一艺"。大学精神，并非仅仅是将一个学生培养为一个工程师。大学应该是一个人开阔眼界，提高素质，提升能力的重要阶段。通过大学的学习，同学们应该为自己的人生腾飞打下坚实的基础，而不仅仅是掌握一门技术。

进入大学后，同学们需要多方面地丰富自己的知识。我们鼓励理工科的同学，丰富历史、文学、社会、企业、经济方面的知识；当然，非理工科的同学，也需要补充一些理工科的知识。每一个同学都要把自己培养成为一个"全人"，一个理解了人生、大学和学习的意义，掌握了对自己人生、职业、学业进行规划的方法，有清晰的目标，获得内在的、持续的前进动力，去践行自己的理想的人。

此外，每一个同学，还不能仅仅将自己的思想和生活停留在大学中。我们要将大学视为"没有围墙"的大学。大学生要通过各种渠道走入社会，了解社会，了解生活，这样才能将自己所学的知识与社会结合起来，找准自己人生和职业的方向，为自己的未来确定一个适应社会发展的远大目标。

5. 坚持不懈，提高自己

大学有四年的时间，许多度过了大学时光的人，充满怀念地说：那是一段多么宝贵、充满回忆而又短暂的时光啊。

其实，大学四年真的是非常宝贵。如果充分利用这四年的时间，可以学习到许多的知识，打下坚实的基础，为未来的事业腾飞创造良好的基础。但是，如果大学四年荒废了，那大学时间或许也就眨眼而过，空留遗憾了。

因此，在大学的时间中，必须坚持不懈地去努力，提高自己的素质和能力。大学是人生的一个转型期。在这个转型期，每一个同学都从父母的身边离开，开始独立的生活，开始独立地思考和决定自己的学习和未来。在这期间，或许将遇到很多很多的困难，或许将发现自己很多很多的不足，但是我们需要坚信的是：一切能力都是可以训练出来的。相信自己，相信时间，坚信时间可以证明一切。只要每一个同学，持续不断地努力，那么梦想终究是可以实现的。

失败和挫折是暂时的，只要你勇于微笑；误解和仇恨是暂时的，只要你达观待之；赞扬和激励是暂时的，只要你不耽与梦想；烦恼和忧愁是暂时的，只要你不被它左右。大海茫茫，百舸争流，不拒众流方伦海。芸芸众生，人生无常，不被艰难困苦吓倒，方显英雄本色。风雨欲来，春花凋落，凭栏眺望，阳光总在风雨后，潮起潮落，云卷云舒，闲庭信步，高挂前进的风帆，到中流击水，浪遏飞舟，前方就是成功的彼岸。

下面的例子，是一个曾经的"大学同学"对自己大学生活的规划，也是他大学的历程。这个同学，现在已经工作多年，每一次说起自己的大学，总是感慨万分。他觉得，自己大学过得还不够精彩，但是属于他自己的宝贵的回忆。他非常愿意将自己的大学经历分享给青年大学生们，希望每一个同学都有一段精彩的大学生活经历。

当我跨入大学的时候，我非常的高兴。其实，这种开心背后的原因挺搞笑，主要的原因有：

(1)每个月我会有自己独立支配的生活费；

(2)假期不再有假期作业；

(3)学习不太繁重了，甚至可以偶尔不去上课；

(4)爸妈不在身旁，自己很自由；

(5)大学里面太丰富多彩，什么活动都有，感觉很好玩；

(6)可以谈恋爱。

上面的这些原因，可能还没有列完。但是，大学对于我而言，确实是一个新的世界，新的生活。如何在这个新的世界和生活中，快乐而有意义地度过四年，是我进入大学后，开始思考的一个问题。

我报考的大学专业是电子工程。这是爸爸曾经读的大学专业，也是爸爸妈妈在高考时候通过讨论"为我决定"的专业。说真的，高考是我考，大学是我读，专业却是爸妈给我选的。因为，在没有进入大学的时候，我对专业是一窍不通的。

进了大学以后，第一学期就有丰富多彩的选修课程和各种讲座。我很积极主动，对什么都很好奇。我参加了各种各样的讲座和活动，慢慢地发现，我对计算机类的课程很感兴趣。我发现，我的专业是电子工程，和计算机类的课程有很多的不同。

其实，在高中的时候，我就很喜欢计算机，只是在高中时仅仅是简单地学习计算机，而没有机会深入地去研究。现在，在大学中，我发现自己的这个爱好有一种按捺不住的感觉。

在接下来的时间中，我为自己制订了这样的学习计划：

(1)我是一名电子工程专业的大学生，我应该学习好自己的专业，考好专业的每一门课程；

(2)如果我对计算机很感兴趣的话，我可以去选择很多的计算机公选课；

(3)图书馆中有大量的图书，我可以去读大量的计算机书籍，这样可以提高自己的计算机知识。

(4)既然我对计算机很感兴趣，如果有机会，我就要努力提高自己的计算机能力。

当我确定了上面的学习计划后，我在大学第一学期，就选修了全校公选课《C语言程序设计》课程，并考到了92的高分。其实，在我的电子工程专业，大三下学期也将会学习《C语言程序设计》课程。当我在三年级学习本专业的《C语言程序设计》的时候，我已经是C语言的"高手"了。

此外，虽然我很痴迷地学习计算机，但是对于自己的专业知识的学习，也没有荒废，从大一开始，基本都是每学年获得三等奖学金。我相信，自己的专业和计算机结合，一定能在工作中做出成绩的。

学习的日子就是这样度过的。因为我有明确的学习目标：学好自己的专业——电子工程，自学计算机，所以当机会来的时候，我把握住了机会。

在大学三年级的时候，学校针对所有的学生开设了第二辅修专业。这对于我而言，无疑是一个好消息。我早就计划着要系统地学习计算机，有这样的好机会，一定不能放过。我毫不犹豫地报了计算机辅修第二专业的学习。因为自己对计算机有很浓烈的兴趣，所以在完成本专业学习的基础上，再完成第二专业的学习，自己也不觉得累。

当然，学习的过程中，也有一两件事情，给我留下了深刻的印象。英语是我的传统弱项。在高考的时候，100分的英语，我就只考了61分。进了大学后，我下定了目标，要把英语学好。因此，每天我都认真地学习英语。真的是：时间证明一切。如果你努力，就一定可以成功。在大学二年级，自己顺利地通过了大学英语四级的考试，获得了不错的成绩。为了获得英语成绩的提高，在考英语四级的那学期，将心爱的计算机都封存起来，这也算是一种"自我约束"吧。

大学是自由的。学习和生活通常都是自己安排的。对于每一个同学，要对自己有约束力。制订了的计划，就一定要执行。所以，当我决定全力学习英语的时候，我也下定决心，封存计算机。我想，这是我成功的一点小心得。

在高中时，我是一个比较腼腆的小伙子，不善言谈。我发现自己这个问题，在大学第一次自我介绍的时候，我发现自己很拙于言语表达。

不过，发现自己的这个问题后，我觉得自己未来在工作岗位上，如果要获得好的工作成绩，应该弥补自己的不足。这个想法一直埋藏在我心中。

有一次，班级举行辩论比赛，要选拔参加辩论比赛的同学。我想这是一个锻炼自己的好机会，我就报名参加了。

谁知，这一参加辩论比赛，结果我就参加了整整3年的辩论比赛，每学期都参加班级、学院或者学校的辩论比赛。到了大四的时候，我终于站在了全校辩论赛总冠军的领奖台上。自己的语言能力，也得到了提高，从此不再惧怕在公众场合讲话。自己人生的一块短板，就这样在大学中被我修补了，反而成了自己的一项特长。

由此可见，在大学中，一定要对自己进行 SWOT 分析，确定自己的长处和短处，好好地安排自己的学习和生活，利用大学的时间来提高自己。

大学是一个学习的环境。每一个同学都可以利用这个良好的环境和宝贵的时间，好好地提高自己，努力学习专业技能，弥补自己的不足，为以后的工作做好准备。

大学期间多学习一些知识是非常有用的。

在毕业的时候，我曾经到天津联通去面试。当时，天津联通公司到我校来招聘应届毕业生，他们只招聘计算机通信专业的学生。而我是电子工程专业的学生，本来不符合招聘的要求。但是，我决定还是去试试。因此，我就来到天津联通公司的招聘展位，递上简历。公司的人问我：我们公司仅仅招聘计算机通信专业的学生，你不是这个专业的。你为什么还要来递交简历？我说：我们学校的各个专业之间区分不大，我虽然是电子工程专业的学生，但是对计算机和计算机通信专业的主要课程都学习过，我相信可以胜任这种工作。因此，我来递交简历。

后来，天津联通公司竟然决定录用了我。

从这个经历中，我体会到，在大学中，一定要视野开阔，多多学习一些自己感兴趣的知识。或许因为我辅修了第二专业——计算机，而计算机和计算机通信又有很多的联系，所以我这个电子工程专业的学生，也可以被录用到天津联通工作。

我想，这既是一种幸运，也是一种必然吧。

当然，自己的专业也是非常重要的。我是一名电子工程专业的学生，其实自己的专业也是非常需要人才的。记得在成都市的一场人才招聘会上，我看到一家公司在招聘的时候门可罗雀，很少有人投递简历，但是这家公司的待遇却不错。我发现，这家公司招聘的是技术工程师，刚好就是我学习的这个专业的电子工程师。我递上简历，公司对我非常认可，极力邀请我到公司工作。公司的招聘人员说：你这个专业的学生不好招聘啊！本来学这个专业的学生就少，来我们公司应聘的就更少了。

由此可见，其实每一个专业都是有需求的。关键是要学习好自己的专业，做到成为一名优秀的毕业生。在任何一个行业中，如果你能走到这个专业的前列(换句话说，就是成为这个专业最优秀的毕业生)，我相信你就是抢手的人才！

当然，后来这两家单位我都没有去工作。因为我考上了研究生，继续深造了。研究生期间，我学习的专业是计算机专业。从电子工程转换到计算机科学，这是我学业规划的一点小成果吧。当然，我选择计算机专业的另外一个原因，在我考研究生的 1996 年，计算机和信息技术产业已经是国民经济的支柱产业。我决心投身于其中，我选择了计算机专业，梦想着自己在未来成为一名计算机科学专家，在事业上做出自己应有的成绩。

当然，改变专业并不是必须的。如果你很喜欢自己学习的专业，就一直学习吧。只要持续努力，终究会成为这个专业的优秀毕业生的。

从两家公司的应聘经历来说，对我有一个深刻的体会就是：在大学期间，希望同学们一定要认真地做好学业规划，努力学好自己的专业知识，开阔自己的眼界，提高自己的能力，锻炼自己的思维，从而为自己未来的工作打下宽广而坚实的基础。

小结：

1. "以终为始"，立刻行动

利用以终为始，就要立刻行动。

如果你缺乏理想，就要思考自己的人生理想；

如果缺乏规划，就要去认真地思考近期、中期、长期的规划；

如果缺乏信心，就要反思，自己认可人才定律吗？

如果缺乏重点，就要认真进行 SWOT 分析。

好了，如果都具备了，请使用以终为始的方法，将规划转变为行动。

2. 做成最好的你自己

每一个同学都要坚定一个信念：充分地利用大学的时间，做最好的自己。

其实，从祖国不同的地方来到大学，每个同学都是不一样的，每个人有自己的特点，有不同的长处，也有不同的短处。

因此，每个同学在大学中的学习和生活都是不一样的。即便是一个专业，一个班级的同学，也可能经历不同的大学生活。但是，每一个同学都应该相信自己的未来是光明的，相信通过自己的努力，一定可以通过大学的学习，获得美好的未来。

只要我们在大学中努力过，那么我们就会进步！

只要我们在大学中坚持过，那么我们离成功就会更近一步！

只要我们不断地去努力，那么成功的时刻就一定会到来！

同学们，"天生我材必有用"。每一个同学都是祖国需要的人才。为了可以在未来的工作中，展现自己的能力，施展自己的才华，在各种各样的岗位上做出成绩，一定要充分利用好大学的时光，认清现在的自我，憧憬美好的未来，规划自己的学业，计划自己的将来，朝着那个灿烂的目标，从今天开始，从现在起步，前进！

学习笔记：

问题思考：

1. 用 SWOT 分析法找出自己的劣势，尝试进行纠正。

2. 如何践行"人才的四大黄金定律"。

3. 请查阅清华"学霸"采访记《清华"学霸"：有强迫症的人更容易成功》（京华时报）。

(1) 思考"学霸"姐妹为人生规划提供了哪些启示？

(2) 如何构建适合自己的大学计划？

第5章　大学学习特点与方法

5.1　大学学习特点

大学教育是学校教育的最高层次，就受教育者的学习生涯来说，是一生中最后一次系统性地接受教育的机会，最后一个能够全心建立其知识基础的阶段，是从在学校教育中学习走向在社会工作环境中学习的过渡阶段。大学学习与中学学习有着很大的不同，表现在大学的学习依赖性减小，主动性增加，强调主动学习、全面学习、创新学习，培养终身学习的意识和能力。就大学教育的内容来说，传授的是基础知识和专业知识，是一种专业性的教育，知识的深度和广度比中学扩展很多；就教学形式和学习方法来说，大学的课堂教学往往是提纲挈领式的，教师在课堂上只讲难点、疑点、重点，其余部分就要由学生自己去攻读、理解、掌握，大部分时间是留给学生自学的。因此，自学能力是学生必须掌握的基本能力，尤其是大一新生，从入校开始，就必须清醒地认识到这一点，更应该注重培养自己这方面的能力。大学的学习不能再像中学那样完全依赖教师的计划和安排，学生不能只单纯地接受课堂上的教学内容，被动地学习，必须充分发挥主观能动性，发挥自己在学习中的潜力，自主安排学习计划和学习内容，自主选择学习方法。这种充分体现自主性的学习方式，将贯穿于大学学习的全过程，反映在大学生活的各个方面，并影响大学生的一生。

5.1.1　自主学习

在当代信息社会中，由于知识、信息量的不断增长，每个人都需要不断地学习、学习、再学习，同时必须有效地学习，在吸取前人优秀的学习方法，关注以知识积累为主的传统学习模式的同时，培养学习者学习的独立自主性。自主学习正是这样一种能满足时代要求的学习形式。

什么是自主学习？

所谓自主学习，就是大学生作为学习活动的主体，自觉地做学习的主人，在一定的学习目标的支配下，充分挖掘自己的学习潜力，发挥主观能动性，积极主动的学习，有主见的创造性的学习，是一种与教师的知识传授与学习方法指导相结合的自觉性的学习形式。

大学给予了学生更多的自由支配时间和更多的自主权。同学们必须对此有一个清醒的认识，明确这种"自由"不是用来打游戏的，而是让你利用充分的时间和空间在知识的海洋中遨游，不断地充实自己，完善自己，实现自我。实际的大学生活中，有的学生对这种"自由"理解错误，滥用这种"自由"，整天忙于看小说、沉迷于网络游戏，学习上缺乏动力，缺乏自觉性，表现出一种"厌学"情绪；有的学生以为上大学就是进了"保险箱"，糊里糊涂过日子，浑浑噩噩混文凭；有的学生因为专业不如意而郁闷，情绪低落，对学习打不起精神。因此，大学阶段如能排除对学习的种种干扰，掌握学习的主动性，进行自主学习，就能学有所成。

对大学生来说，自主学习主要表现在自觉确定学习目标、自我钻研学习内容、自我选择学习方法、自我监控学习过程、自我评价学习结果这几方面上。

第一，自觉确定学习目标。

学生所选择的目标在形成和进行自主学习的过程中处于核心地位。学生通常是根据学习目标来确定学习方向、判断学习进展、选择和调整学习过程和策略的。大学教育的专业性已为大学生的发展确立了一个基本的目标，这个目标是学习该专业所要求达到的总体规格和质量。对于每一个大学生个体来讲，在保证基本目标的前提下，要根据自己的能力和特长具体确立自己的学习目标，这样才能充分发挥学习目标的激励和导向作用。例如，适合于抽象思维、逻辑思维的同学，可以选择理论研究为自己的学习目标；长于实践技能的同学，可以选择应用研究为自己的学习目标；性格开朗、长于宣传和组织的同学，可以选择管理、推广或社会服务为自己的学习目标。而且，在整个学习进程中，大学生还要根据内外部条件的变化，确定阶段性的学习目标和调整总的学习目标。

第二，自我钻研学习内容。

大学学习内容不仅专业性强，而且丰富，其深度和难度绝非课堂学习和教师讲授所能囊括得了。所以，大学教师的讲授只着重于本门课程的基本理论和方法论，突出讲解知识的重点、难点和学术上有争议的问题。因此，大学生要很好地掌握学习内容，必须自我钻研。当然，需要借助教师的指导，也可以充分利用大学丰富的图书资料、先进的实验设备等，充分利用课外时间，对课堂所学内容，加以补充、深化和提高。

第三，自我选择学习方法。

学习方法与学习效果有着密切的联系。科学的方法能提高学习效率和学习效果；反之，就会降低学习效率和效果，甚至毫无收获。因此，大学生能针对专业内容的不同特点，结合自身的实际，采用适合自己的学习方法，是提高学习效果的保证。大学生必须尽快适应大学学习生活，加强学习计划性，科学地利用时间，学会利用图书资料获取知识信息，在广泛学习一定专业知识的基础上，有重点、有针对性地学习一些知识，作为自己的主攻方向。同时，还要善于总结自己的学习经验，养成良好的学习习惯，有效地提高学习质量。

第四，自我监控学习过程。

自我监控学习过程是指学习者对自己的学习过程进行系统的监控，如不断根据学习的进程状况修正自己的学习目标、学习计划，选择和调整学习策略与方法，调节和重新安排时间、营造适宜的环境等。

第五，自我评价学习效果。

自我评价学习效果是指学习者对学习的结果，进行系统的比较后做出的反应或评估。这对自主学习很重要，它既可促进学习目标的实现，又可获取有关监控情况的信息，为更好地监控学习过程提供依据，同时还能影响学习者的自我效能感。

做好自主学习还应把握好三大环节。

第一，自我设计。自我设计包含自我识别和自我选择，所谓自我识别，是指学生应对自己现有的知识、技能、智力、能力、爱好、兴趣、气质、性格等与学习以及成长直接有关的诸因素的结构状况，水平高低等进行识别。自我识别是进行自我选择的必要条件之一。自我选择是指学生根据国家需要，结合自己的优势、劣势和兴趣爱好，在完成教学计划规定的学习任务与基本要求的同时，有所侧重地扩充某些知识和发展某些能力，为在学习上扬长补短和扬长避短做初步选择，为将来的成才进行一定的准备。

第二，**自我完善**。自我完善包括自我培养与自我控制。自我培养是指学生研究和建立一套适合自己的学习方法，不断提高课内和课外的学习质量和效果，有目的地、积极地培养与锻炼自己。自我控制指在输入信息的类别与数量上，在学习过程中，对使用时间的多少和各种具体安排进行科学的规划和合理的调节。在自我培养与自我控制紧密结合的过程中，大学生就能逐渐达到自我完善的目的。

自我控制的优势程度主要取决于学习活动中的自制力和方向性。所谓自制力，就是指个人支配和节制行动的能力。当然，这些支配和调节应该是有方向性的，使自己的主动性、积极性和创造性指向既定的方向，从而达到尽可能高的目标，这样，自我完善的水平就会更高一些。

第三，**自我实现**。自我实现是通过自我评价来识别或校正的。自我评价是对自主学习的效果，及时而有效地进行检查，并做出恰如其分的评价。在评价当中，最好请老师提意见，以使评价更准确、更客观。评价最好分阶段进行，如发现自主学习效果不理想，有达不到自我设计的分段目标的征兆，就要及时校正自主学习的航向。否则，等到结束四年的学习生活时才进行一次总的自我评价，发现了问题，也就无法补救了。分段进行自我评价，可取得"亡羊补牢"的效果，对自我实现是大有好处的。分段进行自我评价时，如发现自主学习效果优异，能激励自己的进取心，进一步增强目标意识，这对自我实现也是大有好处的。

总之，这三大环节使自主学习构成一个有机整体，任何一个环节都是不可缺少的。大学生必须在这三大环节上下一番工夫，一步一个脚印地走下去，才能最终完成自我实现的目标。

这里给同学们举两个例子，说明自主学习在大学学习中的重要性，这是同学们必须有意识，下决心培养的基本学习能力。

案例一：我国著名数学家张广厚，刚考入北京大学数学系的时候第一次数学分析测验时仅得了个"两分"，但他毫不气馁，下决心要改变学习上的被动局面。他每天坚持学习和演算 12 个小时，有时一道难题要憋一两个星期才能做出来。在一年里，仅数学分析题就做了3000 多道。经过刻苦努力，坚持自主学习，在校期间他终于成为一名出类拔萃的高材生。

可见，大学学习的关键在于有没有学习的自觉性，有没有掌握好学习的自主原则和方法。一个人的成才，其主要因素在后天。因为才干不是天生的东西，也不是某些人的专利品。成就的取得，要靠后天学习，特别要靠自主学习。

案例二：卢同学在本科学习阶段主修的是电子工程专业，1996年毕业于电子科技大学，获得电子工程学士学位。在校期间，因为对计算机应用技术的浓厚兴趣，他自主设计并实施了对计算机应用技术的学习计划，参加了第二辅修专业的学习，并获得计算机应用专业毕业证书。1999～2002 年，他分别就读于电子科技大学计算机学院，攻读硕士、博士学位，并于2003 年获得计算机科学博士学位。

这就是自主学习，倘若一到大学没遇到自己喜欢的专业，卢同学就放弃了，那么大学真是埋没了这样一个人才。但值得庆幸的是他在刚入大学就意识到了，在大学所有的东西都必须靠自己。只有自己努力了，自己认真了，才会有如今的成就，不仅仅是跨专业考研的艰辛，还有某些不为人知的辛酸。从一开始，他就知道自己需要什么，有选择，有目的地学习，而不是一只迷途的羔羊。我想，在大学的起始阶段，这些东西都是新生们该好好去分析的，就算要自主学习，也要目的明确地自主学习。

5.1.2 创新学习

新生步入大学校园，需要调整、适应、转变的东西很多，学校也开展了内容丰富、形式多样的入学教育，其目的就是要帮助大一新生尽快完成这种调整和转变。大一新生最需要做的是什么呢？那就是树立创新意识、培养创新学习的思维方式。

什么是创新学习呢？

创新学习是将学习过程看作是一种探索活动，一种创造性的劳动过程。不仅重视对基本知识、基本方法的掌握，更注重对所学知识的批判意识、综合意识的发展。它是在继承前人知识的基础上以应用知识并发展知识为目的，通过有利于培养创新精神和创造能力的学习方式进行学习的教学理念。

创新学习是在继承前人知识的基础上，对知识进行发展、开拓、创新，注重知识的发展性理解，追求"青出于蓝而胜于蓝"，"踏着前人的肩膀向上攀登"。它以掌握前人知识为起点，以应用并且发展知识为目标，注重知识的发展性，在提高应用能力的基础上培养创新的能力和技巧，讲究"推陈出新"。

创新学习以发展、批判的眼光审视一切知识，以追求真理的精神不断探究反映客观规律的真理，并且不断探究反映真理的客观规律，不盲目崇拜前人、权威，赞成孟子所说"尽信书不如无书"，以柏拉图"吾爱吾师，吾尤爱真理"的精神，敢于向前人、权威挑战，即使最后证明前人获得的真理性知识是不可动摇的，也将在批判、探究中获得对知识的深刻理解。

创新学习在掌握结论性知识的基础上，进一步追求知识的产生发展过程和获得新知的方法，追求书本背后的东西。主张以探究式学习方法为主，提倡用探索和研究的方法进行学习，在学习中提高探索和研究的能力。探究式学习既有利于对前人知识的深刻掌握，更利于培养学生的创新和创造能力。

创新学习强调辩证逻辑思维、发散思维、创新思维，追求思维的开放性、求异性，重视前人创新知识的思维路径和特点。这种在学习过程中进行的创新思维训练，不仅能极大地提高学习的深度和质量，而且还可以为以后工作中的创新和创造提供锐利的思维武器。

那么怎样才能做到创新学习呢？《中国教育报》2008年10月13日登载的安徽大学党委副书记叶华针对新生入学教育的讲话"培养创新性学习的思维方式最重要——同大学新生朋友们谈心"，就很好地诠释了这个问题。

一、要有探索未知的激情和冲动

探索未知、发明创造是人类独具的禀赋，是人类一切活动的核心所在。正是在不停地探索和创造中，人类才从蒙昧时代，经由野蛮时代，最终走到了文明时代。

历史发展到了今天，探索未知、发明创造理应成为现代文明人的一种基本的生活方式，和这种基本的生活方式伴随在一起的激情和冲动，理应成为现代文明人的一种基本的情感特征。大学生朋友们，让我们去尝试这种生活方式吧，让我们去体验这种推动探索、推动创新的激情和冲动吧!有了这种激情和冲动，我们就会眼界高远，胸襟开阔，就会摆脱低级趣味，发愤读书学习。当然，这绝不等同于死背书本，食古不化，也不是仅仅停留在述而不做的水平上，而是反复研究人们过去提出过的各种思想观念，将其融会贯通，努力从中寻求启迪，寻求我们今天解决问题的出发点。然后站在前人的肩膀上，去解决书本中没有解决的问题，给后人增添新的知识，增添解决问题的新思路。

这就是我们今天所需要的创新性学习。在这种学习过程中，我们有望把自己锻造成真正意义上的现代文明人。

二、对陈规旧说进行质疑和批判

探索和创新，其本质是质疑的、批判的。在探索和创新的过程中，对习以为常的事物和观点采取质疑和批判的态度，显得尤为重要。记得黑格尔说过，我们最熟悉的事物，往往是我们最不理解的事物。这是因为，对于这些事物，这些观点，人们司空见惯，也就习以为常，感觉便渐渐迟钝和麻木起来，造成了思维上的定式，限制了我们的眼界，束缚了我们的心智。

当我们用质疑的态度和批判的眼光去打破思维定式，把思想解放出来，从新的角度去看旧问题的时候，我们所说的探索和创新的活动，也就自然而然地开始了。爱因斯坦说得好，提出一个问题往往比解决一个问题更重要，因为解决一个问题也许仅是一个数学上或实验上的技能而已，而提出新的问题、新的可能性，从新的角度去看旧的问题，却需要有创造性的想象力，而且标志着科学的真正进步。同学们，你们看，能够从新的角度去看旧的问题，不仅是创造性的想象力在起作用，而且还标志着科学的真正进步，这不是科学上的探索和创新吗？

讲探索和创新，从来就离不开质疑和批判。但是我们必须明确，质疑和批判不是凭空否定别人，不能搞"空手道"，它靠的是灵活而智慧地运用知识。而善于质疑和批判的人，往往都是从事创新性学习卓有成效的人。

如上所述，对于陈规旧说进行质疑和批判，需要才识和智慧，需要创造性的想象力。但除此之外，还需要有足够的胆力。胆力不足会制约才识和智慧的发挥，胆力充沛则能最大限度地激发出人的潜能。

历史上许多人做出重大发现、重大发明、重大贡献，一个重要的原因，往往是他们在年轻时代，就"初生牛犊不怕虎"，敢冲敢闯，无所畏惧。

三、重视实践在创新性学习中的作用

如前所说，创新离不开探索和研究、质疑和批判，我们所从事的创新性学习，实际上就是一种探索式的学习、研究式的学习、批判式的学习。它不仅要求我们学习知识，而且要求我们在学习知识的过程中获取研究的能力；它不仅要求我们熟悉和掌握尽可能多的知识，而且要求我们巧妙地运用这些知识，并在此基础上创造出新的知识。在这里，能力的训练和掌握、知识的运用和创新，都必须依赖于实践，实践是通向创新成功的桥梁。

现在大家都很重视研究能力的获取。我们从哪里获取，又如何获取呢？在他人的理论研究成果中，本来就蕴含着产生这一理论成果的研究方法。我们在学习理论时就要注意去找出这一方法，真正把它搞明白。这一步是必不可少的。接下来是第二步，也是最为重要的一步，即把已经搞明白的这种研究方法真正转化成自己的研究能力，这个转化的中间环节就是自己动手去尝试，用学来的方法去做课题、做研究，在这个过程中不断地用心领悟，并不断总结，直到有一天，运用得熟练了，得心应手了，别人的方法就转化为自己的能力了。因此，从一定意义上说，读书是学习，使用也是学习，而且是更重要的学习。在研究中学会研究，从实践中掌握能力，这应该成为我们的正确选择。

学会研究，就是学会运用已有的知识；研究取得了成果，就是创造出了新的知识。不去运用，再好的知识也只是停留在纸面上的死东西，而一旦开始运用，我们就进入了实践的领域。当我们在实践中学会巧妙地运用知识，知识就具有了新鲜活泼的生命，而当我们再进一步，能够创造性地运用它时，原有的知识就会产生裂变，就会以我们意想不到的结果产生出新知识、新理论。

四、要有在失败中学习提高的精神

创新就是突破老规矩，开辟新途径，它没有现成的答案可以遵循，需要我们去探索，冒着风险一步一步往前走，从没有路的地方尝试着走出一条路来。正因为如此，它的前景带有很大的不确定性，在探索的过程中可能会不断地遇到失败。对此，我们要有足够的心理承受力。

如果承受不起，轻言放弃，退回原点，那就没有任何成功的希望。

失败当然暂时阻碍了我们的前进，我们谁都不会喜欢它。但它既然来了，我们无法回避，那么，我们可以尝试着去接受它，换个角度去观察它，动点脑筋去分析它，客观冷静地去理解它。

我们遭到了失败，可能说明这条路走不通，需要考虑新的途径。

这种失败，对于我们今后达到预期的目标，就是一次很好的校正，我们实在应该欢迎它。

我们遭到了失败，也可能说明我们的知识和能力在某些方面还有欠缺，这种失败将会引导我们调整和完善自己的知识结构与能力结构，我们实在应该感谢它。

不管怎么说，失败总是意味着我们的主观方面和客观实际发生了背离，这时我们所要做的，是对客观实际进行重新认识，是对主观方面进行认真反思，是努力创造条件，促使主观和客观由背离走向统一。

任何科学的主张、恰当的措施，无一不是建立在主客观相统一的基础之上的。实现这个主客观相统一的过程，就是从失败中重新学习和深入学习的过程，就是学习如何运用活的知识的过程，就是实现创新的过程。在探索和创新的征途上，我们比以往任何时候都更加需要这种正确地看待失败、在失败中学习和提高的理性精神。

这篇讲话对实现创新学习诠释得多好！为了探索未知世界，我们必须饱含激情和冲动，这是创新的源泉和不竭动力。在探索过程中，不能墨守成规，不能迷信经典，要对陈规旧说进行质疑和批判，同时要重视实践，要勇于面对失败和挫折。一个来自同学们身边的故事也很好地诠释了创新学习。

丁同学于2007年考入成都信息工程学院软件工程本科专业，目前还是一名在校大学生。2007年，丁同学作为团队队长报送参赛的作品《奥想智能移动搜索引擎项目》荣获第六届"挑战杯"中国大学生创业计划竞赛国家级银奖，四川省金奖；2008年，他作为发明者之一参与两项软件系统设计，并成功申报国家专利；他与人合作编写《30天打造专业红客》一书，由人民邮电出版社出版发行；他荣获2007～2008学年度国家奖学金，并荣获成都信息工程学院第三届"十佳青年学生"称号。

2009年12月9日，第六届中国青少年科技创新奖颁奖大会在人民大会堂举行。中共中央政治局委员、全国人大常委会副委员长王兆国，中共中央政治局委员、国务委员刘延东，全国政协副主席、中国残联名誉主席邓朴方亲切接见了全体获奖学生并为获奖学生代表颁奖。丁同学作为四川省唯一一名本科学生喜获这一荣誉。

骄人的成绩背后，是丁同学不懈的努力，孜孜不倦的、带着思考的学习，当然也有教师的悉心指导。刚入大学，丁同学就表现出对学习极高的热情和善于思考的特点，碰到问题喜欢多问几个为什么。从大一第二学期开始，课堂上讲授的知识已满足不了他的需要，在学有余力的情况下，为了拓展知识，探索未知，追求书本背后的东西，他加入了学院的并行计算研究室，在教师的指导下，开始了自己对知识的探索和研究，并在学习中不断提高自己的探索和研究的能力，锻炼自己的创新和创造能力。

5.1.3　全面学习

从就业市场反馈的信息分析，用人单位对人才的要求正日益提高，因此培养综合素质高，实践能力强的复合型人才已成为高校新的工作目标，也是同学们努力的方向。这就要求大学生在校期间，要树立全面学习的观念，不仅要通过学习掌握一定的专业知识，还要努力参加各类实践，使自己的能力和素质都得到提高，以达到全面发展。

全面学习包含两方面内容。一是指在学习过程中，要做到德、才兼备，既要学会做事，又要学会做人；二是指在具体深入学习的过程中，要正确处理好"通"与"专"的关系，以达到在广博基础上的精深。

首先，德才兼备是人才素质的基本要素。所谓"德"，即道德，是调整人与人之间、人与社会之间行为规范的总和，是一个人的政治立场、政治观点和道德品质，在构成人的素质诸方面位居首位。"才"主要包括才能和才学，是在已有知识基础上，通过实践活动形成的改造客观世界的本领。

德才是一个不可分割的有机统一体。宋代史学家司马光说："才者德之资也，德者才之师也。"德是才的方向和灵魂，是才发展的内在动力。一个人只有具备了高尚的德行，才能朝正确的方向施展。"才"是"德"的基础，是人得以发展和成功的基本条件。一个人只有具备了相应的才能，方有得力的依托以显示其德行。因此，德才兼备是古今中外培养人才的标准。

其次，"通"与"专"的结合是对新时代人才的基本要求。我们这里讲的"通"是特别强调人才的基础理论扎实、知识面宽、适应性强，以成为具有基础性、综合性和适应性的人。"专"是强调对专门知识和技能的掌握较精深，能成为精通业务的专家。作为21世纪的人才，这两方面都是不可缺少的。而且，在通与专的结合中，通是基础，是专的前提。现代科学技术的发展也都是建立在雄厚的基础理论之上的。如果没有19世纪法拉第等科学家发现电磁感应的科学定律，就不可能有发电机和电动机的产生。如果没有20世纪爱因斯坦相对论等理论研究，揭示出人类可以从原子核内部获得巨大能量的可能性，就不可能有今天的原子能工业。尤其是今天，学科的渗透、交叉、分化与综合都很迅速，这就决定了大学生的知识结构也要综合化。为了适应现代科学技术的飞速发展，将来能胜任新世纪的工作要求，大学生必须把基础知识学得宽一些、深一些，能够跨专业思考问题、解决问题。

美国曾对1300多名科学家做了五年调查，结果发现在科学上有成就的人其知识结构都是综合化的。例如，丹麦物理学家玻尔，在大学读书期间除主修物理学外，还修了数学、天文学和化学，并且在生物学、语言学和哲学等方面也有广泛的兴趣，在他后来的科学生涯中，哲学、数学、生物学知识，对他在物理学上的突破，起了很大作用。我国地质学家李四光，对数学、力学、声学和电磁学都有很深的研究。正因为他基础扎实，知识面宽广，所以创立了"地质力学理论"，为我国找到了大量石油，并且在地震预报和地热开发研究方面也取得了丰硕成果。

为了适应全面学习的需要，培养提高学生的综合素质，很多高校都调整了课程计划，增设了大量选修课，这无疑为"博"或"通"的学习提供了条件，但是要取得真正的效果，还需要同学们树立全面学习的观念，同时在行动上也要努力实践。重视"博"或"通"，并不等于没有目的、没有计划的"泛学"。在我们的周围，有一个浩瀚的知识海洋，想通晓一切是不可能的。要善于根据专业的需要、自己的特点来进行适当的选择。打基础是为了攀高峰，正如爱因斯坦所说的："要在所阅读的书本中找到可以把自己引向深处的东西，把其他一切统统抛掉，就是抛掉使头脑负担过重和会把自己诱离要点的一切！"

总之，大学生应该看到，随着知识经济时代的到来，世界的科技与文化，如自然科学、人文科学、社会科学等方面都呈现出高度融合的趋势。因此，我们只有通过加深对自然科学、社会科学和人文科学的了解，拓宽知识面，开阔文化知识视野，看到不同学科间的联系，形成学科知识体系的整体观念，促进不同学科知识及思维方式的相互迁移，以博才取胜，才能适应新世纪的发展需要。

这里不妨给同学们推荐一篇扬子晚报网 2007 年 5 月 7 日报道的消息——《温总理透露大学生活：36 门功课得了 35 门优》，让我们共同学习温总理全面学习的精神。

温文尔雅的温家宝总理，2010 年"五四"青年节之际，来到中国人民大学探访青年学生时透露，在大学期间他喜欢读课外书，但学习成绩也十分优秀，"36 门功课，得了 35 门优秀"。

据报道，在探访中，一位同学提到总理常在谈话中引用诗文，有很深的文学造诣。温总理笑说："我在网上看到，沈阳有位教授曾把我几次记者招待会引用的古代诗文统计了一下，说我引用诗文 95％是教科书上没有的，这应该引起我们的深思。"

温总理说，他引用的诗文都是自学的，引用主要是因势因时而用，"比如我们过去常讲忧患意识，为什么要有忧患意识？我读《贞观之治》，读唐书，它就会告诉你理由，你不知道乱，所以就不知道治。最近我在想，有些事情不是不知道，'人之云，非知之难，行之唯难；非行之难，终之斯难。' 知道不是最难的，行动才是最难的，不仅行动是最难的，善始善终才是最难的。以人文社会科学为主的学校应让学生多读些书，多读些课外的书"。

总理还说，他在大学时 50％的时间读教科书，应付考试；50％的时间读课外书，36 门功课，他得了 35 门优秀。

温总理说，在北京地质大学读书时，"我把别人的睡觉时间拿来读书，晚上回宿舍，同学们都睡了，我总是读到最后熄灯。睡到半夜起床，又开始读书。那时候我没有手表，大约是早上两三点就起床了"。温总理说，不希望现在的大学生们都像他那样苦读书，但希望大家博览群书，多积累点知识总是有用的。

温总理还对同学们说："对国家和人民的热爱不是凭空产生的，是在对国情、历史、人民走过的道路深刻理解的基础上产生的，没有深刻的理解就不会产生深厚的爱。因此，希望同学们不仅在学校认真学习，还要走到实践中去，向实践学习，向人民学习。"[①]

从这篇新闻报道中我们看到，温总理在大学时代就博览群书，真正做到了全面学习，这也为他在各种外交场合上的精彩发言打下了坚实的基础。作为我们新一代的大学生，应该向温总理学习，充分利用我们的课余时间，多读书、读好书，为成为对社会有用的复合型人才做好充分准备。"书中自有黄金屋，书中自有颜如玉"，让我们在读书中愉快地完成学业，让全面学习贯穿于我们的学习生活。

---

① http://www.yangtse.com/gn/07gnxw/200705/t20070508_292083.htm.

5.1.4　终身学习

当今的时代是知识经济时代，信息密集、知识激增，信息的内容和载体多样化，知识老化的周期也越来越短，因此仅凭在校所学的知识，也许可以应对一时，但绝不可能支撑一生。因此，我们每一个人都无一例外地要树立终身学习的理念，并努力实践终生学习。那么，什么是终身学习？

所谓**终身学习**，是指将各种形式的学习活动贯穿于人的一生的学习观念。它具有两层含义：时间上，从婴幼儿直到成人，要形成一个连续不断的完善的学习过程；空间上，要从学校学习扩展和延伸到家庭学习、社会学习，形成有机结合的一体化的学习系统。

终身学习的一个重要特点，是学习不受时间、地点、条件的限制，学习内容、方法具有灵活性、机动性和多样性的特点，可以因人而异。

长期以来，人们往往赋予了学习特定的含义和严格的界限，认为上小学、中学、大学是学习，攻读硕士、博士学位是学习，工作后就不需要学习，从工作中学就不算学习了。因此，人们往往把人的一生分为学习、工作、退休三个截然不同的阶段。这是一种错误的观点。那是因为当今的时代，知识激增，新知识、新技术有如潮水般地涌现，知识更新的速度越来越快，更新周期越来越短，如果没有终身学习的意识，没有自主学习的能力和行动，那将很快被时代淘汰。另外，很少有人在一个岗位上干一辈子，职务的变迁，工作岗位的转移，在人的一生中是不可避免的。从企业来看，生产方向的调整，产品的更新换代，以及新技术的引进，都要求我们主动地，通过不断地学习，去适应这样一种变化。

那么如何实现终身学习呢？

首先，要树立终身学习的意识。其次，在学校阶段，尤其是大学阶段，要学会学习，提高自主学习的能力。因为实现终身学习的根本保证是要有较强的自主学习能力。最后，要充分利用有利于终身学习的一切资源。图书馆、网络都是不错的选择，同时还要向社会学习，向工作实践学习，向所有比自己优秀的人学习。

因此，作为新世纪的大学生，为适应新世纪的公民和新型科技人才的需要，应该自觉建立终身学习观，并在大学学习阶段，为终身学习打下坚实的基础。

一个改编了的"伍军的故事"[①]告诉我们，实践终身学习，不仅能充实我们的生活，丰富我们的人生，更能改变我们的命运。

伍军毕业于中央司法学院，是一名痕迹鉴定专家(侦查指纹等)。曾在武汉汉西监狱工作过七年，后来由于家境困窘，他辞去工作，在家自修一年，专攻法律专业。

已经成了家的人，要抛却一切杂念专心学习，还是很要一些毅力的。已经没了工作，破釜沉舟，背水一战，勇气可嘉！他从公众视野中消失了一年，在这一年里，伍老师手机关机，不看电视，不上网，没有节假日，没有休息，包括大年三十都一直在看书做题，最终在 2001 年通过了司法考试，考试成绩是湖北省第一名，全国第八名。要知道这个司法考试和注册会计师考试号称是中国最难考的两个考试，报考的都是精英人物，通过率有时连 1% 都不到。所以，成功定律一：一定要全力以赴，专心致志地投入去做某件事。

通过司法考试后，他来到一家著名的律师事务所——武汉诚明律师事务所上班，这家律

---

① http://jxvc.com/xuexi/211/lizhiwenzhang/down-12850.html.

师事务所一年可以有上千万的收益。所里的律师有几十个人，按等级分为大律师、一般律师、小律师。进去后，他先从小律师做起，有两年时间在打杂，做些端茶送水，洒扫之类的工作。这期间，他就在观察大律师、一般律师、小律师都是如何做事的，并不断总结经验教训。律师事务所有 900 万元以上收益都来自大律师手上，现在他已经是律师事务所的大律师之一了（大概一共十个大律师）。所以，成功定律二：从生活中积累，多观察，"见贤思齐，见不贤而内自省也。"想成功必须多接近成功者！

在处理案件的过程中，伍军遇到很多经济纠纷，于是，在他夫人的帮助下，他又去学经济，考注册会计师，最终他也考上了。现在，他每周的时间都很紧凑，律师事务所待两天，会计师事务所待一天，学校上课两个半天，两个下午还要给专业律师讲课。他一直在为事业奔波，孩子还很小，只有一岁半，典型的先立业后成家类型的。他觉得还要去学习，还想考经济学的 MBA。一方面拓宽知识面，什么经济案中的预决算等都不会不清楚，另一方面还可以结交人脉，提高自己的身价。到那时候，肯定是别人都来找他了，用不着像现在要出去应酬别人。他在经济上应该是很成功的：给健民药业做法律顾问，每年年薪就是35万元，还有办案的收入、会计师的收入、讲课的收入，一年收入60多万元。他还送了一套房子给他弟弟呢！两边的家庭都因为他的事业成功而有了很大的改善。因此，成功定律三：要有目标，要坚持不懈地追求。当一个目标达成的时候，要树立下一个合适的目标。

伍老师现在每天看书，他说，第一要看与专业有关的书，第二看一点对工作有帮助的闲书。与当事人交流时，别人对篮球体育感兴趣，你可以谈；别人对养生医药感兴趣，你也可以谈；别人对时尚感兴趣，你还是有共同话题，这样，你的案件会办得顺利得多。而且，如果看的这本书没什么思想，一看就懂，就等于是浪费了时间，一定要看那种费点劲才能钻进去的书，他将一本《经济学原理》看了五遍终于看懂了，感到很高兴，在工作中就会应用自如。他经常问学生："你们看了《南方周末》、《南风窗》没有？没事少上网玩，多看点有深度的书。"

每个人都想成功，但并不是每个人都是那么容易成功的。成功与个人的努力和社会的机遇都是密不可分的。我不相信这个世界上有天才，但我相信机遇，我相信勤奋。我们要想成功，就要在机遇来临之前做好充分的准备，而个人的努力就是为了给以后的机遇做好铺垫，使我们在机遇来临时能抓住机遇，并且成功。就算社会给了我们很多很好的机遇，如果我们没做好准备，即使再多再好的机遇在我们面前我们也抓不住。我们只有不断地充实自己，不断地丰富自己的知识，不断地完善自己的能力，我们才有可能成功，才能为以后的成功做好铺垫。

5.1.5 学以致用和知行合一

大学，是运用知识、创造知识之处，也是面向社会、走向社会之所。因此，一个合格的大学生在大学阶段应做好两件事，即学会学习、学会做人。经过长时间的摸索，以及与老师、同学的交流，大致可以概括为学以致用，知行合一。

学以致用是指为了实际应用而学习。学是指学习；致用是指将知识运用到实际当中，也就是理论联系实际。

知行合一是中国古代哲学中认识论和实践论的命题，主要是关于道德修养、道德实践方面的。中国古代哲学家认为，不仅要认识（"知"），更应当实践（"行"），只有把"知"和

"行"统一起来，才能称得上"善"。也就是认识事物的道理与在现实中运用此道理，两者是密不可分的。知就是认识万物所得的结论；行就是去实践，这就要求在实践的过程中符合一种认识－实践－再认识的规律。而且要求在实践中运用到我们认知的道理和知识，把认知和实践统一起来，也就是所谓的知行合一。

从以上两点我们看出，人类生活在大自然中，生活在社会的人文环境下，只有很好的运用从大自然中学习认知到的东西，才能很好地改善我们的生活。而不能违反它，违反了它就会受到惩罚，这是说的大我，也就是大自然。那么涉及小我，也就是一个人，道理也是同样的。

学以致用，知行合一，重点应该还是在"行"和"用"上面。就算我们学得再多，研究得再透彻，只要不运用，那么只是"死学"、"死读书"，这样白白浪费了时间和金钱，没有一点好处。只有用，真正地运用，才能说明我们学习的最终目的。否则我们浪费了十几年，二十几年的时间去上学，岂不是很没有意义吗？

学以致用，不仅仅是运用课堂上所学的知识去解决问题，更重要的是培养"发现问题→主动学习→解决问题"的能力。这种能力，并不能仅靠平时上课或自己看书就可以掌握。培养之道，本无成法可言，但必须有怀疑批判、慎思明辨之精神，可以先从自己感兴趣的方面入手。在探求答案的过程中，要善于及时总结经验、吸取教训。这样每做出一次探索，能力就得到一次提高。"用"，不仅仅是运用现成的知识解决实际问题，还需要把从各种渠道获得的知识进行消化、吸收，变成自己的、可利用的东西，同样还需要怀疑批判、慎思明辨，这样才能在用的过程中使自己变得更强大。只有这样，才能真正做到运用自如、得心应手。

作为一名大学学生，有必要选择性地学习一些似乎与专业无关的课程。不要认为学了不一定有用，浪费了大好的时光。其实，既然我们所学的知识都是在先人前辈的总结中产生的，今天为何就不可以把现代科学的各种先进成果为己所用？大好机会摆在面前，我们为何就不做这方面的尝试？如果你愿意尝试去探讨每门课程与你所学专业的联系，你很快就会认识到"上极天文，下穷地纪，中悉人事"的必要，这将为今后的学习奠定广博而深厚的知识基础。

在"学以致用"的指导下，我们就会形成比较正确的学习目的与良好的学习习惯，不为学习而学习，更不为考试而学习。成绩不高，但并不代表学习偷懒，只要做到不死啃书本，不迷信书本，不满足于书本就很好。这些努力都建立在"尽力而为，作息有度"的基础上，以自己的怀疑批判、慎思明辨对待各种知识、各种观点，从中得到锻炼，不断走向成熟。

我们学习是为了什么？学以致用当然是一个方面，但我们大多数人似乎忽略了另一点——提高自身素质，指导自己言行。我们所讲的"知行合一"，乃以认识所得为自身行为规范，指导自身言行之谓。我们将走进社会，但我们凭借什么在社会立足？仅凭渊博的知识、过人的能力？无法想象一个自高自大、缺乏修养的人如何在社会上一展抱负。从幼儿园到高中，我们已经接受了许多道德规范、行为准则的教育，但大多数人觉得这些东西啰唆、迂腐，没有把它们放在心上，等到因自己缺乏修养、粗疏鲁莽而吃了亏时，才后悔莫及。亡羊补牢，未为晚矣。在大学阶段，在正式步入社会前，加强自己的道德文化修养，培养高尚的情操，树立牢固的团队精神与集体意识，不仅重要，而且非常有意义。不要总觉得学的东西"没用"，是真的没用还是自己有意无意间忽略了它们有用的一面，而只看到似乎"没用"的一面？我们并非不知道该怎样提高自身的素质、修养，而是不懂得把学到的东西用来指导、规范自己的言行，做到"知行合一"。也有人并非意识不到，而是不懂得把它们内化成自己的素质，从身边的平凡点滴之事做起。既作当代之士，即为国家振兴、社会进步之中坚，更需通古今、辨然否，培养应有的社会责任感、历史使命感，上对先烈，下报百姓，前仰古人，后承来者，鞠躬尽瘁，尽心竭力。清楚自己的学习目的，现在的努力并不为得高分，也不为将来的安逸，而是为掌握广博的知识，掌握科学的思维方法，尽管它们不一定能得高分，却能使我们日后的努力取得更大的成果，为日后的成功奠定坚实基础。

过去的让它流逝，该忘却的让它消退，成绩只是历史，经验可作借鉴，该留下的还是要铭记。现在也许是留下点东西的时候了，给予以后的大学时光。

这里不妨给大家一个学以致用的例子，这也是发生在同学们身边的故事。

郎同学于 2004 年考入成都信息工程学院软件工程本科专业，2008 年 7 月毕业。他在校期间，在学好专业理论知识的同时，积极参加科技和社会实践活动，大一时参加了"2005湿地使者长江行动"，获得了组委会设立的最佳摄像奖；大二时加入中国共产党；大三时取得了美国 Sun 公司软件工程师资质认证，获得了 Java 软件工程师资质证书，并通过了国家英语水平考试六级。

郎同学和许多 80 后一样，都是在网络环境下成长起来的一代，使用搜索引擎已成为获取资讯或信息的习惯。然而他发现，"搜尽天下"的搜索引擎技术在满足用户精准搜索体验方面，带来的不是愉悦，而是海量信息的烦恼。搜索引擎技术越先进，功能越强大，搜出来的信息越多，离用户的体验需求就越来越远，"搜出来多了等于没有搜出来"已经成为互联网搜索应用的发展瓶颈和世界难题。如果能创新搜索模式，攻克"搜出来多了等于没搜出来"的世界性难题，为网民提供精准的搜索产品和服务，让网民至少在搜索商品信息及相关知识上节约时间，省事、省心，那将是一件功德无量的社会价值工程，也是一个能带来巨大商业利润的企业价值工程。

从大二下学期开始，郎同学在老师的指导下，将所学到的知识应用到创业实践中，开始着手创业计划的准备工作，大三时完成了"Web 表现层 Beeline 框架思想的研究"，自主开发了"Web 表现层 Beeline 框架"。大四时加入了由在校学生组成的创业小组，提出创建了基于商品资讯搜索的"商碑网"创业计划。2009 年，郎同学领导的团队设计的作品"6Joo 商务资讯搜索"代表学校参加首届全国高校"创意、创新、创业"电子商务挑战赛总决赛，一举夺得一等奖和创业优秀奖。

后来，郎同学领导的大学生创业团队依托学校孵化、诞生、创建了走向市场的"了解传媒网"，迄今网友添加商品条目近 5 万个，添加知识链接 220 多万条，被谷歌、百度、雅虎、搜搜、搜狗、有道、必应等通用搜索引擎收录网页超过30 万个，三分之一的商品条目网页宣传栏有了网络广告。"了解传媒网"的创业计划经历了四个发展阶段，形成了集商品资讯搜索、消费互助传媒、网络广告和大学生就业四位一体的了解网。

从 2006 年 7 月提出"商碑网"创意开始，历时 3 年，郎同学先后获得了 260 万元天使投资、成都信息工程学院创业孵化和广泛的社会支持，催生了大学生团队创业、知识创业和帮扶创业的"了解创业现象"，形成了具有鲜明时代特征的"了解创业文化"；研制开发了一种集成商品资讯搜索引擎、消费互助传媒和广告发布的由 15 个模块组成的网络平台。2009 年 12 月 8 日，四川省科学技术信息研究所进行的科技成果查新的结论表明，国内外均未见了解网创新点。

梦想催生能量，理想导航事业，行动成就伟业。郎同学从在校开始，就坚持学以致用，知行合一。他所领导的创业团队的 60 多名缺乏工作和生活阅历的 80 后大学生，聚在一起创业，能在全球应对金融危机的当下取得这样骄人的"三创"（大学生创意、创新、创业）佳绩，实在难能可贵。

5.2　转变心态，适应大学生活

冰心先生曾有诗句"成功的花，人们只惊羡它现时的明艳！然而当初它的芽儿，浸透了奋斗的泪泉，洒遍了牺牲的血雨"来表现奋斗的艰辛和牺牲的巨大。金秋之初，当大学新生放下高考的心理压力，怀着憧憬、澎湃的心情踏进大学的殿堂，面对的第一个问题就是大学生活与中学生活的差异。大学新生即将面临的是高中生转变成大学生的心理断乳期。大学新生所扮演的社会角色、所处的生活环境以及学习的方法特点、面对的人际关系等都发生了很大的变化。特别是进入大学第一学期的前两三个月，心理上的不适应表现得最为强烈，是最易出现各种心理问题的一段时期，大学新生应该通过自身的努力积极主动地、成功地转变心态，从而更好地适应大学生活。

一个人当从一条河流跨入另外一条河流，勇气这个元素在人们心里有着不容忽视的作用。想成为一朵完完全全绽放的花儿，追寻灿烂的美丽，就得放下原本的姿态，重新审视自己。一切从零开始，这需要的是勇气，"舍得"的勇气，将人的距离拉近，而又不会迷失自己，这种恰到好处的勇气需要自己去琢磨。

下面以一首诗来归结这交汇的两条河流。愿刚刚成为大学生的你们能够坦然地面对高中和大学的不同轨迹。

听着年代的歌，
久远静谧的秋季，
触摸的空气，
划过一阶一阶的石梯。

奔放的痕迹，
落叶暖风里，
和着回忆，
迷失在余温里。

路口的灯光，
斜影变黄，
透明的玻璃，
释下原本的痕迹。

故事，
故事，
一秒的距离，
也容不下哭泣。

易懂的距离，
但愿，

成为空气，

化作追逐的勇气。

面对所有的问题，只要勇于面对，勇于分析，勇于去解决它，一切问题都会在我们的努力中迎刃而解。总之一句话"沉住气、成大器"，开始的时候不茫然，心态起伏就不会太大，适应期就会比一般同学要短。

5.2.1 大学新生常见的心理问题

根据某高校的一项针对大学新生的大学生人格问卷 UPI（university personality inventory，UPI 是为了早期发现、早期治疗有心理问题的学生而编制的大学生精神健康调查表）的调查结果，大致可以将大学新生心理方面的问题归纳为以下几个方面。

问题一：理想与现实矛盾的失落感

中学生对大学的了解比较浅显，容易对大学的各个方面都做出片面的、超现实的理想设计，跨入大学校门后较易感受到客观现实和主观设计之间存在的明显反差。相当一部分大学新生在缺乏有效的心理指导和健全的自我心理调节机制的情况下，不能调整理想和现实间的不平衡关系，从而产生失落感。

下面对一个案例进行分析。

小龙在高中时期成绩属于中等学生，高中老师为了鼓励学生好好学习，最常说的一句话是："同学们高中辛苦一点，等考上大学就轻松了。"以及诸如此类的话来激励高中学生学习。因此，在绝大多数的高中生心里，早已经埋下了"大学很轻松，学习压力也不大"等对大学这种认识的种子。小龙也是其中一个。于是高三时，小龙不再贪玩，刻苦努力地学习，最后如愿考上了一所满意的大学。到了大学后，小龙彻底放松了自己，也确实感受到了大学生活的丰富。参加各种活动，睡懒觉、打游戏、旷课……老师多次提醒小龙也不以为然，因为他坚信自己能轻松完成学业。结果一学期后，多门功课亮起了红灯。随着年级的递增，专业课加深，学习压力也更大。小龙顿时觉得现实中的大学和理想中的差太多，渐渐地，小龙在一再的挫败感中慢慢变得抑郁，对生活都提不起兴趣了。

点评：经过心理医生的测评和了解，小龙的确患上了抑郁症。这是大学生现在最常见的一种心理疾病，小龙在高中时对大学的了解太片面，入学前已经对大学进行了"定性"，入学后在老师的劝导下也没能及时转变自己的观念、认识，长期下去，理想与现实的反差，造成了小龙的抑郁。其实，学业从小学、中学到大学的过程是学识从浅到深的过程，大学的学习专业性更强，学业肯定不会比中学轻松。在心理老师的长期指导下，小龙对大学有了重新的认识，并在老师和同学的帮助下重新建立了自信。但由于小龙前期落下的课程太多，只能降级重读。小龙也接受了重读大一，最后顺利地完成了大学学业。

问题二：心理优越感转变为挫折感

大学生在其中学时代几乎个个都是佼佼者，而进入高校后，在激烈的学习竞争中，有部分学生可能会暂时落伍，学习成绩不理想或是能力表现不突出。这些学生在其由中学时代沿袭而来的特殊心态的影响下，便会产生对自身能力和素质方面的自我怀疑。

下面对一个案例进行分析。

小林的读书成绩一向很好，在中学，一直是班级的第一名。到了大学后，第一次摸底考试，考了第二名，第一名是同寝室的另一个女孩。于是，小林暗暗把那个女孩作为自己的竞争对手，可是，她总觉得对方比自己优秀。于是小林每天很早起来读英语，周末也都关在图书馆，几乎放弃了所有的业余生活，全身心地投入到学习中。可那个同学参加各种社团活动，学习起来还一副游刃有余的样子，上课的时候和老师讨论起来，有很多观点小林闻所未闻。开始，她和家里人沟通的时候，家长还鼓励她和同学竞争，可是渐渐地，家长觉得不对劲了。小林老说那个同学怎么和她作对，怎么想害她，她想报复那个同学。

点评：送到医院的时候，小林的异常已非常明显，经检查诊断为轻度精神分裂症，后来就休学了。以前老说大学里"60 分万岁"，但现在大学生的学习压力较大，课程负担较重，以及就业压力，让人精神长期过度紧张。另外，还有参加各类证书考试及考研所带来的应试压力等。大学生的精神长期处于高度紧张的状态，极可能导致其出现强迫、焦虑甚至是精神分裂等精神疾病。

问题三：独立生活带来的无助感

社会对学业成就的过度鼓励使得不少新生在进入大学之前只知一心向学，不问家务。没有基本的生活自理能力，这使一些学生充满了孤独和寂寞感，对新的大学生活缺乏勇气和热情。

下面对一个案例进行分析。

小王属于"被管大的一代"，从小到大，爸爸妈妈什么都不让他干。早上到了起床时间，爸爸会准时叫他；穿什么衣服带什么东西，妈妈会早早地放在他床前；到了晚上，爸爸又会督促他在该睡觉的时间睡觉。一到大学，小王慌神了，天天不知道该干什么，白天有课还好，到了晚上，又没人管着上自习，他不知道时间该怎么打发。就这样，整日浑浑噩噩，到了学期末，学习成绩下降，成了班上的"第三梯队"。第二学期，他对什么都不感兴趣，上课的时候注意力不集中，老是觉得烦躁不安，还一天到晚把"郁闷"、"无聊"挂在嘴上。他的变化引起了老师的注意，在和家长交流后，带他去看了心理医生。

点评：经检查，小王得了抑郁症，幸亏发现得比较早，治疗效果比较好，没有中断学业，同学们也都不知道他患病的事情。经过一个学期的治疗，小王又恢复了往日的笑脸。刚入学的大学生要顺利度过生活环境的转变期，应从小事做起、从眼前做起，利用每一件小事和每一个机会锻炼自己独立生活、独立工作的能力。

问题四：人际交往障碍造成的孤独感

大学新生面对的是全新的环境和全新的社会群体，在他们心里不仅有对新环境的好奇心和新鲜感，同时也有对其他大学新生和新老师的隔膜感。隔膜感的存在造成了人际间暂时无法逾越的心理距离，使大学新生无法与周围个体进行正常的、有意义的心灵沟通和情感交流，妨碍了大学新生之间以相互信任为基础的友情建立。

下面对一个案例进行分析。

小张是个内向的姑娘，中学的时候只知道埋头读书，很少参加班级的集体活动，几乎没什么朋友，但是因为成绩好，不时有同学向她请教。到外地上大学后，她觉得自己陷入了孤立无援的境地，尤其是同寝室的人，故意孤立她、挤对她。下课了，寝室的另外几个同学结伴回去，但从来不叫她；周末她们几个出去玩，也从不邀请她。不仅如此，她觉得同学老在背后说她坏话，连她穿美丽衣服也遭她们的非议。上课时，她在用心听讲，同学故意在旁边讲话，干扰她。到后来，甚至睡觉也睡不好，因为同学老是在半夜三更发出很响的声音。小张在电话中多次向家里哭诉，家长觉得事情严峻，专程赶到学校，找到了老师。可是，经过老师的调查，发现事实并非如此，同学们说小张只是有点沉默内向，但是大家根本没有故意孤立她，相反还经常邀请她参加各种活动。后来，在老师的建议下，家长带小张去看了心理医生。

点评：经检查，小张同学患了轻度精神分裂症，经过休学一学期的治疗后，小张康复并重新回到了学校。大学新生对新环境的不适应，如果得不到及时调整，便会产生失落、自卑、焦急、抑郁等心理问题，还会诱发各种精神疾病。所以，应该特别留意对大学新生入学后的心理调整，帮助他们度过心理失衡期，成功地进行角色转换。

问题五：专业定向不适合的失意感

这种失落感在大学新生中也是普遍存在的。例如，有的同学希望进重点大学，可能被普通院校录取；被理想中的大学录取了，可专业又不能如愿；希望考本科大学的，可能进了专科学校；渴望读医学的，结果却读了中文；对中文感兴趣的，却可能因父母或老师的意愿而不得不就读外语。有的学生即使选择了自己喜欢的专业，也可能在学习的过程中因种种原因而丧失了原有的兴趣等，这些都会产生强烈的失意感。

下面对一个案例进行分析。

小聪考上大学时想报考英语专业，但家长认为英语专业不好找工作，便让小聪报考了计算机。入学后，小聪发现计算机专业的课程很难，自己怎么努力也提不起学习的兴趣，学习自己不喜欢的专业确实很难。小聪将自己的情况告知了父母，想转到自己喜欢的英语专业去，父母没有同意，于是小聪产生了专业不适合的失意感，整天沉迷于游戏中，麻痹自己，甚至放弃了自己可以主动学习英语的计划。从此一蹶不振。

点评：老师通过和家长的沟通，建议让小聪休学一学期，调整一下状态，并劝导家长不应把自己的意愿强加给孩子，让孩子学自己感兴趣的专业。小聪在休学时经过治疗调整戒掉了网瘾，复学后经过考试以优异的成绩顺利考入英语专业。小聪是典型的由于专业不适合而产生强烈的失意感，继而丧失了自己原有兴趣专业的典型案例。所以，新生进校后一定要充分了解自己所学的专业，主动适应专业的学习。

问题六：学习目标缺乏的空虚感

当中学生成为大学生之后，"考大学"这一学习目标和由它激起的学习动机就消失了。但是由于受各方面因素的影响，大部分大学新生无法确立大学时期的学习目标。大学新生往往一方面在努力进行被动学习，另一方面又感到乏味和无聊。

下面对一个案例进行分析。

小昕入学后在老师和同学眼里是个好学生，按时上下课、完成作业、进图书馆、去自习室……做着一个好学生该做的所有事情，可是，渐渐地，小昕却觉得大学生活很乏味很无聊，一切都感到很茫然，不知道自己所学的知识将来能做什么，学习没有目标。加之，从师长、亲戚朋友那儿听说了一些就业难的就业形势，小昕更加觉得迷茫。时间长了，小昕开始失眠，神经衰弱，已经影响到了生活和学习，最后在老师的建议下，小昕去了心理健康中心和心理老师进行了长期的沟通。

点评：小昕的问题在于对自己的大学学业缺乏系统的规划，对自己的人生也没有一个合理的规划，所以会出现迷茫感。同时，小昕对自己所学的专业也缺乏了解和认识，遇事不乐观自信，在专业难就业的形势下出现了悲观情绪。最后，小昕在老师的帮助下重塑了信心，为自己制订了短期和长期的学业规划，这样学习有了目标，迷茫感也就不存在了。

　　问题七：学习过程不适应的紧张感

　　大学生应该具备很多更高层面的素质，包括要有主动的探索精神；要善于支配自由时间；要能批判地、评价地、灵活地积累知识；要积极通过各种实践活动发展自己的能力和智力等。当中学时代的应考学习模式无法进行顺利转化时，新生往往会产生紧张感和焦虑感。

　　下面对一个案例进行分析。

　　小展是个很聪明的孩子，上高中时高一高二很贪玩，高三突击复习了一年考上了大学。于是在小展看来，中学的应考学习模式很管用。到了大学以后，小展平时也爱贪玩，经常旷课，就算上课也是人在心不在。老师提醒小展，小展还不以为然，一心想着等着考前突击。结果第一学期考试结束后，小展傻眼了，考前突击的方法根本就不适用。大学的考试不仅仅是考书本上的知识，还会涉及很多书本外的知识以及上课时老师补充讲解的内容。另外，大学的学科成绩由平时成绩和考试成绩分比例构成，由于小展经常旷课，平时成绩为 0，因此小展要比其他有平时成绩的同学考得更高才能过关。于是，小展由于学习过程不适应产生了紧张感和焦虑感。

　　点评：小展的情况在大学新生中很普遍，高中时代的应考学习模式在很多同学心里根深蒂固，要顺利地进行转化的确不是一种易事。但是同学们不要为此而感到紧张和焦虑，而应主动地去了解大学的学习，比较与高中学习生活的不同，制订计划，一步步地完成学习方法的转变。同时，通过各种实践活动提高自己的综合素质，这有助于完成从高中到大学的转变。小展后来在老师的帮助下，渐渐消除了紧张和焦虑，顺利完成了学习方法的转变。

5.2.2　调整心态主动适应

　　从中学时代走来，每一个大学新生所面临的都是一个全新的世界。从地方中学到高等学府，校园环境发生了很大的变化，大多数新生从中小城市、乡镇农村到大城市读书，非常容易产生迷惘感和孤独感；同时，他们的人际关系和交往方式也将由狭窄、单纯变得宽广、复杂，从而要求有更高的处理人际关系的能力。对大学新生来说，无论是自然环境还是学习方法，无论是个人目标还是社会期望，都会发生很大的变化。由于变化而产生的知音难觅的孤独、中心地位的失落和强烈的自卑心理，是导致大学新生无法适应大学生活的重要因素。

　　究竟怎样的心理状态才是比较健康的大学生心理呢？

　　第三届国际心理卫生大会提出的心理健康标准有以下四个方面：① 身体、智力、情绪十分协调；② 适应环境，人际关系彼此谦让；③ 有幸福感；④ 在职业工作中，能充分发挥自己的能力，过着有效率的生活[①]。另外，美国著名的心理学家马斯洛和麦特曼也提出了心理健康的 10 个标准：有充分的安全感；充分了解自己，并能对自己的能力作恰当的估计；生活目标，理想的确定要切合实际；与现实环境保持接触；能保持个性的完整和谐；具有从经验中学习的能力；能保持良好的人际关系；适度的情绪控制和表达；在不违背集体利益的前提下，有限度的发展个性；在不违背道德规范的情况下，适度满足个人的基本需要。

　　部分国内心理健康教育专家认为，心理健康应该包含以下几点：保持对学习较浓厚的兴

---

　　① 《华南国防医学杂志》，2009 年第 23 卷，第 4 期。

趣和求知欲望；保持正确的自我意识，恰当的接纳自我；协调和控制情绪，保持良好的心境；保持和谐的人际关系，乐于交往；保持完整统一的人格品质，培养健全人格；保持良好的环境适应能力，正确认识环境，并处理个人与环境的关系；心理行为符合年龄特征。

那么，对于新生而言，要怎样面对自己的心理问题呢？当然首先要发现问题，然后才能解决问题，在5.1.1节中我们认知了新生适应障碍的一些问题，每一位大一新生都可以对照上面所讲的内容，快速搞清楚自己到底是在哪些方面不适应大学生活。只有从根本上认识到自己的不适应之处，才能找到好的解决办法。

1. 克服因优越地位的丧失而产生的失落感

考进重点大学的学生大多是中学的"尖子"，受到学校、家庭等的重点保护，他们在一片称赞声中过着自己的中学生活，他们以时代的幸运儿、竞争的胜利者姿态出现，不时回味着中学时各种得意的场景，继续描绘着自己今后的生活，并盲目地相信自己能像中学时那样出类拔萃、出人头地，油然而生自信之情。进入大学后，由于人才济济，一方面在中学当"尖子"时的优越地位和优越感消失了，老师不会向自己多点两下头，同学也不再围着自己转，一个"优秀"的人竟变得"平庸"了，对这样的变化，他们一时难以接受。另一方面通过自己的一番努力后，觉得理想与现实的差距很大，要想名列前茅，并非容易之事，于是产生消极悲观的情绪。因此，新生应以平和的心态，面对现实，树立自信，从零开始，继续努力，去争取获得更优异的成绩。

2. 正确地评价自己与他人

在中学，学习成绩的好坏几乎成了评价学生的唯一标准。但是到了大学，评价一个人往往是多元的，体育、文艺等方面的才能，社交能力、组织能力等，都成为评价人的指标。因此，每一个新生都存在一个重新评价自己与他人，重新确立对自己与他人的看法的过程。大学，为评价每一个新生提供了一个新的坐标系。优越感的丧失，使一些新生从自信转向自卑。这时，新生应有不屈不挠的精神，发挥自身优势，争取出类拔萃，再创辉煌。

3. 树立明确的生活目标和学习的努力方向

没有生活的目标和努力的方向，使许多新生倍感茫然。在中学时，大学是黑暗中的一盏灯。一进大学立刻就感觉天亮了，不知道该往哪儿走了。有的新生把大学当作休整、放松、享受的"乐园"，认为高中吃了"苦中苦"，进入大学应该尽享"甜上甜"，要尽情地放松一下；有的新生胸无大志，上课迟到、睡懒觉，作业抄袭，专业学习不放在心上，临到考试搞突击，甚至有的在考试中作弊；还有一些新生对大学学习的终极目标不明确，学到什么程度才算学好了呢？没有可行的、现实的、明确的目标是一些新生感到茫然的最主要原因，出现了"学习动力危机"。其实，每一个新生都知道，将来的就业是"双向选择"，要找到一份理想的工作，要在事业上干出一番成就，就要从眼下开始努力。"九层之台，起于垒土"，大学是一个更高目标的起点，是又一个新的起跑线，竞争从进校的第一天就已经开始。输在起跑线上比输在终点更可悲。

4. 要学会处理好人际关系

现在的新生中，绝大多数都是独生子女，他们在家中备受父母的宠爱和照顾，是家庭的

"中心"，因而在人际交往中往往形成以自我为中心的思维定势，从而有的新生在个人言行中表现出极端个人主义倾向。而进入大学后，宿舍成了他们另一层意义上的"家"，不同个性，不同生活方式和不同行为习惯的人共同生活在一起，不可避免地会发生人际摩擦，如果对此毫无思想准备，仍以个人标准来要求他人，不能尽快转变角色，不能遵从平等协商原则和宽容原则，那么就很难在新环境(新的寝室、新的集体)中建立起和谐的人际关系，并由此对学习以及身心健康带来不良影响。

未来，人们在社会生活中、在工作中与人相处的能力会变得越来越重要，甚至超过了工作本身。所以，新生从一开始就要好好把握机会，培养自己的交流意识和团队精神。在大学期间培养、提高自己的人际交往能力，主要应注意以下几点：第一，以诚待人，以责人之心责己、以恕己之心恕人；第二，培养真正的友情；第三，培养团队精神和沟通能力，争取参加一些学校的社团活动、志愿者活动或担任一些学生干部工作；第四，"三人行，必有我师，择其善者而从之，其不善者而改之"，虚心向周围的同学学习；第五，进大学的第一要务是学会如何做人，要诚实、守信。每一个新生都要努力提高自身修养和人格魅力，你会因此而受益终身。

5. 尽快适应大学的自由学习和管理方式

大学给人的感觉是"没人管"。老师上完课就"走人"，师生关系较为松散。习惯了"高压"的中学生突然被减压和松绑，反倒不适应。大学教育更强调对学生综合素质和能力的培养，因而在课程安排、教学要求以及教学方式上均不同于新生已熟悉的"应试教育"模式，教师的讲义往往自成体系，在讲课中常常补充进个人的观点和方法，引入一些学科综合知识和学科发展的前沿知识，而教材仅仅是参考书而已，这是大学课堂教学的特点，与中学有很大的区别。在大学里，更强调学习思考方法，培养举一反三的能力，培养自学能力，应当主动地走在老师的前面。因此，新生应充分利用好自习时间，充分利用好图书馆和互联网，培养独立学习和研究的本领。

大学学习，主要是靠学生自主学习、自觉学习。自习时间也全由学生自己支配，无中学时的硬性要求，这样就需要学生有更强的自我管理能力。有的学生由于缺乏自我约束能力而使自己的学习、生活陷入盲目、无序状态。例如，有的晚上看小说到深夜，白天上课昏昏欲睡；有的早上睡懒觉，甚至干脆逃课；有的上网入迷，整夜沉迷于网络游戏不能自拔，严重影响了身心健康和学习成绩。有的学生因此由中学时的优秀生而变为大学中的差生，甚至被学校开除。

6. 努力克服心理障碍，积极治疗心理疾病

有些学生在进大学前可能就已经存在不同程度的心理障碍，只是在中学时没有引起应有的重视；有些学生是自身心理素质差，进大学后，由于种种原因造成不适应状态而产生心理障碍，患上心理疾病。心理疾病同其他疾病一样是人的一种常见疾病，只要我们及时发现，正确对待，及时治疗，很快会得到医治和纠正。因此，假如你觉得情绪不稳，疑有心理障碍，请不要回避，要主动与年级辅导员老师、与学校心理咨询中心的老师交流；若患有心理疾病应主动及时地找心理医生接受治疗。不少案例也说明，心理疾患如得不到及时的治疗，不但影响眼前的生活和学习，甚至会造成严重的后果。

5.2.3 建立自信确立目标

要想尽快适应大学生活，除了要调整好心态主动适应外，重新建立起坚强的自信和明确自己的奋斗目标也是十分重要的。其实，我们都懂得这样一个道理，人生就是奋斗！人从出生开始，就无时无刻都面临着挑战，经历着竞争，体验着成功与失败。跨入大学的你们是高考那场竞争中的胜利者，有竞争才会有进步，逆水行舟，不进则退。而竞争中最必不可少的就是良好的自信，自己相信自己会赢，才能让别人相信你会成功。

"天生我材必有用，千金散尽还复来"，这是生性奔放的李白在屡遭挫折后发出的一句慨叹。这其中包含的不是悲观失望，而是对自我、对个人价值的充分肯定，这是何等的自信和勇气！

那么，上帝既然降生出"我"来，则必有所用。可以想象李白说此语时的飞扬神采和洒脱豪迈！他的一生并不顺利，但是贵在有这份自信，才能成就大业。更可贵的是李白说的是自己，却鼓舞了他人。

细想一下，芸芸众生，不论男女、无分胖瘦、不管学历高低、富贵还是贫贱……虽路途平坦或崎岖有别，但只要努力，不被困难吓倒、退缩，永不言弃，每个人必有其用武之地！

面对天生的缺憾时，不要对自己失去信心。

面对前方的阻碍时，不要对生活充满怨恨。

自信却不自大，自知却不自卑，坚强地往前走。相信自己的才能，相信自己就是那匹千里马，今天失意只是伯乐还未出现。说不定伯乐就在你前方两百米处朝你招手，你却在悔恨自己的过去而不知向前看。

但很多时候，发光的才能并不是轻易就会显现出来的，它需要我们充分地挖掘。也许有时我们面对失败会怀疑自己的能力，也许有时我们的才能得不到别人的充分肯定。这时我们更不应该气馁，而是要给自己更多的信心、鼓励自己。学一学诗仙李白的潇洒，相信"天生我材必有用"。

环顾四周，那些在事业上成功的人士有谁不是充分肯定自己的才能，抓住它并把它发挥得淋漓尽致呢？

如果你天生与众不同，那么你会坦然接受这一切么？会把这个与众不同的特点转换成你的优势么？说来容易，但是我们谁能真正体会到那种艰辛和挣扎呢？励志的东西我们看过很多，只是想说，不管你经历了怎样的不公平，等待一会儿，就会看到命运为你打开的另一扇窗。

电影《隐形的翅膀》背后是一个真实的故事。

雷庆瑶3岁时和玩伴一起玩纸飞机，纸飞机飞到电线杆上。她举起双手想摘下纸飞机，却不料被高压电电伤，切除双臂。当时医生一致判定她活不了多久，而到今天，她已成为国家重点培训的残奥会选手，这距其受伤已经过去了整整16年。

庆瑶从不自暴自弃，许多孩子无忧无虑玩耍调皮的时候，庆瑶却在努力地练习用脚去做手能完成的任何事。她12岁开始练田径，花了8个月时间练游泳，参加全国比赛就取得了第4名的好成绩。

雷庆瑶让我们真切地感受到"天生我材必有用"这句话的分量。作为一个残疾人，她需要付出比正常人多几倍的努力，才能得到应得的东西。

不要再抱怨，我长得不够高、我跑得不够快、我不够聪明……上帝给每个人的都不是完美的，你得到的已经够好了，只是你把努力的时间用抱怨填满了。

也许你天生就很自卑，总觉得处处不如人。虽然你懂得"天生我材必有用"这句话是对的，可是总也找不到信念支撑。该怎么办呢？这里，暗示就起了很大的作用。

暗示是意识与潜意识之间沟通的"媒介"，每个人在自己的一生中都会受到暗示的巨大影响，而且这些暗示中有益的内容常常是给人以自信的。

有这样一则小故事：

一天，一位老者来到广济堂大药房要买一种需要医生处方才能出售的药。老者赖着不走。老板无奈，只好给了老者几粒没有药性的糖衣片，并一再告诉老者这就是他要买的药，并且对这药的功效赞不绝口。

过了几天，老者又到药房来找老板。老板吓了一跳，以为闯了大祸，战战兢兢地走出柜台。谁知老者拿出一面锦旗，感谢老板的"药"治好了他的顽症，还说了一大堆感激的话。

糖衣药片怎么可能治愈顽症呢？这其实是心理因素起了作用。而这心理因素，就是暗示的力量。因为老者早已相信这种药能治好他的病，再加上老板对药效的肯定，糖衣片就自然变成了灵丹妙药。自信的力量就是在这时，有意无意地给这位老者以坚定的支持。

自信的前提是对自己的认识，对刚刚进入大学的大学新生而言，自我探索与自我发现伴随着大学的全过程。我们大多数人都有尚未发掘出来的潜质，这是因为我们身处的环境没有将其激发出来。要探索自身全面的潜质，不能仅仅依靠人生的际遇，它需要我们系统地追求，当然也包括对自我囿限的认识，自信是在自我能力所及的范围内尽力改变，但也要学会接受自己不能改变的东西，将自己能够改变与发挥的方面，做得最好。

确立自信需要成功的体验与自我激励，高考的成功对大学新生是激励，自信还需要点滴的积累，在此基础上，进一步发现自己的潜能并积极开发，将逐步走向自信的人生！与此同时，自信不是盲目的自负，更不是狂妄自大，也非虚荣，而是在对自己的知识、能力与素质客观评价的基础上确立起来的。

曾经有一位来自苏北贫困农村的女大学生，她很自卑，总觉得自己是一只丑小鸭，没有特别的才能，没有美丽的外表与华丽的衣服，甚至觉得自己没有什么长处，只是一只小小鸟或是一棵小草。到大学后，在老师的启发下，她积极尝试参加各种活动，在校运动会上取得了名次，连她自己也没有想到能够在女子5000m长跑中取得如此优异的成绩，从此，她发现了自己并不是那么渺小与卑微，逐渐地她开始欣赏自己，发现自己，大学毕业时她以优异成绩通过考核，进入南京某大学任教。

不管现状如何，相信自己，最终总会成功！

在这里，我们一直在强调"天生我材必有用"这句话，强调相信自己自会有用武之地。不过，事情总是两面的，绝大部分事情都强调恰到好处。正所谓过犹不及，太过于相信自己，就会变成狂妄、自大，往往只会产生恶果。

拿破仑拥有非常出色的军事才能，他自己也充分相信自己的才能。但是他自认为凭借自己的军事才能就能够所向披靡、无往不胜，便不断地发动对外战争进行扩张。然而，最终正义之师战胜了他，他落得被流放的悲惨结局。

我们每个人都应当对自己有一个正确的评价，既要相信"天生我材必有用"，真正认识自己的价值所在，最大限度地发挥自己的专长，又不能好高骛远、志大才疏，还要充分认识自己的不足，不断改正，不断向着人生的目标前进。

"如果不能改变风的方向，那就试着改变帆的方向吧！"这都直接或者间接地说明虽然我们改变不了环境，但可以试着改变自己，自己做好了，自己尽力了，即使风的方向依然不尽如人意，也问心无愧。

建立自信，是一种适应大学生活的心理状态，同时，明确学习目标也可以使我们找到大学生活的方向。因此，在大学期间我们要努力做好以下几点。

第一，确立大学求学目标。

理想是一个人一生要追求的东西，而目标是理想具体化的表现。大学新生正处于富于理想、憧憬未来的时期，一旦没有了理想，没有了目标，就会意志消沉、浑浑噩噩。一些同学认识不清，认为考上大学，目标已经完成，对大学生活没有充分的思想准备，缺乏长远的考虑。有的同学认为，考上大学就大功告成，可以松口气了；有的同学认为，大学就是"混"，满足现状，不思进取。但凡有这种想法的学生都会感到空虚、枯燥、乏味，没有任何动力和乐趣。因此，进入大学一定要重新建立求知欲，寻找新的学习动力、树立新的学习目标。

大学，归根到底是学习的场合，我们来到这里的根本目的就是求知。如果要想在专业学习中感受到快乐，就必须建立一种强烈的求知欲望。

有一位青年人，想向大哲学家苏格拉底求学，一天，苏格拉底将他带到一条小河边，"扑通"一下，苏格拉底就跳到河里去了。青年人一脸迷茫：难道大师要我学游泳？看到大师在招手，年轻人也就稀里糊涂地跳进河里。

没想到，当他一跳下来，苏格拉底立即用力将他的脑袋按到水里。青年人拼命挣扎，刚一出水面，还来不及喘气，苏格拉底就再次死死地将他的脑袋按进水里……

青年人本能地用尽全身力气，拼命挣扎着出来。事情来得实在太突然，年轻人根本还没来得及反应，不过这次挣扎出水面，他本能地拼命往岸上游。爬上岸，惊魂未定，他指着还在水里的苏格拉底问："大，大大大师，你到底想干什么？"没想到，苏格拉底理都没理他，爬上岸好像没事一样就走了。

猛然之间，年轻人似乎在思索些什么，追上苏格拉底，虔诚地说："大师，恕我愚昧，刚才的一切我还未弄明白，请大师指点一二。"此时，苏格拉底似乎觉得年轻人尚属可教之材，于是站定下来，对他讲了一句著名的话："年轻人，如果你想向我学习知识的话，你就必须有强烈的求知欲望，就像你有强烈的求生欲望一样。"

第二，探索大学学习方法。

在大学里，自主学习、自觉学习是基础，但教师的指导、引导、点拨也非常重要。不少同学习惯于老师陪伴、督促学习且被动接受知识的典型的"中学"学习方式，等进入大学以后突然发现大学需要自主学习、大量的学习时间由自己安排，他们一时感到无所适从，学习兴趣和学习效果明显下降。比较好的学习方法有研究型学习法（通俗来讲就是"琢磨"）、目标学习法、打包学习法、案例学习法等。谁能尽快地适应大学学习，谁就能尽快地适应大学生活。

第三，适应大学学习环境。

过去大学是象牙塔，现今大学是一个"小社会"。大学生远离亲人和朋友，来到新的陌生的环境，到处都是陌生的校园、陌生的面孔，尤其是那些缺乏独立生活和集体生活能力的大学生，会感到孤独和寂寞。比较好的办法是融入这个"小社会"，适应这个新环境，广泛参与集体或团体活动，扩大自己的交往范围，结交新朋友，形成和谐友好的学习生活环境。

第四，了解大学学业规律。

按照大学生活的规律，一般大学四年要经历四个时期：适应期、稳定期、发展期、毕业期。大一应注重对大学的认识以及未来职业的设想，尽快了解本专业，特别是与自己未来想从事的或自己所学专业对口的职业的关系。完成由中学到大学的过渡，努力完成学习方法、人际交往、终身学习习惯的培养与养成。大二为稳定期，着重基本能力的培养，应考虑未来是否深造或就业，同时，应积极参加学生会或社团等组织。也可辅修其他专业或专门知识来充实自己，开始尝试兼职、社会实践活动，学会自我管理。大三为发展期，目标应放在准备择业或考研上。择业着重职业定向考虑，可以参加专业指导，确立专业方向甚至职业方向。考研则要早下决心，认真准备。希望出国留学的学生，还可以关注留学信息等。大四为毕业期，以就业为主导，顺利实现就业。大部分学生的目标应该锁定在择业上，了解搜集工作信息的渠道，并积极尝试。学会写简历、面试和同学交流求职心得。一部分有条件的同学还可以根据国家政策自主创业。

第五，合理规划，提升综合能力。

在大学，学习专业知识和提升综合能力都十分重要。课堂学习会占用你大部分的学习时间，专业基础课程和专业课程、作业与实验，会让你感觉到学习任务十分繁重。同时，大学生还要培养各种能力，如学习与计划能力、写作与表达能力、动手能力、人际交往能力、社会实践能力、团队协作能力、组织协调能力。如可以参加大学里的各类讲座、学术报告、科技竞赛、社会实践、文娱活动、体育竞赛、社团活动、公关活动等。因此，大学的学习是快乐的，是紧张繁忙而且丰富多彩的。必须有计划地安排好四年的大学生活，只有这样，你才能有所收获，有所提升。

在这里，我们引用《有么子说么子》的主持人策巴子的亲身经历来做典范，下面是她的一篇文章《忙碌，并快乐着——我的大学四年》。[①]

不知不觉，大学毕业已经两年多了。我从当初刚进校门的一个愣头愣脑的小女孩成长为如今咱们荆州老百姓家喻户晓的《有么子说么子》的主持人策巴子，回想起来，感慨万千。一直没有好好总结过自己这四年来走的是怎样的一条路，现在也好好回想总结一下，当是给自己留一个纪念，也可以给有机会看到这篇文章的师弟、师妹们一些指引吧。

我们千辛万苦想要挤进来的大学，真的不似来前想象的那样，那样自由和充满鸟语花香。一星期依然被挤得满满的。以前除了满满的课业，我们可以什么都不想，什么都置之度外，因为有"学习第一"的借口。进了大学，借口没有了，除了学习，还有一样事情必须去做（并且在某种意义上比学习更重要）——练习成长！跨入大学之门，成长的节奏变得急促起来。面临很多新的东西，未知的恐惧，都要自己去试探，没有人告诉我们危险潜伏在什么地方，每一步要自己去走，踩空了，只能咬咬牙，在经验值上又添一分。

独立是一种非凡的能力。独立并不只意味着离开父母、离开集体、自由自在。独立是"如何在没有帮助的情况下自己想办法"，"没有资源的情况下寻找资源"，"没有信息的情况下打

---

① 荆州电视台博客，http://blog.jztv.com.cn/html/94/5894-5532.html.

听询问信息"。独立更多的是耐得住寂寞。在我们习惯了被安排好的生活后，被迫的独立更像是一种撕心裂肺的飞跃。但是成长是必需的，在这里，成长把我们扔下悬崖，逼着我们学会飞翔。

大学期间，有许多学生放任自己、虚度光阴，还有许多学生始终也找不到正确的学习方向。但是我的大学生活却丰富多彩，与众不同。用一句话来概括，那就是——忙碌，并快乐着。

从踏进大学校门的那一天起，我的大学生活就开始忙碌起来。

2002年，我从三中毕业后来到了长江大学(当时的荆州师范学院)，就在身旁的人还在感慨理想与现实的差距时，在经历了短暂的迷茫与彷徨后，我仿佛是一只涅槃后的凤凰，不再怨天尤人，而是现实的面对生活，不断充实自己，努力拓展自己生命的宽度，努力挥好手中的画笔在自己人生的这张宣纸上着好每处色。

大一刚开学，我和所有人一样都满怀激情地想在大学里施展拳脚，全方位地锻炼自己。于是在军训结束后，我参加了班干竞选。承蒙同学们与辅导员的厚爱和不弃，我有幸担任班上的团支书，帮助辅导员处理班级上的工作、了解同学们的思想和丰富班级生活。而且很幸运的是，我在学校学生会招新时，顺利通过考核，成为学生会文艺部的一员。接下来的一个学期我快速地适应大学生活，不仅顺利通过了期末考试，而且还加入了学校里的几个社团，大大地丰富了自己的课余文化生活，也结交到了很多兴趣相投的好朋友，共同进步。那时其他的同学都还仍然怀着一颗好奇心在慢慢地适应大学生活，而我则快别人一步做好了迎接挑战的准备。

时间不经意间就到了大二，经过了大一的磨炼与沉浮。此时的我更懂得了要作为一个成功的人更要内外兼修。不仅要多锻炼自己的社团工作能力，自己的专业素质也必须扎实。毕竟现在的公司老板是赚钱的商人，而不是收留失业者的慈善家。你没有过硬的专业本领给老板带来利润，他是不会让你来分他一杯羹的。所以我在继续担任班委的同时，也不忘学习与工作时间的合理分配。平时在课余时间也会努力地使自己坐在教室里自习。有时虽然一个晚上只是弄懂了那么一丁点东西，但是自己的心里还是有说不出的高兴与自豪。大二下学期，我开始到荆州电台做业余节目主持，《绝对意外》和《主播我来show》是当时比较红火的电台节目，因为大部分寝室都没有电视机，所以收音机成了大家最好的伙伴。每次做节目之前我都会通知我们寝室的几个好姐妹，要她们注意收听。回来之后，她们经常会七嘴八舌地跟我提一大堆的意见，然后又很八卦地向我问这问那，那种紧张而自豪的感觉我现在想起来都觉得是一种幸福。

秒针滴滴答答地转，一不小心它把我的大二带走了。当我意识到我已经是一个大三的学生时，我不得不佩服它的恒心与毅力。也许这就是"不积跬步无以至千里"的佐证吧。大三这一年应该说是我大学生活的转折点，因为在这一年里，我做了很多以前想都不敢想的事情，实现了很多梦寐以求的愿望。

连续三年我都参加了的"统一冰红茶"校园歌手大赛，终于在这一年开了点花，结了点果实，取得了不错的成绩。也许是老天看我太执著，被感动了吧! 呵呵! 也是在那年，一时冲动，连家人都没通知就拖着行李独自一人跑到湖南长沙参加"超级女声"的比赛。当时到那儿的时候是凌晨4点多钟，我独自一人坐在公交车站台上等天亮。现在想起来都有点后怕，不知道当时的我是勇气可嘉还是脑子进了水。再后来就参加了"飘影"全国影视歌手大赛、彩铃唱作先锋大赛、第十二届全国青年歌手大赛。

大三下学期，我的两个梦想都在大学里实现了。一个是拍电影，一个就是带领着自己的校园乐队开一个属于自己的专场演唱会。

大学就是这样一个地方，它给你足够的时间和空间让你不断地去挑战自我、超越自我，让你不断地奋斗，去努力实现自己的一个又一个小小的梦想。

我们在大学里求知，就像金丹在炼丹炉内接受九味真火的烤炼。我们只有在大学里不断地学习，不断地坚持，才能不断成长，才能成为一颗有用的真丹。

我很佩服自己四年来能一直坚持写作和采访，从《荆州师院报》的一名小记者到《长江大学报》记者团的副团长，这四年来，每当看到自己的笔墨变成了铅字印刷成报纸发到每个同学手上，我心中的那种成就感溢于言表。

有同学说我笨，很笨，非常笨！别人的大学生活都过得那么安逸舒适，可我却每天忙忙碌碌地不是学习就是学生会工作，不是参加演出就是在参加比赛。但是，我正是乐在其中。当其他的同学在享受清闲的学习娱乐生活时，我在排练节目；当其他的同学在校园里散步闲逛时，我在外参加比赛。

大四那年，当其他的同学都在忙着实习和找工作的时候，荆州电视台给了我一个机会。人们常说"机会总是给那些有准备的人"，我想，正因为我时刻准备着，所以当机会来临的时候我紧紧地抓住了它。凡事没有做不到，只有想不到，你的思想有多远，你就能走多远。所以，永远不要怀疑自己的梦想是痴心妄想，只要努力加用心，一定会实现。

人，最大的敌人是他自己，人的失败很大程度上是自己不够自信，而不是对手如何强大；希望是无时无处不在的，很多人感到绝望，那是他的眼睛蒙上了厚厚的一层灰，看不到希望就在不远处向他招手；人不要在意别人的看法，人很多时候不是为别人活的，而是为自己活的。

大学四年是我一生中最为宝贵的财富，我还在这条路上，在剩下的旅途中我会认真走好每一步。成功对于我来说还很遥远，我才刚上路。我现在只是在夯实基础，为以后的事业做好准备。成功与否并不重要，只要曾经努力过，不给以后留下遗憾这就足够了。

所有的这一切都给我的大学生活增添了一笔又一笔的色彩，被大家看似无聊的大学生活在我的眼里是那么的丰富，那么的多姿多彩。

我的大学四年——忙碌，并快乐着。

看着策巴子的大学生活，虽然忙碌，然而并不乏味，相反却很快乐。在大学里无所事事不是快乐的，只有做自己感兴趣的事才能得到真正的快乐。只要你肯努力，你会度过一个快乐并充实的大学生活。

只有通过学习才能不断进步，才能找到真正的自我。在人生的每个阶段，每个人所要学习的东西不一样，只有不断地学习，才能跟上时代的潮流，做一个与时俱进的人。

5.3　做好学业规划

学业规划就是大学生对与其事业(职业)目标相关的学业所进行的安排和筹划。具体来讲，是指大学生通过对自身特点(性格特点、能力特点)和社会未来需要的深入分析和正确认识，确定自己的事业(职业)目标，进而确定学业发展方向，然后结合自己的实际情况(经济条件、工作生活现状、家庭情况等)制订学业发展计划。换言之，就是大学生通过解决学什么、怎么学、什么时候学等问题，以确保自身顺利完成学业，为成功实现就业或开辟事业打好基础[①]。大学生学业规划是职业生涯规划在大学阶段的细化和具体化。

---

① 张恒亮，《学业规划》，电子科技大学出版社，2003。

制订学业规划要做到"定心"、"定向"和"定位"。 首先要"定心"，刚刚步入大学校门的青年学生，要尽快从兴奋、激动、忐忑不安等情绪中走出来，静下心来思考自己的学业目标，这是做好并实现学业规划的前提。其次要"定向"，根据自身爱好，确定专业发展方向，这是做好和实现学业规划的关键。最后要"定位"，通过对自身条件的清醒认识，以及对外界环境的评估，确定自己要达到的发展水平。

5.3.1 学业规划设计对于大学生的现实意义

1. 为自我健康发展奠定基础

通常情况下，人的职业生涯发展划分为职业准备与选择、职业生涯早期、职业生涯中期、职业生涯后期这四个阶段。大学时期正处在职业准备与选择阶段，因此学业规划是职业生涯规划的一个重要组成部分，是做好职业生涯设计的前提和基础。从社会发展和用人单位对人才的要求来看，他们更钟情于综合素质高，专业能力强的复合型人才，也愈发强调员工的主动性与创造性才干，更加喜欢对事业发展有规划和有准备的人。从大学生就业调查情况来看，那些从入校开始就有明确的发展目标，制订了周密的、科学的学业发展规划，并坚持不懈地实现规划目标的学生，在就业市场上往往炙手可热，成为用人单位争抢的对象。这部分学生也可以在这样的氛围中，有更多的选择机会，找到自己理想的工作，为整个职业生涯发展打下一个坚实的基础。反过来，大学中也有这样一部分学生，在校期间，没有明确的学业目标，没有学习的动力，浑浑噩噩地"混"大学，到头来，不仅得不到用人单位的青睐，有的甚至根本完不成学业，被大学校园无情地淘汰。由此可见，从入校开始就明确学业发展方向，制订科学的学业规划并为之奋斗，作为奠定大学生一生的良好发展基础，是何等的重要。

因此，在学生入学时，有必要建立起做好学业规划的概念，做好学业规划，为自己健康发展开好头、起好步。这既是对自己现在负责，也是对自己将来负责，为自己将来能够真正承担起个人、家庭、社会的责任奠定第一步。

2. 有助于发掘自我，促成自我实现

一份有效的学业规划设计，能够引导大学新生认识自身的个性特质、现有的和潜在的资源优势，帮助他们重新认识自身的价值并使其持续增值；引导他们对自己的综合优势与劣势进行对比分析；引导他们树立明确的学业发展目标与未来职业理想；引导他们评估个人目标与现状间的差距；引导他们学会如何应用科学有效的方法、采取切实可行的步骤和措施，不断增强自己的学业竞争力，实现自己的学业目标与理想。

一个成功的职业生涯是以一份良好的学业规划为前提和基础的。我们很难想象，一个抱着"当一天和尚撞一天钟"的心态，浑浑噩噩度日的人能实现自己的高层次需求，能感受到人生成功的快乐。

因此，大学生都应该是自己人生、事业、学习的规划者，更是学业规划的实践者。为自我发展设计蓝图，为实现自我价值做好准备、创造机会。当然，没有学业规划设计，大学生也可能毕业，但有了有效的学业规划设计，获得的成功将更快、更大，实现的价值也更大。

3. 激励自我，防止消极情绪

大学是迈进社会的过渡阶段，制订良好的学业规划可以为今后步入社会打下基础，同时，大学也是一个理想的学习、生活的环境。

很多调查表明，许多学生自从进入大学后，没有了升学的压力，有了更多属于自己的时间和空间。大学学习是能动性和开放性的结合，不像高中那么枯燥、封闭。大学的学习有更强的目的性，可以选择自己想学的去学，可以根据自身的情况学习，有针对性地学习专业知识。

没有压力的学习固然令人身心愉快，但没有压力，就很难产生动力。出于对将来职业发展的思考，很多学生对"60分万岁"持否定态度，认为这是一种不可取的学习态度。无论从学习目标和学习态度来看，这都是一种消极的，也是制约着学生发展的瓶颈。事实上，在当今科技知识高速发展、竞争异常激烈的社会中，大学新生只有尽早制订一个符合自己发展进步的学业规划，在知识和能力方面不断地提升自己，才有可能适应现代社会对青年人的要求。

4. 夯实专业知识，学会思考

美国教育家 B.F.斯金纳说过，"如果我们将学过的东西忘得一干二净，最后剩下来的东西就是教育的本质了。"这些"剩下来的东西"就是靠自己的学习，通过思考的能力能够完成的。大学不是高中，更不是培训班，而是让学生能独立思考，将来有能力适应不同职业的教育和成长平台。在大学学习期间，我们在夯实专业知识的基础上，最重要的还是要学会独立思考和看待问题的方法，进而能解决问题。

所以，一份合理而有效的学业规划，能够在学习和思考的方向上起着重要的导航作用，促进大学生在学习的过程中学会思考，使其将来能更快更好地适应社会。

5.3.2　建立学业规划的依据

学业规划设计不能凭空而定，任意杜撰。当我们决定去制订学业规划时，首先要把握确立目标的依据，使学业规划建立在充分可靠的科学依据之上。制订学业规划主要有如下依据。

1. 社会需要

个人的理想、目标和发展不单纯是由自己的兴趣、爱好决定的，在很大程度上要受时代、社会需要的影响。社会需要是个人确立学习目标的根本点，身处现实社会的大学生，实现学习目标的最终目的是服务社会，为社会做贡献。因此，他不可能离开社会的需要去确立自己的学业规划。

我国高等学校人才培养的目标是培养适应现代化建设、适应市场经济体制和社会进步的需要，德、智、体全面发展，有理想、有道德、有文化、有纪律，具有为国家富强和人民富裕而艰苦奋斗的精神，不断追求新知识，具有实事求是、独立思考，勇于创新的科学精神的高级专门人才。大学生应自觉地把学校的培养目标转化为自己的学习目标、奋斗目标。这与有些大学生在目标选择上想"自我设计"并不完全矛盾。因为，真正有效的"自我设计"应该是考虑社会需要和按照学校所能提供的条件来进行的自我设计，使自己的发展符合社会发展的趋势，而不是以自我为中心，以个人利益为半径的"自我设计"。后者由于背离了社会需要，确立下的目标是难以实现的。

2. 自身的条件

任何一个选择要获得成功，不能脱离社会的需要和个人的实际。

每个人的聪明才智和素质各不一样。当外部条件一定时，个人专业发展方向和发展水准，主要由个人的优势所决定。因此，个人的条件也是确立学业规划的重要依据。大学生应该学会充分认识自己，科学地分析自己的基础和条件，扬长避短，确立出既适合自己的条件，又能超越自我的目标。当然，自我认识是一个复杂困难的过程，要避免产生偏见、形成较科学合理的判断，这就需要我们利用各种方法和途径来提高对自己的认识，如将自己与别人进行比较，找出自己的优势及劣势；借助一些心理测验工具和方法；向教师、同学了解等。只有做到尽可能客观、科学地认识自己，才能做到在确立目标时符合实际，使目标具有实现的可行性。

同时，我们也要看到，人的潜力是很大的，只要我们能正确认识，适宜地调动，它就能被充分地发挥。因此，在确立学习目标时，还要敢于选择那些具有一定挑战性，必须通过自己做出较大努力才能实现的目标。

3. 科技发展对人才素质的要求

现代科技的发展，有两个显著的特点：一是学科之间的渗透、交叉、分化、综合的趋势越来越明显；二是知识更新的速度很快。这就对一个人的学习能力提出了更高的要求。为此，大学生应具有宽厚、扎实的基础知识和获取、运用知识的能力，这些应该体现在学习目标的确立中，成为学习目标的重要组成部分。

扩大知识面，不仅指对本专业之内的知识要充分掌握，融会贯通地应用，而且对本专业之外的相关学科知识也要广泛涉猎。尤其是要避免成为只懂技术而灵魂苍白的"空心人"，或是不懂科学、奢谈人文的"边缘人"。文科学生要学点理工科知识，理工科学生也要学点文科知识，并尽可能地吸收现代科学、技术和文化的新成果。在学好基础课的前提下，力求在某些专业领域深入研究，按照学科发展的新趋势和人才成长的素质要求，在较高层次上确定自己的奋斗目标。

另外，大学生还要学习和掌握有关信息的搜集、分析、处理的理论和方法，养成不断地自我反思、总结经验、吸取教训的良好习惯，并且应将提高自己的终身学习意识和实践活动的能力确立为学习目标。

5.3.3 做好学业规划设计的步骤

1. 学业目标的选定

首先，分析自己的兴趣爱好，确定自己想干什么。古今中外，因兴趣之花而点燃成功之火的事例不胜枚举。兴趣是理想产生的基础，兴趣与成功几率有着明显的正相关性。兴趣可以造就伟人，兴趣可以使人为自己所钟爱的事业奋斗终生。但目前，有很多大学生对自己的兴趣所在感到模糊，甚至没有兴趣。所以，一定要认清自己的兴趣爱好是什么，择己所爱，选择自己喜欢的专业方向和研究领域进行奋斗和学习。

其次，分析自己的能力和特长，确定自己将来能干什么。学业目标是和自己将来的职业方向相联系的，而任何职业都要求从业者掌握一定的技能，具备一定的条件，所以学生应该结合自己的兴趣爱好和能力特长，在认定自己将来想干什么的基础上确定自己应该开发和培养的职业能力。

最后，要分析未来的社会发展，着眼将来、预测趋势，立足于社会不断发展变化的需求。避免盲目跟风，最热门的并非是最好的。不要哪个热门就跟风哪个，这样往往会顾此失彼，到最后落得竹篮打水一场空。选择社会需要又最适合发挥自身优势的专业方向和研究领域才是最好的。把自己的兴趣爱好、能力特长、社会需要结合起来，把想干什么、能干什么、社会要求干什么有机地结合起来，为自己确定一个适度的学业目标。

2. 制订学业规划

学生在确定学业目标后，要着手制订学业规划，以保证目标的实现。如大学四年的规划，每学年、每学期的具体学习任务、实践项目、科技活动等。学业规划可以按照以下的思路进行：四年总的学习目标规划→学年的学习目标及措施→学期的学习目标及措施→月的学习目标及措施→周的学习目标计划→每天的学习内容、任务。从而使自己的学业规划落实到学习生活的每一天，确保学业规划的严格执行。

3. 强化学业规划，做出心理暗示

学业规划制订完以后，剩下的就是立即行动了，从我做起，从现在做起。但也不排除有部分学生将制订的学业规划作为摆设，拖延不动，结果导致有了学业规划却不能实施，或者实施后不能持久，最终无法实现既定的目标。这些现象的出现是因为大学生在制订学业规划时缺少了一个重要环节，即对学业规划的强化。强化学业规划就是学业规划的执行者在执行之前充分运用想象，详细地罗列出实现学业规划的好处，从而培养出积极的心态，进而增强动力、产生更大的执行力，确保学业规划顺利完成。

学生的学业规划书并不要求固定的格式，可以是表格，也可以是论文形式，只要包含个人能力特长分析、社会环境因素分析、学业目标与实现的措施等要素就可以。下面从网上选择了一篇大学生学业规划书，加以修改后作为一个范例，让同学们了解学业规划书的撰写。

我的大学，我主宰——我的学业规划书

"我们跻身在人才济济的星空下！日月光华中有我们闪亮的眼睛，我们规划的秋天已退去童话的色彩，一个真实的现在可以开垦一万个美丽的未来！"

因为这句话，我对大学无限憧憬，我一直相信努力了就有收获。但现在，在憧憬中我也渐渐地迷失了自己，没了努力的激情，没了前进的动力。没有目标，让我找不到方向。我想我得规划规划我的学业了，给自己的将来铺一条明亮的路。未来并不是隐藏在我闲庭漫步的云彩后，只有我看准了未来，踏过艰辛后，才有灯火阑珊处寻她百度的感觉。

一、个人特质分析

1. 优势和特长

性格活泼开朗，交际能力强；遇事沉着冷静，有一定的分析和判断能力；组织策划能力较强，能独立地完成一项任务。

爱好读书，写读书心得。爱好体育运动，尤其是乒乓球和游泳。喜欢看 NBA，喜欢赛场上为争取胜利的全力竞争的氛围，喜欢听音乐。不开心的时候喜欢找朋友谈心。

2. 劣势和不足

长时间做一件事容易浮躁，特别是自己不喜欢的事。有时说话做事不考虑别人的感受。大大咧咧，丢三落四，情绪波动较大，不喜欢跟别人商量，主观性强。

二、软件行业现状与前景分析

目前，软件产业是国家和××省重点发展的产业，对技术的要求越来越高，人才的需求量也不断增加。据《软件及服务外包产业人力资源蓝皮书》的数据显示，2009 年，××市软

件与信息服务业从业人员规模达到 15 万人。××高新区软件及服务外包产业销售收入突破 300 亿元，出口2.1亿美元；聚集的企业近600家，其中不乏国际知名的大企业和全球 500 强企业。

如此多的企业进驻高新区，对人才的需求必然很大。据资料分析，未来三年软件专业技术人才的缺口达到30万。因此，从未来的职业发展来看，学软件的发展空间更大，未来职业提升空间，相对工资和收入提升空间都会更大。

三、大学四年的发展目标

1. 思想和道德素养目标

大学四年中，要努力使自己成为一名有理想、有道德、有文化、有纪律的人。思想要积极向上，充满热情。作为一名入党积极分子，要积极向党组织靠拢，争取早日加入中国共产党。道德方面肯定自己的言行举止不违背大多数人的意志，但有些方面还是要坚持自己，不能人云亦云。要有自己的思维方式和生活方式。

实现目标的措施：

生活态度积极，勇于面对挑战，关注周边生活百态，能区分是非善恶，多听取他人的意见，调整自己的思想目标，及时弥补缺陷。另外，要多读书，开阔视野，联系实际，要善于思考，多做总结，沉淀积累下来的才是自己的东西。每一个半月向辅导员交一份书面的思想汇报。每个星期六自学马克思和列宁的著作。关注国家发展，用党性的思维去分析发生的事情。

2. 课程学习目标

(1)学好基础课，尤其是英语，特别是英语口语，要把英语作为一门交流工具，争取大二上学期通过四级，下学期过六级。

(2)熟练地掌握所有专业基础课所涉及的计算机基础理论、原理和方法，尤其是"数据结构"、"计算机网络"、"数据库原理"等课程的内容。

(3)精通一门编程语言。在大学四年时间里，编程的代码量至少10万行。

(4)学好专业方向课。

实现目标的措施：

① 每天要记50个英语单词，每3天做1套英语四级真题试卷。每天阅读英语文章一篇，在和同学交流的过程中，条件允许时尽量用英语交谈。

② 上课认真听老师讲解专业知识，课后认真复习。认真上好实验课，有空就到实验室进行编程训练。

③ 争取加入老师的科研团队，认真完成老师布置的任务。通过科研活动学习知识，增长才干。如没有机会加入，就联络几位有相同专业兴趣的同学组成团队，共同完成一些项目，以提高自己的编程能力。

3. 人文著作阅读目标

我喜欢读书，更喜欢读大家之作，我个人比较偏爱鲁迅，曾一度被他的人格魅力所打动，喜欢他那种由文字透出来的骨气和坚强。读书中之人，读作者之意，体味他们最深层次的思想。人文著作，我偏爱中国近代大家之作和欧美文学名著，相信大家公认的就是最好的，不求数量，哪怕一学期只读一本，只求自己思想上有一个大的进步。只要读书就有进步。要多读百科全书，争取掌握多方面的知识，精要精学，范要广通。

实现目标的措施：

要读小说、散文、人文传记，图书馆是个绝佳的地方，我喜欢图书馆，因为不管什么时候进馆，你总能在里面找到属于自己的书，属于自己的位置，幸运的话，还可以在阳面位置，沐浴着阳光，读自己喜欢的书，何不为一种享受呢！所以大学我需要做的也并不难，那就是爱上图书馆。让自己的思想在每一本书中都能有一个提高。

4. 社会实践服务目标

在大学期间，努力争取学校外出实践的机会，增加社会实践经验，感受当今社会的总体氛围，只有这样自己才不会在思想上与社会隔离开来，而且能增强自己吃苦耐劳的精神。实践经验丰富会对自己以后的发展有很多的好处。

实现目标的措施：

积极参加学校实践活动，努力进入好的团体。现在我在校广播站担任播音工作，这是对我锻炼的一个绝好机会。积极参加各种课外科技竞赛活动，如"挑战杯"比赛。通过竞赛树立团队合作意识，提高自身能力。

5. 健康目标

大学四年自己始终要保持健康的体魄，身体是革命的本钱，没有健康的身体，一切都无从谈起。身体各方面的素质都要达到标准，保持身心健康。

实现目标的措施：

抓住一切可以锻炼的机会，尤其是体育课，要学好体育技能，坚持自己在体育方面的爱好，如跑步、打乒乓球、篮球，暑假可以游泳。

5.4　大学学习方法

从中学到大学，是人生的重大转折。大学生活的重要特点在于生活上要自理，管理上要自治，思想上要自我教育，学习上要高度自觉。大学学习中，无论是学习内容，还是学习方法和要求，都与中学的学习存在很大的不同。要想真正学到知识和本领，除了继续发扬勤奋刻苦的学习精神外，还要适应大学的教学规律，掌握大学的学习特点，选择适合自己的学习方法。

大学的学习既要求掌握比较深厚的基础理论和专业知识，还要求重视各种能力的培养，以及综合素质的提高。大学教育具有明显的职业定向性，要求大学生除了扎扎实实掌握理论知识之外，还要培养研究和解决问题的能力。

因此，大学生要特别注意对自学能力的培养，学会独立地支配学习时间，自觉地、主动地、生动活泼地学习。还要注意对思维能力、创造能力、组织管理能力、表达能力的培养，为将来适应社会打下良好的基础。

5.4.1　在课堂、实践中学习

一个人一生有很多学习机会，然而从大的方面来说分为两种，即课堂学习和在实践中学习。不同的学习环境带给我们不一样的感受和收获。我们除了在课堂中学习理论知识以外，更多的是理论联系实践，理论指导实践。在实践中不断证明、理解、吸收在课堂中学到的东西。

1. 课堂学习

课堂学习是大学生获得专业知识，提高科学文化素质的主要途径之一。大学生必须适应大学课堂的学习，掌握大学课堂的学习策略，才能提高学习效率，早日成材。

1) 大学课堂学习的特点

大学课堂教学相对于中学来说，在学习任务、学习环境、学生管理方式、教学风格、教学方式等方面，都有很大的不同，而了解这些差别是搞好大学课堂学习的必要条件。

第一，学习的任务和内容不同。普通中学的学习任务是以升学为主要目的一般的基础性学科知识的学习，而大学的学习任务则是以就业为主要目的的专业性知识的学习。大学并没有取消基础性学科知识的学习，但是已完全不同于中小学的基础性知识的学习。大学在学习内容的深度和广度方面都远远高于中学。课程门类、教材内容和课堂信息量都有所加大。许多课程的内容与现代科学发展的前沿阵地更加接近。中学对学生掌握知识的要求主要在对基础知识的理解和接受，即"学"上，即使强调运用也主要是学习前人和老师的"相同"的思维。大学对学生掌握知识的要求是在求同思维的基础上，更突出强调求异思维，强调对创造性思维方法和创新能力的培养。在"学"的同时，已经不同程度上包含有"研究"的内容和性质。

第二，学习的具体环境氛围不同。大学在教学的硬件设备上一般都优于中学。例如，大学有藏书丰富的图书馆，设备先进的阅览室和各种实验室，有优越的食宿条件，特别是有知识密集、教学和科研能力较强、师生比例较高的教师群体，在某些专业方面还有知名度较高的学术带头人。同时，大学除课堂教学之外，还经常举办各种形式的学术报告、学术讲座、学术研讨会。大学还有专门反映教师和学生科研水平的学术刊物和反映校园教师和学生生活、工作、学习的校内报纸。在学生中还有许许多多的与学生专业直接或间接有关的各种各样的社团组织。所有这些都为大学生学习提供和创造了较好的学习条件和学习氛围。

第三，学生课堂任务加重。大学里所开设课程分公共课、基础课、专业基础课、专业课四个层次，每一个层次又由许多门课程综合而成。一般说来，大学生需要学习的课程在 50门以上，每一个学期学习的课程都不相同，内容量大，因而学习任务远比中学生重得多。大学课堂的讲授与中学课堂的讲授也有着明显的不同，对于习惯中学课堂教学的大学一年级学生来说一时难以适应。

大学老师不像中学老师那样受教材内容的严格限制。中学老师的讲课往往受高考或其他统考牵制；而大学老师在备课中，对教材内容的处理较为灵活，主动权更大。他们考虑更多的是学生学习的系统性、扎实的基础与分析问题、解决问题的能力，而不单单是学生的考分，所以，做笔记有利于自学能力的提高。

第四，学生的管理方式转变。中学的学生管理主要以教师为主，管理方式是班主任制，学生的各种活动大部分都是班主任亲自组织和参加，即使在学生的自习课上一般也有老师在旁边检查督促。而大学则主要转向学生自己管理自己，管理方式是辅导员制，学生与老师的接触相对减少，学生自主支配的时间大大增加，学生的大部分活动主要由班级组织和学生会组织，学生活动可以邀请有关教师参加，但不是必须有教师参加。学生学习一般没有固定的教室，自习时间可以随意选择教室或图书馆以及宿舍。

第五，教学方式转变为学生自主。大学教学方式同中学有以下几个区别：① 中学主要以课堂教学为主，虽然老师有时也强调课前预习，但给予学生自习和预习的时间较少。而大学在强调课堂教学的同时，更强调课前预习和课后复习，而且给予学生较多的自主学习时间。② 学生的自主学习时间比中学要充裕得多。中学课堂教学教师严格按照教材内容和具体体系、思路讲授，信息量少，而且讲得精而细，学生主要依靠课堂消化理解掌握知识，课下学习也限于课堂讲授的内容。而大学教师可以完全不按教材内容和体系、思路讲授。教材上有的不一定讲，讲授的内容教材也不一定有。课堂信息量大，而且讲得少而精。学生完全依靠课堂消化理解掌握知识是不可能的，因此必须在课外时间上下大工夫。学生对一门课程的学习不仅限于课堂和教材的内容，还必须借助和查阅各种教学参考书。③ 中学开设的课程一般要求学生都必须学，没有或较少有选修课程。而大学有较多的公共选修课、限定选修课、专业选修课，学生有自主选择的权利。④ 中学主要是单一的课堂教学形式。大学中，除了课堂教学之外，还经常组织学生参加较多的社会实践和专业实践，如社会调查、咨询活动、专业实习、毕业设计、撰写毕业论文等。

2) 大学课堂学习的环节

大学的学习是通过一连串互相联系的教学、学习环节来完成的。大学学习的基本环节包括：预习、听讲、记笔记、课后温习、作业、答疑、复习、考试，以及实验、实习和毕业设计等。而课堂学习的基本环节主要包括：预习、听课、做笔记。每个新生在开始大学学习的时候一定要弄清每一个学习环节的作用、要求和特点，以便掌握各环节的学习方法，顺利地完成大学的学习任务。

第一，预习。预习是大学学习中的第一个环节，即课堂前的准备工作。大学的课堂教学内容相当丰富，教师的讲课也是提纲挈领式的、跳跃式的，对许多问题的分析、讲解都是点到为止。不可能像中学的教学，花费大量时间去反复论证一个定理或公式，然后再做大量的习题去消化理解。大学教学更重视快速的逻辑思维，因此学生要通过预习，发现课程重点和难点，了解课程的前后关系及内在联系，做到心中有数，掌握听课的主动权，从而事半功倍。如果对教师所讲的内容十分生疏，思路和逻辑思维跟不上教师的讲解，就不容易全面掌握知识的重点、难点和相互关系。一个会学习的学生应该会针对自己的实际情况，做好充分的学习准备，这样听起课来就有主动权，能全面掌握所学的知识。

第二，听课。听课是学生学习最主要、最重要的一个环节，它是各个环节的中心。教师所讲授的内容主要是通过学生的听讲传授给学生的。听课是教与学交流的主要渠道。中学教师的教学往往用几节课时间讲解相同的定理或结论，而且内容也是教科书上有的内容。大学教师的讲课只是讲解课本上一些最基本的概念、理论，教科书上的内容，教师不一定讲，或不一定完全讲，而且经常将学科发展的最新理论和观点贯穿到教学中去，不注意听讲，往往就会挂一漏万。

大学教师的教学一般都有自己的教学方法、他们往往将知识重新组织。搜集大量课外资料，总结以往的教学经验，提出最新的学术观点，丰富了教学内容。如果学生没有牢牢抓住听讲这个学习环节，忽视了教师在课堂上传递的大量信息，就失去了获取知识的最好机会。这些知识、经验和观点仅凭学生自己去搜集总结是难以做到的。因此，大学生应该重视听课这个环节。

第三，记笔记。记笔记也是课堂听讲的一个方面。记笔记不仅可以记录教师讲解的主要内容、逻辑关系以及重点、难点和补充内容，而且通过记笔记，可以将教师所讲的知识进一步理解、消化，变成自己的知识。由于教师讲课并不是严格按照教科书上的内容讲授的，还有许多补充内容。这些补充内容往往是对知识的重新组织，新观点的阐述，难点的解释等，都是讲授中的重要内容，必须通过笔记记录下来。从实质上来讲，在听讲时记笔记，眼、手、脑一起开动，加快了对知识的理解、消化和吸收，掌握了听讲的主动权，并且有效地防止自己上课"走神"，使自己能集中精力跟上教师的讲解，取得良好的效果。当然，笔记并不是教师讲课内容的简单重复和记录，它应该包括自己的理解、提炼和加工，使教师讲授的内容变为自己的知识，便于今后的复习。

课堂笔记应该记录下哪些内容呢？

(1)记录老师的思路和方法。思路一般反映老师分析问题，推导结论的思考线路。记录下教师的思路，可以启发我们的思维，提高我们分析问题解决问题的能力。对于工科学生来说，老师在讲解例题时，常常会讲解题的技巧、思路和方法。我们应将这些内容记录下来，并根据所记的方法进行理解、复习。

(2)记录老师的板书或提纲。一般说来，课堂板书就是课堂学习内容的纲目。这些纲目是主讲老师在钻研教材内容的基础上总结出来的，反映了授课内容的知识结构和要点。它有助于学生理解、掌握、复习课程内容，构建课程的知识体系，所以，我们不妨完整地记录下来。

(3)记录重点和难点。课堂上时间有限，老师的讲课速度又快。要想在课堂上将老师的授课内容全部记录下来，几乎是不可能的，因此应该有选择地记录老师所讲的重要理论、观点和内容，以及某些精彩的、有特点的语言和观点。对一些一时难以记下的东西，要摘记老师讲课的要点和记录关键词，然后课后补齐。

(4)记录补充内容。大学老师在讲课时，除了讲解教材中的内容外，常常还会做些适当的补充，这些补充的内容融入了老师的见解和研究成果，对于帮助同学们更好地理解教材内容，启迪思路，开阔视野，是十分有用的。所以，在熟悉教材的基础上，要把老师补充的内容及时地记录下来。听课时，在老师的启发和指引下，学生有时可能会突发奇想，将两个以前认为不相关的观念串在一起，忽然悟出平日百思不得其解的道理，或者对老师讲解的内容有新的想法和心得，同学们也不妨将这些思想的火花记录下来，以便于课后复习、理解、整理甚至进行新的创造。此外，在听课时，对有疑惑的地方，也要在笔记本上记录下来，以便请教老师和同学。

第四，复习。复习是学习过程中的一个重要环节，是对已经学过的知识的一次再学习。它是巩固和深化所学知识的一种有效手段，使已经获得的知识系统化，形成合理的知识结构。它对强化记忆能力，提高学习效率有重要意义。

大学学习与中学学习的一个明显差别，就是大学里所学的知识内容成倍增长，一个学期开六七门课程，教材内容加起来有两三千页。这么多的内容只凭按部就班的学是很难掌握的。不善于复习巩固和记忆的人，常感到越学越多，越学越乱，越学越被动。如能在学习过程中，经常进行复习，不断地总结归纳所学内容，把学过的东西整理一下，把有关概念、思想、原理和分析方法条理化、系统化，这样就可以做到书越学越厚，越读越薄。抓住了所学内容的精华和各部分内容之间的内在联系，就会融会贯通，应用起来得心应手。

复习可以发现和弥补课堂学习的不足。因为即使在课堂上再认真地听讲，也会出现知识疏漏或似懂非懂的情况。如果没有复习，这些不足是很难弥补的。

复习能使知识系统化、网络化，形成科学的知识结构。知识是对人类经验的概括和总结，零碎的知识不能给人以力量，只有系统化，结构化的知识才能在应用中发挥作用。复习可以把零碎的知识加以整理归纳，使学生充分理解知识体系的内在联系，掌握单元与单元之间的逻辑结构，使知识整体化、条理化。同时通过复习、整理还可使知识内容更为简洁和系统，这既便于知识的记忆，也便于应用时对知识的检索。

2. 走进实验室

受传统教育观念的影响，我国在教学中注重学生的解题能力，培养的学生"高分低能"，学生在动手方面的能力，与西方国家相比存在着明显的差距。动手能力的培养就是要培养学生实验的能力，从实验目的出发，选择合适的器材，设计合理的实验方案，从实验的结果得到合理的结论。这都是培养学生动手及创新能力的基础。

学生实验能力培养主要是对学生的观察比较能力，实验设计能力，实际动手操作能力，数据分析处理能力的培养。

自然科学发展的历史告诉我们，一切科学上的重大发现和发明创造都不是从书本上得来的，而是从科学实验中发掘来的。

实验能力是理、工科大学生的基本能力之一。实验能力应当包括观察能力、测试能力、操作能力、动脑能力指导下的动手能力。通过各门课程的实验课，进行系统的实验技能训练，培养自己分析问题，解决问题，正确使用仪器进行测量，进行数据处理，分析判断实验结果及写实验报告等方面的基础能力。实验教学是培养各类各层次科学技术人才的重要手段之一。国内外绝大多数高校都比较重视实验教学，其教学时数一般都占全部教学时数的 20%～30%。实验教学是培养科学技术人才的重要环节，它不仅能起到验证和巩固理论教学成果、加强对理论理解的作用，同时还能培养大学生的分析能力和创造能力，在培养既会动脑又会动手的各类各层次人才中起重要的作用。

实验能力对于理、工、农、医类的大学生的成才立业有着不可代替的作用。

理科大学生，如物理、化学、生物、应用数学等专业的同学，毕业以后从事的工作以研究为主。一切科学上的重大发现和发明创造，都不是从书本上得来的，而是从科学实验中发掘出来的。只有通过科学实验才能遇到意外的结果和困难，经过反复研究困难及失败的原因，才会有新的发现，产生新理论。在科学研究活动中，除了某些学科领域的纯理论研究工作以外，不通过研究者亲自参加科学实验，就不可能对自然界的现象、性质、本质和规律有深刻的了解，也不会有新创举。这方面的例子不胜枚举，牛顿是在伽利略、开普勒、胡克、惠更斯等的实验及工作的基础上，总结归纳出万有引力定律及完成经典力学体系的。电磁学的一系列定律，如库仑定律、法拉第电磁感应定律、欧姆定律、安培定律等都是实验的总结。对于理科的大学生而言，实验技能倘若不高，今后很难在本专业上有所创新。

工科大学生，毕业后在生产的第一线，从事对设备的改进，工艺路线的调试，新产品的研制，这些都离不开实验工作。从一种新产品的构思到投产，最起码需要进行两种实验工作，第一种是初步实验，第二种是中间实验。初步实验是小规模的，在实验室里进行的，是探索式的试点实验。中间实验是沟通实验室和生产实践的桥梁。在实验室获得成功的设计方案，在正式的生产中不一定完全行得通。所以，对于比较大型或技术复杂的工程，选定设计方案后并不急于投产，而采取中间实验，检验方案在技术上的合理性，以便对暴露的缺点进行修正，然后才能正式施工或大批量投产。

大学里有大量的实验室，有先进的实验设备，有系统的实验教学计划，详细的实验教学大纲，有充足的独立操作的机会，并且很多实验室还是全天开放的，大学生千万不要错过这么好的机会。

大学的实践教学环节主要包括课程实验、课程设计、教学实习、毕业实习、毕业设计(论文)等内容。

走进实验室，对大学生成长成才，将理论应用于实践，提高分析问题、解决问题和动手能力具有非常重要的、积极的作用。那么，我们应该以一种怎样的态度，怎样的行动，走进实验室呢？

做实验前要进行充分的预习，仔细阅读《实验指导书》，领会实验目的，掌握实验原理，明确实验步骤、方法及注意事项，并提出疑难问题。对于综合性和设计性实验项目，事先还要亲自设计实验方案，分析实验难点。总之，不打无准备之仗，否则，走进实验室就只是去点个卯，毫无收获可言。实验开始时，要检查实验仪器和用具是否齐备，仪表量程是否合适，接线是否正确等。多人实验时可以有分工，但每人都有机会操作一遍，不要懒于动手。

实验过程中要带着问题积极思考，对实验现象要仔细观察，对出现的问题要独立分析、独立解决，不要事无巨细都要看别人、问老师，实在"百思不得其解"的，可以请老师提示后自己再动手解决。只要明白了其中的道理，再加上勤于动手，就一定会在实验中有所收获，也才能真正体会到自己的设想、构思被实现，理论被验证后的愉悦。

实验完成之后要认真整理和总结实验记录，分析实验数据，检查疑难问题是否全都解决了，还有些什么问题尚待解决，有些什么收获，最后按要求写出实验报告。

5.4.2　在实践中学习，在竞赛中检验

人总要在实践中不断进步，不断提高。只有一次次不断地实践，我们才能一次次地进步，而竞赛是检验这种进步的重要方式。

竞赛是在一定的规则下的竞技活动。如今的竞赛活动已涉及各个领域。无论是奥运会，还是当下流行的"美国偶像"、"超女"、"快男"等选秀节目，其实都是一种竞赛。在当今这个年代，大家都喜欢冒充牛人，全球这么多人，不是你说你牛，你就真的牛了。所谓"无规矩不成方圆"，那么，就需要制订一定的规则和制度，让所有都觉得自己是牛人的人，在这个规则和制度中一决雌雄，也只有通过这样的竞赛，才能让所有人都心服口服。

每个同学都有自己的天赋和特长，怎样利用并发展好自己的优势，而不做"江郎"呢？我们可以选择在大学里参加适合自己的学科竞赛。大学校园里的科技竞赛活动，就是一个知识应用与技术创新的科技实践活动，在竞赛的过程中你可以经历一个创新项目的构思、设计、组装、运行、实现、检验的全过程，你可以体验一支团队协作的集体智慧和力量，你可以体验一次队与队之间竞争的跌宕起伏，同时也可以证明自己运用知识解决问题的能力和水平。所以，参加科技竞赛是不断锻炼自我，证明自我，完善自我的最好的实践过程。

在这里给大家列出目前在大学里主要的竞赛种类，如表5-1所示。

表 5-1　全国性大学生科技、文化竞赛活动一览表

竞赛类型	竞赛种类
综合类学科竞赛	"挑战杯"中国大学生创业计划竞赛 "挑战杯"全国大学生课外学术科技作品竞赛 全国大学生英语竞赛 全国大学院校学生创意实作竞赛 "CCTV 杯"全国英语演讲大赛
理科专业竞赛	全国大学生数学建模竞赛 全国大学生力学竞赛 大学生程序设计大赛 全国大学生结构设计大赛 大学生机电产品创新设计竞赛 全国大学生电子设计竞赛 全国大学生过程控制仿真挑战赛 全国大学生电工数学建模竞赛 全国大学生机器人大赛 ACM 国际编程大赛 SCILAB 自由软件编程竞赛
文科专业竞赛	全国大学生电子商务竞赛 中国大学生公共关系策划大赛 全国大学生营销大赛 全国大学生 ERP 沙盘比赛 全国大学生电子创新大赛 全国大学生广告策划比赛 国际商事仲裁模拟法庭辩论赛
课余生活竞赛	全国大学生 DV 影像艺术竞赛 全国大学生街舞挑战赛 全国大学生智能汽车邀请赛 大学生多媒体作品设计大赛 中国大学生数码媒体艺术大赛 中国大学生在线暑假影像大赛 全国大学生歌唱比赛

这么多竞赛中，对同学们来说比较熟悉的就是"挑战杯"竞赛，全国大学生电子设计大赛以及全国大学生数学建模大赛等。

"挑战杯"竞赛在中国共有两个并列项目，一个是"挑战杯"中国大学生创业计划竞赛；另一个则是"挑战杯"全国大学生课外学术科技作品竞赛。这两个项目的全国竞赛交叉轮流开展，每个项目每两年举办一届。它是由共青团中央、中国科协、教育部和全国学联共同主办的全国性的大学生课外学术实践竞赛。

全国大学生电子设计大赛是与高等学校相关专业的课程体系和课程内容改革密切结合，以推动其课程教学、教学改革和实验室建设工作为目的的全国性的大学生竞赛。竞赛的特色是与理论联系实际的学风建设紧密结合，竞赛内容既有理论设计，又有实际制作，从而全面检验和加强参赛学生的理论基础和实践创新能力。

全国大学生数学建模大赛的参赛者应根据题目要求，完成一篇包括模型的假设、建立和求解、计算方法的设计和计算机实现、结果的分析和检验、模型的改进等方面的论文(答卷)。竞赛评奖以假设的合理性、建模的创造性、结果的正确性和文字表述的清晰程度为主要标准。

5.4.3 向社会学习

大学的学习形式明显多于中学。中学的学习形式较简单，主要通过课堂学习来获取知识，而大学的学习形式则丰富多彩，除了课堂学习外，还可通过实验课、学术讲座、科研活动、互联网、大学生社团活动、社会实践活动及实习、课程设计、毕业设计等形式获取知识，提升能力。

社会是个大舞台，是世界上一所没有围墙的最大的"大学"。同学们一方面可以通过参与社会实践获得丰富的知识，锻炼自己的能力。另一方面，同学们上大学的目的本身就是用我所学服务社会、贡献社会，所以，大学生应该积极地投身到社会实践中，向社会学习。

参与社会实践活动是主动式、参与式、体验式学习的方法之一，这种学习形式是由于大学学习内容的"博"和"专"的需要而产生的，它对于形成和完善大学生的知识能力结构，提高大学生的综合素质起到了很好的作用。

中、高年级的大学生应积极参加科研活动。校园里经常举办的各种学术报告会和知识讲座，增添了校园里浓郁的文化学术气氛，对增强大学生的科研意识，培养大学生的科研能力，提高大学生的人文素养和科学知识而言是一种极好的学习形式。

参加第二课堂学习、大学生社团活动和社会实践活动，也是学习的极好形式，对培养大学生的组织管理能力、社交能力、语言表达能力和专业技能，起到了积极的促进和完善作用。例如，参加校园里的邓小平理论研究会、业余党校、大学生艺术团、文学社、校园广播电视台、播影协会、集邮协会及篮球、足球、排球、田径、游泳等各种运动队的活动，积极参加科技、文化、卫生"三下乡"及社会调查等活动，对培养和教育大学生，使他们树立正确的人生观、世界观，开阔视野，拓宽知识，陶冶情操，提高他们的文化素质和身体素质，学会专项技能，培养业余爱好和特长，起到了很好的帮助作用。

5.4.4 用好网络学习

伴随着科学技术的不断发展和进步，我们已步入了一个全新的社会——信息社会，而支撑信息社会的重要的基础设施就是计算机网络。可以这样说，计算机网络已深刻地、全面地改变了我们的学习、生活和工作方式。

大学作为人才培养和知识创新的基地，最先走上网络建设的潮头，成为全社会信息化程度最高的团体。今天的大学生对信息网络的重视和运用远远超过了他们的学长。目前，几乎所有大学的学生宿舍都已开通互联网，学生足不出户就可知天下事。通过计算机网络，我们可以获取社会信息，查阅专业学术资料，进入国内外著名大学的图书馆查阅资料，从事学习以及娱乐活动。可以这样说，目前，通过网络学习已经成为一种不可或缺的重要的学习手段。

大学生网络学习的积极作用主要表现在以下几方面。

第一，网络学习有利于激发大学生的学习兴趣，提高大学生的学习能力。通过网络学习方式，可以随时随地地对老师提出的问题进行深入的分析和研究，开展讨论和交流，从而更好地把握和理解所学知识。教师也可以根据学生的实际情况随时调整学习内容，改善教学方法。同学们还可根据自己的兴趣来选择学习的内容。网络学习让学生从枯燥无味的传统"填鸭式"教学中解脱出来，不再认为学习是苦事、难事，而是一件令人乐而忘返的趣事。

运用信息技术获取知识是当代大学生必须具备的基本能力。学生通过浏览器查阅资料，运用搜索引擎快速查找文档，利用 FTP 服务下载所需程序，通过电子邮件交流学习经验，利用 BBS 进行专题讨论；有的同学还可以建立自己的个人主页，在网上展示自己，并为别人提供有用的信息和资料，实现资源共享。这样，利用网络可以更方便地实现学习的本质——参与和实践，进而提高大学生的学习能力。

第二，**网络学习丰富了大学生获取知识的手段，优化了学习方式**。自学在大学学习中是至关重要的。当今社会，信息技术不断发展，知识与信息快速更新，网络学习已成为大学生学习的一种新的自学方式。网络构建了一个相互讨论、相互交流和信息共享的平台，使学习不再是由教师支配的"单向"式学习，而是大家通过相互的问答、讨论、沟通、帮助、指导等，形成的"双向或多向"的协作式学习。这样的学习方式丰富了大学生获取知识的手段，有利于拓宽其知识面和培养大学生的合作意识。

第三，**网络学习有利于大学生个性化的发展**。在传统的教育中，学习者个性化的需求往往难以得到满足，其个性化的见解得不到充分的展现。在网络学习中，大学生可按照自己的节奏、自己的心理、生理和学习基础情况有选择地进行学习，也可以直接在网上和老师探讨。当然，这里所提及的个性化并非要抹杀教育的共性，也不是完全的任意放任的教育，而是指与传统教育相比，网络学习在拓展学生的个性发展方面向前迈了一大步。

第四，**网络学习有助于大学生自我教育的实现**。自我教育是相对于社会教育而言的，是大学生发挥主体性作用，通过自我评价、自我调控、自我发展、自我完善等过程，有目的地采取实际行动进行改造和提高自我综合素质的自觉活动。网络学习中，在道德品质、素质方面进行自我教育的形式主要有：① 直接宣泄。一些大学生在学习上受到压力和遭遇挫折，或心情不好时喜欢上网，通过 QQ、论坛等网络平台，向要好的朋友，甚至志同道合但未必认识的网友宣泄，倾诉心中的困惑和烦恼，在一定程度上缓解和消除了紧张情绪。双方一说一听，一劝一从，很容易取得自我教育的效果。② 浏览网页。网页上信息量大，内容丰富、更新及时，可通过浏览网页来寻找自己所需求的"精华"，拓展了同学们的知识面。③ 热点讨论。网络上常出现一些与大学生的切身利益相关或与国家、民族利益息息相关的热点问题讨论。这些讨论虽然观点和角度不尽相同，但参加人数多，信息量大，又具有相当的深度。这些讨论对大学生科学的人生观、价值观的塑造以及分析、解决问题的能力的培养与提高都具有巨大的促进作用。所以说，网络学习对大学生的自我教育起到了一定的促进作用，可以实现大学生的自我教育从消极到积极、从无序到有序、从自发到自觉的转化。

第五，**网络学习提高了大学生的学习效率**。首先，前面已提到，网络学习能激发大学生的学习兴趣、提高其学习能力并优化其学习方式，这无疑能大大提高大学生的学习效率。其次，网络学习还有利于知识的获取与保持。多媒体计算机提供的是多种感官的综合刺激。心理学实验证实，人类获取的信息有 83% 来自视觉，11% 来自听觉，这两项加起来就有 94%。另外，关于知识的保持，即记忆持久性实验的结果表明，人们一般能记住自己阅读内容的 10%，听到内容的 20%，看到内容的 30%，听到和看到内容的 50%，在交流过程中通过自己思考后所述说内容的 70%。多媒体技术既能看得见、听得见，又能用手操作，还能提供各种交流讨论的途径，这样，通过多种感官刺激获取的信息量，比单靠听教师讲课要丰富得多，保持也牢固得多。再次，网络学习有利于学习中多方协作，提高学习效果。网络学习的学生通过观察演示、帮助指导、相互讨论和共同建构的方式进行协作学习，能产生一种群体气氛、合作意识，并在合作学习中得到启发，获得指导、帮助，同时找到适合自己的有效的学习方法，从而能提高自己的学习技巧和学习效率。

综上所述，网络学习在大学生的学习过程中发挥着独特的积极作用。通过网络学习，大学生不仅能改进自己的学习方法，拓宽自己的知识面，提高自己学习的能力和效率，而且能提高自身的综合素质，使自己成为现代化建设需要的掌握多方面知识、技能和能力的高素质人才。

互联网为大学生带来了开放共享的意识，全球化的眼光，全新的学习观念，广阔的生活和交往空间，以及拓展创新素质培养的平台，但与此同时，也给大学生带来了不容忽视的负面影响，应引起足够重视并尽量避免不良因素。

互联网带来了自由创新的空间，也带来了不健康信息的腐蚀和泛滥。互联网给每个用户都提供了成为传播者的可能，任何人都可以传播任何消息，带来了传播权的滥用。计算机网络是一个信息宝库，同时也是一个信息的垃圾场，学术信息、娱乐信息、经济信息及各种各样的黄色、暴力信息混杂在一起，使得网络信息鱼龙混杂。

互联网带来了相互交流的快捷与便利，但对网络的过于依赖也影响学生健康人格的形成。网络为用户打开了大门，其快捷性、交互性、开放性及集文字、图像、声音于一体的表现手法的集成性很受今天的大学生欢迎。当许多学生畅游于网络的虚拟世界中，通过网上和陌生人侃侃而谈时，也逐渐形成了有意回避在现实世界进行交往的心理习惯。一些沉迷于网络的学生，在网上交往的视野开阔了，但在现实社会中的心灵却越加封闭了，甚至出现了因对网络的过度依赖而导致的心理疾病。

在网络环境下的当代大学生，要加强对网络信息的甄别、比较、选择能力的培养，提高在复杂的信息环境中进行独立思考与分析、去粗取精、去伪存真的方法与能力。只有这样，才能在网络环境下不迷失方向，健康成长。

扩展阅读：

针对大学新生的普遍学习问题，编者从高年级同学以及任课教师处收集了一些有效的学习方法，供大学新生们参考，主要涉及几门学生问题较多的公共课以及专业基础课的通用学习方法。

高等数学：

大学高等数学(以下简称高数)的学习可以沿用高中数学的学习方法，重点则是认真记笔记。高数内容较多，老师讲课进度非常快，这便要求学生上课前需进行预习，对老师所讲内容有个大致印象。上课需集中精力听讲，不能走神。不少学长认为在学习数学的过程中重要的是记笔记。数学课老师在介绍完概念之后便会讲解例题帮助理解运用，此时的例题思路可帮助我们下来做题目时参考复习。常有同学说老师讲的书上都有不必记下来，但是往往老师的解题思路会与书上有些不同，老师也会讲解他所总结的小技巧。这些若做了笔记记录下来可供我们在复习时事半功倍。由于笔记作用在课后复习时用，所以记笔记时字迹需清晰，条理需清楚，在每章每小节前可标注上相对应内容在书上的页码，方便复习时与课本对照查看，在重点的地方可用不同的颜色或符号作出标记。课后习题务必认真独立完成，应先看书并对照笔记进行复习，对知识有大致了解之后再做题。建议使用活页纸做课后题，在老师批阅讲解之后装订起来方便复习时查看第一遍错的地方，对错的地方重点复习。

在备考复习时则先对照笔记过一遍书，把课后习题做一遍，将错的题目圈划出来，在第二遍复习时重点复习与错的题目有关的知识点后再将题目做一遍，再错则重复此步骤，直至所有习题都做到可以看一遍便有思路为止。调查中对于有的同学只喜欢做之前考试试卷的题，然后对着试卷找重点复习的方法，很多同学认为此方法不可取。正确的复习方法应是先看书做例题后做试卷查漏补缺，而不是用试卷上所考的零星知识点以偏概全地复习。

大学物理：

大学物理同高等数学一样，复习与学习方法也较为相近，很多优秀学生所采用的也是上课记笔记，课后对照书与笔记系统复习的方法。物理与高数在笔记这块儿所不同的地方在于例题较少概念较多，老师在讲授过程中多采用 PPT 而不是板书的方式。所以可不另备笔记本，直接在书上划出重点，摘录老师所补充的内容。由于我们所学的物理要求并不是很高，所以从应考角度来说，上课时务必留心老师所说的重点所在，在书上折页划出，这样再复习时可有详有略地安排时间。在应考复习时，同高数一样，先对照老师的 PPT、课本及笔记，系统地过一遍。复习时可在课本的目录中圈出知识点不熟以及重点要考核的内容，在第二、第三遍时重点复习。

C 语言程序设计：

C 语言由于是我们进校所学的第一门编程语言，在之后的课程学习中也经常会用到，所以需格外重视。与其他课程一样，在老师讲课前应先预习所要学习的内容，防止上课老师进度较快出现跟不上的情况，也可加深印象。由于语言课程的特殊性，若要较好地掌握，不能像其他课程一样光听讲，还需花费较多的精力在实际编程练习上。所以在学习时，同学们应该在老师讲课时认真听讲，遇到模糊不理解的知识点便在书上做好记号。老师会在课堂上安排练习时间，所练习的内容往往是老师刚讲述的知识点，此时则是巩固课堂所学知识掌握程度的好时机，并且在遇到困难时，可随时举手向老师提问。在课后，应认真地完成老师所布置的作业，遇到困难应先尝试自我解决，在自己实在不知如何解决之时再向他人请教，并且在书的相应位置做好记号，以便复习时可重点练习。

不少同学认为在学习 C 语言时，可与掌握程度相近的同学结对一起练习，好处是可互相请教、共同进步，他人犯错的地方也给自己一个警醒，在帮他人调试程序的过程也给自己积累了经验。

C 语言考试复习时应先将书、笔记、老师的 PPT 先过一遍，对知识体系有大体了解之后再进行相应的练习。在复习时，很多同学会将 C 语言老师给的题库的内容做两遍以上，不熟易错的题目更是做了四五遍以上。虽然有题库答案，但是一边参照答案一边练习却会局限了自己的思维，本有三四种方案却只掌握了题库中的那一种，对掌握 C 语言不利。建议先自己练习，若做出来再将自己的编程思路与题库答案中的比较，若答案中的更清晰简洁，便可不对照答案，凭自己印象按照其思想尝试编程，将此思路化为己有；若自己编写的更好便可不理会答案的内容；若做不出来再参考答案，掌握思路后自己编程，不能死背答案、局限于答案之中。在此过程中应不断与自己的练习伙伴交流，看对方是否有更好、更简洁的方法。语言学习强调的是语法和思路，所以即便应考也不能局限于题库的题目之中，而要善于总结，找出规律，才能以不变应万变。

大学英语：

大学英语的学习不同于其他科目可以突击学习，只能靠日积月累，而英语的核心就在于语法和词汇。所以若想学好英语，需在平时抽出时间多背单词，因为词汇量的多少可直接影响英语成绩好坏。建议英语基础稍弱的同学每天抽出固定的时间背一定量的单词，在每晚的睡觉前请同学帮助默写。很多同学谈到，如果所在的宿舍大家都有想学好英语的意愿的话，便会约定每晚互相默写新单词 40 个或 50 个、旧单词 10 个，默写错误便有相应的惩罚，此方法大大调动了学习兴趣，在不到一个月的时间里，很容易形成你追我赶的学习氛围，已背单词的数量也将大大超过原有的数量。此方法可在同有学习英语需求的宿舍推广。

　　除了英语单词的背诵外，英语的语法时态可通过看语法书、做相应练习提高。英语培养语感的途径有听英语广播、看英语美文等。有些同学认为看美剧英剧也可以提高自己的英语水平，但也有同学认为此方法弊大于利。首先，看电视剧关系的更多是内容而不是其人物对话中语法词汇的使用；其次，在美剧中有些人物对话较为口语化，也可能存在语法错误，对我们书面写作的学习较为不利；再者，看电视剧浪费时间，不如读英语美文提升得更快。

　　在英语应试写作方面，我认为简单有效的方法便是多背多练。现在的应试作文大多为看图写作和名人名言抒发自己感想，此类作文可先搜集相应的优秀作文模板，先依葫芦画瓢写出自己的想法再在细节上做文章。在作文的细节方面，可在平时积累一些经常在作文中会用到的一些单词，特别是较为生僻、不常见的单词，以及在不同语境下可使用的名人名言，这些单词的使用可使阅卷老师眼前一亮，作文分数自然高一个档次。基础较好的同学可在对语法熟悉的前提下在句子的表达中做花样，如倒装句、感叹句等，特别在作文末尾可连用不同的句式，作文分数自然不会低。

　　专业基础课：

　　每个专业的专业基础课不太相同，但是对于专业课的学习，还是有一些通用的学习方法可供借鉴。在调查过程中，很多同学表示，对于专业课的学习，一定要仔细研究所学专业的培养方案，只有充分掌握了专业的培养计划，才能在系统的学习中游刃有余。

　　在具体的专业课程学习中，由于大学四年需要学习的专业课程有很多，一般每门专业课程的学习时间都为半学期或一学期，最长一学年。所以"师傅领进门，修行靠个人"在专业课的学习中就显得尤为重要。在课堂上，专业课老师讲的都是核心精华内容，一定要认真听。在课后，自己学习消化显得尤为重要，一门专业知识短短靠几周或者十几周的课堂学习是肯定不够的，它需要课后花大功夫。

　　另外，大学四年的专业课程都是具有系统性且一脉相承的，所以在专业课的学习过程中，注意总结、融会贯通也是非常重要的。很多同学表示，有的专业课程在学习的时候觉得什么都听不懂，学完了也不知道自己学了什么，但是学到后面，有了其他专业课程的知识的填充，会突然理通以前的专业知识点。所以很多高年级的同学告诫大一新生，在刚开始学习专业知识时，学不懂千万不要轻易打退堂鼓，一定要坚持，只要自己学会融会贯通就会有豁然开朗的一天。

　　学习笔记：

　　问题思考：

1. 结合自己的兴趣、爱好和特长，制订一份大学四年的学业规划书。
2. 总结一下大学学习的特点，拟订一个自主学习的计划。
3. 围绕"我在大学学什么"的主题，完成一篇小论文。

参考文献：

边洁，张刚，陈传忠．2003．大学生学习方法指南．哈尔滨：哈尔滨工业大学出版社

杜智敏．2000．学海导航——献给工科大学新同学．北京：北京航空航天大学出版社

冀学锋．2003．赢在大学起跑线．长沙：中南大学出版社

焦远局．2007．大学新生如何做好学业规划．高教高职研究，29

教育部高等教育司．2001．学会学习．北京：教育科学出版社

卢婷婷，赵琼．2008．我的大学．北京：新华出版社

马立骥．2002．大学学习导论．合肥：中国科学技术大学出版社

毛晋平．2002．学习与建构——论大学生的学会学习．长沙：湖南教育出版社

倪志英．2003．大学生学习指导．哈尔滨：东北林业大学出版社

孙丽娟．2004．大学学习重在"学会学习"．渤海大学学报（哲学社会科学版），26（6）

第6章 行动成就人生

"规划引领人生，行动成就人生"是本书的主题，也是一个人把握命运之舟、缔造美丽人生的法宝。人生是人们追求幸福和享受幸福的过程。人生在世，每个人都梦想成功，即想获得预期的结果。可成功不是从天上掉下来的，而是运用智慧通过奋斗经营而来的。如何把目标、规划与行动恰当地统一起来，以赢得成功，获得预期结果，正是人生面临的重大课题。一般来说，正确的目标、科学的规划加有效的行动，势必带来辉煌的成就。但问题是：如何确立正确的目标？如何进行科学的规划？如何采取有效的行动？

【案例】 蒙祖海：抗震救灾 践行使命

家境贫寒，志存高远

图 6-1　蒙祖海同学

蒙祖海(图 6-1)，系成都信息工程学院 2005 级电子工程专业国防生，贵州省都匀市阳和水族乡水族人。他家乡偏远落后，家庭经济困难。父母身患疾病，常年以务农为生。爷爷年近八旬，虽患高血压病，还打工助他读书。哥哥中学毕业后一直外出打工支持他和弟弟读书。他还靠国家贫困资助和自己勤工助学坚持学习。

上大学后，他积极进取，主动申请入党，时刻以优秀党员标准要求自己，2006 年光荣入党。他在申请入党时庄严承诺：要做一个思想政治过硬、业务水平最棒、懂得感恩与责任的新时代优秀国防生。

他虽家庭贫困，但却自强自立，信念坚定，对生活充满希望和信心。他积极担任学生干部、参与社团活动，以此来锻炼自己；他抓住每一个机会做兼职，以此来补充生活开支并提高自己。他当过班长、学生党支部副书记，当过保安、送货员、推销员、家庭教师和饭馆服务员……这些经历，使他比同龄人更显成熟坚强、乐观自信。

爱心、责任与行动

蒙祖海是特困生，却积极参与公益活动。2008 年 "5.12" 汶川大地震后，学校组织志愿者参加抗震救灾服务，他决心当一名 "哪里有需要就到哪里去" 的志愿者。

地震发生后，他和 5 位同学立即赶到成都火车东站搬运救灾物资，忍饥受累五天五夜，搬运物资上千吨，平均每天休息不到 3 小时。5 月 22 号返校后，他又组织成立电子工程学院国防生 "抗震救灾突击队"，多次完成转运伤员和搬运物资等紧急任务，仅 23、24 号两天就成功转运伤员 100 多人，搬运物资数吨。此后，他又主动申请到江油灾区当志愿者，进行心理安抚工作。这期间，他和队友组建了当地最早的 "流动学堂"，让 70 多个孩子在他们帮助下慢慢恢复了生活信心，逐步摆脱了灾难阴影。当年暑假，他又和队友来到都江堰临时板房学校义务宣传灾后防雷工作。国庆期间，当别人休假时，他只身一人前往北川了解情况，与当地村民和领导交流，为下一步志愿者服务做好准备。

荣誉和心声

蒙祖海因为表现突出，被选为四川省抗震救灾青年英模事迹报告团成员，被团省委授予"四川省抗震救灾青年模范"，被团中央授予"全国抗震救灾优秀志愿者"，被党中央、国务院、中央军委联合授予"全国抗震救灾模范"奖，并当选"2008 年中国大学生年度人物"。

"我不是什么英雄，我只是做了一名普通的中国大学生应该做的事。""我要穷尽一生之力，去帮助那些灾区的孩子。"这是他在一次次抗震救灾英模报告会上表达的心声。

大学毕业后，蒙祖海履约成了二炮某部军人。虽然身为军官，但他没有止步，而是踏着自己的心声不断进取。2009 年，他参加气象防灾减灾宣传志愿者中国行活动和全军国防生演讲比赛获奖；2011 年，他返校作成长报告，帮助学弟学妹……

蒙祖海家境贫寒，但他从不自暴自弃，而是始终胸怀祖国，心系灾区，以实际行动践行一个共产党员的诺言，展现了成信学子积极向上的精神风貌，成就了别人，也成就了自己。

行动成就人生，这是警言绝句，也是实践证明的真理。当代大学生应做思想的巨人和行动的高手，处理好知识与能力、理论与实践的关系。如果把思想理论比做"天"，把行动实践比做"地"，优秀大学生理应走出"重思想轻行动"、"重理论轻实践"的误区，着力增强行动力，作一个"顶天立地"的人。

6.1　目标、规划、行动和结果

6.1.1　目标、规划、行动和结果的关系

在一个雨天的下午，15 岁的约翰·戈达德坐在洛杉矶家中的饭桌上，满怀雄心壮志地在黄色便条的顶端写下了一句话"My Life List."（我的人生目标）。在这个标题下，他把自己一生要做的事情列了一份清单，自称"生命清单"。在这份排列有序的清单中，他写下了自己所要攻克的 127 个具体目标，包括攀越世界上的主要山峰、探险巨大的水路、在 5 分钟内跑完一英里、读完莎士比亚全集和《不列颠百科全书》、写一本书等。从此，他以惊人的毅力和非凡的勇气同命运抗争，一步一步地实现这些目标。44 年后，他实现了 109 个目标，成了一个卓有成就的电影制片人、作家和演说家。

约翰·戈达德用一生的行动诠释了目标、行动和结果的关系，成就了自我，奉献了社会，也成了我们做人、做事、做学问的标兵。

那么，目标、规划、行动和结果是什么？它们之间又是什么关系呢？

所谓目标，是指个人、部门或整个组织所期望的成果，也就是行为主体行动想要最终达到的境界或目的。

目标的种类因划分标准的不同而异。按内容和性质划分，有人生目标、学业目标和职业目标等。这些目标又可以按时限不同，分为长期目标、中期目标和短期目标。

目标的高下由个人的价值观决定。例如，你的人生目标是现实的吃喝玩乐，还是追求他人的思念敬佩，就由你的价值观决定。目标有其重要性，也有其实现的艰巨性。你认为最有价值并且不惜为其奋斗终生的那个目标，就是你的终极目标。

目标的实现也有高下之分。如孔子所言："取乎其上，得乎其中；取乎其中，得乎其下；

取乎其下，则无所得矣"。得乎其上，即回报最大化，是我们的共同追求，但最终得乎什么，取决于多种因素，尤其是主观的努力。

梦想、理想通常是目标的另一称谓。但梦想比较虚幻，理想相对现实，目标则更强调实践。目标与目的有所不同。目标是一段时间内想要达到的程度；目的则是最终想要达到的程度。要赢得成功，就要先对自己各方面的发展确定明确的目标。

规划一词有两层含义。作为名词概念，主要指比较全面、长远的发展计划；作为动词概念，它指筹划、计划安排，是对未来整体性、长期性、基础性问题的思考和对未来整套行动方案的设计。

规划的种类也因划分标准而异。就个人而言，按内容性质划分，有学业规划、职业规划和人生规划；按内涵划分，有总体规划和专项规划；各种规划，又都可以按时限不同划分为长期规划、中期规划和短期规划。

规划与计划有所不同。计划也是行动之前预先拟定的具体内容和步骤，但规划具有长远性、全局性、系统性、战略性、方向性、概括性和鼓动性等特点。

要赢得成功，需要对自己各方面的发展目标做出合理的规划和计划安排。

所谓行动，是指为达到某种目的而进行的活动，简称"做"或"活动"，即是通过各种途径，寻找各种方法，用你的行动去实干，把行为主体所期望的结果做出来。

行动的准则是自己的职责。行动与目标的一致性对成功至关重要。

要赢得成功，不仅应有明确的目标，合理的规划，而且应采取有效有益和积极主动的行动。

所谓结果，是指在一定条件下事物发展所达到的最后状态。这种最后的状态是客观实在的，是人们根据一定目标，以实际行动做出来的实实在在的成果，而非主观虚幻的东西。

人的一生有很多目标，实现这些目标就是我们想要的结果，达到了目标就是得到了结果。

结果的核心是有无可以满足行为主体需要的价值。没有有价值的结果，主体的行为就毫无意义甚至有害无益。

结果的类型，按目标实现状况来划分，有好结果、差结果和坏结果。"取乎其上，得乎其上"是人们的共同心愿。

综上所述，目标就是"我想要什么"，规划就是"我应怎么做"，行动就是"我做了"，结果就是"我得到了"。显然，"想"、"做"和"得"之间是不可分割的，意味着目标、规划、行动与结果之间有着内在联系。这种关系可以简化为一个基本公式，即：目标+规划+行动=结果。

不播下希望的种子，就不能看到发芽、开花和结果；有了目标，不去执行，没有行动，也不能看到想要的结果。世上没有免费的午餐；即使天上掉馅饼，也要伸手去拾取。

"志不强者智不达，言不信者行不果。"这是战国著名思想家墨子留给后人的至理名言，蕴含着目标、规划、行动与结果相互关系的深刻道理。

第一，目标是获得成功的前提。

"想"，虽然是脑海里的意识，但它能指引你的方向。志不立，天下无可成之事。

轮船在大海中航行，最可怕的不是绕了远路，而是失去航向；一旦失去航向，就不可能到达目的地。要做好一件事情，也是一样的道理：我们的行动要与目标对成一条直线，而不能偏离方向。作为观念形态的目标，它反映了人对客观事物的实践关系，是人们进行实践活动的依据，贯穿于实践活动全过程。目标明确是人们做任何事情能够成功的先决条件或必要前提。

有一个少年很想成功，为此他做过种种尝试。但他从不谋划怎样成功、在哪个方面成功，结果他屡屡失败。苦闷之余，他跑去问父亲。

父亲是个老水手，他意味深长地对儿子说："要想开好船就要有指南针！"

儿子回去沉思良久，之后，他写了一张字条放到一个瓶里，并把瓶子埋进泥土。自那以后，他静下心来，发奋读书。结果不但上了大学，而且成了人们美慕的博士后。

当他功成名就后，很多待遇不菲的公司打来电话，希望他能加盟就职。但他首先所做的并非及时赴约，而是跑回家中挖出以前埋下的瓶子。原来，瓶里的字条上写着："我要成为博士后！"

这位少年的成功，不仅因为他有一个能在关键时刻指点迷津的父亲，更因为他很小就写了那个字条，有了那个梦想。正是父亲的点拨和那个梦想引领他走上了成功的道路，得到了希望中的结果。

可见，明确的目标对人们走向成功极其重要。正如著名诗人流沙河在《理想》一诗中所言：

理想是石，敲出星星之火；

理想是火，点燃熄灭的灯；

理想是灯，照亮夜行的路；

理想是路，引你走向黎明。

法国思想家罗曼·罗兰说："人生最可怕的敌人，就是没有明确的目标。"的确，目标是你追求的梦想，也是你成功的希望。漫漫人生路，往往在迷路。有了目标，行动才有方向；有了目标，才有前进的勇气和信心，才能战胜怯弱和无能。

人生有目标，生活就有动力。坚定的目标也可以成为追求成功的强大动力。虽然人生道路坎坷不平，荆棘满布，但只要有明确的目标，你就能看到曙光，看准方向，充满力量，哪怕风浪滔天，也能执著追求，无怨无悔。

经验告诉我们，每个人要想成功，都应首先明确目标，带着目标上路。人生三件大事——做人、做事、做学问，第一要务是要明确目的。做人应立德，做事应立功，做学问应立言；伟大的成功，从小小的决定开始。如果你人生大事件件有目标，那你就有了成功的希望和前提。希望就像种子，只要肯播种，总有一天会发芽开花。

第二，规划与计划是行动的导向和保护伞。

事预则立，不预则废。目标的实现首先需要规划乃至进一步的具体计划，规划和计划是行动的保护伞。

目标是方向性、原则性的，需要通过规划或计划，才能变为清晰具体、系统详尽并可操作的东西，即变为合理的行动方案；遵循科学可行的行动方案，你的行动才能有条不紊，合理有效，免入误区。

未来不是现实。未来的事往往很少能够确定。如同航海，你在航行中很难准确知道会不会有风暴；即使天气预报，有时也会失误。未来的不确定性和各种情况的变动性，使得规划乃至计划更显重要；遵循科学的规划或计划，你才能高瞻远瞩，从容不迫，防患未然。即使未来的事是确定的，你也面临多种选择，比如实现某一目标的最好方法，到达某一地点的最佳路径，完成某一事项的最好工具，等等；遵循合理的规划或计划，你才能以最佳状态来达到你的目的。

"规划引领人生"蕴含的深刻道理是：不管你有什么样的目标，你都应及时做出合理的规划和计划，这是你成功的保障。

第三，行动是实现目标、获得成功的关键。

人生就像自助餐，除了付钱，还要付出行动才能获取。

行动决定一切，行动是成功的关键。因为，行动就是一个人在面对困难时主动去改变现状；行动就是坦然面对自己无法改变的缺陷，努力增强自己的能力；行动就是既有"扫天下"的宏伟目标，又有"扫一屋"的实干精神；行动就是努力去塑造坚强、诚实、果断、豁达的性格，以德服人；行动就是"勿以善小而不为，勿以恶小而为之"。没有耕耘就没有收获。拥有百宝箱的钥匙而不去开启，你将永远得不到宝藏；拥有通往高处的梯子而不去攀登，你将永远到不了巅峰；拥有过河的小艇而不去划行，你将永远到不了对岸。

要做一个成功的人，你就必须积极行动。美国著名成功学大师杰弗逊说："一次行动足以显示一个人的弱点和优点是什么，能够及时提醒此人找到人生的突破口。"勇敢地迈出第一步，就等于站上了成功的起跑线。虽然行动也可能没有结果，但不行动肯定没有结果，正如勤劳不一定能致富，但懒惰一定不能致富。如果整天只考虑目标，而无有效的行动，那只会徒添烦恼，永远不能得到现实的成果。懒惰之所以讨人喜欢，一个重要的原因是不学就会；但懒汉没有明天，因为他们在昨天已将其透支。失败者只想不做，成功者立刻就做。要实现目标，必须注重实践或行动。

把目标变成结果的行动就是执行。一个真正有执行力的人，首先应具备行动能力。管理学大师彼得·德鲁克说："管理不在于知，而在于行。"因为我们知道得再多、讲得再多都没有用，我们的目标不是靠所知所想来实现的，而要靠自己的所作所为来达成；一句"拿着"胜过数句"我会给你"，一次行动比一万次思考强一百倍，坐着不动将一事无成。美国通用电器公司前总裁杰克·韦尔奇说："在公司里，我们最欣赏的不是那些为公司提出很多好点子的人，而是把公司现在的点子做出结果的人。"

人们大多从孩童起就拥有自己五彩的梦想，不少人也曾追求过自己的梦想，但真正实现远大理想和抱负的人却为数不多，成就大业的更是寥若晨星。其主要原因是什么呢？就是很多人总是想得多做得少，甚至坐而论道，光说不做或说到做不到。他们长于口头规划，但却短于付诸行动，犹如哈姆莱特似的"思想上的巨人，行动上的矮子"，随着时光流逝，会越来越偏离自己的目标，因而被无情地抛在了人生路上。而成功之人恰恰相反，他们敢想敢做，说到做到。显然，仅有理想和目标是不够的，更重要的是要朝着自己的目标不懈努力、不离不弃。

一百多年前，有位穷苦的牧羊人带着两个儿子来到一个山坡上，一群大雁鸣叫着从他们头顶上飞过，很快消失在远方。

小儿子问父亲："大雁要飞往哪里？"

牧羊人说："他们要去一个温暖的地方，在那里安家，度过寒冷的冬天。"

大儿子眨着眼睛羡慕地说："要是我们也能像大雁那样飞起来该多好呀！"

牧羊人沉默了一会儿对儿子说："只要你们想飞，你们也能飞起来。"

两个儿子试了一试，结果都没飞起来，因此用怀疑的目光看着父亲。

牧羊人却肯定地说："只有插上理想的翅膀，树立了坚定的目标，才可以飞向你们想去的地方。"

两个儿子牢记父亲的话，并一直向着自己的目标理想奋斗。1903 年，两个孩子的梦想成真了，他们果然飞了起来，因为他们发明了飞机。这两个孩子就是美国著名的莱特兄弟。

可见，没有目标和梦想不行，光说不做也不行。只有经过不懈的努力甚至反复的挫折，才能成就目标和理想。

莱特兄弟为了实现飞翔的梦，进行了无数次实验。在一次次的失败面前，他们并不气馁，而是以越发高昂的意志、不达目的不罢休的精神向困难挑战。当别人嘲笑他们太疯狂时，他们全然不顾，反而满怀勇气和希望，以惊人的毅力不断尝试，不断改进，一定要让飞机在蓝天飞翔。在反复的挫折与巨大的困难后，他们终于实现了自己的梦想，并为人类的梦想展示了更高、更远的方向。

许多伟人的成功，皆因他们从小树立了坚定的目标，同时以顽强的毅力一路践行。

成功规律学告诉我们：**成功=知识+自信+梦想+努力**。要想成功，只具备知识、自信、梦想是不够的，一定还要奋发努力。

少说多做，尤其是多做实事，那是成功的必要条件。只有努力，才能达到理想的目的；只有拼搏，才能获得辉煌的成就；只有播种，才有收获；只有追求，才能不断成长进步。

因此，要想架构你人生的金桥，就要从现在开始，带上你的目标，付诸行动。多彩的生活不在万花筒里，而在奋斗者自己手中。

第四，结果是目标和行动的归宿。

任何人，确立目标，积极行动，最终都是为了得到结果。

在商业社会，有一条基本的法则：一切都要拿结果交换，靠结果说话。不论你同客户的关系有多么好，只要你不能为客户创造出令他满意的结果，客户就不会付钱给你。因为客户付钱的唯一理由，就是你创造出了令他满意的结果。在职场上，职工与单位的关系也是这样。如果你没有提供令单位满意的结果，单位凭什么给你报酬？其实，在现实生活中，人们之间的诸多关系也渗透着这条基本的商业原则。因为，不论个人、单位还是社会，都要靠结果生存，靠结果来改变命运；没有结果的目标和行动是毫无意义的。

人的一生由无数个小目标组成。如果你的目标是在新学年里取得全优的学业成绩和国家奖学金，那你这一年就要为实现这个目标拼搏努力。但只有当你以行动把目标变成了结果，你的目标和行动才有效而有意义，你所作的努力也才能得到他人和社会的承认。

2009 年 4 月 11 日，英国选秀节目"英国达人"迎来了开赛以来最"雷人"的一个选手——苏珊·博伊尔。

苏珊身材臃肿，其貌不扬，满脸皱纹，头顶乱发，打扮老土。当她登上舞台时，无论是观众还是评委都不仅不看好她，而且可以说十分挑剔，一个个就等着她一开唱就把她嘘下台去。但苏珊不以为然，"目中无人"地高唱起音乐剧《悲惨世界》中的歌曲《我曾有梦》。没想到这动情一唱，竟让这位既没长相又没星相的英国大婶一鸣惊人，连著名影星黛咪·摩尔也被她所打动。

苏珊高唱《我曾有梦》这一幕，收看人次在几天之内就突破 1 亿，远高于美国总统奥巴马就职典礼时的 1850 万人次，成了 2009 年 4 月中旬全球网络点击量最高的视频。虽然最后她在"英国达人"中屈居亚军，但却是名副其实的全球人气王，被网友们亲昵地称为"苏珊大妈"，并成为媒体的关注焦点，各种各样的访谈节目和唱片公司都向她发出了邀请。当年 11 月，苏珊大妈的处女唱片《我曾有梦》面世，首周发行销量达 41 万多张，成了英国当年销售速度最快的唱片，同时还是英国唱片史上首周发行量最大的首发唱片，并在澳大利亚和爱尔兰也位居唱片销量排行榜首位。12 月 2 日，这张唱片以首周超过 70 万张的销量登上了美国唱片销量排行榜榜首。

所有这些，让这位常常是每周只能靠 100 多英镑生活费度日的英国大婶身价猛增，后来现场演出的身价高达每分钟 8333 英镑，即每唱一秒钟，邀请方都要支付 140 英镑。这让很多所谓天王巨星都望尘莫及。如果加上自传、电影、赞助、广告等收入，她一年的收入将达到800 万英镑，相当于 8000 多万元人民币。

这个普普通通的英国大婶凭什么获得成功？就凭她所做出来的结果。苏珊的命运为什么发生如此大的转变？就因为她创造了令人满意的结果，为客户带来了惊喜，也让聘用她的人觉得"物有所值"，甚至"物超所值"。

我们为什么要努力做出结果，就是因为结果决定命运，人们靠结果生存，也靠结果改变命运；是否做出了令人满意的结果，也是人们成功与否的标志。

海尔公司总裁张瑞敏说过：我们赛马不相马。他强调的也是结果。

综上所述，目标、规划、行动和结果是人们获得成功的四大基本要素，对成功来讲，它们缺一不可，又各自起着不同的作用。任何人要想成功，都应该有目标，有规划，有行动，也就是要处理好三者的相互关系，而不应顾此失彼，失之偏颇。只有这样，才能把预期的结果化为现实，最终迈入成功之门。

6.1.2　正确的目标，有效的行动

工业有"三废"，即废水、废气和废渣。人生也有"三废"，即"废想"（胡思乱想）、"废话"和"废事"（无意义之事）。工业要文明，需要清除和处理好"三废"；人生要精彩，也不能让"三废"荒废了我们宝贵的生命。

目标、行动与结果的关系原理告诉我们，要想成功，获得预期的结果，既需要做正确的事，又需要正确地做事。做正确的事是正确做事的前提，而正确地做事又是把正确的事带入成功殿堂的关键。

1. 确立正确的目标，做正确的事

"有志者事竟成"这句话很有道理。因为，"有志"才能"事成"，要想"事成"就需"有志"；若无"志"则"事"不成。翻开中外史册，因有"志"而成功者不乏其人。

爱迪生幼年时为生活所迫只读了一年书，但他胸有壮志，不向命运屈服，积极进取，毕生有很多发明，取得发明专利权 1093 项，被誉为"世界发明大王"；华罗庚小时候面对"没有数学头脑"的斥责而立下大志，虽然初中都未毕业，但最后却成了数学领域的巨人；还有愚公移山、司马迁写《史记》、孙康映雪、王冕学画……

古今中外的很多成功人士都以其行动证明了"有志者事竟成"这一真理。

然而，"有志者事竟成"也非绝对真理。如果这里的"志"是正确的，固然有其成功的可能。因为正确的目标是正确做事的前提。但如果你的"志"本身就有问题，那你的行动就会被引入误区。而在错误的道路上，你越是勤奋努力，越是"正确"地做事，成功的希望就越是渺茫，就如失去罗盘的航船或迷失方向的小鸟。而且，在错误的道路上，你走得越远，退出的成本就越高，甚至被锁定在这个道路上，被迫放弃或忍受失败的苦痛。

现实中，人们拼命地购买汽车奔向未来，结果反而把自己堵在了路上。

历史上，自 13 世纪开始，就不断有人立志要研制永动机，并为此做出了巨大努力，有的甚至付出了毕生精力，但却始终无人成功。从法国人亨内考最早提出著名的永动机设计方案，到文艺复兴时期达·芬奇制造的类似于永动机的装置，再到 16 世纪 70 年代意大利机械师斯特尔提出的永动机设计方案，乃至后人主张利用轮子的惯性、细管子的毛细作用和电磁力等获得有效动力的种种永动机设计方案，无一例外都失败了。

无数惨痛的教训告诉我们，"有志者"并非都能"事竟成"。只有目标正确，做正确的事，"事成"才有可能。

每个人都可以拥有目标。无论锦衣华服的王子、大臣，还是衣衫褴褛的贫儿、乞丐，只要你愿意，都可以为自己的人生确立一个目标。但是，目标是否正确，却往往因人而异。

好的开头是成功的一半，错误的开始不可能有好的结果。要赢得成功，首先应确立正确的目标，做正确的事。

那么，怎样才能确立正确的目标、做正确的事呢？

第一，立可行之志。

你的目标志向应当符合客观规律和客观实际，具有可行性，而不能是异想天开、不切实际的幻想或空想。这是"有志者事竟成"的必要前提。人作为社会动物，其目标志向应当服务于社会，同时也需要社会实践来对其进行检验；如果你的目标与客观实际相脱离或与客观规律相抵触，它就会是不可能实现的梦想，那再多的行动也无法达成。

历史上先后出现的永动机设计方案都在科学和实践的检验下失败了，为什么呢？就因为永动机研制者的"志"不符合客观规律和客观实际。那些热衷于永动机研制的人们闭门造车，做出了违背客观规律和客观实际的行动，尽管他们不乏良好的愿望，也不乏刻苦钻研的精神，最终也无法获得成功。物理学告诉我们，当机器运行时，机械能转化为其他形式的能，其间的能量损耗不可避免，因此，机器"永动"是不可能的，研制永动机之"志"也就无法成为现实之"事"。1775 年，法国科学院宣布"以后不再审查有关永动机的一切设计"。说明当时的科学界已经认识到，制造永动机的目标没有成功的可能。

因此，我们应高度重视目标的可行性，应结合自己的兴趣、特点和外界的条件、需求等，扬长避短、趋利避害地确立现实可行的志向目标。从小具有音乐天赋的人，尤其像莫扎特一样天赋极高的人，就应首选献身艺术；从小高度近视的人，就应避免确立对视力要求很高的奋斗目标……

第二，立大志。

蜜蜂整日忙碌受到赞扬，蚊子不停奔波却人见人打；多么忙并不重要，为什么忙才最重要。

做人应立德。所谓"大志"，并非好高骛远，而是要唱"正气歌"，你的目标志向要符合道德法律标准，应是正义健康、积极向上、利己利人利社会的，而非邪恶庸俗、消极颓废、损人利己危害社会的，也不是要搞个人英雄主义。政治意义上的目标志向尤其应强调正义正气。否则，即使像希特勒那样，虽然征服很多国家，看起来很成功，但由于给世界人民包括德国人民带来了深重灾难，最终也会被钉在历史的耻辱柱上。毛泽东从小志存高远，最终缔造了新中国。周恩来从小志在"为中华之崛起而读书"，最终树起了我们心中的丰碑。

树立大志向，才能内有动力外有压力，集中精力去拼搏努力。为实现真正的大志而奋斗，才能实现人生的应有价值。

从小树立大志向，虽然不一定都能实现，因为"总统只能有一个"，"科学家也不会太多"，但大志向有利于激励自我奋发图强，为自己的未来发展培养诸多宝贵品质，还能使我们带着志向去学习，带着历史责任感来思考，从而使人生更有意义。如果志向目标短视肤浅，则很难有强大的进取动力。

第三，立长志。

你的志向目标应当是永不改变的"恒志"，而非变幻无常的"短志"。常言道："有志之人立长志，无志之人常立志。"立志是人生之中不一般的事，理当慎重对待处理。

做事应立功。一个人如果能早立长志，就会比别人更早地投入现实理想的奋斗之中，因而有可能比别人更早地实现梦想；但如果朝三暮四，今天立志当科学家，明天立志当文学家，过不了多久又想当政治家，如此"常立志"，其"事"定难"成"。就像小猴子下山来，本来掰到了玉米，但是并不甘心；看到桃子，就扔了玉米摘桃子；看到西瓜，又扔了桃子摘西瓜；看到小兔，又扔了西瓜追小兔；最后小兔跑得没踪影了，小猴子只能空手回山了。

大学生应具备成年人的心态，其志向目标应相对稳定。只要你的目标是正确的，那就不管外界如何变化，也不管你面临怎样的处境，你都应该"痴心不改"；即使遭遇挫折，也应"岿然不动"。只有这样，你播种的"志"才会有收获。

2. 积极行动，以正确的方法做正确的事

目标一经确定，就应把行动与目标对成一条直线，及时起跑，全力以赴保证目标的实现。

俗话说，有"智"者事竟成。这里的"智"特指行动的"理智"而非"盲目"，即是行动的正确性或正确方法。正确的行动是一种明智的、有针对性和创造性的行动。任何人要想成功，不仅应在头脑中想，而且应在现实中做；不仅应做正确的事，而且还应正确地做事，即要以正确的方法做正确的事。做人应知足，做事应知不足，做学问应不知足。在目标正确的前提下，还要积极思考，寻求正确的方法，采取有效的行动，成功就是不言而喻的；狭隘短视或瞎撞蛮干，实乃成功之大敌，难免使自己陷入困境。

现实中常有这样的事：遇到同样一件事，最后呈现给人们的结果却大不一样。究其原因，正是人们"想"的思路、方法不同。

也许你听说过这样一个故事：

从前，一位长者给了两个饥饿的人两样东西：一根渔竿和一篓鲜活硕大的鱼。他们一人要了一篓鱼，另一人要了一根渔竿，然后分道扬镳。得到鱼的人原地就用干柴搭起篝火煮起了鱼，他太饿了，狼吞虎咽，还没有品出鱼的滋味，就连鱼带汤吃了个精光。鱼吃完了就没有了，不久他又饿了，但再也没有鱼了，最后他饿死在空空的鱼篓旁。得到渔竿的人则继续忍饥挨饿，艰难地向海边走去，希望以钓鱼为生。但当他走到距大海不远的地方，还没有看到那片蔚蓝色的海洋，浑身就一点力气都没有了，只能眼巴巴地带着遗憾离开人间。

又有两个饥饿的人，他们同样得到了长者恩赐的一根渔竿和一篓鱼。但他们并没有各奔东西，而是商定一起吃鱼，一起去寻找大海。他们每次只煮一条鱼来分着吃。经过长途跋涉，他们来到了海边，从此开始了捕鱼为生的日子。几年后，他们盖起了房子，有了各自的家庭，有了自己建造的渔船，过上了幸福的日子。

这个故事生动地说明：善思考者事竟成，善行动者事竟成。一个人只顾眼前的利益，得到的终将是短暂的怡悦；但一个人即使目标高远，也还需要面对现实，寻求正确的行动思路

和方法。既有"志"，又有"智"；既有正确的思路、方法，又有积极有效的行动，才可能成为成功之人。

常言道，事在人为，实际上是事在人"想"，事在人"做"。这个世界既不是有钱人的世界，也不是有权人的世界，而是有心人的世界。

那么，什么样的行动才是正确而有效的呢？

第一，要制订合理的行动方案。

目标确定后，当务之急是对目标进行规划，即把目标清楚地表述出来，把总目标分解成一个个易记易行的子目标，构建起合理的目标体系，制订出合理的行动方案，让目标规划为行动导航，为人生导航。

大目标应尽可能长远，而无需详细、精确。目标越长远，进步就越大。

中短期目标应有激励价值，又要现实可行。因此，你应尽可能将其清晰定义，做出行动计划，给出行动办法，并规定明确时限，使其具体明确、易于操作、便于检测。

每个人的一生都有多种目标。不管哪种目标，都应有八九年以上的长期目标，有三五年的中期目标和一月、一周甚至一天的短期目标。只有做出合理的规划或计划安排，你的目标才可能把你导向成功。

古时候，有一个财主找一个部落首领讨要一块土地。部落首领给他一个标杆，让他把标杆插到一个适当的地方，并答应他说：如果日落之前能返回来，就把首领驻地到标杆之间的土地送给他。但财主因为贪婪走得太远，日落之前不但没有赶回来，而且累死在半路上。

这个财主有目标、有行动，但因为没有合理的计划，结果却失败了。显然，目标确定后，不仅应积极行动，而且应在行动之前根据所定目标制订合理的行动计划或行动方案；如果没有合理的行动计划，即使有目标，有行动，目标仍然不可能实现，行动仍然不会有结果。

由此可见，我们应该对成功的公式做一个补充，在目标与行动之间加上规划或计划，即：**成功=目标+计划+行动。**

第二，要紧盯目标，不懈努力。

"心动不如行动"，"说到不如做到"，因为行动决定一切。虽然心动不一定要行动，但说到一定要做到，而且说到更要做到，而不能只想不动或光说不做，否则只会一事无成；做得不够，也难以"事成"。

美国生物学家克林莱斯一次有幸拍到一组精彩的镜头：一种麻雀大小的鸟儿扑扇着翅膀停在沙地上正准备觅食，潜伏在沙子里的蛇猛地张开大口窜了出来。鸟儿一边躲闪着蛇的血盆大口，一边用爪子一下又一下地拍打着蛇的头部，虽然力量有限，但其准确程度分毫不差。当鸟儿拍击了 1000 多下后，蛇终于无力地瘫软在沙地上，再也爬不起来了。

这种鸟与蛇的力量相比悬殊巨大，它甚至没有一只麻雀飞得高。生物学家唯一能给出的解释就是：这种鸟经过长期的经验积累，掌握了一套对付蛇的办法，那就是瞄准一个点，不断地用爪子击打蛇的头部。

鸟的成功启示我们：坚定的目标是成功的首要原则，任何行动都要始终围绕目标进行；只有全力以赴，才能使自己的行动有效、可取。

努力等于 99％的成功，放弃意味着 100％的失败。大诗人苏轼说："古之立大事者，不唯有超世之才，亦必有坚忍不拔之志。"在现实生活中，很多人之所以失败，就是没有瞄准一个点，持之以恒地走下去。而成功者则看准了这个点，并坚持走到最后。这个点就是自己所定的目标、人生的理想。只要能瞄准一个点，哪怕力量微小，坚持到底，也能到达胜利；也只有如此，才能使"有志者事竟成"。因此，有了永不改变的"恒志"，还要有永不改变的行动。为了实现自己的"志"，应不怕困难，不怕讽刺挖苦，不怕挫折失败；应不懈努力，不断探索，始终如一地迈开你勤奋的双脚，在通向成功的崎岖山路上顽强跋涉。

著名史学家司马迁，青年时代立志写一部有别于他人的史学著作。为此，他不仅以毕生精力投入到浩瀚的史籍中，整理残章断简，奔波于民间乡野，搜集大量的史料，而且在入狱惨遭宫刑之后，也没有消沉下去，反而更加坚定志向，越挫越勇，在"撰史"的崇高理想鼓舞下，勤奋写作，到晚年，终于写成了上自轩辕、下迄汉武的纵跨中国三千多年历史的《史记》。这部鸿篇巨著被鲁迅誉之为"千古之绝唱"。

可见，有"恒志"，且有不懈的拼搏努力，是"事竟成"最重要的条件。当你始终朝着一个方向去努力、去行动的时候，你才能发挥最大的潜能与力量，把理想变为现实。

1948年的一天，丘吉尔应邀参加了牛津大学举办的一个题为"成功秘诀"的演讲会。会议吸引了世界各大新闻媒体，会场上人山人海、掌声雷动。丘吉尔用手势止住雷动的掌声，发表了一个极其简短的演讲。他说："我成功的秘诀有三个：第一是，决不放弃；第二是，决不、决不放弃；第三是，决不、决不、决不能放弃！我的演讲结束了。"说完他就走下了讲台。会场上一阵沉寂后，突然爆发出热烈的掌声，那掌声经久不息。因为他的精彩演讲不仅阐明了一个深刻的道理，而且也是对他一生辉煌的最好诠释。丘吉尔就是一个有恒志而又因不懈努力而创造了诸多辉煌的人物。

每个人都惊叹成功的魅力，但并非所有人都知道成功的背后需要付出多少艰辛。不少人有想法，也敢说，可就是没有以实际行动来践行，所有的想法都停留在脑海之中或口舌之上，永远都在等待，在琢磨，蹉跎了无数岁月，等白了少年头，却始终不曾向现实迈出一步，更等不到梦想成真的那天，这不能不使我们警醒。我们做任何事情，都应勇于实践，大胆尝试，顽强坚持，而不能只是冥思苦想或坐而论道。

每个人都有得到宝藏的机会，关键看你是否有恒志和不懈的努力。机会总是垂青有准备、有行动的人；坐等机遇，机遇就会像满天星斗，可望而不可即。幸运之神的降临，往往只是因为你多看了一眼，多想了一下，多走了一步。偶然的成功有时比失败更可怕。

第三，要按规律办事，积极有为。

人的行为活动是有目的、有意识的活动。人的意识具有主观能动性，而事物发展具有客观规律性。意识能动性的主要表现是：意识活动的目的性、计划性和创造性，意识对实践活动的指导作用和对人自身生理心理活动的控制作用。事物发展规律性的主要表现则是：事物运动、变化和发展的必然趋势和确定秩序。因此，我们从事任何活动，都应把人的能动性与事物发展的规律性结合起来加以正确处理。

事物发展不是杂乱无章、不可捉摸，而是有规律可循的，不论自然界还是人类社会的发展，都有一定的规律性。所谓规律，是指事物发展过程中本身所固有的本质的、必然的、稳定的联系，具有独立于人的意识之外，不以人的意志为转移的属性；人既不能消灭、也不能创造规律。因此，我们从事任何活动，都必须尊重事物发展的规律性，即要按客观规律办事。这是人类实践活动的首要原则。当然，规律的客观性和稳定性特点，也为人们发挥主观能动性提供了可能。因此，我们又必须重视发挥自己的主观能动性，即要充分地发现和认识事物发展的规律，并合理地利用规律。但是，发挥人的自觉能动性，也应以尊重规律、符合事物发展规律的客观要求为前提。

成功也有规律。在人的自觉能动性与事物发展规律性的关系问题上，既要反对藐视或忽视规律的主观随意性和经验主义，又要反对在规律面前无能为力、无所作为的思想；只有正确处理二者的关系，才能把预定的目标方案化为现实结果，走向成功的殿堂，否则必败无疑。永动机设计者们对永动机的顽强追求，可谓把主观能动性发挥到了极致，但他们前赴后继，最终失败，关键原因是违背了能量损耗规律。"大跃进"的狂热，人们信奉"人有多大胆，地有多大产"，要跑步进入共产主义，也是盲目冲动、违背规律的典型。而在黑暗的中世纪，神学统治一切，科学是神学的婢女，怀疑上帝、追求科学的人们难逃教会惩治，这些使得人性淹没，人们既不能很好地发挥主观能动性，又不能很好地按客观规律办事。这是时代的悲剧和那个时代落后的重要原因。

因此，我们必须明白尊重客观规律是发挥主观能动性的前提，而正确发挥主观能动性又是发现、认识和利用规律的必要条件。我们必须坚持尊重客观规律，从现实条件出发，把高度的实干精神同踏实的科学态度结合起来。既要按规律办事，反对盲目蛮干、急于求成，反对不按规律办事的唯意志论；又要发挥大胆创新精神，反对因循守旧、消极被动、不求进取，反对否认主观能动性的机械决定论与宿命论。

正确处理主观能动性和客观规律的关系，于己、于人、于社会都有极其重大的意义。

第四，要坚持科学精神与人文精神两相统一。

按规律办事，是科学精神的一种体现，但非科学精神的全部。

科学精神，就是要以科学的实事求是的精神去认识世界、改造世界，即要求真，求实。坚持科学精神，要求我们实事求是，把追求真实、反对虚假当做我们进行认识和实践活动的基本品格；要求我们崇尚理性思维，以清醒、严谨、合乎逻辑的思想从事科学认识和理论创造，并指导实践活动。

人文精神，则是要以人为本，把人的生存发展需要和人民的利益当做一切认识和实践活动的出发点，即要求善、求美。坚持科学精神，要求我们从人的生存发展需要和人民利益、社会利益出发来设立认识与实践的目标，确定我们应做的事，把尊重人权人性、反对冷酷无情当做我们进行认识与实践活动的又一种基本品格；要求我们把崇尚理性与调动各种非理性因素的作用结合起来，以符合人民利益和要求的价值标准来审视自己思想与行动的合理性。

显然，科学精神与人文精神对我们成就学业、事业和人生，都是缺一不可的。

把两种精神或两种品格两相统一，是我们以正确的方法做正确的事的前提。因为，人的行为是由思想观念决定的。思想决定出路，观念决定行为；有什么样的思想观念，就有什么样的语言和行为。只有把科学精神与人文精神两相统一，才能使我们的言行既合理又合情。因此，任何人要谋求成功，都应把科学精神与人文精神有机统一，而不能顾此失彼。

诺贝尔的一生可谓把两种精神都发挥到了极致，堪称我们最光辉的榜样。他一生只上过一年学，长期病魔缠身，但他刻苦钻研，勤于思考。为了改进炸药，不断战胜病痛，努力学习相关知识。他终生未婚，把毕生精力献给了科学事业，为人类奉献了 300 多项发明，临死前还留下遗嘱，把全部遗产捐献给科学事业，创立诺贝尔奖，用以激励后人向科学高峰努力攀登。他的名言是："我更关心生者的肚皮，而不是以纪念碑的形式对死者的缅怀。"

诺贝尔一生的奋斗，与某些人为一时功利而无视真理甚至弄虚作假，或为个人利益而损害他人与社会利益的做法，可谓对比鲜明。可见，是否坚持科学精神与人文精神，是否把两者两相统一，这是有为与无为、成功与失败、伟人与凡人、君子与小人的分水岭。

第五，要增强问题意识，善于发现和提出问题。

正确地提出问题是解决问题的前提。做学问更应注重培养敏锐的问题意识，善于发现和提出问题。

波普尔说过："科学只能从问题开始。"问题正是开展调查研究活动的出发点。开展调查研究之前，不应担心找不到解决问题的最终办法，关键是要先发现问题，找到"真问题"而不是"假问题"、"伪问题"，然后应对问题认真地梳理、分类和思考，总结规律，找出原因。马克思指出："主要的困难不是答案，而是问题……问题是时代的格言，是表现时代自己内心状态的最实际的呼声。"问题"是公开的、无所顾忌的、支配一切个人的时代之声"。无数事实表明，重大的现实和理论问题的提出是理论创新的起点；理论创新、与时俱进，也只能通过解决新的现实问题来实现。因此，正确地提出问题是关键，是解决问题的前提。找到"真问题"对解决问题而言，可以说是成功了一半。犹如医生给病人治病找到了病因。找准病因，就可以开处方，对症下药；找不到病因或没有找准病因就下药，那是江湖医生的作为。科学巨人爱因斯坦把提出问题看得比解决问题更重要，认为正确地提出问题，就意味着走完了一半行程。也正因为这样，现代逻辑学把问题的提出本身当做科学发现的重要课题来研究。邓小平也说，从问题堆里找规律，这就是理论研究。发现问题的过程，对问题进行归纳总结、分析原因并找出规律的过程，就是调查研究的过程。这一过程，与寻找答案并找到答案的过程一样重要。

为了准确找到"真问题"，就要始终坚持"以问题为中心"，增强问题意识，勤于观察思考，善于发现和提出问题。邓小平就是紧紧围绕"什么是社会主义、怎样建设社会主义"这个根本问题，创立了邓小平理论，指导我们党和国家走出了一条建设中国特色社会主义的道路。作为一名大学生，肩负着建设社会主义现代化国家的重任。只有时刻怀着强烈的"问题意识"，以实事求是、解放思想、与时俱进的精神，不断追问这个时代实践工作遇到的重大问题，从中探寻理论答案，并反过来以研究成果指导实践，才能成为国家经济社会持续发展的助推器。有人说，所有问题都可以归结为两类：一类是没饭吃"饿"出来的；另一类是吃饱了"撑"出来的。这种归结不一定妥当，但给我们发现和提出问题提供了一种思路，我们不妨把这种归纳理解为生存问题和发展问题，再沿着这样的思路去探究相关的问题。

第六，要增强科技意识，了解和驾驭现代技术尤其是信息技术。

"技术正在改变一切"这句广告深刻地揭示了现代社会的特征。回顾人类发展的漫长历史，真正推动社会飞速发展的力量只是近几个世纪的科学技术发明。18世纪，蒸汽技术的发明，完成了社会的工业革命。20世纪中后期，IT技术特别是Internet技术的发展及应用，则使人类从以资本为财富的工业经济时代跨入了以知识和信息为财富的知识经济时代。信息技术的广泛应用成为这个时代最突出的现象，信息化成了世界潮流，网络成了全球大学，对当代经济、政治、社会和教育等各方面产生了深刻的影响，也对知识的学习、利用、存储和创造产生了深刻的影响。如果还有什么需要补充的话，那就是技术的作用仍在被低估。

美国麻省理工学院对全球免费开放课程1800多门，中国开放教育协会组织已翻译1300多门；还有不少著名高校也有自己的开放课程。这使你可以在异国他乡分享世界名校资源，学你想学的专业和课程。麻省理工学院校长苏珊·霍克菲尔德女士说："通过麻省理工学院开放式课件，世界各地的教育者和学者都能从我们教师的学术活动中受益，同时也加入到了一个世界性的学习型群体中，大家都一同公开、自由地分享知识与交流思想，并从中获益。"现代远程教育和国内诸多高校的国家级、省级、校级精品课程也可以在网上调阅。这使你可以足不出户而学习传统条件下在大学校园才能学到的课程。现代技术尤其是信息技术的发展和应用，已为青年学子追求各种成功提供了强大的技术支持。因此，必须不断增强科技意识和理解、驾驭现代技术尤其是信息技术的本领，充分利用信息技术来成就你的学业、事业和人生。你不一定要成为技术专家，但你必须热爱技术，了解和驾驭技术，特别是信息技术。

奥巴马与希拉里竞选美国总统时，虽然奥巴马没有希拉里那样丰富的人生阅历和良好的家庭背景，但他有远比希拉里高超的驾驭网络信息技术的本领；他不仅利用常规手段，而且通过互联网来筹集政治捐款并争取选民，这就比希拉里更容易得到选票和经费支持。如果告诉你，奥巴马竞选所需的数亿美元资金，竟然有80％来自于网络募集，你也许不会相信，可这就是事实。他运用网络获得了源源不断的选举捐款，也获得了越来越多的选民，使网络成了他物质与精神的双重"提款机"，造就了一个草根庶民崛起的神话。硅谷的一位资深专家曾说：能够利用网络全部潜力的竞选者，将在总统大选中脱颖而出。对此，《纽约日报》载文认可：2008 年，决定总统大选结果的关键因素不是谁更懂政治，而是谁更懂网络。奥巴马的胜出，对我们是一个重要的启示。

第七，要做你最擅长的事。

美国著名田径运动员迈克·约翰逊退役前屡获冠军，叱咤田坛，蜚声世界。细心的人不难发现，他的跑步姿势与众不同：像企鹅一样摇来摆去，看起来很是笨拙。为此，很多教练开始都不看好他，连同行也讥笑他是"跑道另类"，不可能出成绩。但让人意想不到的是，约翰逊不仅保持这种独特的姿势，而且连创佳绩，打破了意大利选手门内阿保持了 20 多年的男子 200 米世界纪录，奠定了他的王者地位。如果约翰逊当年为了讨得教练或同行的认可而放弃自己擅长而习惯的姿势，那他就不可能有后来一连串的佳绩。足见，懂得发挥自己的长处，对于成功有多么重大的意义。

俗话说，人各有长。世上没有人是万能的，每个人都有擅长和不擅长的事，没有人可以做好自己能力以外的事。聪明人总是绕开短处，经营长处，把聪明才智用在自己擅长的方面，因而往往在人生赛场上领先别人；而愚蠢的人则抛弃长处，经营短处，把聪明才智用在自己不熟悉或不擅长的方面，因而总是落人之后或在泥沼中跋涉，无缘步入成功殿堂。

一个人所成就的事业，必然是其擅长的方面；舍长取短是最愚蠢的选择。很多人做不出结果，有一个重要的原因，就是能力不够。现实世界的财富主要是按能力分配的，我们之所以赚不到我们期盼的钱财，从根本上讲，是因为我们能力不够；成功率也与人们的能力水平成正比。所以，我们都应学会发挥自己的长处。如果你发现自己的执行力有问题，就应冷静下来思考：这个事项是否能把你的长处发挥出来？你在处理事务时是否忽略了自己的长处？

第八，要在合适的时间做合适的事。

每天早上醒来，你钱包里最大的资产是24小时。时间就像一张网，你撒在哪里，就会在哪里收获。但时间太瘦，指缝太宽；青春一旦典当，就永远不能赎回。我们浪费时间，实际上是浪费我们自己。时间规律要我们谨记：做事应增强时间观念，分清轻重缓急，在恰当的时间做合适的事。

做好时间管理，可以把自己的事情分为四类，并"针锋相对"，具体问题具体处理。

一是重要而又紧迫的事，应首先去做。

二是重要但不紧迫的事，应努力去做。现实中有不少这样的事，如防患于未然的事、人际关系、健康问题、挖掘机会、规划人生等，虽然因其不甚紧迫而往往被人忽视，但它们又事关重大，因而应花费较多精力，而且应该有步骤、有计划地去完成。

三是紧迫但不重要的事，应尽量委托别人去做。

四是既不紧迫又不重要的事，不用去做。

谋求成功的办法还有很多，如注重行动效率，正确对待挫折与失败，定期评估计划的执行情况等。这些一般的方法，对每个人都有适用性。但是，每个人的自身情况和所处环境各不相同，具体的方法又不是包医百病的灵丹妙药，适用别人的方法不一定对自己有用。因此，我们应在借鉴利用"他山之石"的基础上，从自身实际出发，从自己面临的具体情况和具体环境出发，探索和总结适合自己的有效法宝。

中国古典名著《西游记》可谓家喻户晓。唐僧西天取经，目标明确坚定，历经艰难险阻，战胜干扰诱惑，最终如愿以偿，凯旋而归，还帮助和带好了三位徒弟。故事是虚构的，但道理是深刻的。任何人要打造美丽人生，都应向唐僧师父好好学习！

让我们为自己加油，带着目标上路，去寻找内心的激情和澎湃，去追逐明天的辉煌与成功，去采撷人生道路上璀璨的珍珠！带着目标上路，你将鲜花遍地，馨香一路！

6.2　时不我待，从现在做起

6.2.1　心动不如行动，从小事做起

1.　心动不如行动

有位哲学家曾谆谆告诫年轻人：请不要做思想上的巨人，行动上的侏儒。

想到只是聪明，行动才是智慧。想法与行动的关系，可以分为三类情形：

A．想了去做；

B．做了再想；

C．想了不做。

其中，A 类既有计划又有行动，可取；B 类有点莽撞，尚可；C 类只想不做，显然没有意义，想法再好，没有行动，目标计划也势必落空。

"心动不如行动"这话常被人们挂在嘴上，足以看出人们对它的认同。人们运用它的时候却往往反其道而行之：想得多而做得少，甚至只想不动、只说不动。如果我们真能把自己的想法都付诸行动，那就不会有太多的遗憾。

"心动不如行动"是至理名言，也是对优柔寡断者的警示。所以，古往今来，人们都力求做事时果断一些。虽然有时候难免会有所伤痛，但这是唯一一种能让大伤口尽可能缩小化的方法，同时也能让他人好过一些。因为，很多事到了该解决的时候，就一定不能拖泥带水；小的事情不及时处理，等到汇集成堆甚至堆积成山时，就成了大问题，犹如百川成海，那时

就要耗费更多精力。因此，仅有目标计划远远不够，关键是要有及时有效的行动，行动才是成功之本。试想如果你只是想而不去做，会有什么样的结果呢？显然，没有行动，就没有结果，也无成功可言；如果你在行动中做到了全力以赴，那么即使最后的结果不尽完美，那也胜过没有结果。

光说不动无异于纸上谈兵、夸夸其谈。说一尺，不如行一寸。行动是成功的保证。伟大的成功无一不是建立在脚踏实地的行动之上；伟大的目标计划，也最终必须落实到行动之上。那些纸上谈兵、光说不动的人永远不会获得成功。

常言道：临渊羡鱼不如退而结网；机会只留给有准备的人。成功或失败，不是由命运决定的，而是由自己缔造的。

有这么两个人：一个叫阿虚，一个叫阿实。阿虚天天想着"我要在这里种树"，却一直没有种，坑倒挖了很多个。阿实恰恰相反，只挖了一个坑，春天播种，以后天天洒水、施肥、锄虫、除草、修枝，最后果实累累。

阿虚和阿实的结局说明："画家"成功，"话家"失败；"作家"成功，"坐家"失败；"选手"成功，"旋手"失败。喊口号不如默默无闻的学习、践行。守株待兔不如主动出击。

其实，在任何一个领域里，不努力行动，都不会有成功。凶猛的狮子要捕捉一只小兔，也必须全力以赴去行动。

任何希望，任何计划，只有落实到行动上，才能化为现实的结果。因为行动才能缩小结果与目标之间的距离。哲人说得好："想得好是聪明，计划得好是更聪明，做得好是最聪明。"

在人类活动中，汗水代表行动，行动就是努力。不少伟人的成功，看似具有偶然性，实则是以他们脚踏实地的行动换来的，因而并非偶然，而是有其必然性的。如果他们没有付出比常人多得多的努力，是不可能取得一个又一个成功的。

爱迪生 75 岁时，每天准时到实验室签到上班。

有人问他："你打算什么时候退休？"

爱迪生装出一副十分为难的样子说："糟糕，这个问题现在还没来得及考虑呢！"

他活了 84 岁，一生的发明有 1000 多项。

爱迪生对自己成功的秘密是这么说的："有些人以为我所以在许多事情上有成就就是因为我有什么天才，这是不正确的。无论哪个头脑清楚的人，如果他肯努力行动，都能像我一样有成就。"

他的名言就是："成功是百分之一的灵感，加百分之九十九的汗水。"

"坐而论道不如仗剑以行"。人人都希望自己有所成就，但是，有一步登天的雄心，还得有步步登天的努力。虽然"天生我材必有用"，但你也得先找用武之地。对理想目标的实现，智者决不消极等待，而是靠埋头苦干，勇敢攀登，所以能最终如愿，获取成功。而那些徒然"羡鱼"的人，虽然也有美丽的愿憬，可总是抱着侥幸心理，希望天上掉"馅饼"，幻想一觉醒来就有"交椅"可坐，甚至功成名就。也有人千方百计投机取巧地寻找捷径，希望一举成功，一步登天。然而，捷径不会有，成功问题上也没有免费午餐；成功需要我们付出比"羡鱼"多数倍、数十倍的汗水，它与我们不畏艰辛、知难而上、勇于进取的思想境界和实际行动不可分离。

在大学校园里，不少同学做事都有一种习惯：事情计划好了，今日复明日，明日复明日，就是不付之行动。结果，学期结束了，该读的书没有读完，该做的实验没有完成，学习科目亮起了红灯。还有个别同学，一进大学就立志本科毕业后要考研深造，计划本科四年好好学习，争取门门优秀，可行动上大打折扣，如睡懒觉、旷课、不完成作业等，等到毕业，考研目标就成了遥不可及的幻想和悔心的记忆。显然，类似的习惯和行为对你取得成功是十分有害的。

2. 从小事做起

一个能把小事做好做到位的人，将来自然也能做成大事；而一个只想着做大事的人，他会忽略很多小事，结果他是不会成功的。因为大事是由小事组成的。真正成功的人都对"把小事做好做到位"十分看重。比尔·盖茨说："每一天，都要尽心尽力地工作，每一件小事情，都力争高效地完成。尝试着超越自己，努力做一些分外的事情，不是为了看到老板的笑脸，而是为了自身的不断进步。"杰克·韦尔奇也说："一件简单的小事情，所反映出来的是一个人的责任心。工作中的一些细节，唯有那些心中装着大责任的人能够发现，能够做好。"由此可见，"先把小事做好做到位"的确是"干大事"的重要前提。

要想成就大事业，必先从小事做起。正所谓"一屋不扫，何以扫天下"。

东汉有一个叫陈蕃的少年，独居一室龌龊不堪。其父之友薛勤批评他，问他为何不打扫干净来迎接宾客。

他回答说："大丈夫处世，当扫除天下，安事一室乎？"

薛勤当即反驳道："一屋不扫，何以扫天下？"

细细想来，陈蕃之所以不扫屋，无非是不屑而致。胸怀大志，欲"扫天下"固然可贵，然而，以"不扫屋"来实现自己"弃燕雀之小志，慕鸿鹄以高翔"之志，则有失偏颇。我国先秦著名思想家荀子说过："不积跬步，无以至千里；不积小流，无以成江海。"如果做事不从一点一滴做起，那就不可能有所成就；反之，如果你尽心尽力做好了一桩桩平凡的小事，生活就不会亏待你。其实，"扫屋"与"扫天下"相辅相成，"小屋"也是"天下"的一部分，"扫天下"又怎么能排斥"扫一屋"呢？

凡事总是由小至大，犹如集腋成裘，必须按一定的步骤程序去做。《诗经·大雅》的《思齐》篇中也说："刑于寡妻，至于兄弟，以御于家邦。"就是说，要先给自己的妻子做榜样，推广到兄弟，再进一步治理好一家一国。一个不愿扫屋的人，当他着手办一件大事时，难免会忽视它的初始环节和基础步骤。因为这些对他不过是"扫屋"之类。由此推之，他的事业也难免像一座没有打好地基的建筑一样，华而不实。

工匠鲁班之所以名留千古，就是因为他有恒心从小事做起。

鲁班曾拜一位知识渊博的老工匠学艺。他每天早出晚归，按师傅的旨意，从练习砍木头开始，苦练到熟练以后，又着手砍木块、木条的基础训练，再制作各种小模型。日积月累，他的技术、经验与日俱增。最后他终于发明并制造出了第一架活动小亭——伞的"雏形"。他从单纯练习把木头砍成四方形开始，经过多年刻苦练习，最终成了著名的土木建筑发明家。他以行动诠释了从小事做起的重要性。

国人敬爱的周总理，从小立下了"为中华之崛起而读书"的宏伟目标，并从小就为此而不懈努力。他在青少年时代，学习成绩顶尖，社会活动广泛；他办过报纸，写过文章，做过盈千累万的演讲，有过人的口才与机敏……这些练就了他的雄才大略，对日后出任总理产生了重大影响。如果没有长期的实干精神，没有从少年时代开始的日积月累，那么，当他面对一个上亿人口的泱泱大国，面对纷繁复杂的国内外局势，面对那些突如其来的天灾人祸，他也难以日理万机，当好人民的总理。

可见，做任何事都应从小处做起；做不好小事，也难以干成大事、成就大业。因为注重小事，鲁班不为人知的昼夜练习成了传世典范，伟人区别凡人而成为永恒。

建造一座大厦，是通过测量、设计、建筑和装修等一步一步完成的，每一步都包含了许许多多的小事。砖要一块块地砌，沙要一担担地挑，少做一件小事，都会影响大厦的建成。人是渺小的，但却能建造雄伟的金字塔，建造壮观的万里长城，靠的是什么？是人类的智慧、信念和双手，是人类凭借智慧和信念，用双手一点一滴建造而成的。因此，要想有所成功，就得从小事做起。学习也是这样，没有一点一滴的积累，不认真听课，不专心解题，想学有所成也是不可能的。

不少人不屑于事物的细节或"小节"，殊不知，我们普通人大量的行为都是在做一些小事。假如每个人都能把分内的每一件小事做好、做到位，我们个人的生活、学业或事业，我们社会的发展进步，就不会有那么多的坎坷和矛盾。

福特大学毕业后去一家汽车公司应聘，与他同时应聘的人个个都比他学历高，所以，当前面几位竞争者面试出来后，他很丧气，觉得自己没什么希望。但他转念一想，又觉得应该既来之则安之，于是敲门走进了董事长办公室。

走进办公室，他发现门口地上有一张废纸，便弯腰捡起来，把它扔进废纸篓里，然后才走到办公桌前对董事长说："我是来应聘的福特。"

董事长说："很好，很好！福特先生，你已被我们录用了。"

福特惊讶地说："董事长，我觉得前几位都比我好，你怎么把我录用了？"

董事长说："福特先生，前面三位的确学历比你高，且仪表堂堂，但是他们的眼睛只能看见大事，而看不见小事。你的眼睛能看见小事，我认为能看见小事的人，将来自然看得到大事；一个只能看见大事的人，他会忽略很多小事，他是不会成功的。所以，我才录用你。"

福特就这样进了公司。

这个公司不久名扬天下，福特把它改为了"福特公司"。

福特公司的发展改变了整个美国国民经济，使美国汽车产业在世界占据鳌头，也使自己成为当今世界国际知名的大公司，而福特就是这个公司的创始人。

从一个普通本科生到一个国际大公司的创始人，胜出或"起家"就靠了那张废纸，足见"小事"之重要。

小事虽小，但它往往体现人的聪明才智，展示人的文明素养，决定盈亏成败，改变前途命运。

1994 年 10 月，第十二届亚运会在日本广岛举行。当亚运会结束的时候，六万人的会场上没有一张废纸，全世界报纸登文惊叹："可敬，可怕的日本民族！"因为没有一张废纸，引来了世人的敬佩。

捡起一张废纸，这是一件小事，但这就是一个民族的风范。

1967 年 8 月 23 日，前苏联著名宇航员弗拉迪米尔·科马洛夫驾驶联盟一号宇宙飞船完成任务胜利返航，但当需要打开降落伞以减慢飞船速度时，降落伞却失灵了，飞船坠毁。事故的原因是地面检查时忽略了一个小数点。

任何小事都是大事，万事从小事做起。集小事则成大事，集小恶则成大恶，集小善则成大善。培养良好的道德，也是从小事开始；好的道德品质是逐渐形成的，而不是专门找到大事一下子干起来的。

《庄子》曰："为老人折枝，是不为也，非不能也。"意思是说，你抬起手来为老人家折下一支柳条，这是很轻松的事，可是你却走开了。生活中的"凡人小事"，因为它"凡"、它"小"，人们常常看不起眼，不屑去做。然而，"汪洋大海汇聚于小溪"，看似微不足道的事往往能成就一个人的大事。那些"心比天高，命比纸薄"的人，那些时常慨叹怀才不遇、英雄无用武之地的人，最大的弱点就是不清楚自己所处的环境，不明白事情的大小关系，不知道什么事应该做，什么事又不该做。事实证明：很多"小事"都是成就"大业"的基础。

前苏联著名昆虫学家柳比歇夫从青年时代开始实行时间统计法。他详细地记下了自己时间的支出，掌握了支配时间的主动权，避免了时间的浪费。出门旅行，他看小部头的书，学习外语，利用时间的"边角料"；在实地考察各种害虫工作的空闲里，他搜集了13000多只、300多种地蚤标本，比当时动物研究所的标本还多出5倍。正是这个对时间"斤斤计较"的人，在一生中取得了很多科研成果：出版70多部学术著作，撰写了12500多张打字稿纸的论文，内容涉及昆虫学、遗传学和哲学等领域。如果柳比歇夫当年不是抓紧零星时间学习研究，一次次地探求，一点点地积累，那么多的论文，那么多的划时代的科学发现将从何而来？

柳比歇夫的成功告诉我们：伟大的成就正是在分分秒秒的时间里、在一点一滴的辛勤劳动中获得的。正是生活中点点滴滴的小事日积月累才创造了奇迹。毫末般的"小事"是摘取事业成功桂冠的阶梯，是事业结出丰硕果实的沃土。如果拒绝做"小事"，那么伟大的理想就永远是空中楼阁。

小事的积累会成大事。因为大事里面包含着许多小事，许多小事集合起来也就成了大事。周朝著名思想家荀子说："积土成山，风雨兴焉；积水成渊，蛟龙生焉。不积跬步，无以至千里；不积小流，无以成江海。"秦国丞相李斯也说："泰山不让土壤，故能成其大；河海不择细流，故能就其深。"由此可见积累使量变发生质变、办小事最终可成就大业的道理。雷锋、焦裕禄、郑培民、任长霞是伟大的，但他们的伟大在更多时候体现出一种平凡。雷锋精神的伟大，就是由诸多平凡小事构成的，如帮老奶奶找孙子，发挥钉子的挤和钻精神，对待同志像春天般的温暖等；如果离开了这些看似琐屑的小事，很难说雷锋比常人高尚在哪里。

那么，怎样才能做到把小事做好？

第一，端正把小事做好的态度。

很多人都有过这样的体验，当灾难来临时，常会因为紧张和恐惧，本能地产生一种巨大的抗争力；而当一些鸡毛蒜皮的小事困扰你时，却可能束手无策。小事大多是工作、生活的细梢末节，人们一般不会过多留意。但正是这些微不足道的小事占据了我们生命中的绝大部分时间，会不断地消耗一个人的精力。因此，我们一定要重视小事，端正做好小事的态度。

第二，树立小事决定成败的观念。

小事是构成大事的细胞或元素，小事不成何以成大事？一个不经意的细节往往能反映一个人深层次的修养。生活中的细节是个人素养的最好体现，但往往最容易被人忽视。想拥有完美的自己很困难，因为需要每一个细节都做到完美；但毁坏自己很容易，只要你忽略一个或几个细节，局面就可能难以挽回。

在日常的生活与工作中，很多人都想做大事、求大功，而不愿意或不屑于做小事，认为小事过于琐碎、具体、单调，又没有成就感。不少人因此对自己的工作没有激情，甚至牢骚满腹、抱怨不断。但同样的工作，同样的环境，为什么有的人就会不断升职加薪，成为骨干，甚至取得重大成就？成功的经验是用心做好自己的工作，包括每一件小事。其实，但凡成功人士，都对"把小事做好做到位"看得很重。没有任何一件必要的事小到可以抛弃，没有任何一个必需的细节细到可以忽略。如果把每一件小事作为锻炼自己、提高能力的机会，主动积极地去把握、去迎接，那么，用不了多久你就会发现，最大的受益者是你自己。

第三，要不断提高把小事做好的本领。

人生有涯，而知识无涯。不管你多能干，如果没有终生学习的决心和努力，终将会丧失自己的竞争能力。因为，飞速发展、竞争激烈的现代社会，对不愿学习提高、缺乏知识能力的人是残酷无情的。一个人，一旦拒绝学习提高，就会停滞不前，逐渐落后，迟早被时代抛弃，正所谓"不进则退"，"优胜劣汰"。所以，不管你曾有过怎样的辉煌，都要不断投注心力，学习、学习、再学习，提高、提高、再提高，及时了解自己亟待加强的地方，打牢业务基础，才能使自己的能力、水平随时保持良好状态。

"天下难事，必作于易；天下大事，必作于细。"重视小事，做好每一件小事，成功就为期不远。海尔总裁张瑞敏说："什么是不简单？把每一件简单的事做好就是不简单。什么是不平凡？把每一件平凡的事做好就是不平凡。"这话精辟地阐述了一个道理：想成就一番事业，必须从简单的事情做起，从细微之处入手。周恩来总理就一贯主张注重细节，他自己也是做好小事、成就大事的典范。所以，把小事做好是成功的关键，也是成就大事不可或缺的基础。

古往今来，成功者之所以能取得别人所没有的成就，多因他们有一个很突出特点：不拒绝做一些十分琐屑的小事。新时代的大学生，胸怀远大抱负，是个人也是社会的福音。但成功往往是从点滴开始的；如果不遵守从小事做起的原则，必将一事无成。

松下幸之助（松下）是日本的"经营之神"。有一天，他来到一家代销店进行业务访问。一阵寒暄后，店主抱怨说："现在的生意越来越难做，真不知道我这个小店还能维持多久。为什么您的生意越做越大，无论景气不景气您都能赚钱，有诀窍吗？"

"做生意的诀窍，无非是做好每一件小事。"松下回答。

店主感叹道："说到用心，该想的办法我都想过了，生意却不见起色。"

松下微笑着说："是这样吗？"

正说着，一个小孩蹦蹦跳跳跑进来，说："伯伯，我买一个灯泡，40W 的。"

店主停止谈话，转身取出一个灯泡，在灯座上一试，是好的，然后交给小孩，收钱。小孩又蹦蹦跳跳地跑出去了。

松下问："平时你都是这样做生意吗？"

店主说："是的。有什么不妥吗？"

松下说："你这样做生意是发不了财的。"

"为什么？"店主感到很纳闷：生意不这样做，又怎样做呢？

松下说："那孩子来买灯泡时，你为什么不跟他聊几句呢？例如，'小朋友，上几年级了？长得可真高啊！'拿灯泡给他时说：'回去告诉妈妈，如果灯泡不好用，只管来退换，好不好？'孩子将你的话带回去，他们全家都知道这儿有一个很热情的店主，下次买电器，肯定会来找你。"

店主频频点头，觉得确有道理。

松下又说："还有，那孩子蹦蹦跳跳跑出去时，你为什么不提醒他走慢些呢？万一灯泡因此损坏，他家里人碍于情面不来找你麻烦，也会对你的商店留下不好印象吧！"

店主恍然大悟。这才意识到，自己平时确实太不注意这些"小节"了！

其实，这一点点的小事正是人与人之间沟通的基础，与顾客有了很好的沟通，还愁做不好生意吗？

不要轻视小事，小事也能成就大业。生活中，那些创大业者，干的并非都是惊天动地的大事，他们往往从小事做起，把一件又一件容易做成的小事耐心地做好、做完美，而这一件件漂亮的小事，自然就构筑起了他们成功的大厦。

你想干一番大事业，但当你在学习或生活中遇到小事，总是敷衍了事甚至不屑一顾，怎么能奢望成功呢？须知，事无大小，只要你努力去做，尽心尽职，总有成功的一天，是金子总有一天会发出光彩灿烂的光芒。

小事成就大事，细节成就完美。其实，人生就是由许许多多微不足道的小事构成的。对于敬业者来说，凡事无小事，简单不等于事小。如果你真的热爱学习，热爱生活，你就应每天尽自己能力做好小事。在妥善处理点滴小事的过程中，你的能力、态度就可能被大家认可，你良好的形象也可能悄无声息地逐渐形成，而不久你周围的人也可能从你这里受到感染或启示。

大学四年，我们既要立大志，又要学会从点滴小事做起的思想方法。

6.2.2 时不我待，从此刻出发

1. 时不我待，从现在做起

世上有一样东西是最奇妙的，它能使一切渺小的东西归于消灭，使一切伟大的东西生命不绝；没有它，什么事情都做不成。

对此，法国著名思想家伏尔泰曾经出过一个谜语：世界上哪样东西最长又是最短的，最快又是最慢的，最能分割又是最广大的，最不受重视又是最值得惋惜？

它是什么呢？也许你已经猜到，它就是时间。

时间是物质运动的持续性和顺序性，其特点是一去不复返。

任何事物的运动总是朝着过去、现在和将来这一方向发展。"时乎时乎不再来"，"机不可失，时不再来"。这些至理名言强调的都是时间的不可逆性或一维性。

《论语·阳货》曰："日月逝矣，岁不我与。"时不我待，这是古训，即时间不会等待我们，因此要抓紧时间，从现在做起。

人的一生有多长？一位诗人不无幽默地说："每个人的生命只有三天，即昨天、今天和明天。"昨天如影，你走到哪里她也走到哪里；今天如画，每个人都是出色或蹩脚的画家；明天如梦，世上有多少颗跳动的心，就会有多少个梦，你我都在向往自己的梦。对每个人而言，有更大潜力、更大意义的是今天和明天，而最为关键的只有今天。因为昨天已经成历史；明天还不可知；我们唯一能做的，就是抓住每一个今天。每个人都想入住一座宫殿，但仅凭金钱买不到门票。谁能驾驭自己命运的马车，谁才有资格进入宫殿之门。

"时光如梭，光阴似箭"，时间是一去不复返的，所以显得十分珍贵。正如唐代诗人王贞白所言："一寸光阴一寸金，寸金难买寸光阴。"诗人李白在《将进酒》一诗中也说："君

不见高堂明镜悲白发，朝如青丝暮成雪。"德国文学家李察德感叹道："人的一生，好像天上的流星那样，很快就消灭了。"可叹人生之短促，可见时间之珍贵。

时间是珍贵的，是组成生命的材料。在市场经济环境中，时间就是金钱，时间就是生命。因此，每个人都应对时间倍加珍惜。只要你珍惜时间，那么，很短的时间也会有很大的用处，再长的时间也会如白驹过隙。相反，如果你不珍惜时间，那么，很长的时间也不会有一点用处，再短的时间你也会觉得度日如年。

时间对每个人的回报都是不一样的。每天早上醒来，你钱包里的最大资产就是 24 小时；你这一天的收入回报如何，全取决于你如何进行时间经营。因此，你应努力增强时间观念，提高时间使用效率。假如你是勤奋的人，时间就会给予你收获、智慧与力量；假如你是懒惰的人，时间就会带给你后悔、迟钝与沮丧。要"取乎其上，得乎其上"，就应付出 100% 的努力。达尔文说："我从来不认为半小时是微不足道的很小的一段时间。"因为他惜时如金，所以取得了巨大的成就。而不少人缺乏时间观念，挥"金"如土，"少壮不努力，老大徒悲伤"。明代大学士文嘉早已告诫我们："今日复今日，今日何其多。今日又不为，此事何时了？人生百年几今日，今日不为真可惜！若言姑待明朝至，明朝又有明朝事，为君聊赋今日诗，努力请从今日始！"人生苦短。谋求成功，显然应从现在做起。

"从我做起，从现在做起。"这是 1979 年 12 月 6 日清华大学化学化工系七二班团支部提出的口号。当时，他们针对不少同学只管埋头读书，对政治不感兴趣，对社会主义的认识混乱等问题，组织全班同学进行关于社会主义优越性的讨论。通过讨论教育，同学们坚定了对社会主义的信念，精神面貌发生了深刻变化，提出了"干社会主义，要从我做起，从现在做起"的行动口号，并整理和拟定了 11 条具体措施，作为对全班同学的要求。例如，积极参加政治活动，认真学好政治课；在学习上培养科学、严谨、老实的作风；尊敬老师，关心同学，爱护集体；在集体活动中，遵守纪律，听从指挥；爱护公共财物，讲究公共卫生，不随地吐痰；乘车给老幼让座，在公共场所自觉地维持社会新风尚；讲究礼貌，说话和气，排队买东西不夹塞等。"从我做起，从现在做起"这一口号，充分表达了清华学子强烈的爱国主义热情，抒发了其献身祖国的豪情壮志，因此，它在中国十年动乱刚刚结束的年代吹响了嘹亮的号角，后来逐渐被广大青年自觉接受，成为 20 世纪 80 年代青年建设祖国、实现"四化"的行动口号。中国青年杂志 1980 年第五期上发表了评论员文章：《一代新人的崛起——谈"从我做起，从现在做起"的时代意义》。

如今，"从我做起，从现在做起"这一口号的时代意义远远超出了 80 年代，它早已响彻大江南北，激励着一代代学子不断前进。

2008 年金秋，在清华大学"传承清华精神，践行科学发展"的新生演讲比赛中，马冬晗同学的演讲倡议新时代学生要勇担大任、居安思危，再次提出了"从我做起，从现在做起"的口号，引起了人们的极大关注。2009 年 6 月 11 日，清华大学新闻网登载了马冬晗同学的演讲稿，浏览数迄今已达 1 亿 2 千多万次，日均 274 503 次。这从一个侧面反映了"从我做起，从现在做起"的口号在人们心目中的分量及其对人们的影响。

清华学子的优良作风，对每一个新时代大学生都是一种榜样和启示，我们也应以行动来践行。

人生目标确定容易实现难，但如果不去行动，就会连实现的可能都没有。而及时积极地行动，则可以化难为易，化不可能为可能可行。当你有了某种打算，或面对某种机遇、某个问题时，往往面临多种选择。等待观望，拖延不动，犹豫不决，势必浪费时间甚至坐失良机；

及时行动,当机立断,则可能化理想为现实,或快刀崭乱麻,使问题迎刃而解,甚至抓住机遇,顺势而上,开辟一片新天地。因此,志在成功,理应"从我做起,从现在做起"。

2. 即刻行动

"从我做起,从现在做起",其实质是要即刻行动,勇于担当。即要在此时此刻开始行动,去做任何你想做和该做的事,敢想敢干,敢作敢为。显然,这是一种十分优秀的道德品质、精神状态和行为习惯,因而是一个制胜的法宝、成功的要诀。"即刻行动",是自我激励的警句,是自我发动的信号。世上没有任何事情比下决心立即行动更为重要、更有效果。因为人生可以有所作为的时机只有一次,那就是现在。

怎样"从我做起,从现在做起"?这没有统一的模式,但应有一般的原则。

第一,即刻行动,请不要等待重大的时刻。

常言道:"台上三分钟,台下十年功","十年树木,百年树人","十年磨一剑,今朝显锋芒","养兵千日,用兵一时"。任何成果的产生都有一个特定的孕育过程,任何成功的喜悦都是用辛勤的劳动换来的,鲜花和掌声的背后总是辛勤磨砺的心血和汗水。你只有立刻付诸行动,每天都为未来做一点准备,方能有显露英雄本色的时日。

常有人感叹,现在无机枪可堵,我成不了黄继光;现在无碉堡可炸,我成不了董存瑞……其实,这些人只看到战争硝烟中的英雄,而忽视了和平环境中的英雄;只知道非凡时刻出英雄,"时势造英雄",而忽略平凡之中见非凡、平凡之中更显精神本色。

诚然,重大事件往往能成就英雄,但英雄的成长绝不是一招一式之功。平日里的思想提升、行为养成,铸就了他们在关键时刻的挺身而出,出类拔萃,与众不同。

有不少同学,刚进大学时满怀理想,希望自己成为各方面都很优秀的人。学校的均衡教育机会、大学的校园文化、学校的各类能力锻炼的实践活动,也为学生们的全面发展提供了良好的机会。可为什么有的同学成长、进步了,步入了优秀学生的行列,而有些同学却与既定目标越来越远?究竟是什么造成了差距?其实原因很简单,那就是成功了的同学有目标又有行动,而失败的同学目标却没行动或行动不力。

第二,即刻行动,请不要等待机会来临。

法国科学家巴斯德早已说过:"机遇只偏爱那些有准备的头脑。"有准备的你,加上有准备的行动,才能不断为成功创造条件,最后成为那个幸运的人。

每个人都期盼成功,但为什么有些人总是没有成功或错过成功的机会?原因是行动被拖延"偷"走了。"拖延"好比专偷"行动"的"贼"。它在偷窃你行动的时候,往往给你构筑一个"舒适区",让你早上赖床不想起来,起床之后不想干事,能拖到明天的事今天不做,能推给别人的事自己不干,不懂的事不想懂,不会的事不想学……它不仅能偷走你的行动,而且能偷走你的希望、你的健康、你的成功,并带给你不良的习惯和后果。有同学遇到疑难问题没有及时请教、及时解决,结果问题积少成多,成绩越来越差;有同学遇到矛盾困难没有及时把握、及时化解,结果"小洞不补,大洞一尺五",学习、生活越来越困难……

万事行动第一。即刻行动是制服拖延这个"贼"的有效武器。它能使你勇敢地驱走拖延这个"贼",帮你抓住时间去完成应做之事;它能使你勇敢地迈出第一步,因而站在成功的起点上;它能使你迈出的步子越来越大,因而提高你的成功率。如果你始终坚持立刻行动,那么当机会来临时,你就能乘机而上,乘势而飞。

美国作家奥格·曼狄诺常常告诫自己说：立刻行动！立刻行动！立刻行动！从今以后，我要一遍一遍，每时每刻重复这句话，直到成为习惯，好比呼吸一般成为本能，好比眨眼一样自然而然。有了这句话，我就能调整自己的情绪，迎接失败者敬而远之的每一次挑战。曼狄诺是这样说也是这样做的，因此他获得了成功。

大学有许多英语考级的机会。常有这样的同学，他每考必到，但每考都不过。看到别的同学英语四级过了，心里很着急，并暗下决心：从明天开始，每天早上早起一小时读外语。可是，每到早晨闹铃响了，他就是爬不起来，内心还不断原谅自己：今早就算了，从明天开始。日复一日，天天这样原谅自己，结果，毕业时英语考级成了他永久的遗憾。这不能不说是一个反面的教训。

第三，即刻行动，请不要等待万事俱备。

你应该在现有的条件水平上采取行动，否则你永远不能开始。如果说具备某些条件更有利于行动成功的话，那么，即刻行动则是在积极创造成功的条件，并把已有的条件加以利用，把成功的可能化为现实；即刻行动就是成功的土壤条件，是成功的发动机和助推器。因此，要谋求成功，就应立即行动，而不要等待万事俱备才开始行动。

不论什么时候，不论在学校、家庭还是在社会、单位，你都应尽力做些切实的事情。因为，进步是一天天取得的，只有即刻行动，你才会边做边进步；行动是成功的最短途径，多一些行动，便多一些成功的机会。缺乏行动的期望是对自己也是对社会不负责任。仅有知识是不够的，只有把已有的知识运用于当下想做的事，知识才是力量，你才会在这股力量中取得进步和成功。

当年，林肯的父亲在西雅图用很低廉的价格买了一块堆满石头的山地，林肯的母亲多次建议搬走石头，打理山地，但他父亲死不同意，认为这块山地价格那么便宜，肯定是一座与石头大山相连的石头小山，不能搬走。但有一次，父亲外出，母亲带领孩子们一起动手，没用多少时间就把山地上的石头搬走了，打理出了他们心爱的山地。这件事使林肯深受启发，他意识到："许多事人们之所以不去做，只是因为他们认为不可能，而许多不可能，只存在于人们的想象中"。凭着这样的认识，林肯后来创下了一个个"打破不可能"的纪录，造就了一生的辉煌，也造就了美国的幸运。

谋求成功，应用"打破不可能"的行动来改变我们的现状，从现在就开始。

第四，即刻行动，请不要遇事麻木躲避。

当下有一种社会现象，就是遇事充耳不闻，或视而不见，或绕道而行，或麻木躲避。例如：见水龙头坏了任水长流；见人病痛跌倒了不予搀扶；见窃贼偷人钱财不抓不喊，见坏人抢劫杀人避而远之……诸如此类，比比皆是。这些行为与我们的年龄和受教育程度极不相称，更与社会公德的要求和社会和谐发展的需要格格不入，十分危险，令人惋惜甚至不安和痛苦。作家殷谦在《棒喝时代》中对这种现象批判道："有人开始变得势力和圆滑，路见不平而表现出麻木不仁的心理状态，是由一个人的道德连根拔起造成的。势力圆滑的人不再有任何标准，他们不复有正义感、同情心和对群体的责任感……他们势利、圆滑，除了因利乘便，别无所谓良心。"

在台湾忠信学校，人们的言行与我们所见所闻的不良现象形成了鲜明比对。如果教室很脏，老师问"怎么回事？"假如有学生站起来说："报告老师，今天是32号同学值日，他没打扫卫生。"这个学生是要挨揍的。在这所学校里，面对这样的问题，学生会说："老师，对不起，这是我的责任"，然后马上去打扫。如果灯泡坏了，哪个学生看见了，自己就会掏钱去买个安上。如果窗户玻璃坏了，学生自己会买一块换上……因为这些学生爱校如家，以天下兴亡为己任，不仅有丰富的知识、良好的技艺，而且有优秀的品质，所以在台湾社会深受欢迎，在台湾各大报纸的招聘广告上，甚至经常出现"只招忠信毕业生"的字样。

社会是个大家庭，它由无数个小家建造，由无数个小我组成。"天下兴亡，我有责任"，这句由台湾忠信学校校长高震东提出的口号，塑造了该校学生的良好素质，也对我们大陆学生不无启示。作为新时代的大学生，理应是社会风气的矫正器和引领人，遇事就应该即刻行动，勇于担当，而不能"事不关己，高高挂起"，或抱有"多一事不如少一事"的心理。

第五，即刻行动，请不要安于现状，不求进取。

一些同学进了大学门，就以为自己进了保险箱，因此安于现状，没有及时设立新的奋斗目标，继而还产生懈怠心理。

古时候有两个孩子被父母带去算命，被告之：一个将来会成状元，一个将来会成乞丐。从此，"会成状元"的孩子安于现状，待在家中养尊处优；"会成乞丐"的孩子却发奋改变，积极认真地求学读书。最后，"会成状元"的孩子成了乞丐，"会成乞丐"的孩子却成了状元。

由此可见，不求进取，状元之"木"也会落得乞丐之命；而奋发努力，"朽木之才"也能登状元之榜。一切都取决于你怎么行动，你是否进取。

北宋天资过人的方仲永，原本是一个极具天赋的孩子，五岁便能提笔作诗，可他却在父亲的误导下没有去读书深造，只是停留在已有的那点水平上，最终江郎才尽，落得个"泯然众人矣"的下场。

当下，又有多少人还在重复着方仲永似的错误呢？

人生如同骑脚踏车，不是维持前进，就是翻倒在地，所以你"踏车"的脚一刻也不能停息。人生如同逆水行舟，不进则退。进一步退两步是"退"；你进一步别人进两步，你也是"退"。董必武在《题赠〈中学生〉》一诗中说："逆水行舟用力撑，一篙松劲退千寻。古云此日足可惜，吾辈更应惜秒阴。"这对我们大学生同样是一种勉励。

进入大学，只是取得了阶段性的成功，大家又站在了同一起跑线上，我们都应不断拼搏，奋发进取。

世界著名大提琴手巴布罗·卡沙斯在取得举世公认的艺术家头衔之后，依然每天坚持练琴6小时，养成了"行动再行动"的良好习惯。有人问他为什么功成名就还要练琴，他的回答很简单："我觉得我仍在进步"。

成功之人还想有更多更大的成功，就应不断进取。因为世上没有绝对的成功。成功是没有终点的，就像旅途中的一段段路程，必须一站一站地往前走；一旦停在原地，不再努力，成功的列车就会把你抛弃。只有不断地努力，才能有不断的进步、不断的成功；马上行动，才有可能马到成功。

有一位成功者，很多人对他提出了同样的问题：当你遇到困难时如何处理？当你遇到经济上或其他方面的重大压力时呢？当你在工作和生活上遇到挫折或沟通不良时呢？他的回答始终只有一个答案："马上行动！"他的信念就是：一定要马上行动，决不放弃。他在人生过程中遇到困难都这么处理，所以他成功了。

现在，也让我们马上行动来突破现状吧。

6.3　习惯和自律，持之以恒

6.3.1　习惯决定性格，性格决定命运

1.习惯决定性格

心理学巨匠威廉·詹姆士说："播下一个行动，收获一种习惯；播下一种习惯，收获一种性格；播下一种性格，收获一种命运。"可见，行动养成习惯，习惯铸就性格，性格成就命运。也就是说，一个人的行为习惯长时间地影响着自己的性格甚至一生的命运。

当我们羡慕名人的成功、赞叹伟人的业绩时，常常以天赋论之。其实，天赋虽然重要，但成功最重要的因素却是良好的习惯和优秀的性格。

那么，什么是习惯？什么又是性格呢？

习惯就是人的行为倾向。也就是说，习惯一定是行为，而且是稳定的甚至是自发的或不自觉的行为。在心理学上，习惯是刺激与反应之间的稳固联系。

性格是指表现在人对现实的态度和相应的行为方式中的比较稳定的、具有核心意义的个性心理特征，是一种与社会联系最密切的人格特征，包含有许多社会道德含义，表现了人们对现实和周围世界的态度。性格主要体现在人们对自己、对他人、对事物的态度和所采取的言行上。

性格是人的个体心理差异的重要方面，人的个性差异首先表现在性格上。恩格斯说：人的性格不仅表现在做什么，而且表现在怎么做。"做什么"，说明一个人在追求什么、拒绝什么，反映人对现实的态度；"怎么做"，说明人是怎么追求的，反映人对现实的行为方式。如果一个人对现实的某种态度在类似的情境下重复出现，逐渐得到巩固，并且使相应的行动方式习惯化，那么，这种较稳定的态度和习惯化了的行动方式所表现出的心理特征就是性格。

1998 年 5 月，华盛顿大学 350 名学生有幸请来世界巨富沃伦·巴菲特和比尔·盖茨演讲，当学生问到"你们怎么变得比上帝还富有"这一问题时，巴菲特说："这个问题非常简单，原因不在智商。为什么聪明人会做一些阻碍自己发挥全部工作功效的事情呢？原因在于习惯、性格和脾气。"盖茨赞同说："我认为巴菲特关于习惯的话完全正确。"在此，两位殊途同归的好友道出了自己成功的诀窍。

良好的习惯具有一种类似于内驱力的促进作用。化学家齐仰之有"闲谈不过三分钟"的习惯，这种习惯促使他摆脱外界干扰，平抑内心躁动，从而潜心钻研，取得了丰硕成果。东晋名将祖逖有"闻鸡起舞"的习惯，这种习惯促使他苦练本领，保持报国雄心，终成民族英雄。姚明进入 NBA 后，仍不丢赛后加练的习惯，这种习惯促使他身体越发强壮，技术越发全面，成为当今 NBA 第一中锋，缔造了新的火箭王朝。

一切诺言都不如习惯有力。良好的习惯可以使你终生受益。但习惯要靠行为养成。有人总是空喊口号，或寄希望于不可把握的未来，想得天下无敌，做起来却有心无力；不愿脚踏实地去做好一点一滴，不愿"扫一屋"而欲"扫天下"。这样的人，最终只能一事无成，成为庸夫一个。

习惯就像潺潺细流，总能滋润两岸草；习惯有如习习微风，总能催开三春花。有良好习

惯的人，总能自觉地去恶从善，总能使周围的人感到愉悦。有良好习惯的人，并不需要特别的契机，而往往能处变不惊，处乱不慌，转危为安，甚至把危机化为转机。有良好习惯的人，并不需要刻意表现自己，那种较高的文明素养、文质彬彬的君子风范、进退自如的雍容大度，自会散发出独特的人格魅力，赢得人们的认可和赞誉。

如果你不能养成良好的习惯，而是习惯于懒惰拖沓、遇事推诿、傲慢无礼等，那么，你就很难得到别人的认可与帮助，成功的机会就会减少。

在日常生活中，我们应当养成良好的生活习惯，如讲卫生和爱劳动的习惯，遇乞施舍的习惯，受人恩惠后说声谢谢的习惯，野炊之后带回垃圾的习惯等。

勿以善小而不为，勿以恶小而为之。用行为养成习惯，形成品质，你的命运交响曲必然会演奏得高昂而又激越。

1998 年 1 月，75 位诺贝尔奖获得者聚首巴黎，会议期间有人向其中一位获奖者提问："你在哪所大学学到了你认为最重要的东西？"

这位白发苍苍的老人出人意料地回答："在幼儿园！"

那人又问："在幼儿园学到什么？"

老者答曰："把自己的东西分一半给小伙伴，不是自己的东西不拿，东西要放回原处，做错了事情要表示歉意，午后要休息，要仔细观察大自然，我学到的东西就这些。"

这位老人的回答看似简单，细细品味，却不那么简单。

"把自己的东西分一半给朋友"，这是宽阔的胸怀，体现合作的精神、奉献的精神、关爱他人的精神。

"东西要放回原处"，这能带来很高的效率。用品放置井然有序，想找一本书，想找一个用品，随手拿来，不浪费分秒，效率自然提高。

"做错了事要表示歉意"，这是一种严谨的态度，谦逊、和善的情怀。这样的处事态度，谁还会因为你的一点过失而不依不饶呢？这种知过即改的习惯和品格，必然带给你不断的进步、良好的人缘等你所期望的东西。很多人人际关系不好，关键就是唯我独尊、死不认错。当真理和虚荣冲突时，好多人宁要虚荣而不要真理；心里明知错了，嘴上却不示弱。这样的人在亲子关系中难受儿女尊重，在上下级关系中难让人心悦诚服，在师生关系中往往遭受学生鄙视。

所以，这位诺贝尔奖得主说的这些得益于幼儿园的好习惯，合乎情理，正所谓"三岁看大，七岁看老"。

习惯并非与生俱来，它是人在生活中慢慢培养而成的，与一个人的成长经历、生活环境、文化层次、知识结构等甚为密切。习惯是一种不容易改变的行为、倾向或社会风尚。习惯有好坏之分，好与坏都是自我要求、日积月累的结果。

习惯与性格是一对孪生姐妹。例如，我们说一个人勤劳，这既是说他热爱劳动，又是对他勤劳性格的肯定；反之亦然。

英国哲学家弗兰西斯·培根指出："习惯是一种多么顽强的力量，它可以主宰人的一生。一切天性和诺言，都不如习惯有力。"可见习惯之重要。可以说，习惯决定一切。它能载着你走向成功，也能驮着你滑向失败。而 35 岁以前养成的习惯决定着你能否成功。

有这样一个寓言故事：

有位没有继承人的富豪，死后将自己的一大笔遗产赠送给了远房的一位亲戚。这位亲戚是一个常年靠乞讨为生的乞丐，接受遗产后自然身价大变，成了百万富翁。

　　记者纷纷前来采访这名幸运的乞丐："你继承了遗产之后，想做的第一件事是什么？"

　　乞丐回答说："我要买一只好一点的碗和一根结实的木棍，这样我以后出去讨饭时方便一些。"

　　乞丐得到那么多钱财，都没有想到要过一种全新的生活，从根本上改变自己的命运，而要继续乞讨生活，足见习惯对人的影响有多么重大？它一贯地、在不知不觉中长年累月地影响着我们的行为，影响着我们的效率，左右着我们的成败。

　　一个人每天的行为，大约只有5%是属于非习惯性的，而95%都是习惯性的；即便是打破常规的创新，最终也可能演变为习惯性的创新。

　　有个动物学家做了一个实验。他把一群跳蚤放入实验用的量杯里，上面盖上一片透明的玻璃。跳蚤习惯性地乱跳，因此很多跳蚤都撞上了玻璃盖，不断地发出"叮叮咚咚"的声音。过了一阵子，动物学家把玻璃片拿开，发现所有跳蚤依然在跳，只是为免于撞到玻璃盖，都已经把跳的高度调整到接近玻盖即止，结果竟然没有一只跳蚤能跳出来。依它们的能力，不是跳不出来，只是它们已经适应了环境。后来，动物学家又在量杯下放了一个酒精灯，并点燃了火。不到五分钟，量杯烧热了，所有跳蚤都显露出了求生的本能，再也不管会不会撞头，全部跳到了量杯以外。

　　这个试验证明：跳蚤为了生存，会根据量杯而调整跳动的高度而创造一个适合自己的小环境，但不会根本改变自己爱跳的习性。

　　其实人类也是如此。人类在适应大环境的过程中，也会创造出适合自己的小环境，然后用习惯把自己困在这个小环境里。可见，习惯决定着你活动空间的大小，也决定着你的成败。养成好习惯对你的成功极其重要。

　　如何培养好习惯呢？

　　好习惯的养成并不容易，就如改掉一种坏习惯十分困难一样。这是对一个人意志力的考验。

　　行为心理学的研究结果表明：3 周以上的重复会形成习惯，3 月以上的重复会形成稳定的习惯，即同一种行为，重复 3 周就会变成习惯性行为，重复 3 月就会形成稳定的习惯。因此，对于好的行为习惯，应自觉地抓住最佳时机，反复地加强练习。

　　第一，要培养积极思维的习惯。

　　现实中，我们的不少活动往往都是在被动地应对各种需求，因而被迫地做出各种思考。其实，养成良好习惯，需要我们改变被动思考的习惯，养成积极主动的思维习惯。作为青年大学生，尤其应养成积极思维的好习惯。

　　怎样才能养成积极思维的习惯呢？当你在实现目标的过程中，面对具体的学习或工作任务时，你的大脑里永远不要有"不可能"、"完不成"的想法，应积极思考"我怎样才能做到？"用积极的思考和有效的方法，来完成你的任务。

　　第二，要培养强身健体的习惯。

　　健康是福。健康是"革命"的本钱，是成功的保证。拥有健康就拥有一切。保持健康，需要坚持科学生活、强身健体的好习惯。

　　锻炼身体的重要性已经越来越多地为人们所认识，但很多人仅停留在思想上重视、行动上乏力的阶段。大学生虽然处于年轻力壮的黄金时期，但同样需要爱惜和强健自己的身体。要坚持体育锻炼，培养一至两项体育爱好，如跑步、打球等；要养成良好的作息习惯，早睡早起；要养成良好的卫生习惯，勤洗衣服勤洗澡，注重个人卫生；要有良好的饮食习惯，不抽烟酗酒，不暴饮暴食，吃健康食品等，这些都有利于保证我们有足够的精力去学习科学、享受生活。

第三，要培养善于读书的习惯。

关于读书的重要性，古往今来很多名言绝句。美国著名科学家、发明家本杰明·富兰克林说，"读书使人充实，思考使人深邃，交流使人清醒。"英国哲学家弗兰西斯·培根也说，"读书使人渊博，辩论使人机敏，写作使人精细。"虽然"万般皆下品，唯有读书高"的时代已经过去，但养成不断学习的好习惯永远不会过时，它是打开你成功大门的金钥匙。

哈利·杜鲁门是美国历史上著名的总统。他没有读过大学，经营过农场，后来经营一间布店，经历过多次失败，当他最终担任政府职务时，已年过五旬。但他有一个好习惯，就是不断读书学习。他懂得读书是成为一流领导人的基础。他的信条是："不是所有的读书人都是一名领袖，然而每一位领袖必须是读书人。"他一卷一卷地读了《大不列颠百科全书》，读了查理斯·狄更斯和维克多·雨果的所有小说，读过威廉·莎士比亚的所有戏剧和十四行诗……多年的广泛阅读，使杜鲁门的知识非常渊博，也使他在面对各种棘手的问题时能运筹帷幄、轻松应对，因而帮助他带领美国顺利度过了第二次世界大战结束时的困难时期，并很快进入战后繁荣。

每一个成功者都有着良好的学习习惯。世界500强企业的CEO每周都要翻阅大约30份杂志或图书资讯。作为青年大学生，更不应懈怠自己。如果你每天读书15分钟，你就可能在一月之内读完一本书，一年之后读完12本书，10年之后读完120本书。想想看，每天只需要抽出15分钟时间，你就可以轻松地读完120本书，这是多么轻松而又有意义的事。

第四，要培养谦逊的习惯。

一个人没有理由不谦逊。面对人类知识的海洋，任何一个我们看来博学的人都很浅薄。

著名科学家法拉第晚年，法国政府准备授予他爵位，以表彰他在物理、化学方面的杰出贡献，他拒绝了，但退休之后，他仍然常去实验室做一些杂事。

一天，一位年轻人来实验室做实验，对正在扫地的法拉第说："干这活，他们给你的钱一定不少吧？"

老人笑笑说："再多一点，我也用得着呀。"

年轻人又问："那你叫什么名字？老头？"

"迈克尔·法拉第。"老人淡淡地回答。

年轻人惊呼起来："哦，天哪！您就是伟大的法拉第先生！"

"不！"法拉第纠正说："我是平凡的法拉第。"

谦逊是一种美德，更是一种人生的智慧。这种美德和智慧成就了法拉第的伟业，也告诉我们新时代的大学生：谦逊能让你不断进步，不断成功。

第五，要培养理性自制的习惯。

任何一个成功者都有非凡的自制力。

三国时，蜀相诸葛亮亲自率领蜀国大军北伐曹魏。魏国大将司马懿采取闭城休战、不予理睬的办法对付诸葛亮。司马懿认为，蜀军远道来袭，后援补给必定不足，只要拖延时日，消耗蜀军的实力，一定能抓住良机，不战而胜。

诸葛亮深知司马懿沉默战术的利害，几次派兵到城下骂阵，企图激怒魏兵，引诱司马懿出城决战，但司马懿一直按兵不动。诸葛亮于是用激将法，派人给司马懿送来一件女人衣裳，并修书一封说："仲达不敢出战，跟妇女有什么两样。你若是个知耻的男儿，就出来和蜀军交战，若不然，你就穿上这件女人的衣服。"

这封充满侮辱轻视的信，虽然激怒了司马懿，但并没使老谋深算的司马懿改变主意，他强压怒火稳住军心，耐心等待。

相持数月之后，诸葛亮不幸病逝军中。蜀军群龙无首，悄悄退兵，司马懿果然不战而胜。

抑制不住情绪的人，往往伤人又伤己。如果司马懿不能忍耐一时之气，出城应战，可能历史就会重写。

在现代社会，人们面临的诱惑越来越多，如果缺乏自制力，就会被诱惑牵着鼻子走，偏离成功轨道，甚至断送美好前程。

大学生虽然不能像司马懿一样老谋深算，但也要理性处理日常事务，尤其是一些感情纠葛、困难麻烦等，切忌感情用事。

第六，要培养风趣幽默的习惯。

林肯虽然长相丑陋，但他从不忌讳这一点，相反，他常常诙谐地拿自己的长相开玩笑。在竞选总统时，他的对手攻击他两面三刀，搞阴谋诡计。林肯听了指着自己的脸说："让公众来评判吧。如果我还有另一张脸的话，我会用现在这一张吗？"林肯就是这种幽默的方法，多次成功地化解了可能出现的尴尬和难堪。

幽默是一种风趣而意味深长的交流方式，是人际交往中调节气氛、化解尴尬、增进情感、成功沟通的催化剂，是一个人成熟和机智的表现。有人把它看作精神上的"按摩师"。列宁说："幽默是一种优美的、健康的品质。"可见，学会幽默，笑纳幽默，是人的一种表达能力和沟通能力。

让我们在幽默中感受快乐、感受融洽、感受和谐吧。

第七，要培养时常微笑的习惯。

在欧美发达国家，人们见面都要点头微笑。这使人们感到十分温暖。

举世闻名的希尔顿大酒店，其创建人希尔顿在创业之初，经过多年探索，发现了一条简单易行、不花本钱的经营秘诀——微笑。从此，他对所有员工提出要求：无论饭店遭遇什么困难，希尔顿饭店服务员脸上的微笑永远是属于顾客的阳光。结果，这束"阳光"最终使希尔顿饭店赢得了全世界的一致好评。

微笑是大度、从容的表现，是人际交往的通行证，也是我们大学生建立良好人际关系的润滑剂。你待人以微笑，回报你的一定是一个友好的微笑。

第八，要培养主动参与社会活动的习惯。

作为一个社会成员，有没有积极投身社会、参与社会活动的好习惯，决定了社会对你的认可和肯定程度。

美国标准石油公司有一个叫阿基勃特的小职员，开始并没有引起人们的特别注意，但他却是积极参与企业宣传、处处注意维护和宣传企业形象的标兵。有一件小事足以说明。他出门在外住旅馆时，总是不忘在自己签名的下方写上十个字——"每桶四美元的标准石油"，连给亲友写信甚至在打收条时都不例外。为此，同事们都叫他"每桶四美元"。这事被董事长洛克菲勒知道了，董事长邀请阿基勃特共进晚餐，并号召公司职员向他学习。后来，阿基勃特成了标准石油公司的第二任董事长。

这个故事对我们青年学生很有启发意义。

热爱自己的学校，热爱自己的班级，积极参与社会活动和学生工作，不仅可以锻炼自己的社会活动能力，更重要的是，在这些活动中，还可以展示自己的才华，并得到他人的认可和帮助。

2. 性格决定命运

性格是成就学业、事业和人生的基础。

性格决定行为，行为决定成败。性格若是坚毅顽强，行动则会百折不挠，人生便会无往不胜；性格若是善良温和，行动则会彬彬有礼，人生便会高尚尊贵；性格若是软弱怯懦，行动则会优柔寡断，人生便会苟且偷安；性格若是孤傲倔强，行动则会刚愎自用，人生便会一败涂地。

在你的奋斗旅程中，智商固然重要，但性格更为重要，具备一种良好的性格比任何其他条件都更为关键。美国已故总统尼克松说过："对一个人来说，真正重要的不是他的背景、他的肤色、他的种族或是他的宗教信仰，而是他的性格。""江山易改，禀性难移"，其外延就是性格决定命运。

命运并非是不可捉摸的东西，它只是性格的反映。若想改变自己的命运，必先改变自己的性格。

有位美国记者采访晚年的投资银行一代宗师 J. P. 摩根时问："决定你成功的条件是什么？"

老摩根毫不掩饰地说："性格。"

记者又问："资本和资金何者更为重要？"

老摩根直截了当地回答说："资本比资金重要，但最重要的是性格。"

翻开摩根的奋斗史，无论他成功地在欧洲发行美国公债，慧眼识中无名小卒的建议，大搞钢铁托拉斯计划，还是力排众议，甚至冒着生命危险推行全国铁路联合，都与他那倔强和敢于创新的性格分不开。如果他没有这种性格，恐怕有再多的资本，也无法开创投资银行这一伟大的事业。

有性格缺陷的人在人生旅途中往往会遇到种种障碍。例如，缺乏自信而导致沉不住气，或过于自信而走向偏执；不善总结而总是犯同样的错误，或轻易否定自己而找不到自己的坐标系等。

无论在学习、工作还是在生活中，性格都决定着命运。古希腊哲人赫拉克利特说："一个人的性格就是他的命运。"因为性格是表现在人对现实的态度和相应的行为方式中的比较稳定的、具有核心意义的个性心理特征，是一种与社会关系最密切的人格特征。性格好比是水泥柱子中的钢筋铁骨，而知识学问则好比是浇筑的混凝土。良好的行为习惯构成良好的性格品质，不良的行为习惯则构成不良的性格品质，而不同的行为习惯和性格品质对人的未来发展会产生不同的影响。人们在同样的社会背景、家庭环境、生活机遇和智商条件下做同样的努力，奋斗到最后，有的成功了，有的却失败了。产生差异的一个重要原因，就是他们有不同的行为习惯和性格品质。

性格并不完全是天生的，主要还是后天塑造的，正所谓艰难困苦，玉汝于成。所以，我们需要更好地掌握塑造性格的主动权。掌握了自己的性格，也就在某种程度上掌握了自己的命运。

也许，在过去的历史中，性格因素的作用并不明显突出。但在今天这个高度发达的信息时代，在竞争激烈的体制环境中，性格因素对人们获得机遇、获得成功的作用则是越来越明显而重要。在企业里，有的人选择了吃苦耐劳、坚韧不拔地奋斗，他们一步步地实现自己的人生目标；有的人选择了懒散松懈，他们的境遇前途自然不尽如人意。因此，作为新时代大学生，我们没有理由推卸责任，更不能怨天尤人，我们自己就是一座宝藏，我们应该更好地塑造自己的性格，把握好自己的命运航标。

人的性格有不同的类型。

理想性格的人，往往得之俨然，接触起来却有强大的威力；这种人不怒而威，凶猛却不凶残，仁慈而不手软。

叛逆性格的人，常常向生存环境采取赤裸裸的反抗，不迂回、不婉转；这种人有可能战胜环境成为英雄，也可能被环境所吞噬，成为悲剧主角。

懦弱性格的人，常常情感丰富、观察敏锐、感情细腻。

耿直性格的人，往往不善于迂回，四处碰壁。

优柔性格的人，往往遇事犹豫不决，瞻前顾后，办事迟疑，没有决断，只可谋事，不可决疑定夺。

狡诈性格的人，往往不愿受道德规范的束缚，给人的感受是邪与伪，易于成功但却总是没有好名声。

谨慎性格的人，常常思虑周详，小心谨慎，事无巨细全在心里，是辅佐之才，但却往往因为性格过于谨慎而错过一次次好机会。

现实中，每个人的性格是复杂的，往往是多种性格集于一身，而在某一个或某几个方面表现突出。优秀的性格，往往在深陷逆境时表现出坚强，在机会出现时表现出毫不犹豫的果断，仁慈时慈眉善目，勇猛时如猛虎下山，紧要关头心细如发，开拓之初朝气蓬勃，为人处世不拘小节，接人待物细腻而善解人意。

培养和锻炼自己的性格，需要我们熟悉了解自己的性格特征，综合各种性格的优点，根据自身实际来进行。

相比之下，名人的性格似乎总显得与众不同。

盖茨之所以会成为当今电脑界的显赫人物，其独特的性格特征起了重大的作用。盖茨是个典型的工作狂，这种品质在他中学时代就已表现得淋漓尽致。无论是钻研电脑，还是玩扑克，他都是废寝忘食，不知疲倦。盖茨也许不是哈佛大学数学成绩最好的学生，但他在计算机方面的才能却无人匹敌。他的导师不仅为他的聪明才智感到惊奇，更感叹他那旺盛而充沛的精力。在创业时期，盖茨除了谈生意、出差，就是在公司里通宵达旦地工作，常常干到深夜。有时，秘书会发现他竟然在办公室的地板上鼾声大作。一位曾到过盖茨住所的人惊讶地发现，他的房间里不仅没有电视机，而且连必要的生活家具都没有。盖茨常在夜晚或凌晨检查编程人员所编写的程序，向其下属发送电子邮件。他每天至少要花几个小时来答复雇员的电子邮件。一般的情况是，他在凌晨开始工作，午夜之后才返回家中。

成就事业是一件艰难的事情，需要浓厚的兴趣和孜孜不倦的追求，甚至需要付出比常人多得多的努力。盖茨之所以取得骄人的成就，首先应归功于他非同寻常的性格。

智力的高低是你能否成功的一个重要条件，而性格的好坏则决定你一生的命运。优良的性格品质是人才成长最积极的因素，而不良的性格及至恶习则是一种破坏性力量。

很多人以为，孩子只要聪明就能成才，这是十分片面的观点。

20 世纪初，美国心理学家特尔曼和他的助手做了一个调研。他们在 25 万儿童中选拔了 1528 名最聪明的孩子，测定他们的智商，调查他们的个性品质，一一记录在案，然后进行长期观察和跟踪研究，看看是不是聪明的孩子长大后都有成就。跟踪结果表明：他们的成就大不一样。其中，多数人在事业上取得不同程度的成功，成为了专家、教授、企业家或有各种专长的人，但也有罪犯、流浪汉和穷困潦倒者。

为什么有些人会失败甚至走向反面？据分析，如果排除机遇等社会因素，失败者几乎都存在某些不良的性格品质。他们有的意志薄弱，有的骄傲自满，有的缺乏积极进取的精神，有的孤僻而不善于处理人际关系……总之，非智力因素水平都较低。

性格是非智力心理品质的核心。优良的性格与个人成就关系密切。这种关系主要表现在四个方面：

第一，优良性格是人的理想、信念和道德的基础。只有那些积极开朗、勤劳善良、正直诚实、情趣高尚、富有爱心同情心的人，才会有真正崇高的理想和追求。因为他们从小活泼上进，热爱小动物，热爱生活，热爱大自然，关心父母，关心周围的人，长大了就能爱家乡、爱国家、爱人民、爱人类，希望世界更美好。

第二，优良性格是事业成功的保证。世上没有一帆风顺的事，没有唾手可得的成就；即使是算不上成就的小小成果，也要付出努力去争取。只有那些性格坚强、乐观、自信、刻苦、一往无前、勇于创造、不怕牺牲和耐得住寂寞的人，才有希望到达成功的彼岸。

第三，优良性格是人生幸福的主要条件。生活富裕能使人多一些幸福，但却不是生活幸福的唯一条件。人生幸福的关键是要有优良的性格。只有那些具有积极上进、乐观开朗、热爱创造、善于交往、珍惜友谊、与人为善的性格的人，才有长久的幸福。人生活在复杂多变的自然环境和社会环境中，难免遇到顺境和逆境、成功和失败、挫折和打击，只有优良的性格才能维持心理的平衡。望子幸福的父母们，对孩子最大的帮助，莫过于帮他们从小养成一种优秀的性格。

第四，优良性格是智能发展的强大动力。不论你是成人还是儿童，学习活动中最有价值的是主体即学习者自身的主动性和积极性，这是学习主体的内驱力。一切外来的影响和诱导，都必须通过内驱力才能起作用。任何人都不能代替他人学习和发展，也不能代替他人思考和记忆。

可见，性格与你的成长、成才、成功关系极大。正如爱因斯坦所言："一个人取得的成绩往往取决于性格上的伟大。"显然，我们每个人都应努力培养优秀的性格。

对青年大学生而言，主要应注重培养下面十种性格。

（1）充满自信，永不言败——培养自信型性格。自信是人生的脊梁，它让我们在挫折面前永不言败；自信是天使的翅膀，它让我们自由地翱翔人生；自信是一种无悔的执著，它让我们守护自己的使命；自信是一种生存的智慧，它让我们在成功与失败的夹缝中傲雪凌霜；自信是一种生命哲学，这让我们透视厄运的本来面目；自信是一种无穷的力量，它让我们从失败中走向成功。

（2）自我控制，冷静控制——培养自制型性格。也许你无端地受到了误解指责；也许你在人生道路上一招不慎迷失了方向；也许你内心正受着痛苦的煎熬，你的精神正在崩溃的边缘徘徊……面临这么多的不幸，请你千万记住：冷静面对，学会控制；上帝欲毁灭一个人，必先使其疯狂。唯有冷静应对，才可能"克敌制胜"。

（3）善于思考，以智取胜——培养善思型性格。我们生活在五彩缤纷、纷繁复杂的世界，总要不断面对各种各样的人，应对形形色色的事。不管是接人待物还是处理事务，都需要一颗善于思考的头脑。善析者进，善思者成。

(4) 充实自我，不断进取——培养学习型性格。我们生活在一个头脑竞争的时代，激烈的竞争压力让人们只有知识已远远不够。因为时间的流逝在老化生命的同时，也在"老化"我们已有的知识。如何让知识常有常新？唯一的途径就是不断进取，终生学习。

(5) 关键时刻，思路清晰——培养理智型性格。理智表现为一种明辨是非、通晓利害和控制自己行为的能力。具备这种能力并能自觉保持，或当这种能力变成一种理性取向时，它便形成一种性格。

(6) 改变命运，全靠自己——培养独立型性格。独立自主，是社会发展的根本条件，也是个人成长、进步的根本条件。来自独生子女家庭的大学生，尤其应重视培养独立自主、自立自强的优良品格。

(7) 果断行事，敢于冒险——培养果断型性格。果断是一种性格，也是一种气质，它会让身边的人体验到雷厉风行的快感。果断更是一种境界，果敢行事、当机立断的人，会让人钦佩、羡慕、信赖并获得安全感。

(8) 心胸坦荡，豪爽率真——培养豪爽型性格。诗人余光中盛赞李白："饮一口豪气，秀口一吐，就半个盛唐。"豪爽者皆成大事之英雄。豪侠仗义，豪气冲天，豪情满怀，豪言壮语……豪爽的性格，让历史都充满灵气。

(9) 风摧不垮，雨打不折——培养坚韧型性格。有一种人，如鲁迅、保尔、霍金等，他们的性格具有很强的魅力。面对人生的沧桑、生命的磨难或境遇的不幸，他们坚韧不拔、顽强应对。他们性格中那坚韧不屈的东西，是一种所向无敌的力量，这种力量是他们战胜困难、征服世界的基础。

(10) 阳刚气度，强者风范——培养刚毅型性格。刚毅能让思想更深刻，心灵更坚韧，品德更高尚。培养刚毅型性格，不论对你个人还是对周围的世界，都将产生极其重大的影响。

6.3.2　培养良好习惯，坚持严格自律

1. 习惯和自律是成功的基石

性格决定命运。而构成我们性格的，正是日常生活中我们的一个个习惯。

好习惯是在严格自律中培养出来的。在自律中养成的好习惯越多，个人的能力就越强。养成好的习惯，就为梦想插上翅膀，能为你的成功打下坚实基础。

有一次，一家大公司以年薪 40 万招聘总经理助理。

经过初试和复试，有才华出众、能力超群的 20 人有幸参加面试。他们个个都做了充分准备，希望自己能被选中。到了总经理办公室，他们都静静地坐着，等待总经理到来。

时间过去 10 分钟后，有些人坐不住了，开始在办公室内走动、聊天。

15 分钟后，有人开始翻看总经理办公桌上的应聘材料。

30 分钟后，几乎所有人都在翻看总经理办公桌上的材料，只有一位仍然静静地坐在那里没有动。

40 分钟后，总经理终于来了，20 个人重新迅速坐好，等待面试。

但在这时，总经理却宣布面试已经结束。大家都十分惊讶。

总经理说："你们 20 个人，确实都非常优秀，但只有一个人具有不随便翻看别人东西的好习惯，他就是今天的获胜者，未来的总经理助理。"

这个事例说明：良好的习惯对于每个人来说，都是事业成功的重要条件。

一些卓有成就的科学家、文学家都有着严谨治学的好习惯，有着刻苦钻研的好品质。

在大英博物馆的一个座位下，留下了"千年伟人"马克思的两个脚印，那是他长期来此学习坐在那里留下的。由于他有勤奋学习、善于钻研的习惯，所以才有巨著《资本论》的问世。

艺术家达·芬奇有着坚强的毅力，养成了刻苦磨炼的习惯，他画蛋几百次，不厌其烦，所以才有后来《蒙娜丽莎》的诞生。

李宁原是一位普通的体操运动员，但他有个好习惯：每天坚持训练 10 多个小时，每次训练一定要突破一个动作难度，不然就不离开训练馆。因为他长期坚持这样的习惯，所以他终于成功了。在洛杉矶奥运会上，一人就独得 3 枚金牌。

好的习惯催人成功，而坏的习惯则可能使人无所成就，甚至身败名裂。懒于春耕的农民，能有五谷丰登的秋天吗？懒于读书的学生，能成为科学家、文学家吗？懒于刻苦训练的运动员，能在国际比赛中夺金牌吗？答案是不言而喻的。

马克思说过：良好的习惯是一辆舒适的四驾马车，坐上它，你就跑得更快。这句话形象地告诉我们，要想在事业上取得成功，就必须拥有好的习惯；好习惯能使你更快地达到目标，更好地实现理想。

2003 年 3 月 2 日，亚历山大图书馆发生火灾，馆里所藏图书被焚烧殆尽，但有一本不很贵重的书得以幸免。有个只识几个字的穷人花几个铜板买下了这本书。

这本书本身并不贵重，但书页里藏着一样非常有趣的东西：一张薄薄的羊皮纸，上面写着点铁成金石的秘密。所谓点铁成金石，就是一块小圆石，能把任何普通的金属变成纯金。小纸片上写着：这块奇石在黑海边可以找到，但奇石的外观跟海边成千上万的石头没什么两样。谜底是：奇石摸起来是温的，而普通的石头摸起来是冰凉的。

这个穷人于是变卖了家产，带着简单的行囊，露宿黑海岸边，开始寻找能点铁成金石的石头。他知道，如果他把捡起来的冰凉的石头随手扔掉的话，那么他可能会重复捡到已经摸过的石头，而无法辨认真正的奇石。为防止这种情形发生，他决定：每捡起一块冰凉的石头都往海里扔。一天过去了，他捡的石头中没有一块是那奇石。一个月，一年，两年，三年……他还是没找到那块奇石。但是，他不气馁，继续捡石头，扔石头……没完没了。

有一天早上，他捡起一块石头，一摸，是温的！但他仍然随手扔到了海里。因为他已经养成了往海里扔石头的习惯。这个扔石头的习惯动作太具惯性了，以至于当他梦寐以求、苦苦寻觅的奇石出现时，他竟然习惯性地扔到了海里。

英国教育家洛克说："习惯一旦养成之后，便用不着借助记忆，很容易很自然地就能发生作用了。"事实的确如此。那个穷人多年来风餐露宿，苦苦寻觅，为的就是那块能点铁成金石的奇石。可当他找到奇石之后，他却随手把它扔到了海里。其实，并非他不想要那块奇石，而是往海里扔石头的习惯性动作促使他做出了蠢事，使他多年"点铁成金梦"顷刻破灭。

培根说："习惯真是一种顽强而巨大的力量。它可以主宰人生。"这话就像是专门针对那个穷人说的，十分准确，十分深刻。当然，我们更应该深刻认识它的警示意义。要想拥有美好的人生，必须养成良好的习惯，让好习惯造福自己、造福他人和社会。

　　良好的行为习惯是保证你成功学习的前提，也是树立健康人格的基础。一位外国教育家对习惯有这样的描述："习惯就像神经银行的资本。好的习惯就像银行里的存款，它所产生的利息让一个人终生受用不尽。坏的习惯就像向银行的贷款，它所让你承担的利息和本金让一个人终生受其所累。"这话很有道理。

　　成都某高校有位大学生有这样一张作息时间表：

13：00，起床，吃午饭；

14：00，去网吧玩网络游戏；

17：00，晚饭在网吧叫外卖；通宵上网打游戏；

第二天早上 9：00，回宿舍休息……

　　这位学生几乎把所有的课余时间都拿来上网打游戏，并开始拒绝参加同学聚会、活动等。

　　大约两个月后，他发现自己思维跟不上同学的节奏，脑子里想的都是游戏里发生的事，遇到事情会首先用游戏中的规则来考虑。他开始感到不适应现实生活，陷入了深深的焦虑之中……

　　目前，有不少年轻人像这位大学生一样，长时间沉迷于网络游戏后，发现自己身心出现了这样或那样的问题。他们无心读书，对父母、老师的教诲闭目塞听，几乎整天迷恋在网络里，造成精神恍惚，神情呆滞，注意力不集中，从而导致学习成绩下降。还有的人经不起声色撩人的网络诱惑，在网上交结异性朋友，没有能力去分辨选择，因而上当受骗，有的甚至付出了年轻的生命。

　　网络游戏不是不能玩。网络游戏的发展本身也有其重要意义。它可以满足人们休闲娱乐、调剂生活、释放压力等需要，也可以使你的智力、能力等得到提高。如果你只是在确有必要时玩玩，对你其实也有益无害。但如果操之过度，把大量黄金时间耗费其上，甚至整天沉迷其中，形成一种习惯，则是有害无益；对以求学深造为重任的大学生，尤其是一种不当之举，这种习惯是你成功的大敌，也会给你带来不良后果。

　　西北师范大学教育科学院副院长杨铃指出：在网络游戏的虚拟世界里，青少年不需要面对现实中的挫折，不需要接受社会规范和他人的监督，可以随心所欲地宣泄情感，长此以往，会淡化现实社会规范的要求，给暴力犯罪埋下隐患。这些都值得我们大学生警醒。

　　2. 好习惯的培养

　　习惯是一种长期形成的思维方式和处世态度，它是由一再重复的思想行为形成的，具有很强的惯性，一经养成，就难以改变，因而对你的影响重大而久远。人们在日常活动中往往会不由自主地启用自己的习惯，但只有好的习惯才会对你产生良性的作用。因此，我们应高度重视培养自己良好的习惯。

　　一般来说，习惯可以在有目的、有计划的训练中形成，也可以在无意识的状态中自发形成。但良好的习惯总是在有意识的训练中形成，很难在无意识中形成，而不良习惯却往往在不自觉中自发形成。因此，培养好习惯不是一件轻而易举的事。正所谓"变坏容易变好难"。从这个意义上讲，培养好习惯，需要我们不懈地努力。

　　培养好习惯，应注重把握四大原则：

　　第一，明确好习惯的内涵和意义。只有搞清楚什么是好习惯，理解好习惯对你做人做事的重要影响力，并把它与不良习惯区分开来，你才会有培养好习惯、克服坏习惯的强烈愿望，也才能找到培养良好习惯的正确途径。

　　第二，对自身的不良习惯进行排序分析。克服一个坏习惯，培养一个好习惯，往往是一件很难的事。因此，你应首先对自己的不良习惯加以罗列，写出"不良习惯一览表"，明确哪些不良习惯是最制约你进步、成长的，因而是最应该、最急需克服的，从而使你分清主次，理智、有序地克服坏习惯。

　　第三，制订计划，逐一实施。人的习惯是多种多样的，包括我们工作方面的习惯，也包括学习、健康、感情、与人相处、思维方式或行为方式等方面的习惯；它像一棵大树，有干、有枝、有叶。因此，我们要对准备培养的好习惯作统筹安排，列出计划，并对其逐一实施，循序渐进，由易到难，由近及远。

　　第四，抓好开头，严格自律。俗话说："万事开头难"，"好的开端是成功的一半"。开始时要宁少勿多、宁简勿繁。先找一个做起来较有兴趣、易见成效、易受自己和周围人关注激励的习惯开始，下大工夫，坚持到底。这样做容易成功，还可以激发兴趣，为下一步活动打好基础。要特别注重第一个月，根据美国科学家的研究，一个好习惯的养成需要 21 天，90 天的重复会形成稳定的习惯。一个观念如果被验证 21 次以上，它就会形成你的信念。美国著名教育家曼恩说："习惯像一根缆绳，我们每天给它缠上一股新索，要不了多久，它就会变得牢不可破。"

　　培养好习惯，还应做到"君子慎独"。就是在你独处或独自行事时，要谨慎自律，坚守道德信念，自觉用道德规范或良好习惯约束自己的言行。长此以往，好习惯就会自然养成。

　　培养好习惯的方法很多，也往往因人、因环境条件而异，但以下方法应对我们有较大帮助。

　　(1)明确目标法。当前你要培养的好习惯具体是什么，你应有一个明确清晰的目标。这样才能有的放矢，事半功倍。与之相对的坏习惯是什么，你也应有一个清醒的认识；如果这类坏习惯你已具有，你就应对症下药，加以克服，以扫清你培养好习惯的障碍。

　　(2)潜意识输入法。把你要培养的习惯"输入"头脑，了然于心，强化信念，潜意识就会不时提醒你去完成。这是一个费力不多而很见成效的方法。

　　(3)视觉刺激法。把你要培养的习惯制成卡片或画成图形，然后牢记于心，再贴于墙头、门上或桌面等醒目易见之处，以刺激视觉，强化效果。

　　(4)行动强化法。对你要培养的习惯，应不断实践，反复练习，坚持到底；要反复对自己说"我做得到！"，"我要去做！"以不断给自己加油打气。如果你能连续行动 21 天，好习惯在你身上就不难形成。

　　(5)他人协助法。把你要培养好习惯的计划向亲朋好友宣布或许诺，并请其协助或督查，也会有不错的效果。

　　(6)综合训练法。好习惯的培养，需要个人有良好的素质条件。因此，要注重提高自己的思想道德素养、文化科技素养、心理健康素养和科学思维素养，以为良好习惯的形成创造良好条件。

6.3.3　成功来自于持之以恒

　　关于持之以恒，战国著名思想家孟子曾作过一个比喻："有为者譬若掘井。掘井九仞而不及泉，犹为弃井也。"(《孟子·尽心上》)孟子认为，学习就好比挖井，必须持续不断地努力才能见效。如果挖井挖下几丈不见水就放弃，那就只能留下一口废井。

持之以恒，是学习意志和持久力的表现，是学习由浅入深、由表及里不断深化的条件。

成功来自坚持不懈的行动。每一个想要成功的人都应牢记，目标朝上看是信仰，朝外看是抱负，朝内看是责任，朝下看就是行动。假如你现在不仅心动，而且决定去行动了，那么还要请你谨记：行动不能"三天打鱼，两天晒网"，更不能一曝十寒。最差劲的马，只要它跑个不停，最终也会到达目的地；走得最慢的人，只要他不放弃理想而持续行动，也比漫无目的而懒于行动的人走得快。成功需要行动，但偶尔一搏只能逞强一时，持续奋斗才能英雄一世。学习好与学习差的人，一般并不存在智力上的多大差异，产生差距的根本原因，总是有无坚定不移的意志和持续的行动。

行动贵在平凡中的坚持。细微之处见风范，毫厘之间定乾坤。坚持就是在每一个今天都要行动，要抓住每一个今天。因为昨天是一张兑现了的支票，明天是一张期票，只有今天才是可用的现金，抓住今天最为可靠。不要把前途寄托在昨天或明天，而要寄托在今天的行动上。每天多做一点点，就是领先的开始；每天进步一点点，就是成功的开始；每天创新一点点，就是卓越的开始。不少人承受不了暂时的挫折或失败，表现为丧失信心甚至一蹶不振。但有志于成功的人就一定要做到：别人放弃我坚持，别人后退我前进；即使眼前没有光明与希望，我依然要努力前行，直到取得最后的胜利。

安全炸药的发明人诺贝尔，在他的实验中曾不慎将自己的弟弟炸死，将自己的耳朵炸聋，但这并未阻止他的实验。他穷追不舍，反复试验，最终发明了安全炸药，为人类献上了一份珍贵的礼品。

发明大王爱迪生，一生中有 1000 多项发明。在他发明电灯之初，有人嘲笑说："你这永远是徒劳无功的；你发明不了电灯！"但他对冷嘲热讽全然不理，从不放弃研制发明，结果他最终发明了电灯，照亮了人们的生活。

是什么让诺贝尔"炸"出了人类的未来？是什么让爱迪生照亮了人类的前途？就是那持之以恒、坚持不懈、锲而不舍的精神。

达尔文在 19 岁时就对自然科学兴趣浓厚，22 岁时进行了长达 5 年的环球考察。他广泛考察了沿途的地质、地貌、自然环境、动植物物种和形态，搜集了大量的矿石与动植物标本，写下了大量的考察笔记，最后创立了"进化论"，为人类科学事业做出了重大贡献。"进化论"的诞生，靠的也是持之以恒的精神。

"骐骥一跃，不过十步；驽马十驾，功在不舍。"无数事实说明，做任何事都需要持之以恒。

古今中外，凡有成就之人，都不乏持之以恒的精神。苹果落地，一个司空见惯的现象，常人总是见惯不惊，而牛顿却由此深入思考，一口气思考了 20 余年，最终发现了"万有引力"；开水会向上顶壶盖，这个现象更是常见，但只有瓦特坚持研究，结果发明了蒸汽机……可见，持之以恒，深入研究，才能从平凡的事物中发现不平凡的东西。

"一分耕耘，一分收获"，付出终有回报，但成功来自持之以恒。持之以恒是实现理想的基石，是补拙益智的催化剂，是通向成功彼岸的桥梁，是自学课堂里的老师，是人生航道上的灯塔。因为持之以恒，安徒生从一个鞋匠的儿子成为了童话大王；因为持之以恒，罗曼·罗兰二十年心血的结晶《约翰·克利斯朵夫》获得了法兰西学院文学金奖；因为持之以恒，巴尔扎克给人类留下了宝贵的文学遗产《人间喜剧》；因为持之以恒，爱因斯坦创立了震惊世界的相对论……

相反，没有持之以恒精神的人，则难以到达光辉的顶点。项羽具有霸王之称，却因为他的刚愎自用，没有乘胜追击汉王刘邦，结果落得功败垂成。

"锲而舍之，朽木不折；锲而不舍，金石可镂。"荀子在《劝学》中的教诲时刻提醒我们：做事要有恒心，不可半途而废。任何成功的获得都需要持之以恒。如果一个人干事总是"三天打鱼，两天晒网"，那他注定一辈子都一事无成。

谋求学业成功依然需要持之以恒。有的同学虽然很聪明，但往往"三天打鱼，两天晒网"，结果学业成绩不理想，追悔莫及。这方面有太多的经验值得学习，也有太多的教训需要吸取。只有努力学习，勇攀高峰，持之以恒，锲而不舍，才能赢得学业的成功。

对持之以恒在学业中的重要性，东晋著名诗人陶渊明早有说明。

一次，一个读书少年向陶渊明求教。陶渊明带他来到田边，指着尺把高的稻禾问："你仔细瞧瞧，它现在是否在长高呢？"

少年蹲下目不转睛地盯着禾苗，看了半天没看出名目，就说："没见长啊。"

陶渊明问："真的没见长吗？那么，春天的秧苗又是怎样变成尺把高的呢？"

少年不解地摇头。

陶渊明开导说："其实这禾苗每时每刻都在生长，只是我们没观察到。读书学习也是这样。知识的增长是一点一滴积累的，有时自己都觉察不到。但只要勤学不辍，持之以恒，就会由知之不多变为知之甚多。所以，有人说'勤学如春起之苗，不见其增，日有所长'。"

接着，陶渊明又指着一块大磨石问："你看那磨石，为什么会出现像马鞍一样的凹面呢？"

少年答曰："那是磨损的。"

陶渊明又问："那你可曾见到，它是哪一天被磨损成这样的呢？"

少年说："不曾见过。"

陶渊明进一步诱导说："这是农夫们天天在它上面磨刀、磨镰、磨锄，天长日久，磨损而成。由此可见，'辍学如磨刀之石不见其损，日有所亏'。学习一旦间断，所学知识就会不知不觉地慢慢忘掉。"

陶渊明循循善诱的开导，使少年悟到了治学必须"循序渐进，持之以恒"和"勤学则进，辍学则退"的道理。

程门立雪的故事，以行动诠释了持之以恒对学业成功的重要性。

程颢、程颐兄弟俩都是宋代极有学问的人。进士杨时为了丰富自己的学问，毅然放弃高官厚禄，跑到河南颍昌拜程颢为师，虚心求教。后来程颢死了，他自己也已40多岁，但仍然立志求学，刻苦钻研，又跑到洛阳去拜程颢的弟弟程颐为师。

一次，他和他的朋友游酢一起到程家拜见程颐，但正遇上程老先生闭目养神，坐着假睡。这时候，外面下起了大雪。两人求师心切，便恭恭敬敬侍立一旁，不言不动，如此等了大半天，程颐才慢慢睁开眼睛。

见杨时、游酢站在面前，程颐吃了一惊："啊！你们两位还在这儿没走？"这时，门外的雪已积了一尺多厚，而杨时和游酢却没有一丝疲倦和不耐烦之意。

后来，杨时和游酢都成了著名的学者。

可见，在治学过程中，要处理好学习与生活中的各种矛盾，提高自己的能力水平，圆满完成学业，也需要持之以恒的精神。

那么，怎样才能做到持之以恒呢？对此，你应从以下几个主要方面努力。

（1）努力培养学习兴趣，不断提高学习的自觉性。要充分认识知识、能力对你成长进步、成才成功的重要意义，以及对社会进步发展、繁荣强盛的重大意义。不要把学习当做一种任务和负担，否则，你会感到学习是迫不得已的压力，从而处于消极被动状态。

（2）要加强自我管理、自我约束的能力。你首先应明确学习目的，把学习作为加强自我修养、提高自身素质的一个重要手段，然后制订出周详的计划，加强自我管理，严格约束自己并严格执行学习计划。

（3）要保持和营造良好的学习环境。要排除各种干扰，抵制各种诱惑，创造良好环境。例如，把书桌和书本、文具、衣物等收拾整齐，以保持学习环境的整洁；劝告旁人不要随意打扰、大声喧闹，以保持学习环境的安静；自觉抵制各种不利于按计划学习的诱惑因素，克服各种不良情绪，以求得内心的平静安宁……所有这些，都有利于集中注意力，全力以赴搞好学习。

（4）要防止惰性侵扰。人总是有惰性的，你稍不注意，惰性便会发作，使你无法坚持学习。所以，你要时刻提防惰性的入侵，否则，你就会越来越懒散，以致妨碍学业的顺利完成。

许多事我们不可能一蹴而就，往往需要花费较多的时间，甚至要一而再、再而三地反复努力。学习并不仅仅在于方法和努力，有恒心才是最为重要的。爱迪生说："巨大的成就，是出于长期的勤奋。"这是他一生的真实写照。

学习目标确立后，实现目标会遇到很多困难或挫折，但如果你有战胜困难的耐心，有不达目的决不罢休的精神，你在学习上就会有更大的收获。漫漫学海不会总是风平浪静，难免有汹涌波涛甚至惊涛骇浪。成就学业，需要我们有信心、有热情、有目标，能够持之以恒地坚持下去。如果你能持之以恒，把握好自己，你就能做学习的主人。

持之以恒是航行在大海上的舵手，是攀登在高山上的拐杖，是灵动的色彩，是青春的活力。让我们为实现理想而不懈奋斗吧！

6.4　按逻辑思考，按规则行事

6.4.1　讲诚信：成于大气，信达天下

1. 诚信的内涵与意义

诚信是什么？这个概念对每个人都不陌生，作为一个道德范畴，是我们从懂事那天起就反复接触的一个术语。

在字典、词典中，诚信与诚实守信、诚心诚意等概念同义，它是日常行为的诚实和正式交流的信用的合称，是做人的基本准则。意即待人处事诚实不欺，真诚老实，讲信誉，一言九鼎，一诺千金。亦即孔子所言："言必信，行必果。"

讲诚信，是一个道德底线，是讲规则的根本前提，也是我们做人、做事、做学问要想获得成功的根本前提。

在中国西部大学成都信息工程学院，有一个引人注目的校训叫"成于大气，信达天下"。其基本思想是：做人、做事、做学问都要诚信、大气。而其根本前提是要讲诚信。正因为这样，该校上下都以谐音并取材于"诚信"的"成信人"、"成信院"自称。

"成于大气"集中表现了成信人立天下伟业之雄心气概。"信达天下"表现了成信人坚持

为人处世要诚实守信、道德高尚的价值诉求。"成于大气"与"信达天下"相辅相成，其中以"诚信"为道德基础和核心。成信人坚信：若非大气，何以达天下？若非诚信，又何以称之大气？为成才、成功者，是志存高远、豁达大度、包容和谐、气量宏大、奋斗不已的"大气"之人，具以国家、民族、社会为己任，以小我服从和服务于大我之气度，是诚实守信、心胸坦荡、真诚无邪之"诚信"人。显然，不论对个人、学校还是社会，"成于大气，信达天下"都是十分科学而优秀的理念，对大学生成才成功、学校发展壮大、社会进步和谐等，都有特别的启示意义。它不仅昭示着成信人，而且昭示着每一个人尤其是青年大学生。正是在这一理念的感召下，这所大学孕育出了全国抗震救灾模范蒙祖海这样的大学生，也孕育出了许许多多多杰出的学子。

大学理念是大学的核心，关系大学发展的成败。成信理念的精妙，在于坚守"诚信"这一道德底线，追求"大气"这一道德巅峰，巧妙实现了办学特色与办学理念的结合，实现了学校发展的历史、现实与未来的结合。成信人之所以能取得一个个骄人业绩，首先取决于"成于大气，信达天下"这一理念的魅力。

要做一个合格的大学生，做一个无愧于自我和社会的人，也像一所大学的发展一样，首先需要构建一个科学的理念，尤其要从讲诚信做起。

第一，讲诚信，是谋求大气、谋求成功的基础。

谋求成功，需要大气。要谋求成功，就应立大志，做大事，勇于探索，乐于奉献，而不能鼠目寸光，一叶障目，斤斤计较，鸡肠小肚。正所谓"成于大气，败于小气。"在全球化时代，尤其应有世界眼光、长远思量，善于交流、沟通、理解、合作等大气精神和大气品质。

谋求大气，需要诚信。只有诚实守信，才能承担责任、担当重任、气度宏大；只有诚实守信，才能胸怀坦荡、豁达包容、善解人意；只有诚实守信，才能实事求是、解放思想，与时俱进、开拓进取；只有诚实守信，才能不贪不骗、不邪不欺，不为个人蝇头小利而虑，不为顾我而忘天下甚至损人利己。

总之，讲诚信是谋大气、谋成功的根基。正所谓"成也诚信，败也诚信。"

第二，讲诚信，是讲规则的前提。

"按逻辑思考，按规则行事"，是走向成功的捷径。规则遍及生活、学习和工作等各个方面，是约束人们各种行为的准则，是社会对应然行为的抽象概括。抽象的行为规则有的具有符号特征，如马路上的红绿灯，但更多的是看不见、摸不着而又实实在在起作用的隐性规则。当这些有形无形的规则应用于社会现实之时，如果现实是虚假或扭曲的，规则的意义就不复存在。具体地说，从虚开增值税发票、卖假货到办假证件、假证明等，这些行为为获取私利而逃避规则，本身就是虚假的，运用相应规则的前提就不具备，因而再好的规则都毫无意义。从这个意义上讲，按规则办事的前提是讲诚信；创建法治国家的前提是创建诚信社会。没有诚信，就谈不上规则；没有诚信社会，法治国家就是水中月、镜中花。

由此可见，讲诚信与讲规则、谋大气、谋成功等三个方面密不可分，而诚信是这一切的基础和核心，是立人、立业的根基，需要我们正确处理其相互关系。也只有始终坚持诚实守信、按规则办事并具有大气精神和大气品质的人，才能获得最后成功。

诚信是中华民族的传统美德，也是人类文明的文化瑰宝。千百年来，人类都在追求一个诚实守信的和谐社会。因为诚信对个人的成长、成功和社会的进步发展具有极其重要的意义。

1）诚信是立人之本

孔子曰："人而无信，不知其可也。"意即人若不讲信用，在社会上就无立足之地，那将什么事情也做不成。

美国已故总统林肯说得好：虚伪可以惑少数人于终世，惑人类于一时，而决无惑世界人类于最长时期也。不讲诚信，即使你有莫大能力，也会孤立无助，走向失败。有了诚信，我们才会有立足之地。

诚信是人生的最大美德，是人生的第一桶金。哈佛学子爱默生说："诚实的人必须对自己守信，他的最后靠山就是真诚。"人可能有多种美德：勇敢、机智、勤勉、乐观、富有创造力等，但如果是一个不诚实、说假话的人，这一切都毫无意义。在哈佛，每个学生都懂得，诚信是一个人的立身之本，是一切美德和能力的基础，如果失去诚信，就将失去一切。

2）诚信是"心灵良药"

古语云："反身而诚，乐莫大焉。"只有做到真诚无伪，才可使内心无愧，坦然宁静，给人带来最大的精神快乐。所以，诚信是人们安慰心灵的良药。

英国著名诗人、戏剧家莎士比亚认为，诚信是最能使人安心的东西。美国名流富兰克林进一步认为，人与人之间和人生中最重要的幸福，莫过于真实、诚意和廉洁。英国哲学家培根认为："从来最有能力的人，都是有坦白直爽的行为、信实不欺的名誉的。"英雄所见略同。古往今来，有不少著名人物都从不同侧面发现并阐明了诚信在心理健康中的重要作用。

3）诚信是齐家之道

唐代著名大臣魏徵说："夫妇有恩矣，不诚则离。"意即只要夫妻、父子和兄弟之间以诚相待，诚实守信，就能和睦相处，达到"家和万事兴"之理想境界；但若家人彼此缺乏忠诚，互不信任，家庭便会逐渐崩溃。

4）诚信是交友之道

友谊是建立在诚信基础上的。只有言而有信，才能达到朋友信之、推心置腹、无私帮助之目的；相反，朋友之间充满虚伪、欺诈，就不会有真正的朋友。古人云："以诚感人者，人亦诚而应。"诚信具有双向性，只有对朋友、同学或同事以诚相待，才能赢得他人以诚相报。

真诚是友谊的生命。西汉文学家、哲学家扬雄在《法言·学行》中说："朋而不心，面朋也；友而不心，面友也。"若朋友而不心，不能开心见诚，这种缺乏真诚的友谊是难以持久的，故交友贵在真心、知心。

5）诚信是营销良策

从经商角度看，"诚信"主要有以诚待客、货真价实、公平买卖、信守合同、偿还借贷、不做假账等。商家只有以诚待客，才能赢得顾客盈门。

世界饭店大王尼克森·希尔顿一生奋斗拼搏的成功秘诀便是"诚实"二字。在 20 世纪 30 年代世界经济大萧条时，希尔顿饭店生意不景气，所欠债务高达 50 万美元，追债者络绎不绝，更有债主向法院提起诉讼。他的私人律师劝他宣布破产，便能勾销一切债务。可希尔顿义正词严地宣布："我不能扔掉我所剩下的唯一的东西。信誉就是我的生命，我绝对不能宣布破产。这样做意味着失去了信誉，失去了希望。"结果，他在最困难的时刻，以诚实和信誉赢得了社会的信任，靠着诚信渡过难关，东山再起。

可见，诚信是最好的营销策略，也是商业竞争的重要手段，是企业家的"金质名片"。在公共关系学中，诚信被认为是最好的公共关系政策。

6）诚信是商海之魂

诚信是市场经济的灵魂，是维护市场主体正当利益的根本前提。在市场交易中，签订交易合约，需要各方都诚实守约。谁要欺诈违约，破坏协议，不但损害对方利益，而且损害自身信誉，造成不良的社会影响甚至危及自身的前途和社会的利益。

2008年暴发的美国金融危机，给世界带来的危害至今还在延续。而它爆发的直接原因就是，银行疯狂放贷，人们疯狂贷款却无力偿还，信用关系遭到了严重破坏。

美国顶级投资银行高盛公司，是2008年金融危机以来仅存不倒的两大投资银行之一。它向来声称自己奉行"客户利益高于一切"的准则，似乎在信用上也无懈可击。但在2010年4月16日，美国证券交易委员会对高盛集团提出证券欺诈的民事诉讼，无情剥掉了它的"诚信"外衣。因为它在向投资者推销一款与次级信贷有关的金融产品时，隐去关键事实，误导投资者，它一面允许客户保尔森公司参与设计并做空该金融产品，另一方面却向其他投资者承诺该产品是由独立客观的第三方推出，而未披露保尔森对冲基金公司做空真相，导致其他客户不到一年损失约达10亿美元。这事件一被揭发，就使高盛成了众矢之的，在国内人人喊打，在各主要西方国家也受到专门调查。结果，高盛的市值在一夜之间蒸发120亿美元；长期看好高盛的股神巴菲特因此受累，一夜间损失10亿美元；全球市场也受到巨大冲击，股票市场、期货市场和大宗商品市场无不深幅下挫。

高盛"欺诈门"真可谓害人又害己。

7）诚信是为政之基

《左传》云："信，国之宝也。"意即诚信是治国的根本法宝。孔子认为，在"足食"、"足兵"和"民信"之中，宁肯"去兵"、"去食"，也要保留"民信"。因为"民无信不立"，如果人民不信任统治者，国家朝政根本立不住脚。只有政府守信，赏罚分明，人民才能信赖政府，遵纪守法。因此，统治者必须"取信于民"。正如王安石所言："自古驱民在信诚，一言为重百金轻。"

对于从政者来说，取信于民最为重要，祸莫大于无信。周总理是十分讲究诚信的人。他无时无刻不在提醒自己和工作人员注重诚信，他的诚信深深打动着每一个人。因此，无论国人还是国际友人，都对他赞美有加；即使对他有敌意的人，最后也折服于他的高尚品质。这也是他能治理好国家大事的重要原因。与之对比鲜明的是，昏君周幽王为了取悦宠妃褒姒，以烽火戏弄诸侯，终因失信于诸侯而亡国。

综上所述，诚信对于修身、齐家、交友、立业、治国平天下等，都是一种不可缺少的美德，在个人生活与社会生活中都起着极其重要的作用。

诚信是相对于无信、失信而言的。人若不讲诚信，就会造成社会秩序混乱，彼此无信任感，给自己和社会留下无穷后患，最终也影响自己的进步发展。《吕氏春秋·贵信》有语：如果君臣不讲信用，则百姓诽谤朝廷，国家不得安宁；做官不讲信用，则少不怕长，贵贱相轻；赏罚无信，则人民轻易犯法，难以施令；交友不讲信用，则互相怨恨，不能相亲；百工无信，则手工产品质量粗糙，以次充好，丹漆染色也不正。足见无信失信的危害之大和诚实守信的重要性。正因为这样，有人把诚信比作一个人的第二张公民"身份证"。

随着信息时代的逐渐来临，市场化程度的日益提高，社会联系的日益广泛，信用关系的日益复杂，诚信问题越来越显示出其重要性。

但在当今社会，诚信问题正遭遇严峻挑战。企业制假售假，学术剽窃造假，迎考弄虚作假，办事言而无信，贷款拖欠不还……诚信的缺失严重困扰着社会的发展，诚信问题已成为人们越来越关注的话题。这对我们大学生是一个挑战，也是一个考验。能否坚守诚信原则，传播诚信理念，引领社会文明，这是检验大学生合格与否、优秀与否的一块试金石。

2. 讲诚信的基本原则

要做一个合格的公民、一个合格的大学生，应当怎样做到诚实守信呢？

前车之鉴，后世之师。讲诚信，理应从各方面做起。例如，在平日里，待人处事，我们可以从守时开始；在校园里，不论对待同学、老师还是学校，都应诚恳诚信等。因为，在各个方面、各个领域，都有其特定的诚信要求。但不论何时何地，讲求诚信，都有一些最一般、最基本的原则。其中，最为重要的是五项基本原则，需要我们始终坚持。

第一，要戒除欺诈。

戒除欺诈，就是不自欺也不欺人。《礼记·大学》曰"所谓诚其意者，毋自欺也。"即真诚实意就是不自欺。宋代哲学家陆九渊也说："慎独即不自欺。"即使在闲居独处时，自己仍能做到谨慎不苟且、不自欺。曾任北大校长的蔡元培说过："诚字之意，就是不欺人，亦不可为人所欺。"可见，戒欺是诚信的一个重要原则。

东汉有个叫杨震的人有"关西孔子"之称。他教书 20 多年，从不为功名利禄所动，直到 50 多岁，才受聘担任荆州刺史和东莱太守。到东莱出任太守途经昌邑时，曾蒙杨震举荐的昌邑县令王密，为答谢举荐之恩，趁夜深人静，怀揣十斤黄金到驿馆私送杨震。杨震很是生气，拒绝道："老朋友了解你，你却不了解老朋友，这是为什么呢？"。王密说："现在是深夜，无人知晓。"杨震回答说："天知、地知、你知、我知，何谓无人知晓？"王密听后羞愧而去。

"天知地知，你知我知"常被人们看做是行贿受贿的良机，而杨震却不以此自欺欺人，不受"四知"金，说明他的道德修养已达到了不自欺的"慎独"境界。

真正的"诚信"，就是要在无人监督的情况下还能做到不自欺也不欺人。

在校求学，是一个艰苦的学习过程。求学时应抱着"知之为知之，不知为不知"的态度，而不应不懂装懂甚至欺世盗名。学贵在勤，勤能补拙。不少名人都是在极端艰苦的条件下求学深造的，如"苏秦发愤刺股"、"匡衡凿壁偷光"、"车胤囊萤勤学"等。成功不能侥幸实现，只有诚实、刻苦、排除万难的人才能赢取最终的成功。

第二，要知过即改。

如何对待过错，是诚实与否的重要表现，是君子与小人的重要区别。《左传·宣公二年》曰："人谁无过？过而能改，善莫大焉。"孔子曰："过而不改，是谓过矣。"韩愈曰："告我以吾过者，吾之师也。"陆九渊曰："闻过则喜，知过不讳（忌讳），改过不惮（畏惧）。"申居郧曰："小人全是饰非，君子惟能改过。"可见，古代哲贤十分强调知过即改，认为知过能改就是诚实的表现。

北宋诗人苏东坡，因自持才高而得罪宰相王安石，被贬湖州当刺史三年。期满后回京拜访王安石，恰逢王安石不在家，只见书桌上有一首未完成的菊花诗："西风昨夜过园林，吹落黄花满地金。"苏东坡想，菊花开于深秋，最为傲霜，岂能"黄花满地"？因此暗笑宰相写错了，于是提笔续诗两句："秋花不比春花落，说与诗人仔细吟。"

王安石回来看到诗稿，认出是苏东坡笔迹，打心里责怪他少见多怪，第二天早朝奏明皇上，就有意把苏东坡贬到了黄州。

一年后，一晚秋风劲吹，苏东坡早晨起来，只见院内菊花被刮得黄花满地，恍然大悟。这时，他深悔自己见识短浅，妄自续诗，于是专程到京城向宰相认错道歉。

王安石称赞说："知错能改，难能可贵啊！"

从此以后，苏东坡变得谦虚严谨，写下了很多脍炙人口的名篇佳作。

苏东坡知过即改的故事发人深省。

明代理学家王阳明说过："夫过者，大贤所不免。"即使圣贤，也不可能全无过失。重要的是，我们应持诚实态度对待过错，知错即改，接受教训，不再重犯，而不能故意掩饰，弄虚作假，拒不正视。只有诚实守信，勇于改正错误，才能从中吸取教训和知识，不断超越自我，走向成功的殿堂。

第三，要信守承诺。

《左传·僖公十四年》曰："弃信背邻，患孰恤之？无信患作，失援必毙。"意思是说，若你丧失信用，背弃邻国，遇到祸患，有谁会来同情你？而失去信用，一旦祸患发生，没有人来援助，你就必定灭亡。由此可见，重诺守信十分重要。如果我们对别人许下诺言，就必须认真对待，对自己的承诺负责，切勿掉以轻心，失信于人。

宋朝有个叫刘廷式的人，出身农家，邻家老翁有一女与他订了婚约。后来两家离别多年，刘廷式入太学读书，考中进士，准备回家与邻女成亲，不料老翁已去世，女儿因病双目失明，家道中落。但刘廷式并不因此违背婚约，仍然选定了完婚日子。

倒是邻女主动提出退婚，对他说："爹爹已不在人世，我如今形同废人，门不当户不对，怎能嫁与你为妻呢？"

刘廷式回答说："我与老翁有约定，岂可随意背弃婚约！"

结果二人终成眷属，家庭和睦，并生数子。后来妻子不幸去世，刘廷式悲痛异常，哭得死去活来。

苏东坡钦佩他的义举，特著文予以赞颂，于是有了流传千古的"刘廷式坚娶盲女"的故事。

近些年，有些大学生信誉缺失，助学贷款到期不还，引起人们的极大担心。有些学生为了不还贷款，毕业后更换手机，再留一个假单位、假地址，让银行找不着自己，或抱有侥幸心理，认为银行会不了了之。

教育部的一项调查显示，有约 20% 的贷款毕业生不同程度存在还贷违约情形。据悉2006 年5月15日，北京昌平法院就曾对某大学两名学生进行了缺席宣判，判令其立即返还所拖欠的中国建设银行北京昌平支行的贷款。此前，建行北京昌平支行状告该大学42名毕业生拖欠贷款。此后，昌平法院还对另外 3 名欠贷不还的学生进行了宣判。

其实，大学生贷款拖欠不还既害人又害己。这不仅导致银行对大学生不信任、不愿贷款，影响以后困难学子的贷款和学业，而且迫使银行因追讨贷款进入诉讼程序，使不少学生官司缠身。

人们真诚希望，个人信用缺失的大学生们能及早醒悟。

第四，要以诚待人。

诚信是人的修身之本，也是事业得以成功的保证。《河南程氏遗书》有语："学者不可以不诚，不诚无以为善，不诚无以为君子。修学不以诚，则学杂；为事不以诚，则事败；自谋不以诚，则是欺其心而自弃其忠；与人不以诚，则是丧其德而增人之怨。"说明"诚"对于做人、做事、做学问都十分重要。

战国时，梁国大夫宋就在梁国边县当县令，梁国与楚国相邻，当年两国边亭都种瓜。

梁亭人勤奋，所以瓜长得很好；而楚亭人懒散，所以瓜长得不好。但楚亭人心生嫉妒和恼恨，于夜间去踩踏梁亭瓜田。

梁亭人发现后，想以牙还牙，进行报复，事先向宋就请示。

宋就摇摇头说："不可！人家对我们不好，我们就想报复，心胸太狭隘啦！依我说，你们每天晚上去楚亭浇灌瓜田，别让楚亭人知道。"

梁亭人照办了，结果楚亭的瓜长势一天好于一天。

后来，楚亭人发现是梁亭人为他们浇灌，非常感激，遂将此事报告楚边县令，消息又一直传到楚王耳中。

楚国县令和楚王深为宋就以德抱怨的行为所感动，自觉惭愧，遂以重礼感谢梁王，并请求两国修好。

宋就以诚感人的故事因此流传至今，感动了无数仁人志士。

第五，要言行一致。

《礼记·中庸》曰："言顾行，行顾言。"切不可"自食其言"、"面诺背违"、"阳是阴非"。朱熹认为："信是言行相顾之谓"，要"口能言之，身能行之"，才是"国宝"；如果"口言美，身行恶"，那是"国妖"，是君子所不取的。孔子说："始吾于人也，听其言而信其行；今吾于人也，听其言而观其行。"意思是说，孔子从前看人，只要听其讲的话，就会相信其行为；而现在看人，当听其讲话后，还要观察其实际行动。在此，孔子肯定了道德实践是评价诚信品格的标准。

美国凯特皮公司有句广告是："凡是买了我们产品的人，不管在世界上哪个地方，需要更换零件的话，我们保证在 48 小时之内送到。否则，我们的产品白送给你们！"事实上，他们说到做到，有时为了把一个只值 50 美元的零件送到边远地区，竟然不惜动用直升机，耗资一到两千美元；倘若超过规定时间，还要把零件白送对方。但凯特皮公司靠着这种自始至终的"诚信"，使其产品 50 年畅销不衰。

可见言行一致之珍贵。

它山之石，可以攻玉。古往今来，有无数诚实守信的动人故事和楷模标兵，也有无数欺诈失信的典型案例和沦落之人。

作为新时代的年轻人，作为生长在我国经济体制深刻变革、社会结构深刻变动、利益格局深刻调整、思想观念深刻变化环境中的大学生，我们将不断面临新的诚信考验。例如，学费的交付问题，应考的诚信问题，助学贷款的还贷问题，办出国留学资料的真实性问题等。因此，我们不仅应做好最基本的方面，达到最基本的诚信要求，而且应该以不变应万变，始终坚持诚信理念；不管别人怎么做，不论学校乃至社会发生什么样的变化，我们都应坚守道德底线，追求高层次的道德水准。

诚信，是中华民族的传统美德和人类文明的文化瑰宝，它影响着社会的发展，引领着社会的未来。讲诚信，我们的社会才会变得和谐，我们的未来才会变得美好。让我们向"诚信"典范学习，坚守诚信，追求大气，从我做起，从现在做起，让诚实和勤勉成为我们永久的伴侣。

6.4.2 讲规纪：遵规守纪，按规则"出牌"

1. 规则的内涵与意义

规则一词有三个层次的含义：一是仪范、规范；二是规章、法则；三是整齐，合乎一定的方式。总体来看，其基本含义是指，规定出来供大家共同遵守的制度或章程。规则就是做一件事所要遵循的准则，通常因得到众人的承认和遵守而存在。

规则的基本形式有两种：一是由书面形式规定的成文条例；二是约定俗成、流传下来的不成文规定。

人一出世就置身在各种各样的规则当中，家庭、学校与职场的规则，生活、学习与工作的规则，情场、商场与官场的规则……种种规则总与你如影随形、不离不弃。

在我们日常生活中，充满了各种各样的规则。例如，过街要看红绿灯；乘公交车要买票；买东西要排队；集体场合不喧哗；上课不能迟到早退；考试不能违纪作弊；著书立说不能作假抄袭等。

在我们大学生活中，同样充满了各种各样的规则。例如，家庭贫困，要予资助，视困难程度给予不同帮助；表现优秀，要予奖励，视情况给予"三好学生奖"、"优秀学生干部奖"、"精神文明奖"、"学习进步奖"等；完成学业，要予颁证，分别授予学位证、毕业证、合格证、资格证等；违规、违纪、违法，要予校纪处分，视情况给予警告、严重警告、记过、留校察看、开除学籍处理，严重者交公安机关依法处理等。

几乎我们所做的任何一件事情都有它的规则；针对不同领域或不同的人，还会有不同的规则。它要求我们按照一定的程序、格式、方法来做一件事情，以使这件事情更加简便，方便管理或方便完成。

可见，规则与你一生的关系多么密切，它对你一生的影响多广多深，深谙规则、按规则行事又有多么重大的意义。

规则是人们根据一定的目的需要创制的，因而有其特定的作用意义。

1)规范你的行为，维护社会和谐

社会是由人集合而成的，社会活动是人的活动；人们活动的动机往往不同，如果没有行为规矩，各行其是，社会就会混乱不堪，陷入矛盾冲突之中。

人类社会需要规则。在一个特定场合，如果只有一个人，规则是不必要的；但如果多了一个人，一些简单的规则就成为必需。例如，两个人如何互不干扰，如何互相协调。不幸的是，社会是由很多人组成的，人们不得不依照一定的规则来分享自然、社会、政治和权利资源，因此，规则和人类社会共生并存，按自然法学家的说法，创设规则就是为了缓和冲突，保证人类不在互相争斗中毁灭，保证社会稳定和谐。

2)改变你的行为，实现规则创制者的目的

人是趋利避害的，如果人们遵守规则可以带来自己利益的最大化，人们就会乐于改变自己的行为。

19 世纪中叶，大英帝国向其殖民地澳大利亚运送囚犯，当时政府与船主商定：按上船的囚犯人数付费。不料，船主为了多赚钱，竟然不顾卫生条件、生活条件而超载运输囚犯；而在航海中，船主为了最大限度减少成本，又大肆虐待囚犯，结果导致大量囚犯非正常死亡。

这事引起英国舆论一片哗然。政府先后采用不少办法，如派牧师上船教化，派医生治病，派官员监管船主等，结果都是无济于事。

后来，英国政府把付款方式做了改变，宣布按实际到岸的囚犯数付款，结果问题立告解决。

这个故事告诉我们：人性是难以改变的，但人的行为是可以改变的；"好"规则能使"魔鬼"变为"天使"，"坏"规则却能使"天使"变为"魔鬼"。人类如果能够创制出"好"的规则，就会改变人的"魔鬼"一面，使"人人"成为"天使"，从而实现规则创制者的目的需求。

3）改变交易成本，影响经济效益

"科斯定理"告诉我们：在交易费用为零的情况下，不管权利如何进行初始配置，当事人之间的谈判都会导致财富最大化的安排；而在交易费用不为零的情况下，不同的权利界定和分配，则会带来不同效益的资源配置，所以产权制度的设置是优化资源配置的基础，能使交易成本最小化的法律是最适当的法律。

科斯的主要贡献在于指出了不同的制度安排会带来不同的资源配置效果。即制度安排的不同会直接影响经济效益。采取何种制度安排又取决于哪种形式能使交易成本最低。

这个结论后来被美国华盛顿大学的诺斯教授概括为：当存在交易成本时，制度是至关重要的。

由此可见，"好"的规则或"最适当的法律"对经济活动与经济效益影响极大。

4）实现个人利益，保护个人自由

规则是依靠在社会中占支配地位的力量来制定，但规则的遵守则主要依靠社会成员对规则的敬畏。不遵守规则是利益驱动，遵守规则也是利益驱动；迫使人们遵守规则的最有效手段是利益机制。因此，制度设计必须运用利益机制，使人们遵守规则能得到好处，违反规则会受到惩罚，而且其损失程度大于收益。创制规则的目的，就是要约束该约束的人和行为，保护多数人的正当权利，正如家要防止不该发生的事，保护该保护的人一样。显然，讲规则，既能获得制度框架内的利益，又能获得制度框架下的自由；倘若人人都遵纪守法，我们就能获得合纪合法的权利，实现制度框架内的利益最大化和自由最大化。

综上所述，讲规则，对实现社会和谐、满足社会需求、提高经济效益、获取个人利益和自由等，都是必不可少的。因此，好的规则，我们都应坚决维护，自觉遵守。

"没有规矩，无以成方圆。"这话由来已久。规成圆，矩成方，引申到我们生活、学习或工作中，就是要遵规守纪，按规则"出牌"。作为青年大学生，更应做遵规守纪的模范；在大学生生活中，首先要通晓和遵守学校的规章制度。

诚然，规则好比命令，执行规则时容不得个人意志，这会限制个性和自由。而人都是有思想的，做事总有自己的意愿，面对生命的幻境，不少人甚至每个人在清醒的时候都想用力挣脱，总试图按意愿而不按规则行事，但每挣扎一下，反而深陷一步——受到一种新的规则约束，因而陷入矛盾冲突之中，感到迷茫、麻木、无奈、彷徨甚至痛苦。

然而，从现实结果和效果上讲，显而易见的是，我们应该按逻辑思考，按规则行事。要谋求成功和幸福，就应在思考的时候借助于自己的理解或逻辑，而在行事的时候遵循相应的规则。因为正确的规则能使我们的言行合于情理，按规则行事是明智而理性的；按理解或逻辑行事是认真、执著的。若追寻个性的自由、解放，则往往是固执而任性的，它可能使我们的言行不合情理，甚至造成不良后果。

不守规则，或遵守与别人不同的规则，这是隐藏在不少人心中的一种欲望。因为这种欲望的实现，即使不能带来利益，也能带来与众不同的感受。但破坏好的规则，也将付出代价，受到处罚。这样的例子为数不少。

近年中国，办出国留学资料，从托福得分到个人成绩单，小到个人资料，大到以国家名义进行的公证，那些以诚实为前提的规则往往被一些同胞耍得一塌糊涂。由于类似的事件被频频发现，很多国家都对国人采取了严密的防范措施。有些大学在录取中国学生时不得不增设更多标准，以保证被录取的学生是"真材实料"。哈佛大学法学院的硕士项目曾要求中国学生的推荐人要写中文推荐信，而且最好手写，因为他们发现那些使用了最诚挚、最美好语言的英文推荐信大部分出自被推荐人自己之手。

这使我们民族的公信度因部分人对规则的不恭而受到伤害。

在美国，前纳斯达克主席兼美国证监会顾问麦道夫，素以金融市场的"作势交易先驱"著称。但他不按规则创办基金，也落得了可悲下场。

麦道夫创办基金的做法是：成立一家所谓的基金公司，承诺给投资者高额回报，而事实上，他筹集的大量基金并未投资于实业，而是用后来投资者的钱向前面的投资者支付收益，并隐瞒事情真相，一直向投资者报告说，他的基金处在稳健增长中。这一做法可谓"庞兹骗局"的现代演绎。到金融危机暴发时，他已行骗近20年，创造价值650亿美元"基金"。但是，金融危机使他现了原形。因为危机使新加入的投资者急剧减少，并有越来越多的投资者要求还款，他的骗局无法继续。上当受骗的有数以百计、来自世界各地的银行、对冲基金和富有者，不少银行、公司的损失上亿甚至数十亿美元。然而，麦道夫也因此付出了沉重代价，最终获刑150年，被罚1700亿美元，应了中国千年古训："善有善报，恶有恶报。"

麦道夫的下场让华尔街威信扫地，也让我们看到了违规、欺诈的危险和危害。

显然，不论你是谁，不论何时何地，要赢得真正的成功，都必须遵守"游戏"规则，而不能把规则当游戏。

2. 按规则办事的一般原则与方法

怎样按规则办事，做到遵规守纪呢？

讲规纪，同样没有统一的模式，因为具体的规则太多。但我们应该探索并遵行其一般的原则和方法。

第一，加强学习，熟悉、理解规则。

遵守规则以熟悉和理解规则为前提。不少时候，我们对某些规则一无所知，结果是不自觉地忽略了规则，甚至违背了规则。不少时候，我们很清楚办事的规则，但我们不理解或不很理解某些规则，甚至对它们抱有偏见，结果我们也不能按规则行事，至少不能很好地执行规则。

规则是必须执行的。但只有熟悉规则，理解规则，才能遵守规则，按规则办事。对于我们自己尚不理解的规则，我们自然不能向它低头。如果你深谙学校的条例、商场的规则、职场的艺术、情场的爱恨，就可能在学海里如鱼得水，在职场上游刃有余，在商场上斩兵杀将，在情场里热烈演绎……

要熟悉规则，理解规则，就应加强自身学习。在当今知识、信息"爆炸"的时代，规则成千上万、层出不穷、变化不断，没有持续、有效的学习积累，不知、不懂、不会、不专、不强等问题就会影响我们对规则的执行。

作为大学生，应首先熟悉并理解掌握学校的规章制度，注重理解掌握与自身生活、学业、就业与创业相关的规章制度，尤其是一些与自身关系密切的规章制度，如学生行为准则、学生管理规定、学籍管理规定、学生奖励条例、校园秩序管理规定、学生安全教育与管理规定、学生纪律处分条例等。

第二，严于律己，加强人格修养。

人格的形成受环境影响很大。因为人一出生，就受到外部环境的种种影响，很多时候，我们都是被动地接受环境影响。但人格修养并非不能改变，而是可从自己培养、加强的。这是人作为万物之灵与其他动物的本质区别。

青年大学生的人格特质是多种多样的，可塑性很强。要熟知规则，遵规守纪，按规则办事，就要先具备诚实守信的优秀品质和强有力的自我控制力。面对舒适、名利、金钱、美色等诱惑，你顶住了，人格便升华一步；你踏入"雷区"，触及"高压线"，人格便堕落下去，规则便荡然无存。因此你应严于律己，加强人格修养，始终坚持做到诚实不欺，不断增强自制力，自觉抵制不良诱惑。

第三，重视规则，加强执行力度。

在当今经济社会快速发展的时代，规则众多、复杂、多变，规则的作用越来越大。因此，我们要不断增强规则意识，高度重视规则的作用，始终加强对规则的执行力度。

作为大学生，应从遵守学校的规章制度做起，做一个寝室、课堂和校园的"护花人"。应自觉遵守学术道德、择业道德、社会公德，作一个和谐社会的"护航人"。

加强对规则的执行力度，要反对实用主义、形式主义和浅尝辄止的行为。实用主义从功利出发，对我"有用"的规则就执行，对我"没用"（不利）的规则就不执行或片面执行，结果导致规则的执行变味，使规则成为维系本位"私利"的工具；形式主义是做表面文章，不可能真正按规则办事；浅尝辄止也缺乏遵规守纪的真情实意。所以，实用主义、形式主义和浅尝辄止行为都是应该杜绝和防范的。

第四，明辨是非，按好规则办事。

规则或制度对个人和社会的发展都影响重大。好的规则或制度，可以使坏人变好，可以促进社会发展；坏的规则或制度，则可以使好人变坏，可以阻碍社会发展。因此，按规则办事，并非要你不加区别地统统执行，而需要你明辨是非，严格划清"好"规则与"坏"规则或显规则与"潜规则"的界限，维护和执行正确合理的规则，自觉抵制"坏"规则、"潜规则"。

作为青年精英，大学生在执行什么样的规则上，应为社会做出表率。

第五，善于反思，勇于开拓创新。

没有规矩，难成方圆；墨守成规，则无创新。在讲规则与求创新的关系上，显然需要正确处理。

每个人都生活在现有的一套规则中，这种规则为你提供了很多方便，使你不假思索就能心领神会，实现协调，节约生活、学习和交往等方面的成本。但也正是这些既有的规则，让你习以为常，不经大脑的理性思考就承认它的合法性，因而隐藏着致命的危机——墨守成规，不能创新。

事实上，迄今为止，人类没有任何一套规则会令所有人在所有时候都满意。智者首先从这种直觉性的不满中展开理性思考，试图改变既有规则尤其是有明显缺陷甚至错误的规则，这是一种"革命"性的行为，其实也就是大家熟知的"创新"。普通人在现成的规则中活着，强者却是为改变规则而活着。如果你有足够的理由，打破或超越既有规则从而为个人和社会都带来更好的结果，为什么不去打破或超越它们呢？

现代社会日新月异，规则也应与时俱进，很多既有规则终究应被打破。因此，我们应在掌握现有规则的基础上，不断反思总结，发现其不足与问题，实现改革与创新。在这方面，青年大学生尤其应该激流勇进，为构建一个更为理想的创新型社会付出应有努力。

6.4.3　讲法治：知法守法，依法行事

1. 为什么要讲法治

法律是人类在社会层次的规则，是社会上人与人相互关系的规范，是由立法机关制定而由国家政权保证执行的行为准则。

当前中国正在进入法治社会，法治手段将越来越广泛地运用于现实生活。置身于现代社会的人们，无一能摆脱法律而生存。这意味着，必要的法律素养，已成为现代人特别是大学生立足社会不可或缺的基本要件，从个人的日常生活行为到丰功伟业的创造，都离不开一定的法律素养。

法律素养是指人们认识和运用法律的能力或素质。

一个人的法律素养如何，是通过其掌握、运用法律知识的技能及其法律意识中表现出来的。

法律知识主要由两部分组成：一是制定法中关于规则的知识，即所谓的法律条文体系，其价值追求是秩序、自由、效益、平等、人权、正义等；二是法律学问中关于原理的知识，即所谓的法律原理或法律理论。一般意义上的学法、懂法，就是要求既熟知一些基本的法律条文，同时又掌握一定的普遍适用的法律原理。

法律意识，一般由法律心理、法律观念、法律理论、法律信仰等要素整合构建，其中，法律信仰是法律意识的最高层次，也是大学生法制教育的核心。美国著名法学家哈罗德·伯尔曼说："法律必须被信仰，否则它将形同虚设"，这句话广为流传，成为所有崇尚法治的人们确信的一条真理性原则。只有信仰法律，才可能守法。法律作为公平、正义的象征，守法仅是法律信仰的外在表现形式，守法精神才是法律信仰的灵魂。

大学生法律意识是我国社会主义法律意识的重要组成部分，它既有社会主义现代法律意识的基本内容和特征，又有自身的特殊性，同时还区别于一般社会群体的法律意识。就其主体而言，大学生的年龄层次、受教育程度有别于其他社会群体或社会公众；就其内容而言，由于大学生尚未形成成熟的人生观和世界观，观察问题、分析问题还不够全面，因此，他们的法律意识带有明显的易变性和不成熟性。虽然大学生大都赞同"依法治国"的治国方略和"建设社会主义法治国家"的战略目标，也普遍认为应该自觉守法、依法维护自己的正当权益等，表现了一定的法律素养，但社会上依然存在的错误观念必然影响大学生的思想和言行。例如，"只有私了解决不了的问题才应求助于法律"，遇到法律纠纷首选"托人私了"，"能够钻法律空子的人都是有本事的人"等，这些现象无时无刻不在影响青年学生。可以确定的是，

当代大学生的法律意识已有很大程度的增强，但大多停留在感性认识水平，而且"知"与"行"存在较大差距；不同学生的法律意识水平还参差不齐。从大学生的行为表现看也是如此。一方面，大学生拿起法律武器维护自身合法权益的事例层出不穷；另一方面，大学生违法犯罪的事例也不鲜见。

调查发现，当代大学生的法律素养在面对具体问题时大致表现为三类：

(1)法律意识较强，能正确行使权利，积极履行义务，对自己应当享有的合法权益极力维护，遇到问题首先想到的是通过法律途径解决。

(2)有法律知识，且了解法律规定，但因现实中存在的一些社会问题而对法律有误解，如对腐败问题反感而误解法律等，一些学生犯法并非因为不知法，而是知法犯法，把法律狭隘地理解为一种工具，而非追求的目标，认为法律就是条文，而忽视了法律所追求的秩序、自由、效益、平等、人权、正义等价值目标。

(3)思想简单、易冲动，感情用事，往往丧失理智，根本不考虑法律规定及其行为后果。

近年来一升再升的大学生犯罪数据向我们表明：校园并不平静，大学生的法律素养还十分贫瘠。

广州市司法局曾对广东全省 49 所普通高校进行了调查，结果令人震撼。1981~1998 年，这些高校曾有违法和犯罪的学生 626 人，约占同期在校学生总数的千分之二。

中国犯罪研究会会长、北京大学法学教授康树华所作的一项调查表明：1965 年，大学生犯罪只占整个社会刑事犯罪的 1%，到"文革"期间，占到整个刑事犯罪的 2.5%，而近几年，已经占整个社会的 17%。

2003 年 3 月 28 日，在南京市浦口区检察院挂牌成立了全国首家大学生犯罪预防中心，南京大学、东南大学等南京 10 所高校成为中心首批成员。之所以要建立"大学生犯罪预防中心"，是因为该院调查发现，2001 年南京在校大学生的犯罪率比上年上升了 300%，2002 年比 2001 年上升了 120%，并发现大学生犯罪大多是因为不懂法。硫酸伤熊案当事人清华大学学生刘海洋曾说："我们上大一就学了《法律基础》课，学了民法和刑法等，但我只知道猎杀野生动物违法，用试剂烧伤动物园里的动物是不是违法就不清楚了……"从这段心语中，也许会让我们得到比"事件"本身更富有检讨意义的启示。

从其普遍存在的问题看，目前我国大学生的法律素养有以下主要特点：

第一，较强的社会责任感和普遍淡漠的法制意识形成巨大反差。

随着我国依法治国理念和方略的实施，我国高校普遍设置了《法律基础》课，但学习时间短暂，学生能从课堂上获得的法律知识十分有限。而且绝大多数学生对学习法律知识的重视程度不高，使得学习效果大打折扣。凡此种种，都使大学生不可能有扎实的法律基础知识，更难有深层次的感悟体验。由于未做到防微杜渐，导致个别学生自觉性越来越差，自我控制能力越来越弱，很容易突破道德防线而走上犯罪歧途。

随着知识的积累，视野的扩大，不少大学生开始学会对现实问题进行深层次的理性思考，关注国家的法制建设，更关注自己的合法权益。但他们又往往富于幻想，急于求成，缺乏对国情的全面了解和冷静、理性的分析，往往会因思想深处的法律意识薄弱而表现出情绪化的倾向。

第二，更加注重实现自我价值，主动法律意识明显缺乏。

当前大学生群体受现代社会意识形态的影响较重，更加注重实现自我价值。但他们往往不能正确认识自我，喜欢以自我为中心，以批评的眼光对待周围的人和事，甚至把学校规章制度视为其思想和行动自由的束缚，对法制教育存在逆反心理，有的甚至作出违规之举。由于传统法律意识的思维惯性，也由于教育与宣传舆论的局限，大学生的法律意识处于一种被动的守法状态，认为守法就是遵守刑法。不少法制宣传栏中的内容大多是因违法犯罪所受到惩罚的信息，这使大学生只感受到了法律的无情，但不能感受到法律是自己生存的需要，是自己行为的准则，是自己利益的维护者，误以为只要不违法就无需学法，有的甚至认为法律形同虚设，即使约束和规范，那也是"针对老百姓的"。

第三，功于知法、懂法，淡于守法、用法。

不少学生对法律知识懂得很多，但在现实中的行为表现与法律规定背道而驰，守法的自觉性较差，存在"学而不用"，"知而不信"等问题。当自己的合法权益受到侵害时，往往不能积极主动地利用法律武器维护自己的正当权益，而是以消极的态度对待法律，甚至采用报复的手段来讨回"公道"，导致了违法犯罪的可能性。

上述情况表明，由于受社会负面文化和学生自身道德及心理成熟程度的影响，当代大学生的法律意识还没有达到应有的高度。面对这种情况，对大学生加大法制教育的力度，进一步增强他们的法律意识，提高他们的法律素养，就显得十分必要。

第四，大学生违法犯罪现象呈现上升趋势。

近年来，在校大学生犯罪率呈增长趋势。

2002年，发生了清华大学学生刘海洋在北京动物园的"伤熊事件"。

2003年4月3日，22岁的浙江大学农业学生物技术学院农学系应届毕业生周一超，报考浙江嘉兴人事劳动保障局公务员，通过笔试、面试后，因健康检查不合格未被录用。他因此情绪悲观而报复杀人。

2004年，发生了云南大学学生马加爵在校园里的"杀人案"。

……

2010年，发生在四川大学校园伤害他人致死案……

大学生犯罪的频频发生，引起了人们的高度关注。

研究表明，目前大学生犯罪有三大主要特点：

(1)犯罪涉及的罪行往往比较单一。大多涉及盗窃和故意伤害这两种罪行；涉案学生男女比例大致是7∶1，男生主要涉嫌故意伤害罪，女生几乎都涉嫌盗窃罪和色情诈骗罪。

(2)犯罪的侵害客体多是同学，越熟悉的人越容易成为侵害对象，如同寝室同学等。

(3)涉案学生以民办高校的本专科生、成人教育学院的本专科生和公立高等院校的本专科生为主。人员结构上以本科一、二年级和专科一年级的学生为主。

大学生犯罪率上升这一事实表明，目前很多大学生并未把法律知识转化为法律意识，用以指导自己的行为，因而不知道自己的行为是否正确。这一事实也表明，现行的法制教育模式没有让大学生们真正懂法、守法。

针对目前大学生法律意识和护法守法中表现出来的问题，高度重视大学生法律意识的培养教育十分重要；大学生讲法治，自觉地知法守法、依法行事尤其重要。前苏联教育家苏霍姆林斯基说过："教育的目的是为了达到自我教育的境界。"

"没有规矩，不成方圆。""国无法不治，民无法不立。"因为有了各种规纪和法律的规范与约束，我们的生活才能有条不紊，我们的社会才能和谐稳定；人人遵守法纪，凡事依据法纪，经济才能增长发展，社会才能进步繁荣。

2. 知法守法，依法行事

遵纪守法是每个公民应尽的社会责任和道德义务。作为社会主义现代化建设事业的接班人，大学生们更应懂法守法，加强对法律知识的学习和理解，培养良好的法律品德，提高法律意识，增强法律观念。

那么怎样才能做到知法守法，依法行事呢？

知法守法，就要树立宪法意识和法制观念，严格遵守宪法和法律，自觉在宪法和法律范围内活动。

第一，学法知法是守法护法的前提条件。

朱熹有一句名言："论先后，知为先。论轻重，行为重。"学法知法与守法护法的关系也是一种知行关系。显然，守法护法是关键，但学法知法是前提。

只有学法知法，才能知道什么行为是国家法律支持、许可因而是可以做的，什么行为是国家法律禁止、反对因而是不可以做的，从而指导自己自觉地依法行事，在宪法和法律范围内活动，并用法律标准去判辨自己和他人的言行，做出"合法"、"非法"或"违法"的正确评判，理智地同违法行为作斗争，维护法律尊严，从而维护社会正常秩序和自己的合法权益。可见，只有学法知法才能更好地守法护法。

在法制社会，法律几乎覆盖社会生活的方方面面，人与人之间的关系，人与物之间的关系，国家集体与个人的关系等，无不为法律所规范。无论你是否意识到，都要处处与法律打交道，这不以个人意志为转移。而且，社会经济越发展，社会分工越精细，社会竞争越激烈，生活节奏越加快，法律对各领域的活动和秩序规范就越必要、越典型，不学法知法，就难以适应依法治国的需要。

大学生是未来社会的建设者和接班人，在学校，你们是成年人，要树立法律意识和强化依法行事概念，知法守法，严格自律；走向社会以后，你们不仅要依法律己，还要依法管理经济、管理社会。因此大学生应从所肩负的历史使命出发，努力学习和掌握相关的法律知识，养成依法办事的良好素质。这对个人、他人和社会都极其重要。

(1)学法知法，才能维护自己的合法权益。

某高校大学生胡某在一个杂货摊购笔，经过挑选后买了一支。但当他转身离开摊位时，被老板喊住并予以质问，老板声称少了一支笔。该生在众目睽睽之下很是难为情，为了表示自己的清白，主动把衣兜翻给老板看。老板不相信，又在该生腰部和裤腿处搜查，最终却没在他身上找到笔。

事实上，按法律规定，这个学生没有义务接受老板的质问，更不应该允许老板搜查；对于老板的侵权行为，还应让其赔礼道歉。但是，这位大学生的举动却表现出对法律有关规定的无知，因而没有维护自己的正当权益。

(2)学法知法，才能辨别法律是非。

大学生小周在赌博过程中欠同学小胡赌债500元钱。小胡多次催要未果，二人发生争吵、互殴。几位赌友在一旁起哄助威："欠债还钱，天经地义，不还就是不行，自找挨打。"结果，小周受伤住院，花去医疗费近千元。

其实，小周欠小胡的债务，是在赌博输赢中产生的"赌债"，是不正当的、非法债务，不受法律保护。同时，他们的赌博行为还应受到法律的制裁。他们采取殴斗来解决"欠债"

问题，更是违反法律。可悲的是，这几位"青年精英"不仅认为赌债"该还"，而且把小周"该挨"当作了天经地义，足以见其不知法律规定，而且是非辨别能力低下。

(3)学法知法，才能避免违法犯罪。

男学生小张和女学生小赵恋爱交往一段时期后，小赵以性格不合为由提出分手，要求只保持一般同学关系。小张不同意，继续纠缠，终未如愿，于是以捏造事实诽谤小赵的手段进行报复，致使同学们对小赵议论纷纷。小赵受到侮辱，情绪低落，精神恍惚，结果严重影响了学习。

其实，小张的行为侵害了小赵的人格权、名誉权，构成了违法行为。如果因此导致小赵精神失常或自杀，小张的行为便会转化为犯罪行为。对此，小张却全然不知，我行我素，其后果必然是十分危险的。

由此可见，学法知法事关重大，它是守法护法的根本条件，必须加以高度重视。

第二，学法知法应掌握的主要法律。

法学，作为一门科学，也是一个庞大的体系，浩如烟海，我们很难精通穷尽。

就现行的法律内容和大学生成才成功的需求而言，大学生应主要学习一些基本的法学理论、知识和主要的法律规范，具体包括以下内容：

(1)《中华人民共和国宪法》；

(2)《中华人民共和国治安管理处罚法》；

(3)《全国人大常委会关于维护互联网安全的决定》；

(4)《中华人民共和国道路交通安全法》；

(5)《中华人民共和国知识产权法》；

(6)《中华人民共和国民法通则》；

(7)《中华人民共和国消防法》；

(8)《中华人民共和国物权法》；

(9)《中华人民共和国刑法》；

(10)《中华人民共和国劳动合同法》和《中华人民共和国劳动法》。

另外，对相关的国际法也应高度重视。

大学生在学习过程中，要能正确理解民主与法制、自由与纪律、道德与法律的关系，牢固掌握法律基础知识，不断增强社会主义法制意识和法律观念，自觉履行公民的权利与义务，遵纪守法，运用法律武器维护正当权益并与违法犯罪行为做斗争，即要做到学法、知法、守法、用法、护法并重。

第三，自觉守法护法，争当模范标兵。

知法守法，每个人都应从自我做起，从一点一滴做起。作为青年大学生，更应以高标准来严格要求自己。

(1)认真学习以宪法为核心的法律法规，不断增强自身的宪法意识和法治观念。

(2)以各种法律法规及相关文件来约束和规范自己的言语和行为。

(3)积极参与各种普法宣传和法律咨询活动，用自己所掌握的法律知识为普法宣传作出努力和贡献。

(4)自觉遵守校规、校纪，以实际行动为构建和谐校园贡献自己的力量。

(5)遵守并维护公共秩序，营造良好的校园文明氛围。

(6) 增强自身依法维权意识，勇于用法律武器维护自己的合法权益，敢于同违法违纪行为作斗争。

朋友们，让我们严于律己，以身作则，做一个知法、懂法、守法、护法的人！让我们共同努力，为构建法治社会、和谐社会做出自己应有的贡献！

结语：规划引领人生，行动成就人生。成功学大师拿破仑·希尔曾说："想得好是聪明，计划得好是更聪明，做得好是最聪明。"一次行动比一万次思考强一百倍，行动决定一切。让我们合理规划，科学行动，持之以恒！

学习笔记：

思考与训练：

1. 习惯培养训练

习惯培养卡 1

以早睡早起或天天锻炼为目标，通过这种方式，培养自己良好的生活习惯。

习惯培养卡 2

给自己确立一周的学习计划，如每天记住 50 个英语单词，培养自己良好的学习习惯。

习惯培养卡 3

找出自己一个小小的坏习惯，用心理学的方法来尝试纠正。如果成功的话，就奖励自己。

习惯培养卡 4

每天睡觉前 20 分钟反省自己一天的言行，找出不足或问题，提出解决方案。

习惯培养卡 5

(1) 培养习惯：即刻行动，不拖延。

(2) 开始时间：此时此刻。

(3) 基本步骤与方法：

① 坚持 30 天——无论如何坚持新习惯 30 天。这需要你 95％的努力，所以一定要在第一个月里坚持、坚持、再坚持。

② 记录下来——如果你想改变一个习惯，请马上计划你想干什么并且记录下来。每天早上制订一天的工作计划，严格执行，不达目标誓不罢休。

③ 保持一致——原本决定培养锻炼一个好习惯，但你第一天跑步，第二天改成骑自行车，第三天又换成跳舞。这样换来换去，虽然使你的行为变得有趣，但却很难坚持并形成固定的习惯。在你培养好习惯的第一个月内，应保持你的习惯内容前后一致，不要任意改变。

④ 每日培养——在培养好习惯的第一月内，每天都要坚持，以便更容易地把习惯变成长久稳定的习惯。

⑤ 了解收获——如果你想培养一个永久的习惯，你就需要一点动力。了解你能从新习惯里获得什么好处。只有发现了新习惯能带来的好处，才有不断的动力促使你培养这个习惯。

⑥ 提前计划——找一段适当的时间培养习惯。提前找出这个月内可能会破坏你培养新习惯的事情，如

假期旅游、工作日程改变等。提前计划可以让你避免苦心培养的减肥计划被突然来临的生日 party 破坏，也可以让你避免因旅游而扰乱自己尝试坚持的节约支出的好习惯。

⑦ 举行仪式——在你开始新习惯前，最好举行一个仪式，如打扫房间，将工作台整理干净，准备好做计划的笔记本等。

⑧ 填好空隙——有些习惯并不固定。一个新习惯形成，必然有旧习惯被抛弃，从而产生一些"空隙"，你应想办法填补这个"空隙"。例如，养成了管理时间的好习惯，工作效率提高了，无形中我们的时间就比以前延长了；过去在网上瞎逛一小时，现在改掉了这个毛病，生命中就多出了一小时，你就应设法利用好这一小时。"填好空隙"，就是用我们养成好习惯改掉坏习惯而"延长"或"多出"的时间去做更多有意义的事，如奖励自己看场电影，出去跑跑步等，以使新习惯巩固下来，也使事情变得有连续性。

⑨ 及时奖励——每当你成功培养了一个新习惯，就给自己一些奖赏，这样可以增强你的动力，让你继续坚持。奖赏不一定是钱。如果这月可以严格执行既定计划，不妥协地完成，下月就可以奖励自己去厦门旅游一趟。

⑩ 善用"但是"——使用"但是"来改变习惯培养中的坏情况。每当你坚持新习惯一段时间后，往往会或多或少地产生一些消极想法。你应在每一个消极想法后面及时加入"但是"，并且加入一些积极的想法。例如，"我不知道这件事怎么做，但是，我是一个很聪明的人，能马上就学会的。"

2. 行动力指数测评

行动力指数是对行动力等级的具体量化数值。根据"旗帜行动力系统"对个人行动力指数测试值，个人行动能力可划分为四个等级，如表 6-1 所示。通过该指数等级对照，我们可以更直观地了解自己行动能力的成长变化情况。

表 6-1　行动力等级划分标准表

入门级	有想法，但工作主动性差，害怕冒险，惧怕工作中所面对的困难与挫折；容易受惰性和不良风气的影响，对自己没有自信；奋斗目标不坚定，缺少行动动力
初级	敢于主动请战，承担相应的工作与职责；敢于用"尝试"的方法解决问题，不惧怕困难与挫折，对自己比较有自信；树立了相当明确的目标，并开始尝试为之努力
中级	敢于打破固有模式，敢于用新办法、新思路对原有工作创新和解决问题；敢于立即采取行动，不怕失败打击；对于上级安排的工作总能按时或者提前完成；积极应对工作压力，在工作中不怕困难与挫折，敢于不断尝试；已经能有效运用行动工具，掌握一定的实现目标的具体方法
高级	具有强烈的企业家冒险精神，非常愿意通过不断尝试创造从无到有的结构；面对过程中的困难与挫折毫不畏惧，坚持走自己的路，有足够的行动力实现目标、管理目标

参考文献：

埃勒让. 2001. 勇气创造辉煌. 沈阳：春风文艺出版社

陈金春，刘成荣. 2006. 重视并搞好大学生的法制教育. 盐城工业学院学报，4

崔长珍. 2006. 关于加强大学生法制教育的思考. 河南工业大学学报，3

侯书森，王媛. 2009. 言与行. 北京：新世界出版社

华之田. 2008. 一步赢全部. 北京：中国纺织出版社

江俊文. 2008. 大学生就业与创业指导. 北京：高等教育出版社

蒋鸿，张伟，李勤. 2002. 大学法律基础读本. 西安：西安交通大学出版社

李玉华，李景平．2001．大学生素质论．西安：西安交通大学出版社

马克思．1995．马克思恩格斯全集．1 卷．北京：人民出版社

宁玉民．2001．思想政制教育方法和途径的创新．学校党建与思想教育，5

宋继东．2008．论社会主义荣辱观．武汉：华中科技大学出版社

孙施文．2007．遵纪守法．合肥：中国科学技术大学出版社

王笑非．2010．靠结果生成．深圳：海天出版社

闻君，张佰仲．2008．世界上最伟大的成功学．北京：北京工业大学出版社

赵震江，付子堂．1999．现代法理学．北京：北京大学出版社

郑日昌．1999．大学生心理诊断．济南：山东教育出版社

郑雪．2006．社会心理学．广州：暨南大学出版社

http://www.zhlzw.com

http://www.people.com.cn

http://haohaohao.blog.hexun.com/18570152_d.html

后　记

当我改完手中的书稿，为本书的最后一个句子打上句号时，心中并没有如释重负的释然。面对初入大学、活力四射、像喷薄欲出的朝阳一样的青年学生们，就他们未来的人生宏愿说点什么，毕竟不是一件十分容易的事。我和我的同事们都是昔日的学子，而今的教师，虽然都在从事这件平常但不平凡的工作，经历了许多人生的选择和考验，但是我们依然感到，在瞬息万变的人生苍穹里，人生轨迹从来都是难以预知的，也不是一成不变的；人类的前途是光明的，个人的前景是未定的，青年学生们的未来更是充满变数、扑朔迷离。但是，成长的本身，就意味着在变化莫测、万象纷呈的大千世界里破除万难、抵御诱惑，坚定地沿着预定的目标，到达理想的彼岸。

浩如烟海的历史长河和宏大壮丽的未来世界都是由点滴人生汇集而成的，把握并清晰地描述这些东西，远非这本书可以完成，但这并不妨碍我们就青年学生们迫切关心的问题加以讨论。感谢我的同事们，我们一起把一些艰涩难懂的哲理变成了浅显易见的人生趣事。本书用朴实的语言、鲜活的事例诠释先哲们的智慧，讲述平凡故事背后的人生辉煌。期望本书的这种表达方式能满足青年学子们在知识和智慧的海洋里汲取营养的渴望，希望他们在阅读这些故事的时候能够对人生的真谛有所觉悟。

《规划引领人生——走进大学》一书是四川省教学改革项目"构建具有成信特色的综合素质教育体系的研究与实践"（P09306）和成都信息工程学院教学改革重大项目"构建成信特色'全程、全员、全面'综合素质教育体系的研究与实践"（Z200903）的部分研究成果。全书共6章，撰写分工如下：第1章由敬枫蓉、姜林琳编写；第2章由姜林琳、沈登学编写；第3章由张小红、袁世斌编写；第4章由卢军编写；第5章由朱毅、戴丽红编写；第6章由江俊文、黄澜编写。全书由敬枫蓉统稿修改定稿，并撰写前言和后记。写作期间戴丽红、刘春玉、刘绍全、周波等参与了研讨。本书第二版由敬枫蓉统稿并修改定稿，姜林琳、张小红、潘光林、阮丽娜和江俊文参与了修订工作。

限于作者对未来的有限理解，限于作者的学识涵养，限于作者的人生经验和觉悟，本书可能存在这样那样的问题，但这并不妨碍本书成为引玉之砖，希望引来更多的有识之士用他们的人生辉煌照亮青年学子们的未来之路。我同时期望，读过这本书的青年才俊们，在未来，无论你身处何方，从事何种职业，无论社会分工如何差别，作为茫茫人海中真实而鲜活的成员，作为璀璨河汉中明亮而不落的星辰，在回顾自己的精彩人生时，在给你们的下一代津津乐道时，你们能说："在我的大学里曾有这样一本书……"。

作　者

2014年3月3日于成都